Klaus Köhler

Kindesmißbrauch: Gewalt ver-rückt die Seele

Zur Rekonstruktion der Lebensgeschichte
von psychisch Kranken

AF890707

Klaus Köhler

Kindesmißbrauch: Gewalt ver-rückt die Seele

Zur Rekonstruktion der Lebensgeschichte von psychisch Kranken

DUV Springer Fachmedien Wiesbaden GmbH

Die Deutsche Bibliothek — CIP-Einheitsaufnahme

Köhler, Klaus:
Kindesmißbrauch : Gewalt ver-rückt die Seele ; Zur Rekonstruktion der Lebensgeschichte von psychisch Kranken / Klaus Köhler. — Wiesbaden : Dt. Univ.-Verl., 1991
(DUV : Psychologie)
Zugl.: Berlin, Freie Univ., Diss., 1990

© Springer Fachmedien Wiesbaden 1991
Ursprünglich erschienen bei Deutscher Universitäts-Verlag, Wiesbaden 1991.

Das Werk einschließlich aller seiner Teile ist urheberrechtlich geschützt. Jede Verwertung außerhalb der engen Grenzen des Urheberrechtsgesetzes ist ohne Zustimmung des Verlags unzulässig und strafbar. Das gilt insbesondere für Vervielfältigungen, Übersetzungen, Mikroverfilmungen und die Einspeicherung und Verarbeitung in elektronischen Systemen.

ISBN 978-3-8244-4083-2 ISBN 978-3-663-20506-7 (eBook)
DOI 10.1007/978-3-663-20506-7

Inhalt

1. Einleitung

Der Autor der vorliegenden Arbeit hatte während einer vierjährigen Anstellung als Diplom-Pädagoge und Sonderschullehrer in einer Klinik für Erwachsenenpsychiatrie Gelegenheit, unterschiedliche Formen von Bildungsarbeit mit psychisch Kranken und seelisch und/oder geistig Behinderten zu erproben.
Alle praktizierten Behandlungen in der Psychiatrie und in der betreffenden Klinik (vgl. auch DÖRNER/PLOG 1978), Pharmako-, Psycho-, Bewegungs-, Beschäftigungs- und Arbeitstherapie, setzen am Krankheitsgeschehen und damit verbundenen Symptomen und Defiziten an und bemühen sich um Heilung oder um Verhinderung von Folgeschäden bei einem längeren Aufenthalt. Im körperlichen Bereich fällt letztere Aufgabe maßgeblich der Bewegungs- und Arbeitstherapie zu. Im Bereich der intellektuellen Entwicklung aber konnte HÖRMANN (1985) eine beachtliche Unterversorgung nachweisen. Lösungen zur Bewältigung dieses sehr deutlichen Mangels anzubieten, ist u.a. Aufgabenstellung der Sonderpädagogik.

Bei der Durchführung praktischer Erwachsenenbildung in einem psychiatrischen Großkrankenhaus stößt man bei der Planungsarbeit und der Formulierung individueller Bildungsziele auf Patientengruppen, mit denen dies relativ problemlos zu realisieren ist. Jüngere, noch nicht chronifizierte Patienten können z.B. Schulabschlüsse nachholen oder an weiterführende Schulen vermittelt werden; die Entlassung von geistig behinderten, psychisch Kranken in geplante Wohngruppen wiederum kann man mit Trainingskursen zur Vermittlung von Kulturtechniken vorbereiten u.ä.
Wesentlich schwieriger ist die Arbeit mit chronisch psychisch Kranken, den volksmundlich "Verrückten", welche auch mit medizinischen Maßnahmen (meist Medikamente und Arbeitstherapie) nur selten ganz in die Wirklichkeit des normalen Alltags zurückgeführt werden können. Gerade diese Patienten verbringen meist einen eintönigen Tagesablauf auf anregungsarmen Stationen mit Rauchen und Fernsehen.
Die meisten Schwierigkeiten, ein adäquates Angebot für diese Patientengrup-

pe zu erstellen, deren häufigste Diagnosen aus dem "schizophrenen Formenkreis" stammten, ergaben sich aus der Prognose "chronisch". Die erwartete, vermutliche Unheilbarkeit, hatte zu jahre-, oft jahrzehntelanger Hospitalisierung, zu Apathie und anscheinender Interesselosigkeit geführt und die Teilhabe an gesellschaftlichen und kulturellen Entwicklungen massiv **behindert**. Diese Hospitalisierung führte im Extremfall sogar dazu, daß beispielsweise unsichere Patienten die Klinik gar nicht mehr verlassen wollten. An solche Fehlentwicklungen können pädagogische Vorgehensweisen nicht ohne eingehendere Analyse anknüpfen.

Inhalte für eine solche Bildungsarbeit, im Verbund mit sozialtherapeutischen Maßnahmen der jeweiligen Station (realisiert vom Pflegepersonal), können nur an **biographisch ausgeprägten Interessen und Neigungen** ansetzen. Die psychische Krankheit erscheint hier, im Gegensatz zur Therapie, "nur" als den Lernprozeß erschwerender und zu berücksichtigender Faktor.

Sonderpädagogische Bildungsarbeit als auch die durchgeführte Untersuchung haben das Ziel, im Gegensatz zu defekt-orientierten Therapien, an Punkten anzuknüpfen, an denen Fähigkeiten und Fertigkeiten (weiter-) entwickelt werden können, sie suchen primär nicht das Defizit, weichen ihm gegebenenfalls aber auch nicht aus. Insofern verstehen sich beide als Ergänzung und Erweiterung des gesamtpsychiatrischen Rehabilitations- und Therapie-Konzeptes.

Demzufolge wurde eine Untersuchung geplant zur Erfassung biographischer Knotenpunkte als Ausprägungen von persönlichen Fähigkeiten, Vorlieben oder auch Entwicklungsrückständen in der Bildungsgeschichte **einer** chronisch psychisch kranken Patientin, Frau F., die als Anhaltspunkte zur Planung von Möglichkeiten pädagogischer Arbeit und/oder Fortbildung dienen sollten. Fragen der Verallgemeinerung (größere Stichprobe) sollten hinter einem möglichst intensiven und ausführlichen, der Patientin möglichst viel Raum bietenden Interesse zurückstehen. Bisherige Untersuchungen (meist quantitativ orientiert; vgl. MÖLLER/ZERSSEN 1986) hatten kaum zu einer Verbesserung der Situation chronisch psychisch Kranker geführt.

Ziel der geplanten Arbeit ist es, exemplarisch, in Form einer Einzelfallstudie, Möglichkeiten zur Erwachsenenbildung gerade mit einer solchen (als schizophren bezeichneten) Patientin zu eruieren. Diese können m.E. nur mit Me-

thoden kontrollierten Fremdverstehens, d.h. mit qualitativ-ethnographischer Feldforschung über die Analyse von Berichten, ihren eigenen Deutungen und Deutungsmustern aus der Biographie abgeleitet werden.
Die gesuchten Möglichkeiten sollten auf Zeit klären helfen, ob, flankiert durch berufliche Fortbildung, ein rehabilitativer Weg aus der Klinik heraus in ein Wohnheim oder eine Wohngruppe gangbar sei, oder ob pädagogische Arbeit eher in sozialisatorischem Sinne der Gestaltung eines humaneren Klinikalltages dienen sollte.
Demgemäß lautete die Leitfragestellung der Untersuchung folgendermaßen:

> Ist es möglich, anhand qualitativer Analysen eines Biographieverlaufs, insbesondere der Bildungsgeschichte einer chronisch Schizophrenen, Entwicklungs-, Beratungs- oder Bildungsmöglichkeiten zu entwerfen, z.T. zu erproben, welche entweder der Verbesserung ihrer klinischen Lebensverhältnisse oder der möglicherweise langfristigen Vorbereitung einer Entlassung z.B. in eine Rehabilitationseinrichtung oder in ein Wohnheim dienen (vgl. Kap. 7.1)?

Konkret gewendet will die geplante Arbeit **mit** einer schizophrenen Patientin, deren Perspektive unter psychiatrischen Gesichtspunkten unklar ist, Anknüpfungspunkte in ihrer Bildungs- und Lebensgeschichte ermitteln, um pädagogische Arbeit oder z.B. die Zuordnung zu Angeboten eines internen "Kulturzentrums" möglich zu machen. In diesem Zentrum werden (neben den Angeboten zu Ausbildungsfragen), als partielle Kompensation verhinderter Anbindung an gesellschaftliche Entwicklung, kulturell orientierte Angebote informativ (Kurse, die bis in die außerklinische Umgebung hineinreichen) oder in selbsttätiger Form (z.B. Theater- und Mediengruppen) vermittelt.
Da in einer psychiatrischen Klinik fast allen Aktivitäten mit Patienten "therapeutische" Funktionen zufallen, ist dies sicher auch bei Bildungsarbeit und einer Biographie-Erhebung (wie der durchgeführten) der Fall. Diese Funktionen sind aber nicht primäres Erkenntnis-Ziel der geplanten Arbeit- für einen Pädagogen auch kaum zu überprüfen. Dieses Problem taucht in einer "therapeutischen" Institution häufig (auch für andere Mitarbeiter) auf und wird hier weniger durch Abgrenzung als in enger Kooperation gelöst (die Praxis wird in Kap. 6.2 erläutert).

Theoretisch besehen hat die "biographische Methode" eine gewisse Ähnlichkeit mit psychoanalytischem Vorgehen (Thema: die individuelle Geschichte und Entwicklung), unterscheidet sich aber methodisch in wichtigen Punkten:

- sie hat einen Leitfaden in Form der chronologischen Struktur der Biographie und dessen gezielte Erarbeitung (kein freies Assoziieren);
- sie arbeitet ausdrücklich nicht mit unbewußtem, sondern nur mit bewußtem Material der Patientin;
- es finden keine Deutungen von symbolischem Material o.ä. statt (der Begriff "Deutungsmusteranalyse" bezieht sich ausschließlich auf von Frau F. selbst verbalisierte Deutungen ihrer eigenen Erlebnisse);
- der Schwerpunkt des Interesses und der Fragestellung liegt auf der Bildungsgeschichte (nicht auf der emotionalen o.ä. Entwicklung).

Vom Ansatz her betrachtet handelt es sich bei der "biographischen Methode" um eine kommunikative Erhebungsmethode mit qualitativ-hermeneutischer Auswertung. Die Rückführung des Interview-Materials an die Patientin in der "Kommunikativen Validierung" dient der Klärung von Verständnisfragen, nicht aber therapeutischen Intentionen - es werden keine Deutungen zurückgegeben.

Da in der Auswertung Anknüpfungspunkte für Bildungsarbeit gesucht werden, kann man auch von Förderdiagnostik im sonderpädagogischen Sinne sprechen.

Die gesamte Arbeit gliedert sich, grob besehen, in zwei Teile, einen Theorieteil, in dem die Grundlagen und Methoden qualitativer Forschung für die pädagogische Arbeit in der psychiatrischen Klinik erschlossen werden und einen praktischen Teil, in dem Planung, Durchführung und Ergebnisse der Untersuchung dargestellt werden.

Kommt Pädagogik in der Erwachsenenpsychiatrie zum Einsatz, muß, in Kapi tel 2, der Stand der Diskussion zweier (zumindest in der Sonderpädagogik jüngerer Aspekte referiert werden. Das sind einerseits die allgemeinen Ziele von Erwachsenenbildung mit Behinderten, dazu gehört die Frage der Integration, andererseits das Verhältnis von Pädagogik und Psychiatrie, speziell die bis heute weitgehend Forderung gebliebenen Ziele von Erwachsenenbildung im psychiatrischen Krankenhaus. Dargestellt werden an dieser Stelle ebenfalls die derzeit vielerorts realisierten Vorstellungen der Geistigbehindertenpädagogik, die aber vom Autor in ihrer Ausschließlichkeit (nur Geistigbehinderte) nicht geteilt werden.

Der nicht oder nur wenig psychiatrisch vorgebildete "Laie" begegnet in der psychiatrischen Klinik vielen nur schwer oder gar nicht verstehbaren Vorstellungen, insbesondere im Kontakt mit akuten oder chronischen Psychotikern. Manche Patienten halten sich für Jesus, fühlen sich vom KGB verfolgt, wissen, daß überall Kameras versteckt sind, hören und/oder sehen Dinge, die Gesunde nicht wahrnehmen, fühlen sich von fremden Kräften beeinflußt und vieles andere mehr. Diese Ideen sind der normalerweise gesellschaftlich geteilten Vorstellung von Wirklichkeit fremd, laufen dem fast immer ethnozentristisch gedachten Konsens über Realität entgegen und werden in der Psychiatrie meist als Wahn oder Wahnwelt bezeichnet. Hält man diese Gedanken allerdings für eine eigene, dem Patienten reale Wirklichkeitskonstruktion (mit oft verblüffender Kohärenz), kann der Betrachter einen besseren Zugang nur über den Begriff des Fremdverstehens gewinnen.
Diese Sichtweise ist in der Ethnologie gängig und wird über Phänomenologie, Wissenssoziologie, Ethnomethodologie bis zum Radikalen Konstruktivismus in die Sozialwissenschaften übertragen. Alle Ausformungen, in Kapitel 3 kurz skizziert, befassen sich mit der (von Kultur zu Kultur differierenden) Produktion von Realität. Das ist auch für die Pädagogik von Bedeutung, die die Entstehung von Individualität und Gemeinschaft wesentlich auf der Seite der Erziehung (im weitesten Sinne durch das Gesamt der Umgebung) "vermutet".

Die ethnographisch orientierte Annäherung (erklären lassen statt deuten) ergänzt den Verstehensbegriff der qualitativen Sozialforschung um den Aspekt des Fremden (in der Sozialforschung möglich aber nicht notwendig) und erweitert die konventionelle Auswahl **einer** Methode um die Triangulation, die Methodenkombination. Dargestellt werden mehrere in Frage kommende Verfahren, die in der konkreten Untersuchung modifizierte und kombinierte Verwendung finden. Das Kapitel 4 reflektiert verschiedene methodische Herangehensweisen.

Hinzu kommen Überlegungen und Forderungen der Ethnopsychoanalyse, die maßgeblich bewußte und unbewußte Einflußnahmen des Interviewers auf Erhebung und Auswertung betreffen. Diese Suggestibilität, die möglicherweise den Befragten veranlaßt, von seinen eigenen Intentionen unbemerkt abzuweichen, als auch die Frage nach dem Wahrheitsgehalt machen eine Auseinandersetzung mit den Gütekriterien qualitativer Forschung notwendig.

Die biographische Methode (Kapitel 5), eher Perspektive als Untersuchungsmethode, bezeichnet den Gegenstand des Interesses. Im Vordergrund stehen weniger Interaktionsregeln und Handlungsmuster auf einer horizontalen Ebene (wie etwa bei Ethnomethodologie und teilnehmender Beobachtung), sondern mehr in vertikalem Sinne lebensgeschichtliche Erlebnisse und deren Ausdeutungen durch die Patientin. Trotzdem wird die Biographin mit ihren vergangenen Lebenswelten als Fremde verstanden. Das beeinhaltet natürlich auch aktuelle Situationen.
Die subjektive Auseinandersetzung mit der eigenen Biographie ist allerdings als eine der wichtigsten **Methoden** persönlicher Selbstvergewisserung und Selbstdarstellung in unserer Kultur zu betrachten.
Bedeutendstes Charakteristikum biographischen Erzählens ist die Reversibilität von Deutungen und Sinnstrukturen, das heißt, der Lebenslauf wird imme vom gegenwärtigen Entwicklungsstand aus gedeutet, u.U. sogar umgedeutet Dies bringt nicht nur (lösbare) Probleme in der Auswertung mit sich, sondern auch die Möglichkeit zur reflexiven Entwicklung veränderter Zukunftsperspektiven. Die meisten Autoren empfehlen daher eine Trennung der Datenklassen, z.B. in berichtete Ereignisse und heutige Auslegungen. Die reflexiv Änderung von Deutungen aber weist schon auf den pädagogischen Wert biographischer Arbeit mit Behinderten und chronisch psychisch Kranken (seelisch Behinderten).
Die Darstellungen von Theorie und Methoden entsprechen dem Stand de Forschung zur Zeit von Planung und Durchführung der Untersuchung. Di Arbeiten z.B. von LAMNEK (1988 und 1989) wurden nicht eingearbeitet, d sie den Verlauf nicht mehr beeinflußten; sie sollen hier aber erwähnt werde da insbesondere der zweite Band brauchbare Vorschläge zur Planung eine Untersuchung enthält.

Die befragte Patientin, Frau F., erhielt die psychiatrische Diagnose "Schizophrenie" (mit wechselnden Bezeichnungen), welche maßgeblich ihre gesamte Behandlung und Versorgung bestimmte. Die Beschreibung von Diagnose und Therapie in Kapitel 6 referiert anhand psychiatrischer Lehrbücher, die als repräsentative ausgewiesen wurden, den vorgefundenen Stand der Praxis, nicht etwa den Stand aktueller psychiatrischer Forschung oder theoretischer Auseinandersetzungen. Die Schilderung der Klinik selbst bewegt sich gewissermaßen in einem Spannungsfeld von Tradition und zögerlichen Reformversuchen. Entscheidend für das Untersuchungsfeld "psychiatrische Klinik" ist ihre hospitalisierende Wirkung. Im Vordergrund steht die Krankheit; die Individualität dagegen, repräsentiert im Lebenslauf, geht mit der Dauer des Aufenthaltes zunehmend verloren. Biographisierung bildet somit einen Gegenpol zur Hospitalisierung.

Im Kapitel 7 werden die konkreten Planungen zur Untersuchung (z.B. Auswahl der Patientin) als auch die Modifikationen von Erhebungs- und Auswertungsmethoden und -instrumenten (z.B. Auswahl der Protokollformen u.ä.) ausgewiesen. Wichtig ist hier die Verschränkung von Datenerhebung und kommunikativer Validierung.

Kapitel 8 beschreibt die Ergebnisse der Untersuchung. Dies sind, den Prioritäten der Patientin folgend, ihre biographisch relevanten Themen wie Erlebnisse, Deutungen oder Aktionen. Die Themen hätten u.U. strenger strukturiert und straffer, vielleicht übersichtlicher dargestellt werden können, was aber unterlassen wurde, um den Gesamteindruck der biographischen Erzählung nicht allzusehr zu verfälschen.
Die Zusammenfassung der Auswertung der Interviewdaten wird schließlich mit den Ergebnissen der Aktenanalyse und der autofotographischen Beobachtung systematisch verglichen.
Die Folgerungen aus Selbstbeobachtung und Interaktionsanalyse sollen (in begrenztem Rahmen) die nicht-verbalen Entstehungsbedingungen der Daten und ihre Wirkungen über die Untersuchung hinaus (z.B. auf den Autor) reflektieren.

Der Inzest und seine Folgen, wie z.B. Abtreibungen, wurden von Frau F. als prägendste und letztlich psychiatrisierende Themen ihrer Biographie geschildert und gedeutet. Aus diesem Grund wurden die wichtigsten Veröffentlichungen zum sexuellen Mißbrauch herangezogen. Ein kumulativer Vergleich in Kapitel 9 läßt dann partielle Verallgemeinerungen zu Psycho- und Familiendynamik zu, welcher in einen kurzen Bericht über Hilfs- und Beratungsmöglichkeiten mündet.
Auf welchem Wege und aus welchen Gründen dieses Thema bis in die heutige Zeit fast vollständig verborgen bleiben konnte, wird in diesem Kapitel ebenfalls erörtert. Einfußreichste Theorie ist diesbezüglich über fast einhundert Jahre nicht nur in der Psychiatrie, sondern im allgemeinen kulturellen Wissen die FREUD'sche Psychoanalyse gewesen.
Der Vergleich wiederum mit den Interviewergebnissen dient der "spekulativen" Vervollständigung des Lebenslaufs von Frau F. Hierzu gehören auch Erwägungen über Möglichkeiten einer Erziehung hinein in mehrere, für sie reale Wirklichkeiten.

Im letzten Kapitel der vorliegenden Arbeit werden pädagogisch-didaktische Ableitungen diskutiert. Die Ergebnisse der Untersuchung erfordern aber auch eine zuvorderst nicht erwartete Perspektivenerweiterung um den Gedanken der Prävention. Vorschläge entsprechender Art aus der Fachliteratur (derzeit noch sehr begrenzt) werden kritisch gesichtet und ergänzt. Die Rolle behinderter Kinder im Zusammenhang mit sexuellem Mißbrauch wird angesprochen, kann aber derzeit wegen fehlender Daten nicht abschließend beurteilt werden.
In diesem Bereich pädagogischer Forschung (z.B. die Verteilung über soziale Schichten und Gruppen) sind zur Zeit noch sehr viele Fragen vollständig ungeklärt und bedürfen eingehender, sicher auch quantitativer oder kombinierter Untersuchung.

Die Schlußbemerkungen fassen die Ergebnisse der vorliegenden Untersuchung auf einen Blick zusammen.

2. Erwachsenenbildung mit Behinderten

2.1. Sonderpädagogik und Erwachsenenbildung

Sonder- und Heilpädagogen arbeiten fast ausschließlich mit behinderten Kindern und/oder Jugendlichen, in seltenen Fällen mit deren Eltern oder nach sozialpädagogisch orientierten Konzepten mit erwachsenen Behinderten in Heimen. Dementsprechend sind die meisten sonderpädagogischen Studiengänge für Lehramtskandidaten auf die Unterrichtung von Kindern und Jugendlichen, für Diplompädagogen auf die Arbeit in Kinderheimen, Erziehungsberatungsstellen u.ä., aber äußerst selten auf die Beschäftigung mit erwachsenen Behinderten ausgerichtet. Dies spiegelt sich auch in der sonderpädagogischen Literatur.
Eine bemerkenswerte Ausnahme bilden seit 1980 die Schriften und praktischen Projekte von Erika SCHUCHARTD. Sie bemüht sich seitdem auch um eine theoretische Erschließung der Problemstellung "... einer integrativen Erwachsenenbildung bzw. Weiterbildung" (zuletzt 1988, S.160-169) mit Behinderten, wobei sie die beiden Begriffe Erwachsenenbildung (EB) und Weiterbildung (WB) synonym verwendet. Trotz einiger Defizite bezüglich der Intention der vorliegenden Arbeit, soll ihr Konzept dennoch relativ ausführlich dargestellt und das Thema entlang ihrer Gedankengänge entwickelt werden.
Hierzu gehört die Darstellung des aktuellen Standes der Diskussion um Integration oder Separation Behinderter, der Rolle und Entwicklung der Erwachsenenbildung innerhalb der Sonderpädagogik und des didaktischen Modells von SCHUCHARDT für integrative Erwachsenenbildung mit Behinderten und Nichtbehinderten.

Die geschichtliche Entwicklung der Diskussion um die Forderung nach weitestgehender Integration möglichst aller Behinderten soll hier nicht ausführlich entworfen werden, das ist an anderer Stelle in kompetenter Form geschehen (z.B. SCHUCHARDT 1987 a, S.4-45; SCHUCHARDT 1987 c, S.13-39 oder zuletzt in dem umfänglichen Sammelband von EBERWEIN 1988). Da diese Forderung aber grundlegend Sinn und Ziel der Arbeiten von SCHUCHARDT als auch wichtige Aspekte der vorliegenden Untersuchung formuliert, soll sie in ihren markantesten Punkten kurz skizziert werden.

Noch in den 60er Jahren wird der verstärkte Ausbau des Sonderschulwesens vorangetrieben, nachdem dies die Ständige Konferenz der Kultusminister der Länder in der BRD (KMK) aus Gründen geschichtlicher Wiedergutmachungs- und aktueller Entlastungspflichten (gegenüber der Regelschule) gefordert hatte (vgl. SCHUCHARDT 1987 c, S.28).
Die 70er Jahre sind von sehr starken Widersprüchen gekennzeichnet. Während die Bund-Länder-Kommission für Bildungsplanung die "Entwicklung von Materialien, Unterrichtsverfahren und Organisationsformen zur Förderung behinderter Schüler und innerhalb des allgemeinen Bildungswesens" (zit. nach SCHUCHARDT 1987 a, S.5) fordert, betont kaum ein halbes Jahr später (1972) die Kultusminister-Konferenz das separierende Sonderschulwesen. Insbesondere seitens der Sonderpädagogik selbst wird in der zweiten Hälfte dieses Jahrzehnts der Ruf nach schulischer Integration immer lauter. Die Forderung nach integrativen Schulversuchen verlagert sich von den Gesamt- auf die Grundschulen (vgl. EBERWEIN 1988 a, S.51).
Seit 1980 besteht in der sonderpädagogischen Literatur weitgehend Einigkeit darüber, daß Integration durch Erziehung in separierenden Einrichtungen **nicht** erreicht werden kann. Mehrere Schulversuche und lebensweltliche Projekte bestätigen nicht nur die Möglichkeit, sondern auch den Erfolg umfassender Integration (vgl. SCHUCHARDT 1987 c, S.150-294 und EBERWEIN 1988) - sie hat bis heute internationale Dimensionen erreicht (vgl. SCHUCHARDT 1987 c, S.31 ff. und BÜRLI 1988).

Die bis heute übliche, anthropologisch orientierte Vorstellung vom Wesen de schulischen Integration soll durch ein aktuelles Zitat verdeutlicht werden "Menschen mit Behinderungen dürfen nicht länger nur unter symptomorien tierten Gesichtspunkten betrachtet und behandelt werden. Sie sind als Ganz heit zu begreifen in all ihren subjektiven Seinsschichten, in ihrer biographi schen Gewordenheit sowie in ihren lebensweltlichen und gesellschaftliche

Bezügen. Diese ganzheitliche Sichtweise verbietet Kategorisierungen, Einstufungen und Ausgrenzungen. Als Pädagogen haben wir anzuerkennen, daß es normal ist, verschieden zu sein (...) und daß die Gemeinsamkeit Voraussetzung ist, um Verschiedenheit akzeptieren zu können (...)" (EBERWEIN 1988 a, S.48).
SCHUCHARDT geht bei der didaktischen Planung ihrer Projekte zur integrativen Erwachsenen- bzw. Weiterbildung über dieses "Akzeptieren" scheinbar einen Schritt hinaus. Über die "Basis-These: Weniger die behinderten Mitmenschen sind unser Problem, vielmehr werden wir, die nichtbehinderten Menschen, ihnen zum Problem" (SCHUCHARDT 1988, S.161) kommt sie zur Umkehrung des Denkansatzes. Hiernach stellt sie fest:

"Der Behinderte braucht die Gesellschaft, und
die Gesellschaft braucht den Behinderten.

Daß der Behinderte die Gesellschaft braucht, versteht sich von selbst. Daß aber umgekehrt die Gesellschaft den Behinderten braucht, im Sinne eines Interdependenzverhältnisses, erweist sich als ein psycho-soziales Defizit herkömmlicher Ansätze" (SCHUCHARDT 1987 a, S.17). Der Behinderte kann sogar u.U. zu einer Art Herausforderung werden, uns die eigene Überheblichkeit vor Augen halten, "... seine Suche nach Identität angesichts 'individueller Eigenart' (erworbener wie angeborener Behinderung) mit eingeschränkter Lebensmöglichkeit stellt unsere Identität in Frage. Schon immer leben behinderte Menschen uns vor, was es heißt, in einer leistungsorientierten Gesellschaft oft über lange Zeiträume hinweg ohne Status, Rolle und Position nicht nur zu überleben, sondern 'anders' leben zu lernen. ... So entdeckt der Noch-Nichtbetroffene möglicherweise auch sein Angewiesensein auf den behinderten Mitmenschen als Korrektiv zur Infragestellung seiner eigenen leistungs- und produktionsorientierten Normen und Werte" (SCHUCHARDT 1987 c, S.39).
Aus dieser gesellschaftlichen Position des Behinderten folgernd stellt sie "Integration in einen sozialen Kontext ..." als "... einen permanenten aktiven dialogischen Lernprozeß zu sich selbst, zur Gruppe, zur Umwelt und zur Gesellschaft, mit dem Ziel gemeinsam sich verändernder Erneuerung" (SCHUCHARDT 1987 a, S.16). Hiermit distanziert sie sich ausdrücklich von

dem Prozeß der Assimilation, der den Behinderten einseitig an die gesellschaftlich gesetzten Normen anpaßt.

Trotz "idealistischer" Anklänge verweist sie in ähnlich formuliertem Zusammenhang darauf, "... daß den 4 Millionen Behinderten noch eine ähnlich große Zahl anderer 'Normabweichler' (Alkoholiker, Nichtseßhafte, Obdachlose, Strafgefangene, Jugendliche in freiwilliger Erziehungshilfe und Fürsorgeerziehung, psychisch Kranke und Selbstmordgefährdete) gleichzustellen ist, auf die sich unsere ... These bezieht" (SCHUCHARDT 1987 a, S.19). Spätestens bei der Betrachtung psychisch Kranker oder Behinderter, denen, aus welchen Gründen auch immer, nur noch das "Verrückt-Werden" als "anders" leben bleibt, werden dem Nicht-Behinderten sehr deutlich Zweifel an seinem "Angewiesensein" kommen.

Schon 1960 legt der Deutsche Ausschuß für das Erziehungs- und Bildungswesen ein "Gutachten zur Situation und Aufgabe der deutschen Erwachsenenbildung" vor, in welchem die "... sehr komplexen, aber noch nicht durchorganisierten Erscheinungsformen ... " (SCHUCHARDT 1987 c, S.29) beschrieben werden. Die Beschäftigung mit Behinderten taucht hier noch nicht als möglicher Aufgabenbereich auf. Darauf folgt schon in den nächsten Jahren die Formulierung des Anspruchs auf Teilnehmerorientierung, die Volkshochschulen aber bleiben zu dieser Zeit noch in dem Widerspruch "... zwischen Anspruch und Wirklichkeit ..." (SCHUCHARDT 1987 b, S.330) stecken.
Seit 1970 der "Strukturplan" des Deutschen Bildungsrates erschien, wird die Erwachsenenbildung als "... vierter gleichberechtigter Bereich des Bildungswesens ... ", "... als quartärer Bildungssektor ..." (SCHUCHARDT 1987 c, S.2 anerkannt; Behinderten werden separate Kurse zur Freizeitgestaltung angeboten (vgl. dies. 1987 a, S.11 f.). Die Erkenntnis, daß nur tatsächliche Kontakt Vorurteile abbauen können, bleibt auf schulische Integration beschränkt, b 1976 in der "Resolution der Generalversammlung der Vereinten Nationen das Jahr 1981 zum Internationalen Jahr der Behinderten erklärt wird.
Daraufhin erst erkennt 1978 der Deutsche Volkshochschul-Verband die Bedeutung von Zielgruppenarbeit mit behinderten Erwachsenen (vg SCHUCHARDT 1987 c, S.31).

Auch aufgrund der Arbeiten der genannten Autorin wird ab 1981 international die Bedeutung integrativer Weiterbildung von Behinderten und Nicht-Behinderten anerkannt und betont (vgl. SCHUCHARDT 1987 c, S.34 f.).

Parallel zu den skizzierten paradigmatischen Veränderungen in der Sonder- und Heilpädagogik sowie der Erwachsenenbildung ist eine deutlicher Wandel in der Betrachtungsweise des Phänomens Behinderung zu verzeichnen. Während vor 1970 die medizinisch-physiologischen Defekttheorien im Vordergrund standen, setzen sich in den 70er Jahren immer mehr komplexere, psychosozial orientierte Forschungen mit dem Augenmerk auf "... einer Devianz, bezogen auf das gesamtgesellschaftliche Interaktionsfeld ..." (SCHUCHARDT 1987 c, S.25) durch. Diese haben als Leitmotiv die Interaktion und das gemeinsame Lernen von Behinderten und Nicht-Behinderten. "Den Wandel vom medizinischen zum erziehungswissenschaftlichen Verständnis von Behinderung in Theorie und Praxis zu vollziehen, ist somit der Integrationspädagogik als wichtigste Funktion aufgetragen" (EBERWEIN 1988 a, S.48).

Ein entscheidender Vorteil der Erwachsenenbildung liegt nach SCHUCHARDT darin, daß es bis heute in diesem Bereich noch keine aussondernden Tendenzen, "... keine Sonder-Erwachsenenbildung, keine Sonder-Volkshochschule, auch noch keine Sonder-Andragogik ..." (1988, S.163) gibt.

Sie geht bei der Planung eines praktischen Modells integrativer Erwachsenenbildung, an der Behinderte, Betroffene (z.B. Eltern) und Nicht-Behinderte beteiligt sein sollen, in drei Schritten vor. Diese haben folgende Reihenfolge:

- Entwicklung einer handlungstheoretischen Didaktik als Grundlage,
- Situationsanalyse der Behinderten,
- Entwicklung der Zielgruppen-Interaktions-Konzeption als Didaktisch-Methodisches Modell.

Die Grundlage einer handlungstheoretischen Didaktik wurde bereits 1980 (vgl. SCHUCHARDT 1987 a, S.46 ff.) formuliert:
Sie sieht hier für die Erwachsenenbildung besondere Möglichkeiten, neue Formen der Integration zu erproben, da sich dieser vierte Bildungsbereich

durch einen besonders geringen Institutionalisierungsgrad der einzelnen Einrichtungen als auch durch das deutliche Bedürfnis, neue Zielgruppen anzusprechen, auszeichnet. Das übersetzt sich denn auch in die praktische Tätigkeit der Lehrenden. "Überspitzt formuliert SIEBERT: 'Das Berufsbild des EB- (WB)-Mitarbeiters ähnelt idealiter mehr dem eines Curriculumkonstrukteurs als dem eines Lehrers'" (SCHUCHARDT 1987 a, S.47). Das heißt, er muß ständig planend und innovativ tätig sein, gerade weil er relativ viele Freiheiten gegenüber offiziellen Bildungsaufträgen des Staates genießt, wenn solche überhaupt existieren.
Zur Überwindung einer gewissen Abstinenz Behinderter gegenüber Weiterbildungs-Angeboten müssen allererst Vorurteile und Ängste ausgeräumt werden. Dies kann nur durch eine unbedingte **Teilnehmerorientierung** erreicht werden, **indem Lebenssituationen didaktisch konstitutive Bedeutung erhalten**, d.h. "... den Teilnehmer als curriculare Instanz ernstzunehmen. ... Vorrangiges Lernziel werden somit die Überführung von situationsorientierten Defiziten der sich Weiterbildenden in reflektiv definierte Lernziele oder die Vermittlung der Lebenssituation in Lernsituation" (SCHUCHARDT 1987 a, S.54 f.).

Als wichtigste, konstitutive Elemente dieser Lebenssituation nennt die Autorin:

1. die Biographie des Behinderten und des Nicht-Behinderten;
   "Der Behinderte wie der Nichtbehinderte verfügen wechselseitig über eingeschliffene Erfahrungen, die als Produkt aus individuellen und kollektiven Bezugssystemen im Laufe ihres Lebens entstanden, ihre Wahrnehmung strukturiern und ihr Handeln beherrschen; diese Deutungsmuster müssen sie kennen lernen. Da diese Muster jedoch psychisch und biographisch tief verwurzelt sind, können sie nicht allein kognitiv aufgeklärt werden; sie erfordern zur Aufarbeitung und Bewältigung auch eine affektive Ebene, u.a. in metakommunikativ-therapeutisch orientierten Lernsituationen" (SCHUCHARDT 1987 a, S.49).

2. die jeweilige Lerngeschichte, das Lernverhalten;
"Die insbesondere bei Behinderten eingeschliffene Apathie und Passivität beim Lernverhalten als Sozialisations-Ergebnis familiärer 'overprotection', Fürsorge und institutionalisierter ghettoisierender Bewahrung erfordert seinen stufenweisen Abbau über einen parallel zu leistenden bzw. auszulösenden Identitätsaufbau" (SCHUCHARDT 1987 a, S.50).

3. und die gesellschaftliche Position, die Verwendungssituation;
"Der Behinderte wie der Nichtbehinderte kommen in die WB, um sich ihre Einstellungen bestätigen zulassen, keinesfalls aber, um ... die Desorientierung einer Identitätskrise zuzulassen und sich einem Lernprozeß auszusetzen. ... In Anbetracht der Notwendigkeit, derartige Identitätskrisen als Auslöser von Bildungsprozessen zu initiieren, weitet sich WB zu therapeutisch orientierten Lernsituationen aus" (SCHUCHARDT 1987 a, S.50 f.).

Da man sich mit Sicherheit fragen kann, ob die Lehrenden der Erwachsenenbildung zu letzerem fähig und ausgebildet sind, bedarf es einer weiteren Erläuterung durch die Autorin: "Definieren wir die Identitätskrise als wiedererwachendes 'Wollen des Wollens', das bei einer Mehrheit der Gesellschaftsmitglieder im Sozialisationsprozeß abgebaut wurde, so bildet sich in der Identitätskrise der Schlüssel für einen Bildungsprozeß, um das 'Nicht-Mehr-Wollen des Wollens' oder die 'Apathie lebendigen Totseins' in biographisch verwurzelten Deutungsmustern aufzubrechen" (SCHUCHARDT 1987 a, S.57).

Ihr Modell **"Krisenverarbeitung als Lernprozeß"** leitet SCHUCHARDT sodann aus der Analyse von weit über dreihundert literarischen Biographien Behinderter oder Betroffener (meist der Eltern) aus dem Zeitraum 1900-1985 ab. Dabei kommt sie zu dem Ergebnis, daß eine gelungene Krisenverarbeitung einer schweren Krankheit oder einer Behinderung durch den Betroffenen selbst, oder etwa im Falle geistiger Behinderung durch die Eltern acht Entwicklungsphasen durchlaufen **muß**. Diese stellt sie graphisch in folgendem Spiral-Modell dar:

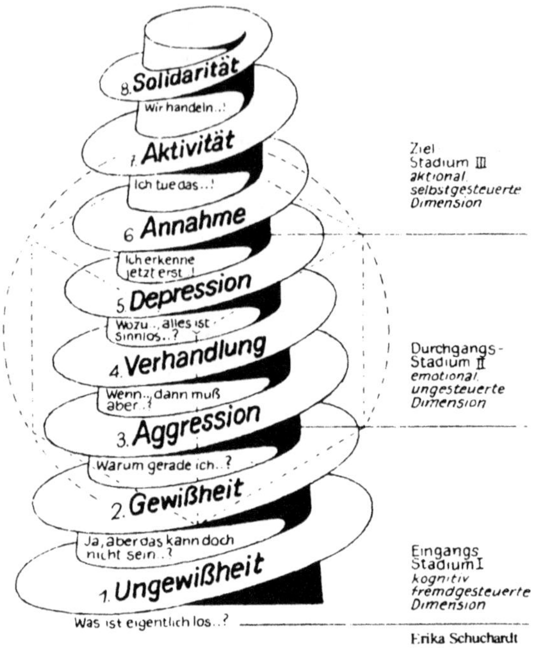

(1987 a, S.113, vgl. auch 4.Aufl. 1990)

Die biographischen Analysen wurden ständig aktualisiert und 1985 durch eine qualitative Untersuchung erheblich erweitert. In diesem Biographien-Aufruf verwendet sie auch einen umfassenderen Behindertenbegriff. "Als behindert erfährt sich zunehmend auch der durch psychosoziale Symptome Lebensgestörte:

- der Suchtkranke, durch Drogen Lebensgestörte;
- der Krebskranke, durch Todesgewißheit Lebensgestörte;
- der chronisch Kranke, durch Abbauprozesse Lebensgestörte;
- der Isolierte, durch Sozialverlust Lebensgestörte" (SCHUCHARDT 1985 a, S.50).

Das entwickelte Modell ist Kern ihrer theoretischen Arbeiten und soll daher in Kürze erläutert werden.
Wird der Lernprozeß vollständig durchlebt, kann man sich ihn auch in drei Schritten vorstellen. Demnach durchläuft solches Lernen beim Behinderten

oder Betroffenen gleichermaßen drei Ebenen, "... vom 'Kopf', dem kognitiv fremdgesteuerten Eingangs-Stadium über das 'Herz', dem affektiv ungesteuerten Durchgangs-Stadium, zur 'Hand'-lung, dem aktional selbstgesteuerten Ziel-Stadium" (SCHUCHARDT 1988, S.164).
Erfährt der Betroffene beispielsweise von seiner schweren oder vielleicht tödlichen Krankheit, nach einem Unfall von seiner nicht korrigierbaren Lähmung oder der auffälligen Behinderung seines gerade geborenen Kindes, wird allererst die Information in einem schockartigen Zustand oftmals bei mehreren Ärzten überprüft. Weicht dann die Unsicherheit der Gewißheit des Unabänderlichen, folgen Versuche, die Realität zu leugnen. Der Übergang zur nächsten Phase ist durch den Zwiespalt intellektueller Gewißheit und emotionaler Ablehnung gekennzeichnet. Viele Biographen berichten hier schon vom Abbruch der Entwicklung, alle Kraft wird lebenslang aufgewendet, die Wahrheit abzuwehren, oft weil eine menschliche Begleitung im Durchgangs-Stadium fehlte.
In der dritten Phase der "Aggression" richtet sich die Wut über diesen Schicksalsschlag, der vom Betroffenen hier als singulär wahrgenommen wird, gegen alles und jeden aus der Umgebung, da eine Korrektur des Geschehenen als unmöglich erkannt wird. Die Umgebung setzt sich meist zur Wehr (in unterschiedlicher Form), es entsteht ein regelrechter Kreislauf von Aggressionen. Es folgt eine Zeit der Verhandlungen mit Ärzten bis zu Gott - irgend ein Wunder muß ja geschehen (ein Großteil der Biographien erwähnen z.B. Wallfahrten). Nach dieser Entwicklung bleibt die Phase der Depression unausweichlich, jede Aktivität wird sinnlos. SCHUCHARDT kann in ihren Untersuchungen belegen, "... daß zwei Dittel aller Biographen hier ihren Lernprozeß abbrechen und lebenslang in Aggression, Verhandlung oder Depression verharren, was dem Zustand einer sozialen Isolation gleichzusetzen ist" (SCHUCHARDT 1987 c, S.44).
Die selbstgesteuerte Handlungsebene erreichen also, wie schon aus der Pyramidenform der Graphik ersichtlich werden soll, recht wenige der Betroffenen. Erst in der sechsten Phase kann das erlittene Schicksal akzeptiert werden, der Blick wendet sich auf die Zukunft - was kann quasi aus den seelischen Trümmern Positives gestaltet werden. Aus der folgenden "Aktivität" entstehen dann u.U. Selbsthilfegruppen, in denen sich in der letzten Phase aus noch selbstbe-

zogenem Denken gesellschaftspolitische Verantwortung entwickeln kann. Dieses Ziel erreichen die wenigsten, insbesondere wenn keine WB-Hilfen zur Verfügung stehen (vgl. zu dieser Darstellung besonders SCHUCHARDT 1985 b, S.307-310; 1987 c, S.43-45 und ausführlicher 1987 a, S.94-113).

Aus dieser Hilflosigkeit nicht nur der Betroffenen, sondern auch der Nicht-Betroffenen leitet SCHUCHARDT das didaktisch-methodische Modell ihrer **"Zielgruppen-Interaktions-Konzeption"** ab.
Zur möglichst vollständigen, gesellschaftlich partizipierenden Integration ist das Durchlaufen des gesamten Lernprozesses Krisenverarbeitung unbedingt notwendig, der vorzeitige Abbruch des Prozesses - z.B. wegen unzureichender Interaktion und fehlenden Lernangeboten im Sozialisationsverlauf - führt sicher in die soziale Isolation (vgl. SCHUCHARDT 1988, S.164).
Das kann die Autorin anhand der Auswertung ihres Biographien-Aufrufs nachweisen, in dem die meisten Betroffenen Zweifel an integrativen Leistungen von derzeit üblichen Rehabilitationsmaßnahmen geäußert hatten. Sie schildern nach Beendigung solcher Maßnahmen vielmehr neuerlich schockartige Erfahrungen von sozialer Isolation, Desorientierung und schwere Identitätskrisen. Zur Integration und Partizipation fehlen adäquate Bildungsangebote (vgl. SCHUCHARDT 1985 a, S.54 f.).
Aus dieser Erkenntnis leitet sie folgende These ab: "Krisenverarbeitung **ist** nicht vorrangig ein intrapsychischer Prozeß, sondern **wird** vielmehr das Ergebnis handlungsorientierter Interaktionen. Das aber heißt: Krisenverarbeitung erschließt sich pädagogischem Handeln mittels Kriseninterventionen und -präventionen, sie wird - begrenzt, nämlich unter der Vorbedingung bewußter Lernbereitschaft - lehrbar, lernbar und institutionalisierbar" (SCHUCHARDT 1987 c, S. 42). Sie verwendet hierbei mit Bedacht den Begriff "Krisenverarbeitung" und nicht etwa "Behinderungsbewältigung", da dieser Lernprozeß gleichermaßen Behinderte, Betroffene und Nichtbehinderte betrifft. Denn auch die Identität der letzteren ist ständig "... von nicht abzuschaffenden Krisen bedroht ..." (a.a.O.).

Die Entwicklung der Interaktion in ihrem didaktisch-methodischen Modell der Zielgruppenarbeit beschreibt SCHUCHARDT in drei Schritten, nämlich

Stabilisierung - Integration - Partizipation, für die Nichtbehinderten in umgekehrter Reihenfolge:

Zielgruppen-Interaktions-Konzeption als wechselseitiger 3-Schritte-Prozeß
Lernprozeß bei Betroffenen/Behinderten

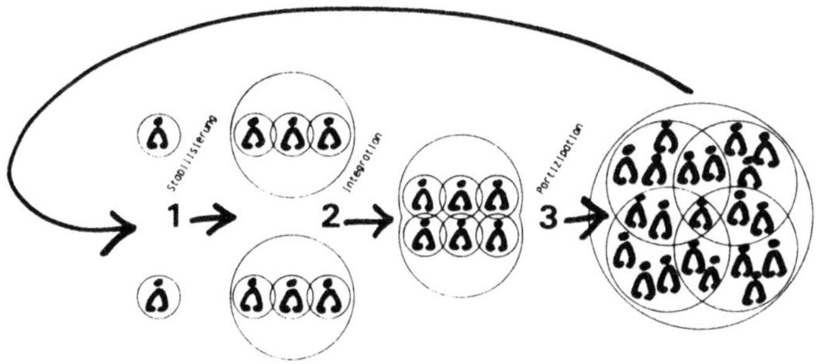

Zielgruppen-Interaktions-Konzeption als wechselseitiger 3-Schritte-Prozeß
Lernprozeß bei Noch-Nichtbetroffenen/Nichtbehinderten

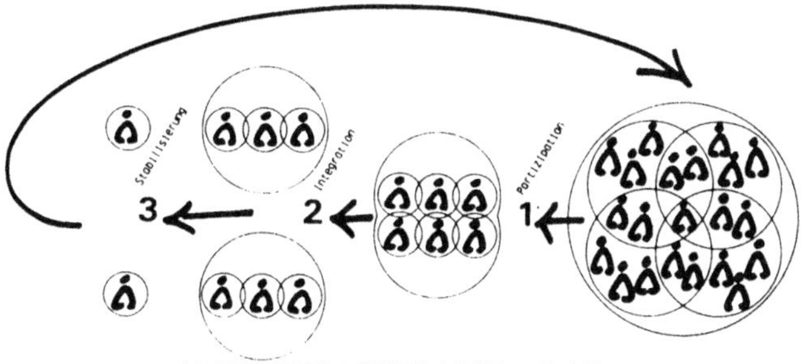

(SCHUCHARDT 1987 c, S.49)

Das bedeutet:

- Der erste Kontakt mit dem Behinderten oder Betroffenen, die Stabilisierung, findet zu Hause in seiner gewohnten Umgebung oder in möglichst homogenen Kleingruppen statt. Ist in den folgenden Gesprächen das Selbstwertgefühl stabilisiert und die persönliche Lage als gesellschaftlich bedingt und nicht selbst verschuldet erkannt, kann der nächste Schritt folgen, die gestörte Beziehungsfähigkeit in Seminaren mit Nichtbehinderten zusammen zu bearbeiten.

- Im zweiten Schritt, der Integration, sollen in diesen Seminaren beiderseitige Vorurteile u.ä. bewußt gemacht, gezielt besprochen und anschließend neue, veränderte Einstellungen erlernt werden. Durch das Erkennen der

Kompetenzen des Behinderten soll insbesondere der Nichtbehinderte diesen als (Lern-)Partner gewinnen können.

- Ist eine Integration mit gegenseitigem Verständnis gelungen, ist die Aufgabe des nächsten Stadiums das Initiieren der Verselbständigung der Seminargruppe, indem sie sich zur Selbsthilfegruppe weiterentwickelt oder besonders die behinderten Teilnehmer andere Weiterbildungsangebote besuchen. Ziel soll immer diese "Hilfe zur Selbsthilfe", die dreistufige Entwicklung vom "teilnehmerorientierten zum teilnehmerproduzierten Lernen" (SCHUCHARDT 1985 b, S.310; vgl. auch besonders a.a.O., S.311 und dies. 1987 c, S.47 ff.) sein.

Betont werden muß noch einmal, daß dies auch für die Nichtbehinderten einen unverzichtbaren Lernprozeß, nur in umgekehrter Richtung, darstellt. Mehr oder weniger unvorbereitet werden sie aus ihrer meist sicher geglaubten gesellschaftlichen Partizipation herausgerissen, durch die Integrationsangebote der Behinderten und Betroffenen stark verunsichert und entwickeln dann den Wunsch nach Stabilisierung. In dieser Konfrontation aber, durch das Korrektiv des Behinderten erhalten die Nichtbehinderten neue Lernchancen unterschiedlichster Art (z.B. Reflexionen über die eigene Gesundheit, den persönlichen Umgang mit Krisen und Konflikten etc.).

Schwierigkeiten bei der Realisierung ihres Konzeptes integrativer Zielgruppenarbeit nennt die Autorin selbst; sie liegen nach ihrer Auffassung in
- Abwehrmechanismen, mangelnder Lern-Bereitschaft und -Fähigkeit der Nichtbehinderten,
- der Unerreichbarkeit eines Großteils der Behinderten,
- der verstärkten Mitteleinsparung der letzten Jahre,
- und der noch defizitären Ausbildung der Erwachsenenbildungs-Mitarbeiter insbesondere bzgl. der Zielgruppenarbeit mit Behinderten (vgl. hierzu SCHUCHARDT 1988, S.165-168).

SCHUCHARDT referiert seit zehn Jahren die hier vorgetragenen Gedanken, Analysen und Modelle in ihren Veröffentlichungen; die einzige Weiterentwicklung findet 1985 im Rahmen eines Forschungsprojektes statt. Hier werden die über einen Aufruf gewonnenen Biographien (teilweise in Interviews vervollständigt) als didaktisches Medium in den integrativen Seminaren als Anreiz für die Teilnehmer genutzt, von sich selbst und den eigenen Erfahrungen zu berichten. Ihre Erfahrungen beschreibt sie folgendermaßen: "Zusammenfassend läßt sich feststellen, daß die Biographien beim Einsatz unter den Betroffenen durchweg eine positive Wirkung haben. Sie schaffen die Möglichkeit der Identifikation, lösen Betroffenheit aus, veranlassen dazu, von eigenen Erfahrungen zu erzählen. Auffallend ist, daß sie die Teilnehmer in einem sehr hohen Ausmaß zu eigenen Aktivitäten ermutigen" (SCHUCHARDT 1985 a, S.143). Gleichermaßen anziehend wirkt das Material auf die Nicht-Behinderten (vgl. a.a.O., S.130).

Unerwähnt bleibt, daß diese Methode einen durchschnittlich intelligenten und nicht psychisch kranken Behinderten voraussetzt!

Obwohl das Modell der "Krisenverarbeitung" als auch die Form der Integration nicht auf die Arbeit mit psychisch Kranken und Geistigbehinderten übertragen werden können, bietet nur SCHUCHARDT praktikable Vorschläge für Erwachsenenbildung mit Behinderten. Besonders erwähnenswert sind in diesem Zusammenhang ihre Ideen zum didaktischen Einsatz erhobener Biographien in ihren integrativen Gruppen. Die Bildungsarbeit der Pädagogik in der Psychiatrie aber unterliegt einigen zusätzlichen bzw. differierenden Bedingungen und Entwicklungen.

2.2. Pädagogik und Psychiatrie - ein altes, aber ungeklärtes Verhältnis

Zwischen (insbesondere Sonder- und Heil-) Pädagogik und Kinder- und Jugendpsychiatrie besteht ein relativ altes Verhältnis, während Erwachsenenbildung in der Psychiatrie, über Freizeitgestaltung hinausgehend, erst seit Anfang der 80er Jahre zum Thema und auch praktisch eingesetzt wird. Diese beiden Aspekte sollen hier kurz entworfen werden.

LEMPP (1987, S.111) bemerkt , daß schon Mitte des vorigen Jahrhunderts von zwei Lehrern das Handbuch "Die Heilpädagogik mit besonderer Berücksichtigung der Idiotie und der Idiotenanstalten" veröffentlicht wurde.
In der ersten Hälfte dieses Jahrhunderts begann dann die Kinder- und Jugendpsychiatrie sich von der Erwachsenenpsychiatrie abzuspalten. Zu ihren Diagnosen (neben den organischen Gehirnerkrankungen und Schwachsinnsformen) gehörte eine "... große Zahl von Charakteranomalien, der Psychopathien und Kinderfehler, deren Genese aus dem Umwelterleben und der frühkindlichen Erfahrung man damals noch nicht erkennen konnte" (LEMPP 1987, S.109). Insbesondere diese Erscheinungsformen wurden mit erzieherischen Mitteln meist negativer Art (strafenden Methoden) behandelt.
Aber auch in der gleichzeitig sich entwickelnden Kinderheilkunde (Pädiatrie) verstand sich der "... Arzt als Erzieher des Kindes" (zit. nach LEMPP 1987, S.111); außerdem wurden innerhalb dieses Fachbereichs im Anschluß entstandene Lehrbücher zur Kinderpsychiatrie mit dem Titel "Heilpädagogik" versehen.
Eine notwendige Affinität und Kooperation zwischen (Heil-) Pädagogik und Kinder- und Jugendpsychiatrie leitet LEMPP aus der ebenfalls in dieser Zeit gegründeten Psychoanalyse ab: "Tatsächlich verkörpert ja die Beziehung des Kindes zu seinen Eltern, zu Vater und Mutter, wie sie in der Psychoanalyse als grundlegendes Element in der psychischen Entwicklung Bedeutung erlangt, die Pädagogik schlechthin" (1987, S.110).
Heute ist die Pädagogik in wohl allen Kinder- und Jugendpsychiatrien durch Heilerzieher, Sonderpädagogen u.ä., meist auch durch Schulen für Kranke, vertreten.

Trotz vieler Anleihen seitens der Medizin dürfen nicht die doch erheblichen Differenzen, die auf ganz unterschiedlichen Weltsichten und Menschenbildern beruhen, übersehen werden. Der Stand der Auseinandersetzung wird deutlich in dem Sammelband "Geistigbehinderte zwischen Pädagogik und Psychiatrie" Vorträge einer Tagung zum Thema (DREHER u.a. 1987). Während die Mediziner versuchen, die Sonder- und Heilpädagogen möglichst reibungslos un "... nur in enger Kooperation ..." (LEMPP 1987, S.117, vgl. auch z.B. HAR

BAUER 1979, S. 48-50) in den Klinikbetrieb zu integrieren, formuliert etwa FEUSER (1987 b) Thesen zu den Widersprüchen, die im Spannungsfeld zwischen sozialwissenschaftlichem Anspruch und naturwissenschaftlichem Denken entstehen.
Demnach ist die Aufmerksamkeit der Psychiatrie auf dem Hintergrund medizinischer Logik maßgeblich auf die Pathologie und den Defekt ihrer Patienten gerichtet, welche sie mittels Therapie (wieder) der "Normalität" anzugleichen versucht. "Da ihre 'Diagnostik' im Sinne der Fixiertheit auf Symptome (- Erscheinungsebene) den Menschen atomisiert (- seine Einheit zerstört), faßt sie Menschen vergleichbarer Symptomgruppen in bezug auf ihre Verhaltensweisen trotz unterschiedlicher Biographie der Betroffenen in 'Krankheitseinheiten' zusammen. Den sozialen Kontext, in dem Behinderung und psychische Krankheit entstehen, macht sie zur 'Natur' der Betroffenen; Ursache und Wirkung werden z.T. nicht unterschieden bzw. aus sich heraus erklärt" (FEUSER 1987 b, S.94).

Pädagogik dagegen sollte versuchen, Bildung als Ausdruck der Biographie zu verstehen, mit dem Ziel fortschreitender Realitätskontrolle, aktiverer Selbstorganisation und weitestgehender Persönlichkeitsentwicklung. Sie setzt im Gegensatz zur Therapie nicht am Defekt an, sondern sucht die bildbaren, eher "gesunden" Anteile jeder Persönlichkeit, auch des psychiatrischen Patienten. Bezogen auf diesen bedeutet Biographie die "... Gesamtheit ihrer Handlungskompetenzen, ihrer Fähigkeiten, Fertigkeiten und Kenntnisse, ihrer Motive und Bedürfnisse ..." (FEUSER 1987 b, S.93).
Allerdings läßt sich gerade die Sonder- und Heilpädagogik häufig gerne von der defektorientierten Sichtweise der Medizin vereinnahmen und unterstützt die Separation Behinderter. Gemeinsames Ziel sollte stattdessen die Wiederherstellung sozialer Integration sein.

Betrachtet man sich die Erwachsenenpsychiatrie, so kann man innerhalb der Pädagogik - ist sie dort überhaupt vertreten - eine merkwürdige Spaltung bzw. Spezialisierung insbesondere auch in der Theoriebildung feststellen.

Werden Sonder- und Heilpädagogen **praktisch** in der Erwachsenenpsychiatrie

tätig, beschäftigen sie sich anscheinend mit Vorliebe mit den Geistigbehinderten. Dies ist offensichtlich auch auf die Empfehlungen der Psychiatrieenquete zurückzuführen, welche "... vorsehen, daß Menschen mit geistiger bzw. psychischer Behinderung nicht gemeinsam untergebracht werden sollen ..." (HÖSS/GOLL 1986, S.22). Folglich werden nur dieser Zielgruppe (a.a.O., S.27) pädagogische Angebote unterbreitet, mit dem Ziel der Ausgliederung aus dem psychiatrischen Krankenhaus und der gesellschaftlichen Integration z.B. in Wohngruppen (vgl. BRADL 1987, S.21 ff.), organisiert und betreut (wenn nötig) über ein sogenanntes "Wohnverbundsystem" in der Gemeinde (vgl. NIEHOFF 1987, S.46 ff.). Wie die Sammlung von DREHER u.a. (1987) deutlich zeigt, gibt es hierbei die unterschiedlichsten Konzepte, die alle versuchen, den über Jahre oder Jahrzehnte hinweg entstandenen Hospitalisierungsschäden gegenzusteuern, die Patienten zu reaktivieren und zu revitalisieren (vgl. HÖSS/GOLL 1986). Letztere sprechen (a.a.O., S.21) "... von 'grotesken Anstaltspersönlichkeiten' (Deutsche Gesllschaft für soziale Psychiatrie) ...", die immer gezwungen sind, "... sich den isolierenden, deprivierenden und hospitalisierenden Bedingungen anzupassen" (MAAS 1987, S.207).
Diese Schäden müßten m.E. bei anderen Patientengruppen, auch Behinderten wie den chronisch psychisch Kranken oder organisch abgebauten Suchtkranken (Korsakow-Patienten), genauso "ins Auge springen". Entsprechend unverständlich ist die Behauptung, daß "... die Forderung nach 'Entflechtung' Geistigbehinderter und psychisch Kranker auch eng zusammen mit einer Stärkung der pädagogischen Orientierung ..." (MAAS 1987, S.208) zu sehen ist.
Spätestens an dieser Stelle, an der fast alle Langzeit-Patienten beschrieben sind, kann man überspitzt formuliert die Mißachtung der psychisch Behinderten als Befürwortung ihrer Unterbringung in derselben Klinik verstehen, obwohl FEUSER im gleichen Sammelband das Gegenteil fordert: "Gemeinsames Ziel muß die Vermeidung der Zerstörung bzw. die Wiederherstellung der durch den Ausschluß zerstörten gemeinsamen Lebensrealität Behinderter **und psychisch Kranker** mit Nichtbehinderten sein" (1987 b, S.95; Hervorhebung K.K.).

Dieser gleichsam "separierenden Integration" der Geistigbehinderten folgen die Allgemeinen und Sozialpädagogen nicht. DAMASCHKE/MÄVERS legen

1981 (S.261 ff.) Vorschläge und erste Erfahrungen zu einem Pädagogischen Dienst ("social program") dar und versuchen eine vorläufige Einordnung: "Sind die Adressaten junge und ältere Erwachsene, so läßt sich das Gesamtvorhaben eines Pädagogischen Dienstes in der Psychiatrie in seiner allgemeinen **Zielrichtung** als Erwachsenenbildung ... verstehen, und zwar als Erwachsenenbildung, die, anknüpfend an die individuelle Konfliktsituation von einzelnen, durch Angebot von Orientierungshilfen und Vermittlung von Erfolgserlebnissen therapieergänzend wirkt" (a.a.O., S.265).

Nach ihrer Auffassung ist die pädagogische Arbeit in einer psychiatrischen Klinik der Sozialpädagogik, dem weiten Gebiet außerschulischer Erziehungsfelder zuzuordnen und durch drei Charakteristika markiert. Diese sind die Orientierung am Konflikt (nicht an gesellschaftlichen Leistungsanforderungen) und der subjektiven Erfahrung und Sichtweise des einzelnen Patienten; die Arbeitsmethoden sind durch Kombinationsreichtum und Formenvielfalt ausgezeichnet (vgl. a.a.O.).

Demgemäß bieten sie eine Menge Gruppenveranstaltungen an, welche eher der Freizeitpädagogik mit Spiel, "Erholung und Entspannung" (DAMASCHKE/MÄVERS 1981, S.267) entsprechen. Hierzu gehört beispielsweise "Volksliedsingen ..., Lernen der Standardtänze ..., Sport ..., elementares Musizieren ..., Theaterbesuche ..., Museumsbesuche ..., Spaziergänge ..., 'Bunte Abende' ..., Hausparlament ..." (a.a.O., S.268) und vieles andere mehr.

Eine herausragende Bedeutung hat in diesem Konzept das Pädagogische Rollenspiel. Es wird ausführlich dargestellt (a.a.O., S.275-294) und immer wieder vom Psychodrama abgegrenzt (z.B. a.a.O., S.278). Die anscheinende Beliebtheit dieses Mediums erklären die Autoren nicht aus dem Therapiebedürfnis der Patienten: "Viel eher waren das ganz andere Elemente: der Spaß, den die meisten, auch wir selbst, beim spielerischen Wechseln der Rollen gehabt haben, das Entdecken wachsender eigener Flexibilität und Kreativität bereits **während** der Aktion und wohl auch der Reiz des Experiments auf der Grenze zwischen zwei Erlebnismöglichkeiten: der Möglichkeit, sich in einem reinen 'Als ob' dem Charme einer Quasi-Verkleidung hinzugeben, und der Möglichkeit, sich einem Quasi-Ernstfall und dem damit verbundenen persönlichen Wagnis 'sportlich' zu stellen" (DAMASCHKE/ MÄVERS 1981, S.278).

Über diesen freizeitorientierten und spielerischen Charakter geht das ganze Konzept jedoch nicht hinaus.

2.3. Erwachsenenbildung im psychiatrischen Krankenhaus

Die Defizite der bisher referierten Konzepte zur Erwachsenenbildung mit Behinderten und zum Einsatz von Pädagogen in der Psychiatrie und die daraus abzuleitende mögliche bzw. unmögliche Übertragbarkeit derselben auf ein sinnvolles Modell der Weiterbildung in der Psychiatrie liegen relativ deutlich auf der Hand:

- SCHUCHARDT bietet zwar gut ausgearbeitete Vorschläge für Bildungsarbeit mit erwachsenen Behinderten an, geht aber kaum auf die speziellen Bedingungen psychisch Kranker/Behinderter ein (sie finden nur selten Erwähnung). Ihr Modell ist für Volkshochschulen und traditionelle Behindertenheime, nicht aber für Institutionen totaler Gewalt (Psychiatrie, Stafvollzug) geeignet. Hier sind integrative Ansprüche weitaus differenzierter zu fordern als auch wesentlich langfristiger zu planen und umzusetzen. Dennoch enthält es einige brauchbare praktische Anregungen (vgl. den didaktisch-methodischen Einsatz von Biographien).

- Die gesamte Zielrichtung der Arbeit mit ausschließlich Geistigbehinderten in der Psychiatrie, wie sie von DREHER u.a. (1987; auch HÖSS/GOLL 1986) vorgetragen wird, ist m.E. abzulehnen. Sie betreibt lediglich eine erneute Segregation der Behinderten untereinander. Diese Vorgehensweise bedeutet eine passive, aber klare Befürwortung der separaten Unterbringung psychisch Kranker und Behinderter in psychiatrischen Großkrankenhäusern.

- Das Modell eines pädagogischen Dienstes von DAMASCHKE/MÄVERS (1981) ist im wesentlichen sozialpädagogisch (außerschulische Inhalte) orientiert. Es versteht sich als Ergänzung medizinisch-therapeutischer Vorstellungen, der Gedanke der Integration findet sich nur in Form von Heilung. Daher beschreiben sie keine Projekte, die über Freizeitgestaltung, Rollenspiel und Selbstorganisation (z.B. Hausparlament) hinausgehen und auf der Aus- und Weiterbildungsebene Entwicklungsmöglichkeiten suchen (Hilfestellungen werden nur am Rande erwähnt, aber nicht erläutert).

Bei den beiden letzteren Konzepten fällt der Mangel an empirischer Absicherung auf. DAMASCHKE/MÄVERS (1981, S.265) führen zwar "... die 'subjektive Erfahrungs- und Schicksalslage eines einzelnen'..." (nach MOLLENHAUER) an, erläutern aber nicht, wie sie diese in Kenntnis bringen wollen. FEUSER hingegen nennt wenigstens die Erhebung der Biographie als Möglichkeit (1987 a, S.79 und 1987 b, S.95 ff.).

Im Gegensatz dazu legt HÖRMANN eine ausführliche theoretische Analyse und eine eigene empirische Untersuchung zum Bildungsbedarf in der Psychiatrie mit anschließenden Vorschlägen zur Verbesserung vor. Für ihn gilt: "Wichtiger als die immer neue Erfindung von auf dem Markt noch origineller erscheinenden Therapien scheint daher die Rückbesinnung auf pädagogische Aufgaben, die sich nicht in umgangssprachlicher oder verkürzter Sicht auf eine Altersphase oder bestimmte Institutionen beschränken lassen ..., **sondern Bildung als einen lebenslangen Prozeß der Qualifizierung und Förderung begreifen**" (HÖRMANN 1985, S.4; Hervorhebung, K.K.). Anknüpfungspunkte dafür sind nur in einer Situationsanalyse der jeweiligen Patienten zu finden.
Hierzu versucht er allererst eine Abgrenzung der Begriffe Krankheit und Behinderung im Bereich der psychiatrischen Erscheinungsformen und eine Darstellung des Bedingungsgefüges bei der Entstehung psychischer Krankheiten/ Behinderungen. Er referiert eine Vielzahl von Definitionen und Autoren (etwa auch die WHO oder das Bundessozialhilfegesetz), für den Zweck dieser Arbeit aber ist es ausreichend, nur die wichtigsten wiederzugeben.
Die Frage nach Definition und Genese von "Krankheit" war in den letzten Jahrzehnten stark geprägt vom Widerstreit zwischen medizinischem und sozialwissenschaftlichem Paradigma, zwischen physiologischer und psychosozialer Erklärung - dies insbesondere in der Psychiatrie, die lange versuchte, an den allgemeinmedizinisch-naturwissenschaftlichen Konzepten festzuhalten. In den 70er Jahren tauchen dann multifaktorielle Definitionen auf. HÖRMANN

zitiert ROTHSCHUH: "Krankheit ist der 'Zustand der subjektiven (oder/und) klinischen (oder/und) sozialen Hilfsbedürftigkeit eines Menschen infolge des Verlustes des abgestimmten Zusammenwirkens der physischen, psychischen oder psychophysischen Funktionsglieder des Organismus'" (1985, S.15). Diese Hilfsbedürftigkeit kann u.U. ohne Wissen des Erkrankten existieren und die unterschiedlichsten Hilfsmaßnahmen erfordern (vgl. a.a.O.).
Ein Beharren auf physiologischen Erklärungen (besonders in der Ätiologie) scheint gerade in der Psychiatrie unhaltbar, da es sich bei psychischen Störungen oft um reine Verhaltensabweichungen und Normverstöße handelt. Bestimmte Formen von Geisteskrankeiten werden aber in anderen Gesellschaften gar nicht als Krankheit betrachtet, sondern z.B. religiösen Bereichen als Hexerei, Besessenheit oder Schamanismus zugeordnet (vgl. HÖRMANN 1985, S.26).

Sodann entwickelt der Autor eigene Vorstellungen zu einem "biopsychosozialen Störungs- und Karrieremodell" und bemüht sich um die Integration physischer, psychischer und sozialer Faktoren. Graphisch kann man sich dies folgendermaßen veranschaulichen:

Modell multikonditionaler Entstehung von Disposition zu psyschischer Erkrankung (nach HELMCHEN 1983, 79)

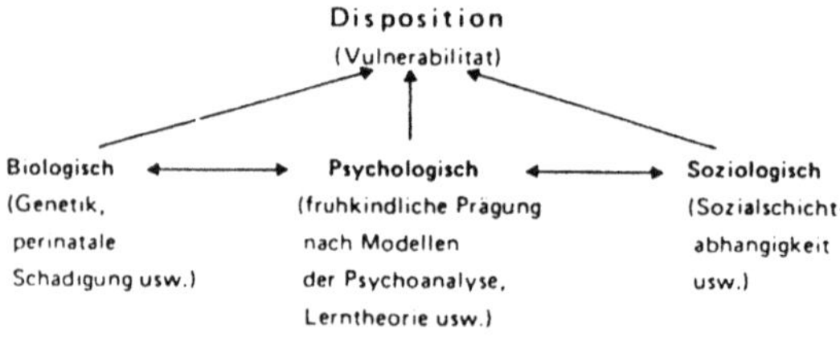

(zit. nach HÖRMANN 1985, S.47)

Wie durch den oben erwähnten Begriff schon deutlich wird, geht er "... einmal von der Annahme einer multikonditionalen Genese jeder Erkrankung oder Störung aus, die sich jedoch, je nach gesellschaftlichen Rahmenbedingungen unterschiedlich auswirken kann" (HÖRMANN 1985, S.38). Statt einer monokausalen Betrachtung bedeutet das für ihn, "... daß die Mehrzahl der körperlichen Erkrankungen wie auch psychischer Störungen auf der Interaktion einer

Vielzahl verschiedenster Verursachungsbedingungen und Vermittlungsfaktoren beruht" (a.a.O.). Schon zwei Jahre zuvor hatten HORN u.a. den gleichen Gedanken unter dem Begriff "Soziopsychosomatik" zusammengefaßt. Sie erläutern: Die Dechiffrierung einer Krankheit "... durch eine psychosozial und psychosomatisch aufgeklärte Sozialforschung muß daher in der Art einer Rückübersetzung nach den spezifischen Bedeutungen für die jeweils interessierenden Referenzsysteme fragen: Für das einzelne kranke Individuum in seiner aktuellen sozio-psychosomatischen Verfaßtheit und der (Lebens-) Geschichte dieser Struktur; die Interaktionszusammenhänge, in denen es lebt; die Familie, die subkulturelle Lebenswelt, der Beruf und das System medizinischer Behandlung und Versorgung als gesamtgesellschaftlich wirksames Subsystem zur sozial anerkannten Bearbeitung spezifischer psychosozialer Konflikte" (HORN u.a. 1983, S.47).
DÖRNER (1975, S.12) meint sogar, die Psychiatrie brauche sich gar nicht am naturwissenschaftlichen Diskurs der Organmedizin zu orientieren, sondern könne ihr bei der Berücksichtigung des Psychischen und Sozialen sogar als Vorbild dienen, wie das für die Medizin bis vor 150 Jahren selbstverständlich gewesen sei (vgl. auch HÖRMANN 1985, S.39).

Die Komplexität des Zusammenspiels von Körper, Seele und sozialer Umgebung läßt sich am übersichtlichsten wiederum mittels einer Graphik verdeutlichen:

Wirkungsweise psychosozialer Faktoren bei der Entstehung von Krankheiten (nach REINERT & WITTLING 1980, 42 f.)

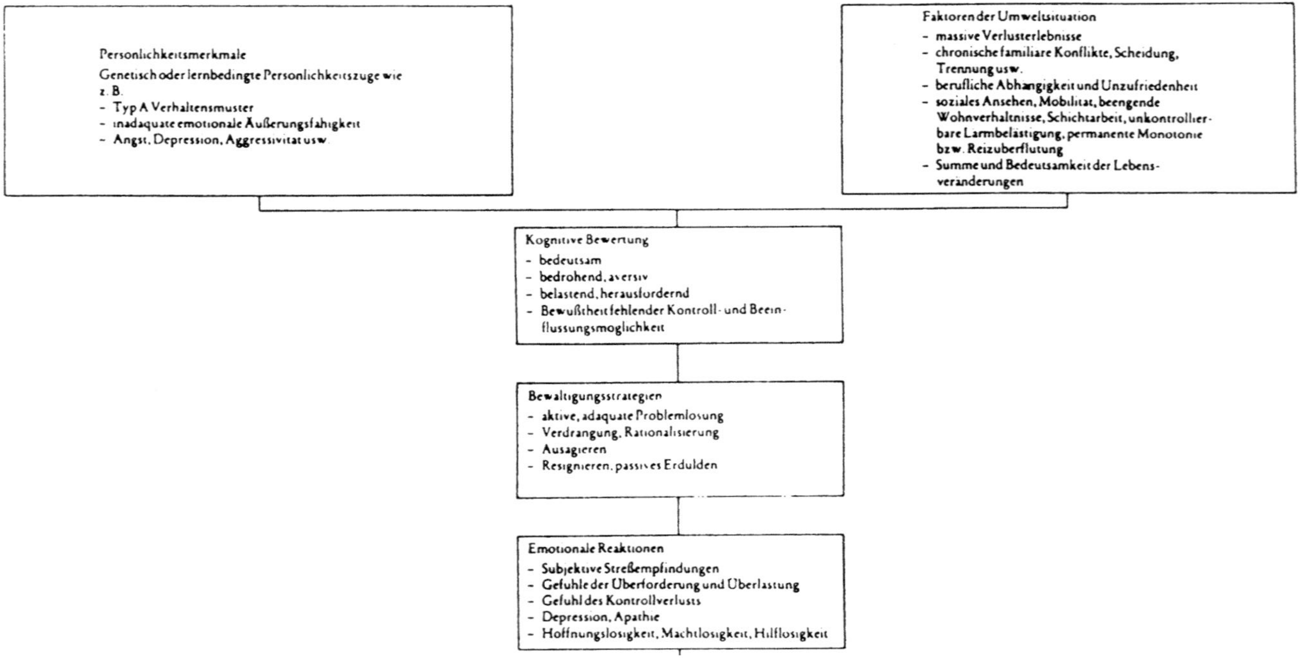

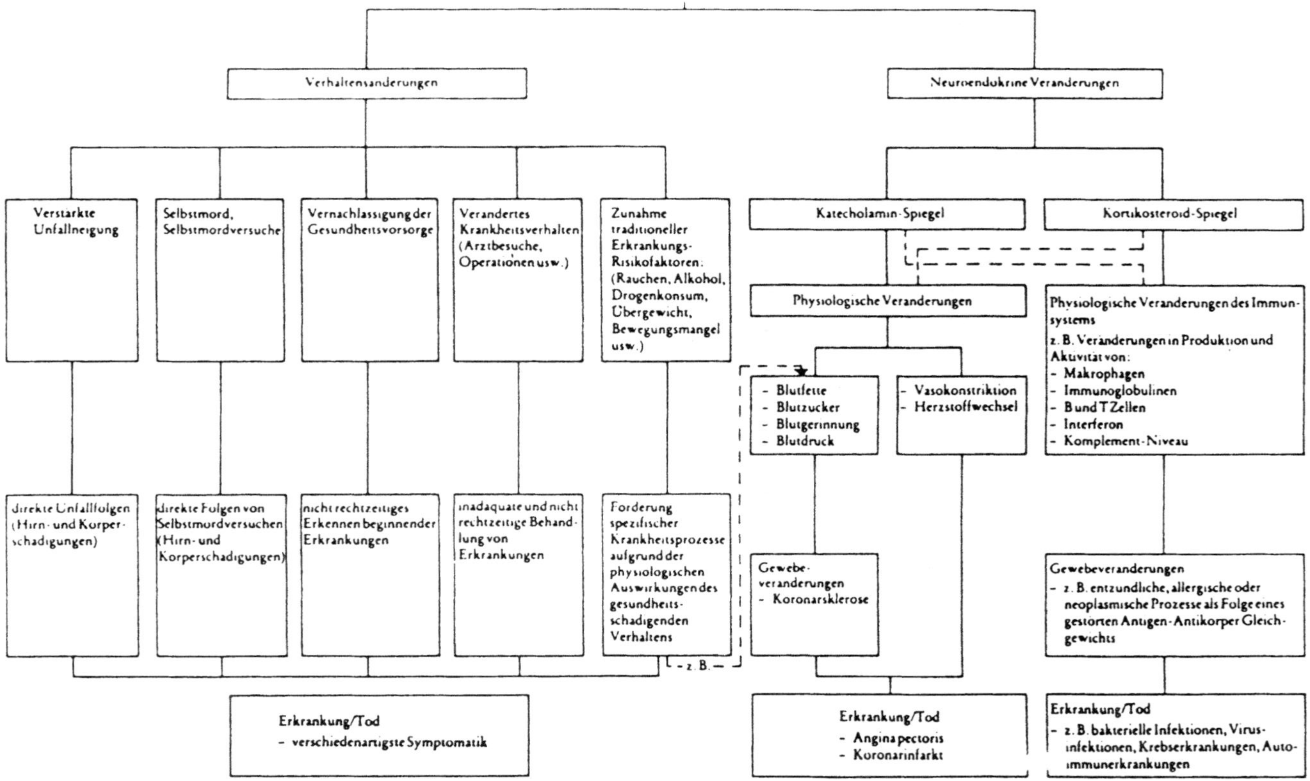

(zit. nach HÖRMANN 1985, S.44 f.)

Die Definition des Begriffs der seelischen oder psychischen Behinderung gestaltet sich noch schwieriger, da er beispielsweise vom Sozialrecht benutzt wird, einen langen Entwicklungsprozeß auf einen festlegbaren Zeitpunkt zu fixieren (wann steht einer beliebigen Person ein Behindertenausweis zu?).
HÖRMANN erkennt hier richtig, daß nicht die psychische Erkrankung selbst zur Behinderung wird, sondern die Folgen, d.h. die gestörte Interaktion mit der Umwelt: "Primäre Behinderungen sind direkte Krankheitsfolgen wie z.B. bei Schizophrenen Isolierung, Störung des Realitätsbezugs, Denk- und Kommunikationsstörungen. Sekundäre Behinderungen entstehen etwa als Folge des langen Verharrens in der Rolle des Kranken in einer Anstalt, deren entmündigendes und überversorgendes Milieu regressive Tendenzen fördert und selbst einfache soziale Fähigkeiten verlernen läßt (Hospitalismus, Anstaltsneurose)" (1985, S.60).
Ein Krankheitssymptom oder -syndrom allein kann noch keine Behinderung bedeuten, erst wenn diese zu schweren Beeinträchtigungen der Realitätswahrnehmung oder der Kommunikationsfähigkeit (z.B. bei Schizophrenen) führen:

Faktoren der Behinderung
(modifiziert nach SCHWARZ & MICHAEL 1977, 660)

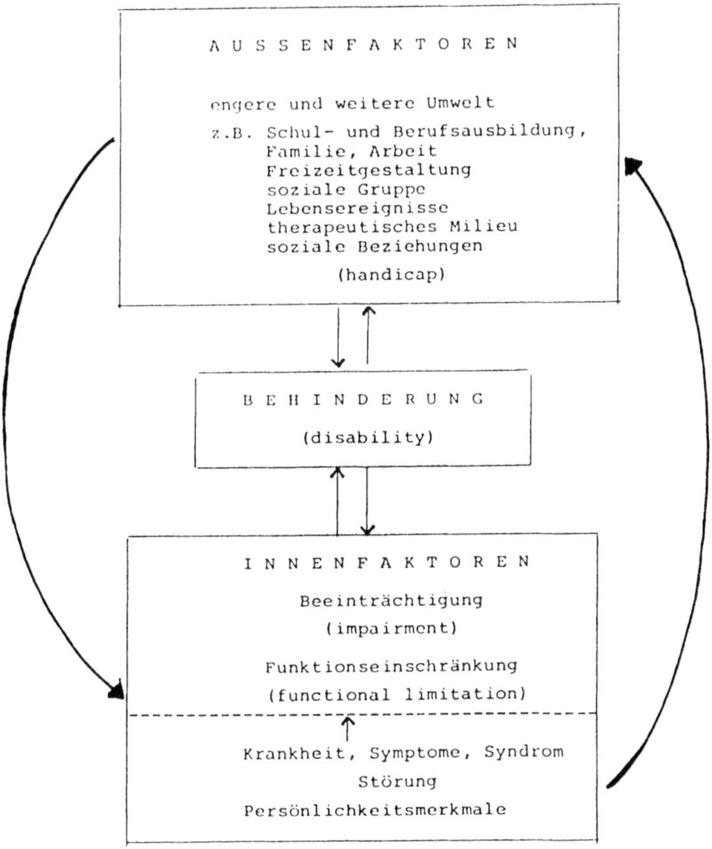

(zit. nach HÖRMANN 1985, S.62)

Andere Autoren versuchen Krankheit und Behinderung zu definieren, indem sie einen zeitlichen Faktor einführen: "Unter seelisch Behinderten sind vor allem chronisch psychisch Kranke zu verstehen, zu ihnen zählen Personen mit abnormen psychischen Dauerzuständen z.B. nach schizophrenen Psychosen oder nach hirnorganischen Erkrankungen" (aus dem Bericht der Sachverständigenkommission "Zur Lage der Psychiatrie in der Bundesrepublik Deutschland"; zit. nach HÖRMANN 1985, S.57).

		Dauer der Beeinträchtigung	
		vorübergehend	nicht nur vorübergehend
Ausmaß der Beeinträchtigung	gering bis mittelmäßig	Kranke	chronisch Kranke
	wesentlich	Schwerkranke	Behinderte

(zit. nach HÖRMANN 1985, S.58)

Lediglich die Soziologie fordere Gespräche mit Behinderten, statt sich definierend von ihnen zu distanzieren.

Sodann kommt HÖRMANN zu Prognostik und Rehabilitation, betrachtet aber nur noch die hospitalisierten psychisch Behinderten (vgl. 1985, S.135). In den meisten psychiatrischen Kliniken wird aus jeder Handlung "Therapie". Bedürfnisse und Fähigkeiten, die vor dem Aufenthalt existierten, können zunächst wegen räumlicher und sozialer Separation nicht realisiert werden. Nach erfolgreicher Hospitalisierung (der chronisch Kranken) werden diese dann aber im Rahmen der Rehabilitation wohldosiert als Therapie wieder zugelassen. Das führt "... zu einer inflationären Therapeutisierung von Beschäftigungen wie Arbeit, Tanz, Sport, Malen, Bewegung und Lernen ..." (HÖRMANN 1985, S.118). Demgegenüber sollte man sich auf gerade den sozialisatorischen Charakter von regelmäßigen Aktivitäten wie Beschäftigungs- und Arbeitstherapie besinnen und diesen Pädagogik/Weiterbildung zur Seite stellen.
Denn Bildung ist ja in besonderem Maße (und etwa genau im Gegensatz zu den meist eintönigen Angeboten der Arbeitstherapie) geeignet die Suche nach sinnvoller Beschäftigung zu unterstützen und dem sinnentleerten "Herumdösen" auf den Langzeitstationen"... und der damit verbundenen vorzeitigen Ver blödung (Demenz) ..." (a.a.O., S.121) Alternativen entgegenzusetzen. Es "... is jedoch die nicht minder wichtige pädagogische Aufgabe, über vordergründig Berufsqualifizierung hinaus die weitere Entwicklung allgemeiner und grundle gender Kenntnisse, Fähigkeiten und Fertigkeiten zu ermöglichen, gerade fü psychisch Behinderte von besonderer Bedeutung, damit nicht infolge man

gelnder intellektueller Stimulation jener vorzeitige geistige und emotionale Abbau im Sinne sekundärer Behinderung beschleunigt und fälschlicherweise voreilig als bloßes Folgeprodukt psychischer Erkrankung festgeschrieben wird ..." (HÖRMANN 1985, S.122).
Sodann referiert der Autor einige prognostische Studien, die der Frage nachgehen, durch welche Bedingungen eine erfolgreiche Rehabilitation, eine soziale Wiedereingliederung psychisch Behinderter erschwert bzw. erleichtert wird. Hier hat sich auch in der Medizin in den beiden letzten Jahrzehnten der Blick von somatischen auf die sozialen Bedingungen gewendet. Demnach wirken integrationserschwerend verschiedene Faktoren, die als belastende oder kritische Lebensereignisse bezeichnet werden (vgl. a.a.O., S.137 ff. und FILIPP 1982). Beispiele werden aus dem familiären und beruflichen Bereich angeführt: "... z.B. Verlust eines nahen Angehörigen, Scheidung, Wohnungswechsel, Arbeitsplatzverlust usw." (HÖRMANN 1985, S.138). Entscheidend auf die gesamte Entwicklung wirkt sich auch die Möglichkeit zur Nutzung persönlicher und gesellschaftlicher Ressourcen aus.

Aber auch die Form des Klinikaufenthaltes ist entscheidend. Es wird eine Untersuchung von CIOMPI angeführt, in der sich spezifische Risikofaktoren "... wie 'Hospitalisation (und damit soziale und berufliche Ausgliederung) von mehr als 5 Jahren Dauer, spärliche Außenkontakte, Alter über 45 Jahre, Intelligenzquotient unter 90, Aufenthalt auf geschlossenen Abteilungen, weibliches Geschlecht' ... herausgestellt" (zit. a.a.O., S.144) haben.

Immer häufiger stellt sich heraus, daß über die Betrachtung des sozialen Umfeldes hinaus die besten Chancen Patienten mit qualifizierter Schul- und Berufsausbildung haben; dies ist Ergebnis mehrerer Untersuchungen (vgl. a.a.O., S.145).
Aus den genannten Überlegungen leitet der Autor **zwei Zielrichtungen der Erwachsenenbildung** ab, nämlich

Stufen und Entscheidungspunkte eines Karrieremodells psychischer Störungen und prinzipielle Interventionsstufen eines bedarfsgerecht differenzierten Versorgungssystems (Nach FÜRSTER & PELIKAN 1977, 32 f.; Abdruck mit freundlicher Genehmigung des Luchterhand Verlages nach einer Vorlage für EYFFERTH u.a.1984, 836)

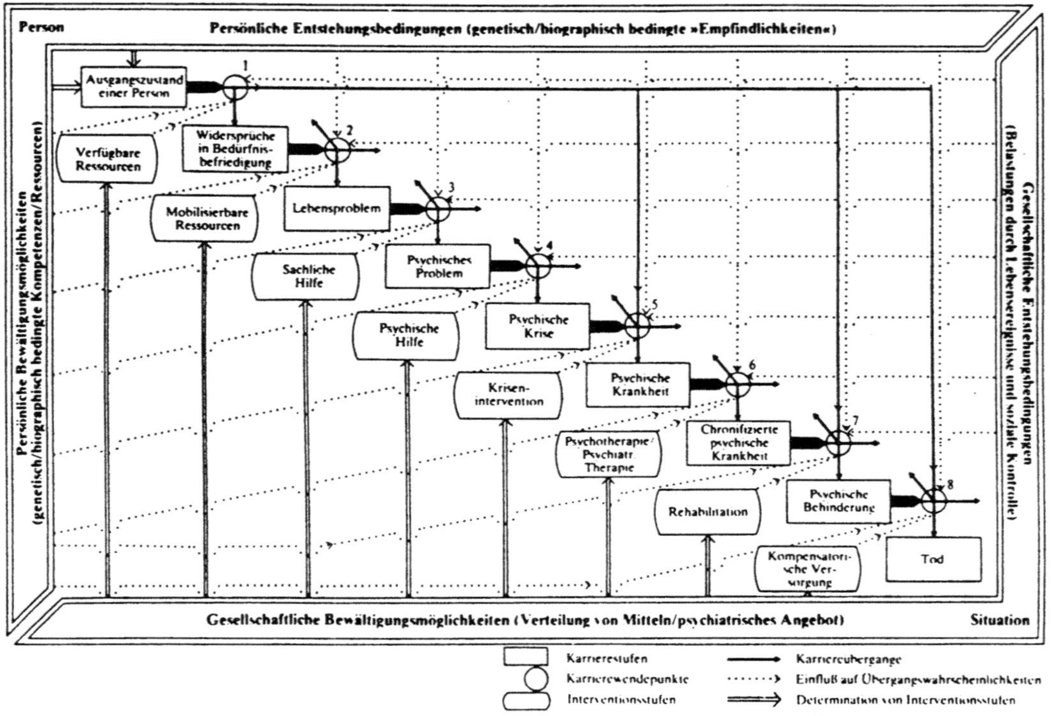

(zit. nach HÖRMANN 1985, S.50)

- **die Vervollständigung der Schul- und Berufsausbildung, und**

- **Maßnahmen zur Dämpfung der Hospitalisierungs- und ihrer Folgeschäden.**

In einer "Sonderschule für Erwachsene" im Krankenhaus sollen "... Kurse und Projekte der Weiterbildung ..." und "... freizeitpädagogische Aktivitäten und sozialpädagogische Gruppenarbeit ..." (HÖRMANN 1985, S.150) nach dem Konzept von DAMASCHKE/MÄVERS (1981) angeboten werden. Diese Angebote sollen an "... verschüttete oder vorenthaltene Schulerfahrungen ..." (HÖRMANN 1985, S.150) anknüpfen.

In einem zweiten Teil der Arbeit referiert der Autor seine eigene quantitativ-sozialstatistische Untersuchung, die aber lediglich der Bestätigung der schon theoretisch entwickelten Forderungen und Möglichkeiten dient. In einer Clusteranalyse gelingt ihm zwar die Gruppierung der Patienten nach Merkmalszusammenhängen (vgl. a.a.O., S.219), praktische Vorschläge für Kurse und Projekte, die über das bisher Übliche hinausgehen, vor allem ihre Ableitung, kann er nicht anbieten. Dies dürfte auch mittels solcher Analysen relativ unmöglich sein, denn relevantes Material kann so gar nicht erhoben werden: "Die ursprüngliche Absicht, auch psychopathologische Merkmale, biographische Komponenten oder bedeutsame Lebensereignisse einzubeziehen, um ein möglichst plastisches Bild der soziobiographischen Situation **im Sinne einer rekonstruktiven Lebenslaufanalyse** zu erhalten, erwies sich jedoch rasch als undurchführbar" (a.a.O., S.174; Hervorhebung, K.K.).
Ein statistisches Ergebnis scheint mitteilenswert: die Mehrzahl der von ihm Befragten wurden erstmals im Alter von 16-25 Jahren stationär in der Psychiatrie behandelt, was auch für die ambulanten Behandlungen gilt. Daraus lassen sich zwar keine ätiologischen Aussagen ableiten, es ist aber wohl naheliegend, daß psychiatrische Ersterkrankungen zumindest in Zusammenhang mit den Schwierigkeiten des Wechsels vom Jugendlichen zum Erwachsenen und vom Schul- ins Berufsleben stehen (Statuswechsel; vgl. HÖRMANN 1985, S.190).

Die Vorschläge der bisher vorgetragenen Konzepte von SCHUCHARDT, DAMASCHKE/MÄVERS und HÖRMANN, weniger von DREHER u.a. können m.E. nur in Kombination sinnvoll zur Anwendung gelangen; dies war auch Grundlage der eigenen Arbeit in einer psychiatrischen Klinik (vgl. KÖHLER 1987, S.259-273). Hierbei muß von einem pädagogischen Dienst Weiterbildung als schulische oder berufliche Weiter-Qualifikation und zur Dämpfung von Hospitalisierungsschäden eingesetzt werden. Die dazu unbedingt benötigten Anknüpfungspunkte aus der Erfahrungs- und Lebenswelt der Patienten sind nur in biographischer Arbeit - analytisch und didaktisch einsetzbar - zu identifizieren. Das von SCHUCHARDT vorgeschlagene Modell der "Krisenverarbeitung als Lernprozeß" muß allerdings bei der Arbeit mit geistig und psychisch Behinderten erheblich modifiziert werden, da diesen Betroffenen oft oder meist der Blick auf die eigene Krankheit oder Behinderung verstellt bleibt. In der Sprache der Mediziner heißt dies bei Schizophrenen beispielsweise "mangelnde Krankheitseinsicht".

HÖRMANN begründet das Abweichen von seiner ehemaligen Absicht, auch biographisches Material in seine Untersuchung einzubeziehen, mit folgenden Argumenten: "Abgesehen vom beträchtlichen zeitlichen, ökonomischen und Trainingsaufwand wäre das Anliegen der Studie mit einer umfänglichen Thematik überfrachtet worden, ohne daß ihr ursprüngliches Ziel, durch eine empirisch orientierte Erhebung erste Informationen über schulische und berufliche Voraussetzungen und Hintergründe stationär behandelter psychisch Behinderter sowie hiermit zusammenhängender rehabilitationsrelevanter Fördermöglichkeiten zu erhalten, über die Maßen gefördert worden wäre. ... Um ferner einen möglichst großen Teil von Befragbaren einbeziehen zu können, erfolgte eine Beschränkung auf eher 'objektive' Informationen ..." (1985, S.174 f.).
An dieser Stelle wird der Anspruch quantitativer Untersuchungen relativ gut deutlich. Um allgemeingültige Daten zu erhalten (und der "Beliebigkeit und Willkürlichkeit" zu entgehen, vgl. a.a.O.), müssen die Fallzahl möglichst groß und die Informationen objektiv sein. Dies führt dazu, auf die Erhebung subjektiver Daten zu verzichten, lediglich einen pädagogischen Bedarf bei den Patienten bzgl. Ausbildung und Hospitalisierungsschäden festzustellen, aber kaum didaktisch-methodische Vorschläge unterbreiten zu können.

Sucht man nach konkreten Möglichkeiten von Erwachsenenbildung mit psychisch Behinderten, die über Freizeitgestaltung und Fortsetzung der Ausbildung hinausgehen, müssen allererst **subjektive** Informationen zur Erfahrungswelt des Betroffenen erhoben werden, welche ein Anbahnen/Anbinden von Bildungsmaßnahmen überhaupt erst ermöglichen (oder diesem Vorhaben gar im Wege stehen). "Muß nämlich zunächst in der Planungsphase von Bildungsprozessen der spezifische Adressat eines Bildungsangebots bereits antizipatorisch bei der Planung berücksichtigt werden, so ist zum anderen durch die verstehende Teilhabe an einem Lernprozeß das jeweilige Planungskonzept an die Erfahrungsschemata der Teilnehmer anzugleichen, damit überhaupt Lernen stattfinden kann" (KADE 1983, S.21).

Seit die Phänomenologie diese **soziale Wirklichkeit, die genannte Erfahrungswelt aus der Perspektive des einzelnen, als konstruierte, als von den Gesellschaftsmitgliedern hergestellte** betrachtet, findet in der daraus abgeleiteten qualitativen Sozialforschung immer häufiger der Begriff **Fremdverstehen** Verwendung.
Insbesondere bei gesellschaftlichen Randgruppen, Subkulturen, Behinderten oder psychisch Kranken bedeutet dies m.E. unbedingt für den Untersuchenden **fremdes** Denken, **fremde** Erfahrungswelten verstehen zu müssen.

Die Themenkomlexe der folgenden Kapitel zum "Paradigma des Fremdverstehens" werden, soweit möglich, zur Eingrenzung der Darstellung entlang dem Phänomen der psychischen Krankheit oder Behinderung und der damit befaßten Institution, der Psychiatrie, entwickelt. Es ist naheliegend, die dargestellten Gedankengänge auch auf andere Randgruppen oder Subkulturen zu beziehen; genannt seien nur Kriminalität und Strafvollzug. Diese bleiben aber hier unberücksichtigt.

3.1. Zur Phänomenologie und Wissenssoziologie

Gewöhnlich fragen wir nach dem Sinn einer Handlung (also auch einer rein verbalen Mitteilung) erst in dem Moment, in dem die Selbstverständlichkeit ihrer Bedeutung verloren gegangen und nicht mehr rekonstruierbar ist. Die solchermaßen ausgelöste Betroffenheit ist Voraussetzung für das Verstehen jeder fremden Handlung (vgl. KADE 1983, S.29). Die Phänomenologie unterbreitete den Vorschlag, über "radikale Selbstbesinnung" (HUSSERL, zit. nach KADE 1983, S.33) zu ergründen, wie sich denn Sinn überhaupt in der Erfahrung des Subjektes subjektiv, das heißt aus seiner Sicht konstituiert. Dieser Vorgang sei in Form von Intuition zugänglich.
Der Gedankengang, zwischen Selbst- und Fremdverstehen, dem Sinn eigener und fremder Handlung keinen Unterschied zu machen, wurde jedoch kritisiert und durch Beispiele wie Mißverständnisse oder Zweideutigkeiten widerlegt

Gleichzeitig wurde aber auch deutlich, daß das Verstehen fremden Denkens und Handelns grundsätzlich auf der Selbstauslegung eigener Erfahrungen, quasi auf der Folie eigener Sinnkonstitutionen interpretiert und verstanden wird.

Erst Arbeiten der Wissenssoziologie wie die von BERGER/LUCKMANN über "die gesellschaftliche Konstruktion der Wirklichkeit" (1980, erstmals 1966) machten einen Perspektivenwechsel möglich.
Für sie ist nicht nur der subjektive Sinn fremden Handelns konstituiert und vom beobachtenden Subjekt intuitv zu rekonstruieren, sondern sie betrachten die gesamte soziale Realität als konstruierte. Diese Konstruktion als "Routinewirklichkeit der Alltagswelt" (BERGER/LUCKMANN 1980, S.27) wird vom Individuum selbstverständlich als objektive Wirklichkeit hingenommen, sie wird erst problematisch, wenn diese Routinen durchbrochen werden. Die Arbeitswelt z.B. ist unproblematisch, solange die Arbeitskollegen vertrauten Beschäftigungen nachgehen, an ihren Tischen sitzen und tippen u.ä. Stehen sie in einer Ecke, flüstern und werfen verstohlene Blicke auf mich, wird die Routine problematisch, die Konstruktion der sozialen Wirklichkeit wird undurchsichtig und für mich brüchig ("... das kann doch wohl nicht sein ...", vgl. a.a.O.) - ich beginne sie zu überprüfen.

Ihre Gedanken erläutern die Autoren an unserem regen "Verkehr" auf verschiedenen Wirklichkeitsebenen. Der findet beispielsweise statt zwischen der Wirklichkeit der theoretischen Physik, der der Träume oder "... zwischen der Alltagswelt und der Welt des Spiels, des der Kinder und, noch ausgesprochener, des Spiels der Erwachsenen. Das Theater ist ein besonders gutes Beispiel für Spiel der Erwachsenen. Der Übergang von einer Wirklichkeit in die andere wird durch das Auf- und Niedergehen des Vorhangs markiert. Wenn der Vorhang aufgeht, wird der Zuschauer 'in eine andere Welt versetzt', eine Welt eigener Sinneinheit und eigener Gesetze, die noch etwas oder auch gar nichts mit den Ordnungen in der Alltagswelt zu tun haben können. Wenn der Vorhang fällt, kehrt der Zuschauer 'in die Wirklichkeit' zurück, das heißt in die oberste Wirklichkeit, in die Alltagswelt, mit deren Wirklichkeit verglichen die auf der Bühne jetzt dürftig und ephemer erscheint, wie lebensvoll sie auch we-

nige Augenblicke früher gewirkt haben mag. Ästhetische und religiöse Erfahrungen stecken voller derartiger Grenzübergänge, in eben dem Maße, in dem Kunst und Religion Provinzen sind, in denen immerwährend 'Enklaven' abgegrenzt werden" (BERGER/LUCKMANN 1980, S.28).
Die Regeln dieses Verkehrs zu beherrschen, hängt von individuellen sozialen Fähigkeiten, aber auch vom Entwicklungsstand der jeweiligen Gesellschaft ab. Die wirklichkeitssichernden Handlungen und Maßnahmen stecken voller Schwierigkeiten, insbesondere in hochmobilen und weitläufig ausdifferenzierten Industriegesellschaften mit hohen Rollenanforderungen an den einzelnen. Dabei handelt es sich auch um eine ständige "Wirklichkeits**ver**sicherung" (a.a.O., S.162), meist unbemerkte Routineverrichtungen nach einem bestimmten Rezeptwissen. Der benötigte Wissensvorrat steht in unserer Gesellschaft an hervorragender Stelle (vgl. a.a.O., S.44). Als beliebige Beispiele sind zu nennen der Umgang mit Telefon, neuen Medien oder Computer (eine zweite Realitätsebene ?).

Die hier beschriebene, eher individuelle Ebene der Wirklichkeits(ver)siche-rung ist verhältnismäßig gut nachzuvollziehen. Schwieriger aber scheint es in der Welt der Institutionen, die als anscheinend objektive Welt erfahren wird "Sie hat eine Geschichte vor der Geburt des Individuums, die sich persönlich biographischer Erinnerung entzieht. Sie war da, bevor der Mensch geboren wurde, und sie wird weiter nach seinem Tode da sein" (BERGER/LUCK-MANN 1980, S.64). Dadurch gewinnt sie objektiven Charakter, die individuelle Geschichte wird zur Episode. Häufig sind solche Institutionen denn gerade dort zuständig, wo die Wirklichkeitssicherung eines einzelnen versagt. Die Wissenssoziologie beginnt hier die psychiatrische Welt als eigene Wirklichke[it] zu erahnen.
LUCKMANN formuliert später, nämlich 1983: "Normalität und Abnormalität (um ein Wort zu gebrauchen, das in empfindsamen Kreisen noch verpönter i[st] als Normalität selbst) sind gesellschaftliche Wirklichkeiten: anders, aber darum nicht weniger wirklich als die natürliche Gegebenheit eines Felsens. S[ie] sind gesellschaftliche Wirklichkeit: anders, aber für den einzelnen auch so unausweichlich wie der Tod. Wirklich, aber 'hergestellt' wirklich: geschichtlich tradiert, in Sozialisationsprozessen vermittelt" (S.12). Hiermit ist angedeutet

was BERGER/LUCKMANN dann beschreiben: die Internalisierung der Wirklichkeit und ihrer Konstruktionsprinzipien innerhalb der primären und sekundären Sozialisation (vgl. 1980, S.139 ff.).
Die Darstellung der Übernahme der notwendigen Regeln, Routinen und Rollen ist für die vorliegende Arbeit nicht notwendig (den meisten Pädagogen auch geläufig), erwähnenswert ist mir aber folgende Feststellung: "In der primären Sozialisation faßt das Kind seine signifikanten Anderen nicht als 'Funktionäre' von Institutionen auf, sondern einfach als Vermittler von Wirklichkeit. Es internalisiert die Welt seiner Eltern als **die** Welt und nicht als Welt, die in einen bestimmten institutionalen Zusammenhang gehört. **Einige jener Krisen, die nach der primären Sozialisation auftreten, kommen tatsächlich von der Erkenntnis, daß die Welt der Eltern nicht die einzige Welt ist, daß sie vielmehr einen bestimmten Ort hat, vielleicht sogar einen, dessen übliche Bewertung verletzend ist.** So entdeckt das Kind zum Beispiel, daß die Welt, die ihm seine Eltern verkörpern und die es bisher als Gewißheit, als einzige Wirklichkeit hingenommen hat, 'in Wirklichkeit' die Welt armseligen, törichten Volks im ländlichen Süden der Vereinigten Staaten ist" (BERGER/LUCKMANN 1980, S.152), ... oder etwa die Welt einer psychosozial abnormen Familie.

Bei der Übernahme der Wirklichkeits-Konstruktionsprinzipien zeigt der Mensch eine erstaunliche Flexibilität gegenüber der enormen Vielfalt kultureller Bedingungen und Möglichkeiten. "Für die Völkerkunde ist es ein Gemeinplatz, daß die Arten und Weisen, Mensch zu werden und zu sein, so zahlreich sind wie die menschlichen Kulturen. Menschsein ist sozio-kulturell variabel" (a.a.O., S.51), das heißt aber, daß es unzählige kulturelle und subkulturelle Wirklichkeiten gibt.
So verlaufen auch die Grenzen "... zwischen Normalität und Abweichung ... nicht überall genau gleich, und sie werden je nach Gesellschaft und Epoche scharf oder nur verschwommen gezogen" (LUCKMANN 1983, S.12).
Die Abhängigkeit der Wirklichkeits-Konstruktion von der jeweiligen Kultur und ihre hohe Variabilität beschreiben die Autoren anhand von Phänomenen psychischer Abweichung. Wird ein Unbekannter in einer psychiatrischen Anstalt eingeliefert, stellt der aufnehmende Arzt allererst eine Diagnose, wobei der psychische Zustand des neuen Patienten auch anhand seiner Wirklich-

keitsorientiertheit geklärt wird. Nach psychiatrischen Gesichtspunkten liegt eine bestimmte psychische Problematik vor, wenn ein Mensch den Wochentag oder die Uhrzeit nicht kennt oder gar behauptet, mit den Geistern Verstorbener gesprochen zu haben. Solche psychologischen Statusfragen aber "... können nicht ohne Kenntnis der Wirklichkeitsbestimmungen entschieden werden, die in der gesellschaftlichen Situation des Individuums als Gewißheit gelten. Um das noch schärfer zu formulieren: Der psychologische Status richtet sich nach der gesellschaftlichen Wirklichkeitsbestimmung im ganzen und ist selbst gesellschaftlich bestimmt" (BERGER/LUCKMANN 1980, S.187). Das heißt, der Psychiater wird sicher berücksichtigen, ob der, der den Wochentag nicht weiß, gerade per Jet aus Sydney kommt und noch in Sydney-Zeit lebt, oder ob der, der mit Geistern Konversation treibt, aus Frankfurt oder aus dem Landesinnern von Haiti kommt. "Dieser zweite Mann könnte nämlich 'in einer anderen Wirklichkeit' auf ebenso gesellschaftlich objektivierte Weise leben wie der andere 'in einer anderen' Zeit" (a.a.O.).

So definiert die jeweilige Kultur aber auch die Erscheinungsformen und Symptome psychischer Abweichung, die Möglichkeiten "... werden im Verlauf der Sozialisation als Wirklichkeit internalisiert. In Haiti **ist** man von Dämonen besessen, und in New York **ist** man neurotisch. Besessenheit und Neurose sind also in beiden Zusammenhängen Elemente der objektiven und der subjektiven Wirklichkeit" (a.a.O., S. 189). Das heißt, daß die jeweilige kultureigene Psychologie ungewollt an der Produktion und Ausgestaltung der Symptone und Zeichen am Individuum beteiligt ist. "Der Mann in Haiti, der die Voudou-Psychologie internalisiert, wird zum Besessenen, wenn er gewisse Zeichen entdeckt. Der Intellektuelle in New York, der die Psychologie nach Freud internalisiert, wird zum Neurotiker, wenn er gewisse Symptome entdeckt ... Der Haitianer bildet eben keine Neurosesymptome, sondern Anzeichen von Besessenheit, und der New Yorker zimmert sich seine Neurose nach allen Regeln der psychoanalytischen Symptomatologie zusammen" (a.a.O., S.190). Der Patient kann also nur die kulturell angebotenen Krankheitsrollen übernehmen, da andere nicht zu seinem sozialisierten Verhaltensrepertoire gehören.
So eignen sich auch zur Interpretation der Symptome nur die jeweils kultureigenen Psychologien: im Fall der Neurose z.B. die Psychoanalyse, bei Beses-

senheit eben eher die Voudou-Psychologie. "Beide Arten von Psychologie demonstrieren ihre Eignung für die Praxis durch die Therapie" (a.a.O., S.189). Das heißt nicht, daß man die Wirklichkeit der jeweils anderen nicht verstehen kann: "Beide Vorstellungen lassen sich im Rahmen der adäquaten Theorie verifiziern - unabhängig davon, ob, wer sie verifiziert, sich selbst ihrem Geltungsbereich zurechnet oder nicht. Ein Ethnologe aus Haiti kann die New Yorker Neurose entdecken, und ein Ethnologe aus Amerika die Voudou-Götter Haitis. Beide müssen nur gewillt sein, sich als Außenseiter an die zur Situation gehörige psychologische Theorie zu halten. Ob sie dieser Theorie allgemeinere erkenntnistheoretische Tragfähigkeit zusprechen, ist für die empirische Verifizierung irrelevant" (a.a.O.).

Obwohl rudimentär und nur theoretisch erscheinen hier dennoch Vorboten des Fremdverstehens, des Gedankens, der später in praktischen Projekten zum Ziel hat, die Wirklichkeit des anderen durch dessen Augen, aus seiner Perspektive zu sehen, oder wie im Fall der Ethnomethodologie durch Störung die Methoden der Wirklichkeitskonstruktion sichtbar zu machen.

3.2. Zur Ethnomethodologie

EBERWEIN/KÖHLER dachten noch 1984 (S.364) an eine direkte, bzw. erweiterte Übertragung ethnomethodologischer Untersuchungsmethoden auf pädagogische Forschungsbereiche. Im Widerspruch zu aussondernden und isolierenden Disziplinen sollte "... eine bessere und genauere Kenntnis der Randgruppenkulturen Mittel und Möglichkeiten zu einer umfassenderen Integration an die Hand liefern - in unserem Falle durch ethnomethodologische und andere Forschungsmethoden". Beide haben sich inzwischen gerade diesen anderen Methoden der ethnographisch orientierten Feldforschung stärker zugewandt (vgl. EBERWEIN 1988 b, S.295 f. und KÖHLER 1987, S.264 ff.), auch weil diese sozusagen "sanfter" im Feld operieren. Insbesondere zur Untersuchung subjektiver, ganz individueller Sinnstrukturen (Ziel der vorliegenden Arbeit) scheint die Ethnomethodologie ungeeignet, da sie sich auf die Analyse objektiver, von Gesellschaftsmitgliedern interaktiv konstruierter Wirklichkeiten und deren Hervorbringung (mittels Ethnomethoden) bezieht (vgl. KADE 1983, S.69 ff.).

Die **Ethnomethodologie** wird hier trotzdem dargestellt, da sie quasi die Brücke von der Wissensoziologie zum ethnographischen Fremdverstehen schlägt, außerdem eine ausgezeichnete ethnomethodologische Studie über die Lebenswelt "Psychiatrie" vorliegt, und weil sie interessante Beobachtungen liefert, wie Menschen reagieren, deren soziale Wirklichkeit sich auflöst.

Die Ethnomethodologie kann als Weiterentwicklung der Wissenssoziologie betrachtet werden, da sie deren Gedanken von der Konstruiertheit der sozialen Wirklichkeit aufgreift und fragt, **wie** das die Gesellschaftsmitglieder bewerkstelligen. Sie betrachtet Prozesse, die uns selbstverständlich erscheinen, wie etwas Fremdes, wie ein Ethnologe, der die Konstruktionsprinzipien einer fremden Kultur zu erschließen sucht. "So ist der Begriff 'Ethnomethodologie' von GARFINKEL in bewußter Parallele zur 'Ethnowissenschaft' entwickelt worden. Deren Gegenstand ist die Erforschung des Wissens, welches die Mitglieder einer primitiven Kultur zur Hand haben und verwenden, um sich der Erscheinungen innerhalb der sie umgebenden Natur zu bemächtigen" (WEINGARTEN/SACK 1976, S.10). "Sie versteht sich als eine Disziplin, die die empirisch-wissenschaftliche Erforschung ('-ologie') der 'Methoden' betreibt, die Gesellschaftsmitglieder ('Ethno-') zum Einsatz bringen, um handelnd ihre Alltagswirklichkeit herzustellen" (WEINGARTEN 1985, S.112).

GARFINKEL konnte mit verschiedenen Untersuchungsmethoden und Experimenten feststellen, daß sprachliche Handlungen nicht nur inhaltlich gewertet werden, sondern auch als interaktives Dokument. "So brauchen wir in einer Begrüßungsszene die Details des Gesagten gar nicht zu verstehen: wir dekodieren ihren Sinn aus den ausgetauschten Gesten und aus anderen Merkmalen der Situation" (WEINGARTEN/SACK 1976, S.12). Dieser unterlegte Sinn sprachlicher und nicht-sprachlicher Handlungen folgt bestimmten, kulturell definierten Mustern, die in einem Prozeß entschlüsselt werden, den GARFINKEL als "Dokumentarische Interpretation" (vgl. KADE 1983, S.77) be-

zeichnet. Jede Äußerung ist als Dokument dieses zugrundeliegenden Musters zu betrachten (vgl. a.a.O.). Das verweist auf die notwendig "... situative Kontextbindung von sprachlichen Ausdrücken" (a.a.O., S.78).
Diese konstruktive Tätigkeit (verkürzt dargestellt) kann ritualisierte Formen annehmen, z.B. in Gerichtsverfahren oder psychiatrischen Diagnosegesprächen und dient dann maßgeblich der Machtabsicherung und Herstellung der Unbezweifelbarkeit von Autoritäten (vgl. GARFINKEL 1974, S.77 ff.).

Die konstruierten alltagsweltlichen Realitäten sind den beteiligten Gesellschaftsmitgliedern selbstverständlich. Ihre Bewältigungsmethoden sind nicht unbewußt, aber sie sind automatisiert und vor allem **unkorrigierbar**. Das wird in ethnographischen Untersuchungen insbesondere um das Phänomen der Magie bestätigt. Ein Bereich, der bei uns für gewöhnlich dem Irrealen zugerechnet wird, gehört bei einem Eingeborenen zum **Wissen** über die natürlichen Gegebenheiten der Wirklichkeit: "Der Azande **weiß**, daß es ein Orakel gibt. Das ist seine Prämisse. Alles, was nach einer Orakelbefragung passiert, sieht er vor dem Hintergrund dieser grundlegenden Annahme" (MEHAN/WOOD 1976, S.30 f.).
Störungen um dieses Wissen über Realität werden schnellstens korrigiert, beispielweise durch "Idealisierungen" (KADE 1983, S.74). Schaut beim entgegengehaltenen Gruß etwa der andere grimmig drein und antwortet nicht, steht für uns nicht die Realität des Grüßens in Frage, sondern wir suchen mögliche Erklärungen: "'Er hat mich nicht gehört','sie fühlt sich nicht wohl','im übrigen spielt es doch gar keine Rolle'" (MEHAN/WOOD 1976, S.37; vgl. auch EBERWEIN/KÖHLER 1984, S.368; ausführlichere Darstellungen finden sich in den Sammelbänden von WEINGARTEN u.a. 1976 und der ARBEITSGRUPPE BIELEFELDER SOZIOLOGEN 1973).

GARFINKEL hat die Herstellung von sozialer Wirklichkeit mit verschiedenen Untersuchungsmethoden studiert, mittels teilnehmender Beobachtung sowie Analyse und Vergleich natürlicher Kommunikationssituationen; bekannt geworden aber sind seine Störungsversuche in der real erlebten Wirklichkeit, wie z.B. die "Krisenexperimente" und die Versuche zur "dokumentarischen Methode der Interpretation" (vgl. EBERWEIN/KÖHLER 1984, S.369-

372). Besonders ihre Ergebnisse sollen etwas ausführlicher dargestellt werden, auch wenn man ihnen unter wissenschaftlich-ethischen Gesichtspunkten mit Zurückhaltung begegnen sollte.
Mit den Krisenexperimenten wollte GARFINKEL in den 60er Jahren erkunden, wie Versuchspersonen reagieren, deren Realität zerfällt, deren Wirklichkeit nicht mehr wirklich zu sein scheint. Systematisch wurden in diesen Experimenten die erlernten, in primärer und sekundärer Sozialisation erworbenen Regeln interaktiver Wirklichkeitskonstitution gebrochen, für ungültig erklärt (im praktischen Vollzug). Nachfolgend soll der etwas ausführlichere Bericht eines solchen Experiments, welches MEHAN/WOOD (1976, S.50-53) zitieren, dargestellt werden:

'"Alle Verfahren erregten Angst, Entrüstung, starke Gefühle der Erniedrigung und des Mitleids auf seiten des Versuchsleiters und der Versuchsperson sowie ein Bedürfnis der Versuchsperson, eine Erklärung zu verlangen, ...' (...).

Ein anderes von GARFINKEL entwickeltes Experiment bestand darin, stu dentische Versuchsleiter in Geschäfte und Restaurants zu schicken, wo si Kunden 'versehentlich' für Verkäufer und Bedienungspersonal halten sollten Der folgende Bericht zeigt beispielhaft, was die Versuchsleiter (Vl) über di Ergebnisse solcher Testverfahren berichteten.
Eine Studentin ging zum Mittagessen in ein Restaurant in der Nähe der Un versität. Ihr Gastgeber (der in das Experiment eingeweiht war) wies sie au einen Herrn als mögliche Versuchsperon (Vp) hin. Sie begann das Gespräc folgendermaßen:

'Vl: 'Ich hätte gerne einen Tisch an der Westseite, einen ruhigen Platz, wer es möglich ist. Und wie sieht die Speisekarte aus?'

Vp: (wandte sich der Vl zu und schaute an ihr vorbei in Richtung Eingang halle) sagte, 'Äh, äh, gnädige Frau, sicherlich'.

Vl: 'Sicherlich gibt es noch etwas zu essen. Was empfehlen Sie mir de heute?'

Vp: 'Ich weiß nicht, Sie sehen, ich warte...'

Vl: (unterbricht ihn) 'Bitte lassen Sie mich nicht hier stehen, während S warten. Sind Sie doch so nett und führen Sie mich an einen Tisch'.

Vp: 'Aber gnädige Frau, --' (Er begann sich von der Tür wegzudrücken und in einem leicht gekrümmten Bogen um die Vl herumzukurven);

Vl: 'Mein lieber Mann --' (hierauf errötete die Vp; die Augen des Herrn rollten und öffneten sich weit).

Vp: 'Aber -- sie -- ich -- o je!' (Er schien die Fassung zu verlieren).

Vl: (nahm den Herrn am Arm und ging mit ihm, ihn leicht vor sich her schiebend, in Richtung zur Tür des Speiseraums).

Vp: (ging langsam, blieb jedoch plötzlich mitten im Raum stehen, drehte sich um und schaute zum erstenmal die Vl direkt und sehr taxierend an, nahm seine Taschenuhr heraus, warf einen Blick darauf, hielt sie an sein Ohr, steckte sie zurück und murmelte) 'O je'.

Vl: 'Es kostet sie nur einen Augenblick, mich an einen Tisch zu führen und meine Bestellung aufzunehmen. Dann können Sie zurückgehen und auf ihre Kunden warten. Schließlich bin ich auch ein Gast und ein Kunde'.

Vp: (stutzte, ging steif zum nächsten leeren Tisch, hielt einen Stuhl bereit, damit sich die Vl setzen konnte, verbeugte sich leicht, murmelte 'ganz zu Ihren Diensten', eilte zur Tür, hielt an, drehte sich um und blickte mit verwirrtem Gesichtsausdruck auf die Vl zurück).

In diesem Augenblick ging der Gastgeber der Studentin auf die Vp zu, begrüßte den Herrn, gab im die Hand und brachte ihn an den Tisch der Vl. Die Vp blieb einige Schritte vom Tisch entfernt stehen, blickte die Vl direkt an, dann gleichsam durch sie hindurch und schickte sich an, zurück zur Tür zu gehen. Der Gastgeber erzählte der Vp, daß die Vl eine junge Dame sei, die er eingeladen hätte, mit ihnen gemeinsam zu Mittag zu essen (dann stellte er mich einem der großen Namen aus der Welt der Physik vor, einer 'Säule' der akademischen Institution, der er angehörte). Die Vp nahm widerstrebend Platz und saß steif auf dem Stuhl und fühlte sich offensichtlich unwohl. Die Vl lächelte, zog unverbindliche und höfliche Erkundigungen über seine Tätigkeit ein, erwähnte verschiedene Funktionen, die ihn, wie sie erfahren hatte, ehren würden, bemerkte dann selbstgefällig, es sei eine Schande, daß sie ihn nicht schon früher kennengelernt habe, wodurch hätte vermieden werden können, daß sie ihm irrtümlicherweise für den Chef des Hauses gehalten habe. Der Gastgeber plauderte über seine lange Freundschaft mit mir, während die Vp sich unruhig hin und her bewegte und erneut auf ihre Taschenuhr blickte, ihre Stirn mit einer Serviette abwischte, die Vl anschaute, es aber vermied, ihren Blick zu treffen. Als der Gastgeber erwähnte, daß die Vl an der UCLA Soziologie studierte, brach die Vp plötzlich in lautes Gelächter aus, erkannte jedoch, daß jeder im Raum in unsere Richtung schaute und wurde mit einem Schlag still; dann sagte sie zu der Vl: 'Nichtwahr, Sie haben mich irrtümlich für den Chef des Hauses gehalten?'

Vl: 'Absichtlich, mein Herr!'

Vp: 'Warum absichtlich?'

Vl: 'Sie sind gerade, ohne es zu wissen, als Versuchsperson in einem Experiment gebraucht worden.'

Vp: 'Diabolisch, aber ganz clever. Ich muß sagen (zu unserem Gastgeber gewandt), mich hat seit langem nichts mehr derart mitgenommen, seit ... im Jahre 19... meine Theorie ... öffentlich denunziert hat. Und die wilden Gedanken, die mir durch den Kopf schossen: Die Empfangsdame aus dem Vorraum holen, auf die Toilette gehen, diese Frau an die erstbeste Person, die hier vorbeikommt, weiter zu verweisen. Wirklich eine verdammt dumme Idee, so früh Mittagessen zu gehen, um diese Zeit kommt ja niemand herein. Die Zeit steht still oder meine Uhr ist stehen geblieben. Ich will mit ... darüber sprechen, um klarzustellen, daß dies nicht 'irgend jemandem' passiert ist. Eine verdammt hartnäckige Frau. Ich bin nicht ihr 'lieber Mann'. Ich bin Dr.... und nicht jemand, mit dem man Schindluder treiben kann. Das darf einfach nicht passieren. Wenn ich sie zu dem verdammten Tisch führe, wie sie es will, kann ich mich entfernen und ich werde dann alles ganz leicht nehmen, wenn mir das gelungen ist. Ich erinnere mich an ... (erblich belastete Psychopathin, Ehefrau eines Mitglieds des engeren Kreises des Lehrkörpers der Universität), mag sein, wenn ich das tue, was die hier will, so wird sie aufhören mich zu ärgern. Ich möchte gerne wissen, ob die ganz 'klar im Kopf' ist. Sie sieht eigentlich ganz normal aus. Ich möchte wissen, ob man das tatsächlich feststellen kann?'"...

Die Krisenexperimente wurden nach und nach verfeinert, so daß

"'... die Person (Versuchsperson) die Situation nicht in ein Spiel, einen Scherz, ein Experiment, eine Täuschung und ähnliches umwandeln konnte ...; daß sie ausreichend Zeit zur Verfügung hatte, um eine Neudefinition ihrer wirklichen Umstände zu entwickeln und daß ihr eine, auf gegenseitiger Zustimmung beruhende Unterstützung für eine alternative Definition der sozialen Realität verweigert wurde' ...

Dies bedeutet, daß den Versuchspersonen nicht die Möglichkeit geboten wurde, den Bruch reflexiv in eine Re-Validierung ihrer Realitäten umzuwandeln. Die unkorrigierbaren Behauptungen ihres sozialen Wissens waren für die gegenwärtigen Situationen nicht adäquat. Man versagte ihnen jedes unterstützende Interaktionshandeln, das sie vor dem Realitätsbruch gekannt hatten. Diese Verfeinerungen hatten die positive Konsequenz, die Verwirrung der Versuchspersonen zusätzlich zu vergrößern. Sie wurden desozialisierten Schizophrenen immer ähnlicher, d.h. zu Personen bar jeder sozialen Realität".

Der abschließende Vergleich ist, um Mißverständnissen vorzubeugen, mit Sicherheit nicht im Sinne einer psychiatrischen Diagnose aufzufassen. Für die vorliegende Arbeit ist das geschilderte Krisenexperiment, exemplarisch für viele andere ähnliche, von Bedeutung, da hier eindrucksvoll beschrieben wird, wie Personen reagieren, deren individuelle Wirklichkeit nicht beachtet wird, denen ohne Ausweg eine fremde Realität, die des Versuchsleiters, aufgezwungen wird. **Die Ethnomethodologen schließen hieraus, daß uns unsere Wirklichkeit nicht real erscheinen würde, wenn uns deren Zerbrechlichkeit und Konstruiertheit bewußt und gegenwärtig wäre** (vgl. MEHAN/WOOD 1976, S.50 und KADE 1983, S.81).

Ganz im Gegenteil versuchen die meisten Menschen mit der "dokumentarischen Methode der Interpretation" sinnlose und widersprüchliche Informationen in ihre Wirklichkeit zu integrieren, diese als Dokumente eines sinnvollen, zugrundeliegenden Musters zu verstehen. Auch dies konnte in Experimenten nachgewiesen werden, in denen trotz sinnlosester Daten keiner der Untersuchten das Vertrauen in die unterstellte Wirklichkeit verlor. Da in diesen Experimenten "... ein objektiver Sinn in den Antworten des Therapeuten fehlte, die Studenten jedoch ohne Ausnahme einen Sinn hervorbrachten, wurde der Konstitutionsprozeß sozialer Wirklichkeit sichtbar: das Individuum stellt aktiv Sinn her; dieser Sinnentwuf erscheint um so wahrer und richtiger, je normaler und typischer er in den Augen des Individuums wahrgenommen wird" (KOECK 1976, S.266).

1980 haben Christa und Thomas FENGLER eine ethnomethodologische Untersuchung über den "Alltag in der Anstalt" veröffentlicht. Sie wurde in geschlossenen Aufnahmestationen des psychiatrischen Landeskrankenhauses von Wunstorf zu der Zeit erhoben, als Asmus FINZEN dort eine sozialpsychiatrische Reform durchführte (vgl. FINZEN 1985, S.10). Sie studierten subkulturelle Systeme (Stationen) und die Konstruktion ihrer eigenständigen Wirklichkeiten, die immer, da es sich um geschlossene Stationen handelte, maßgeblich vom Thema Sicherheit geprägt war (vgl. FENGLER/FENGLER 1980, S.22). Maßgebliche Träger dieser Konstruktionen waren, da sie die Organisations- und Definitions-Macht innehaben, die Pfleger und Schwestern, "... die, wie überall, das therapeutische Milieu des Krankenhauses bestimmen" (FINZEN 1985, S.10), an zweiter Stelle erst Ärzte und Patienten. Hierbei sollen "zahlreiche Merkmale der Organisation, überlieferte Verfahrensweisen und Maßnahmen ... die Sicherheit des Ortes hervorbringen und garantieren. Sie ist Gegenstand fortwährender Erklärungen, Darstellungen, Rechtfertigungen und Auseinandersetzungen" (FENGLER/FENGLER 1980, S.21). Dieses hohe Bedürfnis nach Rechtfertigung besteht sicher, da sich die stationäre Realität so sehr von unser konventionellen unterscheidet.
Der Unterschied wird an einem Beispiel deutlich: Auf einer der Stationen verbietet die Hausordnung den Patienten Alkoholkonsum. Die Hausordnung kann mittels der "Hoheitsmacht" des Personals durchgesetzt werden, der Alkohol kann eingezogen oder es kann zu anderen Sanktionen gegriffen werden. Auf einer Freizeit aber in Dänemark, als ein Sozialarbeiter an der Supermarktkasse den Patienten "... den Alkohol verwehrte, kam es zu einem **Aufruhr**. Die Patienten protestierten 'unter dem Schutz der Öffentlichkeit' gegen die Einschränkung, die sie normalerweise innerhalb des Krankenhauses relativ klaglos hinnehmen. ... Etwas, das sie im Krankenhaus nie täten, geschieht unter den Bedingungen des veränderten Kontextes Öffentlichkeit: sie sprechen

dem begleitenden Sozialarbeiter das Recht ab, sich in ihre Angelegenheiten einzumischen" (FENGLER/FENGLER 1980, S.59 f.). Das bedeutet, daß eine für die Öffentlichkeit derart unverständliche Maßnahme nicht realisiert werden kann, weil sie in diesem Moment nicht gerechtfertigt werden kann.

Zu den Konstruktionsregeln der Stationsrealität gehören neben der Hausordnung auch Maßnahmen, die medizinisch-pflegerische Aktivitäten ermöglichen und vereinfachen. Das Wecken z.B. funktioniert auf jeder Station anders (mit oder ohne Anklopfen oder mit/ohne Musik), Langschläfer werden unterschiedlich behandelt (mehrmals freundlich ans Bett gehen, bis den Patienten mit Bett auf den Gang schieben), der ganze Tagesablauf ist in dieser Form geregelt. Die gemeinten Stationsrealitäten sind so differenziert und unterschiedlich, daß jeder neue Mitarbeiter wie in eine fremde Kultur hinein-sozialisiert werden muß. Ein neuer Arzt z.B. verwendet zu diesem Zweck alle gängigen Formen von Fremdverstehen: "Die Mittel und Wege, um an Informationen darüber zu kommen, 'wie das hier gemacht wird', sind ihm immer schon vertraut und selbstverständlich: Er beobachtet, wie andere es machen; fragt erfahrene Mitglieder, wie bestimmte Probleme 'normalerweise' gelöst werden; läßt sich erklären, wie bestimmte Verhaltens- und Verfahrensweisen wahrgenommen werden; hört zu, wenn Mitglieder sich über Probleme ihres Arbeitsplatzes unterhalten; macht selbst Erfahrungen durch Versuch und Irrtum usw.. Auf diese Weise fügt sich bei ihm nach einiger Zeit ein mehr oder weniger vollständiges Bild von der 'sozialen Ordnung' seines Arbeitsplatzes zusammen" (FENGLER/FENGLER 1980, S.79 f.).
Zu dieser "sozialen Ordnung" gehört auch das, was man als Loyalitätsregel bezeichnen könnte. Das heißt, daß ein Arzt auf keinen Fall einem Patienten eher glauben sollte als dem Pflegepersonal, er sollte "... bis zum Beweis des Gegenteils Anschuldigungen von Patienten gegen Pflegekräfte für unbegründet halten, also das Plegepersonal immer erst einmal in Schutz nehmen" (a.a.O., S.136).
Ähnlicher Art ist die Distanzregel: "Zumindest Mitglieder des Pflegepersonals sollten den Patienten gegenüber sachlich und emotional kontrolliert auftreten und sich nicht allzu intensiv mit der Problematik und den Leiden des Patienten identifizieren ..." (a.a.O., S.133) - sie beschreibt die Angst, bei emotionaler

Beteiligung mit seelischen Konflikten konfrontiert zu werden, mit denen man dann u.U. nicht fertig wird. Gleichzeitig stehen Mitarbeiter, welche diese Distanzregel überschreiten, bei den Patienten in besserem Licht. Die anderen Kollegen befürchten jetzt zu "Buhmännern" gemacht zu werden, da man annimmt, daß Mitarbeiter ohne Distanz die Durchsetzung offizieller Regeln (Hausordnung) nicht mehr realisieren können. Diese Befürchtungen werden in den seltensten Fällen offen beredet, sondern finden in ironischen Bemerkungen ihren Ausdruck: "'Die Patientin geben wir ihnen mit nach Hause'" (a.a.O., S.134). Der oft gehörte Satz will sagen, daß der betreffende Mitarbeiter sich ja auch privat um die Patientin kümmern könne, wenn er sie schon so möge, meint aber, erkennbar an der Ironie, daß mehr Distanz besser für ihn sei. Der Gedanke wird aber nicht veröffentlicht, da er ein ganzes Bündel Mutmaßungen und Unterstellungen enthält (vgl. a.a.O., S.134 ff.).

Eine interessante Ergänzung der Ethnomethodologie stellt die Untersuchung von Ch. und Th. FENGLER in bezug auf die Erkenntnisse der Krisenexperimente dar. Sie vergleichen das unablässige Anzweifeln der Aussagen der Patienten, was zum Alltag der Psychiatrie gehört, mit einem GARFINKELschen Experiment, in dem ebenfalls ein Aspekt der Wirklichkeit des Gegenüber verletzt wurde, nämlich seine Hintergrunderwartung, daß seine Wahrhaftigkeit nicht bezweifelt wird. In diesem Experiment hatte eine Studentin einen Busfahrer nach der Wegstrecke befragt, seine Antworten als Lüge behandelt und immer wieder Nachfragen gestellt, bis der verärgerte Fahrer sie laut anbrüllte. Diese Reaktion ist ganz verständlich, denn: "Nur der gegenseitige Glaube an die Realitätsdefinition des anderen, d.h., an seine Wahrhaftigkeit garantiert intersubjektive Erfahrung, Kommunikation und gemeinsames Erleben" (FENGLER/FENGLER 1980, S.105).
Genau dieser Prozeß des Bezweifelns findet auf den beobachteten Stationen ständig statt. Die Überlegungen, welche den Patienten natürlich nicht verborgen bleiben, sind, ob es sich bei den Erklärungen und Handlungen der Patienten um Krankheit oder unsoziales Verhalten, "Bosheit oder Symptom, Lüge oder Wahn" (a.a.O., S.92) handelt, ob der Patient seine Krankheit sozusagen als Ent-Schuldigung einsetzt. Entlang dieser Überlegungen wird dann über dessen Verantwortlichkeit und bei bestimmten Übertretungen entschieden, (

mit Sanktionen oder mit Erhöhung der Medikation zu antworten sei (vgl. a.a.O., S.94). Die Schlußfolgerungen aus diesem Vergleich überlassen die Autoren dem einzelnen Leser, sie schränken lediglich ein, daß der Entzug von Glaubwürdigkeit berechtigt sein mag, wenn "... **gute Gründe** ..." (a.a.O., S.106) dafür vorliegen.

Bei der Darstellung dieser Erkenntnisse geht es nicht darum, die Existenz von Wahn-Vorstellungen, von Vorstellungen, die von der Konvention abweichen, zu leugnen; der **Umgang** mit diesen Phänomenen und die Reaktionen der Versuchspersonen/Patienten ist jedoch wichtig. Auf solchen wie den untersuchten Stationen wird das verärgerte, "bösartige" Verhalten ausschließlich dem Patienten und seiner Krankheit, niemals aber der Interaktion aller Beteiligten angerechnet.

Zum Schluß ihrer Arbeit äußern sich die beiden Soziologen zur psychiatrischen Diagnostik. Der Prozeß der Diagnose ist im Sinne der Mediziner ein Akt der Wirklichkeitsfindung, die Beantwortung der Frage "was hat der Patient wirklich?". Erst wenn alle Symptome nur unter **einem** Krankheitsbild subsumiert werden können, kann eine "wahre" Diagnose gestellt werden. "Diese Einheit durch Gestaltkohärenz verschafft den Ärzten schließlich den Eindruck, in Kontakt mit der 'wirklichen' Krankheit der Patientin zu sein. Sie wissen jetzt mit einer Sicherheit, die für-alle-praktischen-Zwecke-ausreicht, was die Patientin 'hat'" (FENGLER/FENGLER 1980, S.317). Die Krankheitsbilder sind zwar inzwischen vereinheitlicht (vgl. ICD-Schlüssel), das betrifft aber nur ihr äußeres Erscheinungsbild, was leicht an der Vielzahl praktizierter (und z.T. widersprüchlicher) Therapieformen abgelesen werden kann. Die Diagnose selbst sagt zuvorderst nichts über das Wesen der Krankheit aus, sie beschreibt lediglich ein Ensemble von Verhaltens-Phänomenen (mit Ausnahme der exogenen Krankheiten). Nur: "Wenn **die** Wirklichkeit nicht existiert, sondern immer erst im Prozeß der Wahrnehmung organisiert wird, dann kann die Korrektheit einer Wahrnehmung und Beschreibung nicht einfach durch Rückgriff auf eine tatsächliche Wirklichkeit 'festgestellt' werden. Wirklichkeit und Wahrheit kann also nicht durch noch so genaues Hinsehen 'erkannt' werden, sondern ist ein Produkt von Übereinkunft und Entscheidung" (a.a.O., S.320).

Diese Differenzen nicht bei der Benennung, sondern beim Erkennen des Wesens einer psychischen Krankheit sind erheblich; die therapeutischen Reaktionen auf eine diagnostizierte Schizophrenie etwa reichen von Medikamenten über psychoanalytische, Arbeits- und Gesprächspsychotherapie bis hin zu kognitivem Training und verschiedensten Kombinationen. "Welche Merkmalkonstellation als Mindestvoraussetzung gewertet wird, um von diesem oder jenem Krankheitsbild zu sprechen, ist eine Frage der lokalen Praxis und der dort verbindlichen Krankheitslehre oder beispielsweise eine Frage der praktischen Bedingungen, unter denen dort die Arbeit gemacht werden muß. ... In dem einen Setting spricht man schnell von 'Denkstörungen', während man in einem anderen Setting gewohnt ist, ersteinmal nach psychodynamischen oder sozialstrukturellen Erklärungen ('Redestil der Unterschicht') zu suchen" (a.a.O.).

Wichtig für den Zusammenhang der vorliegenden Arbeit ist die ethnomethodologische Erkenntnis, daß die Wirklichkeit einer bestimmten Krankheit (oder eines Verhaltens-Ensembles) nur in der Interaktion (re-)**konstruktiv** hergestellt werden kann.

3.3. Zum Radikalen Konstruktivismus

Der **Radikale Konstruktivismus** überträgt unausgesprochen den soziologischen Gedankengang der Ethnomethodologie auf den Begriff des "Erkennens" in Psychologie und Biologie, das heißt, er bezeichnet lediglich den Wechsel von der interaktiven auf die individuelle Perspektive der Konstruktion von Wirklichkeit. Aus diesem Grund wird seine Theorie nur kurz skizziert und die schon vorne dargestellten Erkenntnisse durch neue Beispiele bestätigt und erweitert.
Der Radikale Konstruktivismus stellt fest, daß der Mensch nicht einer objektiv wahrnehmbaren, sondern einer immer schon über Erfahrungswerte interpretierten Wirklichkeit gegenübersteht. Er ist eine z.B. von MATURANA mitbegründete **Theorie autopoietischer Systeme**: "Wie bereits der Begriff der Autopoiese (von grch.: autos - selbst, poiein - machen) andeutet, stellt Maturana

lebende Organismen als Systeme vor, die sich dadurch am Leben erhalten, daß sie sich gewissermaßen in einem Prozeß ständiger Selbstherstellung, ständiger Reproduktion ihrer selbst befinden" (RUSCH 1986, S.45).
Von der Wirklichkeit erkennen wir nur den mit unseren sozialisatorisch geschulten Sinnen wahrnehmbaren Teil, von anderen Dingen, wie etwa der nicht wahrnehmbaren Radioaktivität, konstruieren wir uns eine Vorstellung (z.B. anhand der Folgen und Schäden). "Die Welt, so wie sie **vor** aller Erfahrung sein mag, ist völlig unzugänglich. ... Die fremde Welt wird unzugänglich bleiben trotz aller rationalen Konstruktionen und Modelle; denn unsere Konstruktionen und Modelle bestehen unvermeidlich aus Elementen und Beziehungen, die die Arten und Weisen unserer Erfahrung widerspiegeln. Aber wir sollten hinzufügen, daß uns nichts daran hindern wird, die Welt unserer Erfahrung kennenzulernen, die einzige Welt, in der unsere Vernunft gedeiht, **sobald** wir 'Wissen' als die Konstruktion von Invarianten beschreiben" (RICHARDS/GLASERSFELD 1987, S.222). Der Radikale Konstruktivismus leugnet nicht das Vorhandensein der oder einer Wirklichkeit, geht aber davon aus, daß unsere Aussagen über diese ausschließlich unser Erleben ausdrücken (vgl. SCHMIDT 1987, S.35 und ROTH 1987, S.234 f.). Auch psychologische Studien zeigen, daß Wahrnehmung niemals nur äußere und innere Ereignisse abbildet, sondern immer ein selektiver und kreativer Prozeß ist, "... in den frühere Erfahrung, Emotionen, Erwartungen in starkem Maße eingehen" (ROTH 1987, S.249). Gerade "daher ist auch die **Erkenntnis** der absoluten (von jeder Kognition unabhängigen) Wirklichkeit (z.B. des Mediums, in dem wir als autopoietische operative Einheiten existieren) dem Menschen versagt, gerade weil er ein lebender Organismus, ein kognitives System ist" (RUSCH 1986, S.50).
Die Wahrnehmung selbst ist schon Interpretation, beides ist nicht voneinander zu trennen. "Der Akt des Wahrnehmens ist der Akt der Interpretierung. ... Isolieren, Auswählen, Scharfstellen, Aufpassen, sind alles Teile dieses Prozesses" (RICHARDS/GLASERSFELD 1987, S.214). Ob wir ein externes Ereignis überhaupt registrieren, legen wir selbst fest, und es ist von uns selbst abhängig, in welcher Art und Weise es uns beeinflußt (vgl. ROTH 1987, S. 241). Das ist auch zum Meistern komplexer Situationen dringend nötig, denn "wäre das menschliche Gehirn, so wie immer behauptet, wirklich ein 'offenes', d.h. auf

genaue Erfassung der Welt ausgerichtetes System, so wäre es häufig von der Flut der Umweltereignisse überwältigt und zur Steuerung sinnvollen Handelns gar nicht fähig" (ROTH 1987, S.247).
"Die Welt, wie wir sie sehen, ist immer genau das: die Welt, **wie wir sie sehen**. Wie auch in Piagets Entwicklungsmodell beginnen wir nicht mit einer klar definierten Welt; wir konstruieren die Welt vielmehr, indem wir alle Eingabegrößen an bereits geformte Konzeptstrukturen 'assimilieren'" (RICHARDS/ GLASERSFELD 1987, S.215). PIAGET hatte schon in den 30er Jahren erkannt, daß beim Kind z.B. die Vorstellung von der Konstanz eines Gegenstandes erst allmählich durch die Wechselwirkung von Sehen, Tasten, Fühlen und anderen motorischen Aktivitäten entsteht, daß es seine Realität durch seine Sensomotorik konstruiert (vgl. a.a.O., S.205). Wissen und Verstehen kann nicht durch pures Beobachten erwachsen, quasi ohne jede strukturierende Aktivität des erkennenden Subjektes (vgl. FOERSTER 1987, S.141). Die meisten Konstruktivisten betrachten, daran anschließend, die Wahrnehmungsleistungen als auch die daraus resultiernden Fähigkeiten zur Realitätskonstitution als lernabhängige (vgl. ROTH 1986, S.172) und sozialisatorisch erworbene (vgl. RUSCH 1986, S.51 und ROTH 1987, S.253 f.) Qualifikationen.

Diese Gedankengänge wirken sich auch auf Forderungen an Wissenschaftlichkeit aus. Es ist unwichtig, ob sich unser Wissen mit der objektiven Wirklichkeit deckt, wesentlich ist die Effektivität, mit welcher neue Denk- und Handlungsweisen gefunden und erprobt werden (vgl. RUSCH 1986, S.51). Jede Forschungstätigkeit muß unbedingt ihren Nutzen **für** menschliches Leben nachweisen, daher ist die wichtigste Konsequenz konstruktivistischen Denkens ihr radikal menschenbezogenes Konzept (vgl. SCHMIDT 1987, S.37). Wissenschaft soll der Optimierung menschlicher Lebensbedingungen dienen; zu diesem Zweck muß sie sich "... einem nutzenorientierten Ideenwettbewerb aussetzen" (a.a.O., S.38).
Solche Forderungen widersprechen direkt einer meßorientierten, quantifizierenden und kategorisierenden Forschung und Wissenschaftsgläubigkeit (vgl. psychiatrische Diagnostik und RICHARDS/ GLASERSFELD 1987, S.204).

Die Radikalen Konstruktivisten haben auch versucht, ihre Ideen mittels Ex perimenten zu untermauern, welche z.T. den GARFINKEL' schen Krisenexperimenten sehr ähnlich sind; zumindest die Ergebnisse aber scheinen sich zu decken. Wird experimentell die Zuverlässigkeit unseres Wirklichkeitsverständnisses aufgelöst, reagieren offensichtlich alle Versuchspersonen mit vergleichbaren Formen der Depersonalisation. Die Experimente selbst schildert einer der bekanntesten Vertreter konstruktivistischer Wirklichkeitsperspektive, Paul WATZLAWICK (vgl. 1983, S.92 ff.):

Gruppen von Versuchspersonen wurde ein Test zur Wahrnehmungspsychologie "vorgetäuscht", in dem die Teilnehmer auf für alle gleichen Karten die Länge bestimmter Linien beurteilen sollten - Versuche zuvor hatten gezeigt, daß dies eindeutig möglich war, der Test war gezielt so angelegt worden.

Die Versuche zeigten aber, daß ein großer Teil der Versuchspersonen sein Urteil von der Gruppenmeinung abhängig machte. War die Opposition in der Gruppe groß genug, zeigten sich bis zu 36,8% der Versuchspersonen nach kurzem Zweifeln bereit, ihrer eindeutigen Wahrnehmung zu mißtrauen und sich der falschen Gruppenmeinung zu unterwerfen (dies deutet schon hier in gewisser Weise auf die kulturelle Abhängigkeit der Wirklichkeitsinterpretation hin, vgl. SCHMIDT 1987, S.46 f.). Die Versuche wurden wiederholt, bis die Versuchspersonen an ihrer Wahrnehmungs- und Urteilsfähigkeit zu zweifeln begannen.

Später über den wahren Sinn der Experimente aufgeklärt, berichteten alle Versuchspersonen über "... Gefühlsreaktionen, die die ganze Skala von mäßiger Angst bis zu ausgesprochenen Depersonalisationserlebnissen umfaßten" (WATZLAWICK 1983, S.94). Wieder "... gleicht der durch das Experiment erzeugte Zustand von Desinformation in praktisch allen wesentlichen Punkten dem eines sogenannten Schizophrenen im Rahmen seiner Familie ..." (a.a.O., S.95).

WATZLAWICK setzt den Vergleich mit den Familien Schizophrener fort, da dort ganz ähnlich "... die Gruppe und nicht die eigentliche Versuchsperson im Unrecht ist. Der Patient, nicht selten das sensibelste und klarsehendste Familienmitglied, lebt auf diese Weise in einer Welt, deren Verschrobenheit ihm dauernd als normal hingestellt wird. Es wäre für ihn eine fast übermenschliche Leistung, diesem Druck erfolgreich zu widerstehen und den Familienmythus bloßzulegen" (a.a.O., S.95 f.).

Die Radikalen Konstruktivisten verlagern dann verständlicherweise ihre Betrachtungen in die Psychiatrie, da hier von einer wissenschaftlichen Disziplin eine ganz eigentümliche Welt konstituiert wird. Vergleichbar mit den vorgetragenen Experimenten auch der Ethnomethodologen versucht das Personal, insbesondere der größte Teil der Mediziner zuvorderst nicht flexibel auf die Realitätskonstruktion des Patienten einzugehen, sondern primär eine Diagnose zu finden, d.h., seine Verhaltensweisen, selektiv wahrgenommen, unter einem bestimmten Krankheitsbild zu kategorisieren. Das damit verbundene "... Außerachtlassen des zwischenpersönlichen Kontextes, in dem sich ein sogenannter psychiatrischer Zustand manifestiert, ist vielmehr die Grundlage vieler psychiatrischer Diagnosen, die aus der Perspektive des medizinischen Krankheitsmodells ... gemacht werden. In dieser monadischen Sicht wird Geistesgestörtheit oder Böswilligkeit zu Eigenschaften **eines** Individuums, das der Behandlung bedarf, und die Behandlung wird damit zu einer Wirklichkeitsverzerrung sui generis" (a.a.O., S.96; vgl. auch ROSENHAN 1985, S.121).
Gemeint ist hier die "... Psychiatrie, in der der Arzt nicht dafür ausgebildet wird, sich in der Auseinandersetzung mit den Patienten-Konflikten selbst zu exponieren. Der Patient wird damit zum Objekt, das 'be-handelt' wird. Hinzu kommt die Bindung des Arztes an ein 'Clan-Gewissen', zu dem auch eine deutliche Subjekt-Objekt-Trennung zwischen Arzt und Patient gehört. ... Biochemische Psychiatrie versucht stets, Ordnung **von außen** an die Organmaschine heranzutragen. ..., daher neigen Ärzte zur pharmakologischen Einflußnahme auf die 'Organmaschinerie', um dem mühsameren Prozeß des Verstehens unbewußter Hintergründe in Patient **und** Arzt zu entgehen. M.a.W.: Der Arzt bezieht sich nicht selbst als Objekt der Interaktion in seine Beobachtung ein" (SCHMIDT 1987, S.59).
Ganz im Gegenteil zeigen Versuche von ROSENHAN (vgl. 1985, S.111 ff) mit Scheinpatienten, daß diese nichts mehr tun können, um ihre Klassifizierung als Schizophrene wieder loszuwerden. "Sobald eine Person als abnorm gekennzeichnet ist, werden ihre ganzen übrigen Verhaltensweisen und Charakterzüge durch diese Klassifizierung gefärbt. In der Tat ist die Klassifizierung so mächtig, daß viele der normalen Verhaltensweisen der Scheinpatienten völlig übersehen oder gründlich fehlinterpretiert werden, damit sie in d

ein für allemal zurechtgelegte Wirklichkeit passen" (a.a.O., S.119). Vom Patienten vorgetragene Fakten aus seiner Lebensgeschichte "... wurden vom Personal unabsichtlich verzerrt, um Übereinstimmung mit einer verbreiteten Theorie über den Verlauf einer schizophrenen Reaktion zu erzielen. ... Die Bedeutung, die man seinen Ausführungen unterlegte (also Ambivalenz, Affektstabilität), wurde eindeutig durch die Diagnose geprägt: Schizophrenie. Wäre bekannt gewesen, daß der Mann 'normal' war, hätte man ihnen eine völlig andere Bedeutung zugeschrieben" (a.a.O., S.120 f.).
Niemals allerdings kamen die Mitarbeiter auf die Idee, das Verhalten des Patienten habe etwas mit ihnen selbst oder der von ihnen repräsentierten Krankenhausstruktur zu tun (vgl. ROSENHAN 1985, S.122). Statt dessen übernimmt der Kranke über einen Prozeß, der als "Selbsterfüllende Prophezeiung" bekannt ist (vgl. WATZLAWICK 1985, S.91 ff. und ROSENHAN 1985, S.122), die für die psychiatrische Wirklichkeitskonstruktion (aber auch zum Überleben) notwendigen Rolleninhalte.

Diese Auffassung von Diagnostik, ihre Unzulänglichkeit in Form des "Überstülpens" eines engen psychiatrischen Diagnose-Konstruktes über eine Unmenge von z.T. auch unauffälligen Verhaltensphänomenen beim Patienten und seine diesbezügliche Anpassung, wird nicht nur vom Radikalen Konstruktivismus, sondern auch von renommierten Sozialpsychiatern wie Klaus DÖRNER vertreten (vgl. insbesondere seinen Aufsatz "Entstehung und Wirkung psychiatrischer Diagnosen" in: DÖRNER 1975, S.137-149). Er kann sogar mit statistischem Material die "... Unzuverlässigkeit der Diagnosen, die das Reden von einer gemeinsamen Fachsprache lächerlich macht, schon weil 5 Psychiater aus 5 verschiedenen Schulen ganz unterschiedliche Dinge wahrnehmen und andere ignorieren ..." (a.a.O., S.140), nachweisen. Es wird ausdrücklich die Therapiefeindlichkeit dieses Vorgehens betont: "Die Anstalt **selbst** erschafft eine besondere Wirklichkeit, in der die Bedeutung von Verhaltensweisen leicht falsch verstanden wird. Die Folgen für die Patienten, die in solch einer Umgebung untergebracht sind - die Machtlosigkeit, Entpersönlichung, Abgeschiedenheit, Demütigung und Selbstabwertung - dürften ohne Zweifel therapiefeindlich sein" (ROSENHAN 1985, S.134).

Eine sinnvolle Therapie aus konstruktivistischer Sicht muß die Schemata der Wirklichkeitskonstitution des Patienten aufgreifen und weiterzuentwickeln suchen: "Der Therapeut muß die in der Schema-Struktur bereits vorhandenen Kräfte nutzen, um Änderungen in eine bestimmte Richtung erreichen zu helfen" (GRAWE 1988, S.44). Er soll sich ernsthaft auf das Weltmodell des Patienten und seine Sprache einlassen, er muß versuchen, "... offen zu sein für alle Arten von Wahrnehmungen, die der Patient 'sendet'" (SCHMIDT 1987, S.60).

Hierbei aber müssen die Regeln des Verstehens, des Fremdverstehens beachtet werden. Das bedeutet: "... 'verstehen' bezeichnet in erster Linie (d.h.: in nicht-übertragenem Sinne) nicht die psychischen Vorgänge des Auffassens und Begreifens (comprehension) durch den Orientierten, sondern den in einer Orientierungsinteraktion positiv ausgezeichneten Umstand, daß der Orientierte den Orientierungserwartungen des Orientierenden entspricht. M.a.W., **'verstehen'** bedeutet: **'einer Orientierungserwartung entsprechen'**" (RUSCH 1986, S.59). Wenn demgemäß Arzt oder Therapeut nicht auf die Orientierungserwartung des Patienten eingehen, wird das von diesem als Nicht-Verstehen oder Nicht-Verstehen-Wollen interpretiert, und er wird kaum Sinnvolles oder gar nichts "von sich geben".

Das kann/soll für die Pädagogik, der ein gewisses Verstehensdefizit unterstellt wird (vgl. den Sammelband von LUHMANN/SCHORR 1986), die Herstellung von "**Operationalisierungen** des Verstehens" und die "Entwicklung von Kriterien für das Verstehen" (RUSCH 1986, S.62) bedeuten.

3.4. Zum ethnographischen Fremdverstehen und seiner Rezeption in der Pädagogik

Ethnomethodologie und Radikaler Konstruktivismus beobachten konstruierte, aber meist doch bekannte Phänomene aus unserem gesellschaftlichen Rahmen so, wie Fremde einen solchen Konstitutionsprozeß betrachten. Dies ist schon immer Aufgabe der Ethnographie, von der ja auch der Blickwinkel übernommen wurde. Alle drei Disziplinen verstehen die Regeln dieses Konstruktionsprozesses als kulturell determinierte und vermittelte (vgl. SCHMIDT 1987, S.46 f.; WHITHERSPOON bezeichnet das bzgl. der Wahrnehmung als "kulturbestimmten Lernvorgang", vgl. 1981, S.119).

In der Situation der Feldforschung studieren Ethnologen fremde, uns unbekannte Sinnzusammenhänge und Wirklichkeiten. Diese sind häufig nachvollziehbar, betrachtet man soziale Struktur, Verwandtschaftssystem, Ernährungsweise und andere, rational erklärbare Handlungsweisen. Ebenso oft aber werden sie, aus unserem Weltverständnis her besehen, mit Irrationalem, zuvorderst Unverständlichem konfrontiert. Dazu gehören beispielsweise Handlungen, die unseren moralischen Werten widersprechen, aber auch Phänomene wie Magie, Schamanismus, Hexerei, Besessenheit u.ä., deren zumindest sozial-kulturelle Realität kaum bestritten wird. Sie wurden in der Geschichte der Ethnologie meist als "primitive", unvernünftige oder grausame Rituale bestaunt und abgetan. Seit einigen Jahrzehnten jedoch fällt die beachtliche Wirksamkeit dieser Rituale auf (vgl. hierzu ausführlicher PFLEIDERER/ BICHMANN 1985), die zu Erklärungen in "zivilisierten" Ländern über Prozesse wie Suggestion, selbsterfüllende Prophezeiung, Drogeneinfluß etc. führten. Die heutige Ethnologie allerdings lehnt fast gänzlich solch ethnozentristische Rationalisierungen ab, da sie den fremden Realitätskonstruktionen nicht oder kaum entsprechen. Genau an dieser Stelle geraten Anthropologen, Kulturwissenschaftler und Ethnologen in heftigen Streit, ob solchermaßen fremdartige, unserem Denken direkt widersprechende Phänomene überhaupt verstehbar seien. Diese Auseinandersetzung wird sehr plastisch in den beiden Sammelbänden von KIPPENBERG/LUCHESI (1978) und DUERR (1981) dargestellt.

Ethnologen und Kulturwissenschaftler empfehlen angesichts der vordergründigen Unlösbarkeit des Konfliktes auf zumindest ethnozentristischer Theorieebene eine Annäherung im methodischen Vorgehen, Erklärungsversuche fallen zu lassen und statt dessen sich selbst auf die fremde Lebenswelt einzulassen. "Erforderlich werden ... kommunikative Wege zur Datengewinnung, interpretative Methoden zur Datenauswertung und argumentative Schritte zur Datensammlung und zur Datenreduktion, weil wir es nicht mit Klassenbegrif-

fen zu tun haben, die eine deduktive Subsumption erlauben" (ASCHENBACH u.a. 1985, S.28). Diese Wendung hin zum interpretativen, quasi ethnopluralistischen Paradigma allerdings genügt nicht, denn sie garantiert lange nicht Verstehen und richtige Auslegung.
Notwendig ist ein weiterentwickelter Kommunikationbegriff, welcher eine **lernende Veränderung beim Forscher** fordert - nur so kann fremdes Denken, das wir nicht nachvollziehen können (da uns andere Strukturen zur Realitätskonstitution vermittelt wurden), verstanden werden (gewissermaßen auf unserer eigenen Realitätskonstruktions-Folie).

Diese Veränderung betrifft oft "... zentrale Lebensinteressen der Persönlichkeit ..." (STAGL 1981, S.2) des Ethnographen. Daher ist "... die Erfahrung im Feld eigentlich eine **Neuauflage seiner frühkindlichen Situation** innerhalb der eigenen Kultur" (a.a.O.). Aus diesem Grund wird sie, und diese Auffassung teilen viele Ethnologen, als "Umprägung" oder "Sekundärsozialisation" bezeichnet (vgl. z.B. FISCHER 1981, S.70; STAGL 1981, S.3 oder KRAMER 1978, S.14). "Die Feldforschung als Persönlichkeitstransformation gehört damit zu jenen universalen, d.h. in allen Kulturen vergleichbar gehandhabten Verhaltensmustern, durch die man sich eine neue Identität in Verbindung mit einem neuen Status erwirbt und die in der Ethnologie als 'Übergangsrituale' bekannt sind" (STAGL 1985, S.290). Dieselbe Sekundärsozialisation bzw. Persönlichkeitstransformation aber vermittelt gerade dem Feldforscher "... eine **zutreffende Gesamtansicht** der erforschten Gruppe: er lernt deren Lebens- und Kulturstil als in sich schlüssig und als zu seinem eigenen alternativ erkennen und auch **erleben**. Dies ist eine notwendige Voraussetzung, da er sich ja in der neuen Umgebung orientieren und bewegen muß" (STAGL 1981, S.3).
Das bedeutet: fremdes Denken "... kann daher nur der adäquat erfassen, der in der Lage und bereit ist, sich 'auf den Standpunkt' anderer zu stellen und in deren Lebenswelt hineinzuversetzen" (a.a.O., S.8; vgl. auch SCHMIED-KOWARZIK 1981, S.366 f., KNORR 1981, S.118 und ERDHEIM 1981 S.512 f.). Dies aber verlangt auch eine partielle Aufgabe des wissenschaftlichen Denkens, da es dem fremden Denken zuwiderläuft (vgl. SCHMIED-KOWARZIK 1981, S.371). Allerdings darf der ganze Vorgang nicht zur Auflösung des Fremden, zu seinem Verschwinden in völliger Assimilation führen

"Die große Herausforderung ... besteht darin, der Fremdartigkeit des beobachteten Handelns wie einem Führer im unbekannten Gebiet zu folgen, um dadurch die Chance zu erhalten, in einer neuen, einem selbst bisher nicht verfügbaren Weise einen Zusammenhang des Handelns zu entdecken, der diesem Handeln dessen Fremdheit **nicht** nimmt" (SCHWEMMER 1987, S.70). Die "... **Entdeckung des Fremden gerade in seiner Fremdheit** ..." (a.a.O.) kann nur gelingen in einer Spannung "... zwischen der **Einheit des Verständnisses** und dem **Bestehenbleiben bzw. -lassen der Fremdheit** der jeweiligen Sinnstrukturen" (a.a.O., S.71). SCHWEMMER (vgl. a.a.O.) vergleicht das mit einem alltäglichen Gespräch, in dem man den anderen eben dann erst versteht, wenn man seine Auffassungen **nicht** mehr als identische mit den eigenen Überzeugungen und Empfindungen erlebt. Gerade das Erkennen des Fremden **ohne** Auflösung der eigenen Kern-Identität führt zum Verstehen und zur Vermittelbarkeit, denn der Forscher will ja in seine Kultur zurückkehren. Er tritt also den Untersuchten "... stets mit Vorbehalten und innerer Distanz gegenüber und bleibt mit dieser Haltung stets der '**Fremde**', der 'potentiell Wandernde'" (STAGL 1981, S.3).

DUERR empfiehlt sogar, diese Methodik bei der Betrachtung von Unverständlichem bis zum Erleben von der Initiation ähnlichen Erkenntnissen zu treiben: "Nur wer sich auf Tod und Wahnsinn, auf das 'Irrationale', **einläßt**, ist vor der gefährlichen Wiederkehr des Verdrängten sicher; er muß den Weg durch den Wahnsinn gegangen sein, um allererst ein Wissen um die Normalität, das Alltagsleben erlangen zu können. Der Weg zur Gesundheit des Geistes geht bei diesen Völkern nur über die Erschütterung des Geistes" (1981, S.641).
In bezug auf das Vorhaben der vorliegenden Untersuchung scheint diese Forderung zu weitgehend, ganz abgesehen von der ihr inhärenten Unkontrollierbarkeit. Adäquateren Zugang findet dann eher ERDHEIM mit folgendem Gedanken: "Das Irrationale nimmt hier die Gestalt des Nicht-Verstehbaren an; es ist also nicht das Nicht-Beherrschbare, Nicht-Verwertbare oder Nicht-Idealisierbare, sondern das, worin sich der Wissenschaftler nicht einfühlen und womit er sich nicht identifizieren kann. Ethnologie und Psychiatrie sind Wissenschaften, die auf extreme und oft existentielle Art und Weise den Forscher

den anderen zu untersuchenden Individuen ausliefern, und gerade deshalb bergen sie in sich die Möglichkeit, die verstehende Tendenz zur Entfaltung zu bringen" (1981, S.512 f.).

M.E. aber ist hier die Trennung der Begriffe "Verstehen" und "Nachvollziehen" oder "Einfühlen" angebracht. Irrationale Rituale, Sinnzusammenhänge, Handlungen oder Ideen sind insbesondere in ihrer Entwicklung, Entstehung und Konstruktion verstehbar, in ihrer emotionalen Eingebundenheit und auf der Folie ihrer Erlebensgeschichte so fremdartig, daß ein Nachvollziehen oder Einfühlen schon im Versuch **unangemessen** erscheinen. Beispiele könnten etwa die Couvade, Menschenopfer oder der Versuch unserer eigenen Ethnie, eine andere auszurotten, sein. D.h., der DUERR' sche Wunsch, bestimmte Phänomene nachzuerleben, bleibt mit großer Wahrscheinlichkeit auf die positiveren und angenehmeren Ereignisse beschränkt.

Da der Forscher als "potentiell Wandernder" weiterhin in seiner Kultur lebt setzt das Verstehen von Fremdem geradezu eine theoretisch nicht festlegbare in jeder Forschungssituation neu zu bestimmende Distanz bzw. Nähe zun Untersuchten voraus - die sogenannte Sekundärsozialisation findet ja imme auf der Interpretations-Folie der primären Sozialisation statt, womit m.E. ei vollständiges Verstehen (quasi mit Komplettheitsanspruch) unmöglich un auch nicht wünschenswert scheint; das Fremde kann nur in und mit seine Fremdheit verstanden werden.

Trotzdem und gleichzeitig findet immer eine, dem Erlebten entsprechend Entfremdung statt: die "... Erfahrung, in der das Subjekt verändert und sein kulturellen Identität entfremdet wird, geht weit über das hinaus, was sonst i den Wissenschaften als 'Empirie' akzeptiert ist" (KRAMER 1978, S.14). D bedeutet, daß der Forscher einer Pendelbewegung zwischen Randbereich seiner Identität auflösender Annäherung ans Fremde und ständiger Selbstve gewisserung folgt, bis, die Alternativen der fremden Kultur betrachtend, "... d 'eigene' Gesellschaft in der Perspektive der 'fremden' erscheint" (a.a.O "Wenn aber der zu uns von außen kommende Beobachter uns so sieht, wie w wirklich sind, wie wir uns selbst aber nicht sehen, auch und gerade nicht wissenschaftlicher Betrachtung, so bietet der Andere uns eine vermittelte Weise der Selbsterkenntnis **sui generis**" (KRAMER 1978, S.21).

Viele Ethnologen fragen sich heute, was wir von fremden Ethnien über uns selbst lernen können (vgl. KOHL 1987, S.141): "Wir dagegen erleben heute bereits viel stärker die krisenhaften Grenzen, die negativen Auswirkungen wissenschaftlicher Rationalität in allen Bereichen unserer eigenen Lebenspraxis, so daß von daher Wissenschaftskritik für uns einen anderen, radikaleren Akzent erhalten muß. Zugleich erfahren wir das mythische Denken nicht nur als fortwirkende Vorstufe, sondern als Verdrängtes, noch Unabgegoltenes. Für uns kann es zwar kein Zurück in den Mythos geben, aber das tiefere Verstehen des mythischen Denkens kann uns hilfreich sein bei der Aufdeckung und Überwindung der negativen Verengungen wissenschaftlicher Rationalität" (SCHMIED-KOWARZIK 1981, S.374 f.).
Unser Blick auf das "vorwissenschaftliche", mythische Denken legt aber auch dessen gesellschaftliche Regulationsfunktion frei, welche bei uns mit Einbruch des rationalistischen Denkens verloren ging und durch funktionelle Logik ersetzt wird. Diese wissenschaftliche Rationalität erweist sich zwar in unseren Sinnzusammenhängen meist als als überlegene, in vielen Fällen "... und vor allem im Kontext fremder Lebenszusammenhänge als völlig unterentwickelt" (SCHMIED-KOWARZIK 1981, S.369).

Fremdes und Irrationales existieren aber auch in unserer Kultur in der gesamten Spanne zwischen individuellen bis zu subkulturellen Phänomenen. Das wird gerade durch den Perspektivenwechsel mit Blick auf die eigene Gesellschaft deutlich, woraufhin auch schon Ethnologen dessen Untersuchung vorschlagen: "Ethnographische Feldforschung ist die Forschungsarbeit, die von Kulturanthropologen unter lebenden Völkern in anderen Gesellschaften und in Subkulturen unserer eigenen Gesellschaft durchgeführt wird. Sie wird im allgemeinen durchgeführt, um Basisdaten über wenig bekannte Gesellschaften oder Subkulturen zu sammeln ..." (OLIEN zit. nach FISCHER 1981, S.64).

Psychiatrische Kliniken kann man insofern, wie FENGLER/FENGLER (1981) gezeigt haben, als subkulturellen Sinnzusammenhang mit eigener Wirklichkeitskonstruktion betrachten. Auch bei der Beschäftigung mit Wahn und Schizophrenie scheinen Fremdverstehen und ethnographische Feldforschung angemessen, da es sich dabei, zumindest im Sinne naturwissenschaftlicher Medizin und alltagsweltlicher Vorstellungen, um die Konkretisierung des Irrationalen per se handelt.

In der allgemeinen Pädagogik werden modifizierte Formen oder methodische Teilstücke ethnographischer Feldforschung häufig übernommen, sind aber meist von den spezifischen Charakteristika des Fremdverstehens abgekoppelt. B. SCHÖN bemerkt zwar, daß herkömmliche, "... quantitative Forschungen, die sich mit Schichten beschäftigen, die wahrscheinlich einer anderen Subkultur als der Forscher selbst angehören, kommen leicht zu falschen oder verzerrten Schlußfolgerungen über diese Gruppen, weil die Forscher ihr eigenes oder ihr wissenschaftliches Weltverständnis zum Maßstab der Beurteilung der dort registrierten Phänomene machen. Im Weltverständnis und Alltagsleben der Betroffenen selbst aber haben diese Phänomene oft eine ganz andere Bedeutung" (1979, S.25). Sie betrachtet die Welt dieser Gruppen aber nicht als fremde, sondern als prinzipiell gleiche, vergleichbare Sinnkonstruktion.
Ähnlich verfährt MERKENS. Er schreibt: "Geht es darum, die Erziehungswirklichkeit möglichst in ihrer ganzen Weite zu erfassen, dann empfiehlt es sich, an Vorgehensweisen anzuknüpfen, die in der Ethnographie entwickelt worden sind und in der Literatur häufig unter dem Begriff der Feldforschung abgehandelt werden" (1984, S.3). Sodann aber werden lediglich teilnehmende Beobachtung und Inhaltsanalyse über die qualitative Sozialforschung aus der Ethnographie entnommen, das Verstehen fremden Denkens tritt sogar bei einer Untersuchung mit Ausländerkindern (Türken) in den Hintergrund (vgl. a.a.O., S.102).
Insgesamt besehen werden einzelne Erhebungs- und Auswertungsverfahren der ethnographischen Feldforschung ohne besondere methodische Berücksichtigung des Fremdheitsaspektes eingesetzt und durch das Auge ethnozentristischer Weltsicht auf den Fremden und seine Kultur gerichtet.

Erst in der Mitte der 80er Jahre beginnen insbesondere Sonder- und Heilpädagogen immer deutlicher Orientierung am Paradigma des Fremdverste

hens mittels ethnographisch strukturierter Feldforschung und hermeneutischer Sinnauslegung zu fordern. Offensichtlich entsteht ja gerade bei dem Versuch Lebenswelten und Sinnkonstruktionen Behinderter zu verstehen (nicht nur bei Forschern) das Gefühl von Fremdheit, auch bei der größten Gruppe, den Lernbehinderten, die meist aus subkulturellem Milieu stammen (vgl. EBERWEIN 1987 a, S.5).
Frustration und Unzulänglichkeiten in der Praxis der Sonderschule führen nicht nur zu integrativen Bedürfnissen (vgl. das "Handbuch der Integrationspädagogik", EBERWEIN 1988), sondern gezwungenermaßen auch zu dem Wunsch, die Schüler und ihre Realitäten näher kennenzulernen, besser zu verstehen, ihre Lebenswelt zunehmend mehr aus ihrer Perspektive betrachten zu können (vgl. EBERWEIN/ KÖHLER 1984, S.372 f. und S.375 f.). Der Forscher übernimmt damit zumindest zeitweise die Rolle der Lernenden. "Das Verstehen anderer Lebenswelten als wissenschaftlicher Auftrag wird damit zur zentralen Zielsetzung sonderpädagogischer Forschung. Nur wenn wir in die Alltagswelt anderer/Behinderter eindringen und ihr Leben mit ihren Augen sehen lernen, haben wir die Chance, sie auch zu verstehen. Im Paradigma des Fremdverstehens, d.h. in der kommunikativen und situativen Erschließung der Selbst- und Weltsicht des anderen, liegt eigentlich das 'Besondere' der Sonderpädagogik begründet, denn keine andere Disziplin ist aufgrund der Schwierigkeiten bei der Bewältigung ihrer Aufgabenstellung so sehr auf Alltagsinformationen über ihre Klientel angewiesen. Mit Hilfe ethnographischer Feldforschung muß deshalb die empirisch-phänomenologische Rekonstruktion der Alltagswelt bestimmter Behindertengruppen bewerkstelligt werden" (EBERWEIN 1985, S.98).

Diese Forderung bleibt natürlich nicht auf behinderte Schüler beschränkt, sondern bezieht sich auf alle gesellschaftliche Randgruppen, die als ausgesonderte Minoritäten gleichsam zum Selbstschutz eigene "ethnische" Lebenswelten errichten, wie z.B. Zigeuner, Obdachlose, Ausländer etc., aber auch Institutionen wie Heime, Psychiatrie oder Strafvollzug (vgl. EBERWEIN/ KÖHLER 1984, S.363 f.). Des weiteren muß ergänzt werden, daß mit "eindringen" kein gewaltsamer Akt, sondern ein ethnographisch verstandenes sich "Führen-lassen" (s.o.) gemeint ist. Das selbst ist unverzichtbar, soll doch das

Produkt gemeinsamer Interaktion Möglichkeiten für Bildungsarbeit oder pädagogische Beratung aufzeigen. Notwendig ist "... die Weiterentwicklung zu einem mehrperspektivischen Forschungsinstrument, das in der Lage ist, Phänomene wie Behinderung, soziale Randständigkeit und subkulturelle Eigenheiten nicht zu vermitteln, sondern in ihrem realen selbsterlebten Seinscharakter zu erfassen und daraus adäquate didaktische Intentionen abzuleiten" (EBERWEIN 1985, S.104).

SCHUCHARDT verschiebt dieses Ziel zeitlich in den Forschungsprozeß hinein (ähnlich der Aktions-/Handlungsforschung), "... d.h., der Forscher reduziert seine dominante Rolle und wirkt selbst als Medium einer Interaktion, in der sich aus Deutung und Umdeutung innovatives Lernen als Anfrage an das eigene Um- und Weiterlernen ... ereignet, bzw. in der sich gesellschaftliche Wirklichkeit im Vollzug der Datenerschließung zugleich neu konstruiert" (1985, S.36 f). An dieser Stelle wird deutlich, daß bei ihrer Arbeit, auch im Forschungsprozeß, mehr die pädagogische Intention und weniger der Wunsch, Fremdes erst einmal zu verstehen, Priorität besitzt. Obwohl SCHUCHARDT "Strukturgleichheit von Forschungsgegenstand und Forschungsmethode" (a.a.O., S.45) fordert, wird offensichtlich die Sinnproduktion erwachsener Behinderter und deren Lebensentwürfe weniger als Fremdes **erlebt**, während z.B. MOLLENHAUER "... Reisen in die Kindheit ... auch in das Jugendalter, in die Freizeitwelt, den Alltag einer Arbeiterfamilie ... wie Reisen in fremde Länder ..." (zit. nach EBERWEIN 1988 b, S.295) empfindet.

M.E. aber werden nur bei Erhalt möglichst feinfühliger Vorsicht und zumindest partieller Fremdheit besonders im emotionalen Bereich "... auch jene 'Selbstverständlichkeiten' und 'Trivialitäten' der Beobachtung und Beschreibung zugänglich, die dem Mitglied einer Lebenswelt verschlossen bleiben, weil sie als nicht mehr auslegungsbedürftig erfahren werden" (KADE 1983, S.159). Gerade das Spannungsverhältnis zwischen rationaler Einsicht und emotionaler Andersartigkeit fördert verschüttete, vermeintlich unwichtige Aspekte beim Untersuchten zutage, "... da die prinzipielle Unvertrautheit mit einer fremden Lebensform eine offene Perspektive aufzwingt, durch die alle nur möglichen sozialen Phänomene ins Blickfeld geraten" (a.a.O.).

Insgesamt besehen liegt besonders für Untersuchungen mit erwachsenen Behinderten kein adäquates, den Aspekt des Fremverstehens berücksichtigendes Forschungsdesign vor.

4. Möglichkeiten qualitativer Sozialforschung

Die insbesondere in Kap. 3 ausgeführten Gedanken legen nahe, daß nicht nur Phänomene, die uns selbstverständlich erscheinen (vgl. Ethnomethodologie), sondern auch solche wie Subkulturen, Behinderung, psychische Krankheit und Irrationales unter der Perspektive des Fremden mit ethnographisch orientierten Erhebungs- und Auswertungsverfahren untersucht werden können/sollen. Seit gut zehn Jahren widmet sich die qualitative Sozialforschung der Übertragung der entsprechenden Methoden in unterschiedlichster Form.

Arbeitet man als Sonderpädagoge in einer Erwachsenenpsychiatrie auch mi chronisch schizophrenen Langzeitpatienten, wird schon bei der Planung vor Bildungsarbeit und Beratung am Mangel realisierbarer Konzepte die Notwen digkeit der Verwendung ethnographisch orientierter Methodik offensichtlich Ignoriert man nämlich die **Realität und die inneren Sinnkonstruktionen** de Patienten oder lehnt sie, weil es sich ja um "Wahn" und "Krankheit" und somi um zu Heilendes handelt, ab (eine maßgebliche Vorgehensweise vieler Medi ziner), wird man von ihm auch nur "Verrücktes", aber keine verwertbaren In formationen, aus denen sich "Bildungs-Ziele" ableiten lassen, erfahren. Notwendig ist, in einem sensiblen und ausführlichen Kommunikations- un Verstehensprozeß, Ziele für Weiterbildung oder auch für Beratung a gemeinsames Resultat entstehen zu lassen.

4.1. Zur Kontroverse zwischen quantitativer und qualitativer Sozialforschun

Mitte der 70er Jahre verstärkte sich immer deutlicher die "... Kritik an de Prinzipien der empirischen Sozialforschung im traditionellen Sinn (dere Maßstäbe Objektivität, Validität und Reliabilität sind und deren Methode d Experiment ist) und die Hinwendung zur Diskursführung im handelnden F schen ... Sie legen ... dessen Stellenwert neu fest und setzen neue, proble statt prinzipiengebundene Maßstäbe" (IBEN 1981 b, S.101). Der in der Bu desrepublik rezipierte Forschungsansatz bezeichnete sich nach amerikanischem Vorbild als Aktions-, Handlungs- oder Praxisforschung (vgl. zur letzteren HEINZE u.a. 1981). In ihm war wichtig, die "... wissenschaftliche Erkenntnis für einen Prozeß der Veränderung von Wirklichkeit zu nutzen. Das sollte aber nicht im Sinne einer angewandten Wissenschaft am Ende des Erkenntnisprozesses geschehen, sondern in Form einer Dialektik von Erkennen und Handeln" (IBEN 1981 b, S.98 f.), "... es werden gemeinsame Lernprozesse in Gang gesetzt, in denen der Forscher an einer ihm bis dahin fremden Lebenserfahrung teilnimmt und er dafür seine eigene Erfahrung in den Dialog einbringt" (IBEN 1981 a, S.19 f.). Derselbe Autor, einer der bedeutendstenden Forscher im Bereich der Randgruppensozialisation meint in dem Sammelband "Fremdverstehen sozialer Randgruppen", herausgegeben von EBERWEIN: "Die Verengung auf biographische oder ethnographische Ansätze ist nicht vertretbar, da es nicht um das puristische Selbstverständnis einiger Forscher, sondern um die Veränderung unterdrückender Lebensbedingungen geht. ... Handlungsforschung unterscheidet sich von jeder Grundlagenforschung, indem das Ziel der Erkenntnisgewinnung hinter das der Situationsänderung, der Überwindung von Ohnmacht durch Erfolge in der Problemlösung, zurücktritt" (IBEN 1987, S.160).

Dieser Gedankengang enthält ungewollt die Gefahr einer **kolonialistischen Tendenz** (vgl. den Sammelband von MÜLLER/OTTO 1984) und eines **ethnozentristischen Blickwinkels der Handlungsforschung**. Beides ist dann notwendige Konsequenz, wenn man die Veränderung vor den Verstehensprozeß setzt und der Forscher aufgrund eigener Erfahrung gemeinsame Lernprozesse in Gang bringt, obwohl es sich um eine ihm bis dahin fremde Lebenserfahrung handelt.

Von einem großen Teil der am **qualitativ-interpretativen Paradigma** orientierten Sozialforscher wurde dies erkannt und als Anspruch fallen gelassen, bzw. gezielte Eingriffe ins Feld wurden, zeitlich gesehen, nach der Erhebung, oft sogar erst nach oder während der Auswertung durchgeführt. Das Ziel baldmöglichster Veränderung im Forschungsprozeß ist dem Wunsch gewichen, zuvor ausführlich Weltsicht und Sinnkonstitution der Untersuchten kennenzulernen.

Hier sei ein praktisch-politisches Beispiel erlaubt: Sehr oft werden in der Ethnologie gutgemeinte Maßnahmen der Entwicklungshilfe beklagt, bei denen aus mangelnder Sachkenntnis z.B. teure Traktoren in tropische Morast-Gebiete geliefert werden, sich dort aber als unbrauchbare Geräte erweisen und verrotten.

SCHUCHARDT meint z.B., daß sich zwar aktive Intervention bei menschlicher Interaktion kaum vermeiden lasse, aber nicht eingesetzt werde, "... um in 'therapeutischer' Absicht zu verändern ... Damit bleibt Selbstverantwortlichkeit und Diskursfähigkeit aller an der Forschungssituation Beteiligten erhalten und Metakommunikation als zentrale Forderung teilnehmerorientierter Forschung erfüllt" (1985 a, S.46).

WAHL u.a. führen die Ablehnung von Eingriffen in fremde, "geschlossene Welten" (1982, S.36) wie z.B. Psychosen und Psychiatrie sogar bis zu folgendem Punkt: "Hilfreich gemeinte Parteinahme und Interventionen von außen, seien es auch nur Aufklärungsversuche, können hierbei auf Unverständnis oder sogar auf massive Abwehr stoßen. Die Einflußnahme ist dann nur durch Agitationsversuche oder unter Gewaltanwendung denkbar; daher müssen sich diejenigen, die in solche geschlossenen subjektiven Welten eindringen wollen, genau überlegen, was sie zu opfern bereit sind: Ihre 'Hilfe-' oder sonstigen Interventionsabsichten oder die Integrität der jeweilig Betroffenen, jedenfalls innerhalb ihrer eigenen Wirklichkeitskonstruktionen" (a.a.O., S.36 f.).

Den Autoren ist zumindest hier Recht zu geben, da ja psychische Krankheit und der (z.T. unfreiwillige, z.T. solchermaßen inszenierte) Rückzug in eine "geschlossene Anstalt" als Versuch des Patienten betrachtet werden kann, sich vor einer bedrohlichen, ängstigenden und überfordernden Umwelt zu schützen. So besehen kann jeder Vorschlag zur Veränderung des status quo (im Sinne der Handlungsforschung) ohne differenzierte Kenntnis der jeweiligen Sinnkonstitutionen ungeahnte Reaktionen zur Folge haben.

Gemeinsam war/ist allerdings beiden qualitativen Forschungsrichtungen die Kritik des quantitativ-positivistischen Empirieverständnisses, die hier nur kurz referiert werden soll. Wirklichkeitsverfälschend wirkt sich ihnen zufolge dort vor allem Folgendes aus (vgl. z.B. zusammenfassend EBERWEIN 1988 b, S.292 f.; ausführlicher HOPF 1979, S.14 f.; HOFFMANN-RIEM 1980, S.339-343; KÖCKEIS-STANGL 1980, S.341-347; WITZEL 1982, S.12-17; KÜCHLER 1983, S.10 ff.; VOLMERG 1983, S.126 f.; SCHWEMMER 1987, S.87-152):

- die Annahme einer in den wesentlichen Aspekten gemeinsam geteilten, objektiven Wirklichkeit;

- daraus resultierende Kommunikations- und Erhebungsinstrumente, die nur dem naturwissenschaftlichen Weltbild des Forschers entsprechen;

- Auswertungsverfahren, die statistisch-mathematisch operierend, mit dem Prinzip der Verteilung versuchen, Wirklichkeit zu verstehen und zu interpretieren;

- die einengende Vor-Strukturierung der Untersuchung, welche die Erfassung noch unbekannter Phänomene oder von Irrationalem unmöglich oder zumindest unwahrscheinlich macht;

- die Reduktion menschlicher Handlungs- und Sinnvielfalt auf "Verallgemeinerbares" oder im Negativ auf "Defizite";

- der Versuch, den Einfluß des Forschers auf Erhebung und Ergebnisse zu eliminieren, statt ihn zu kontrollieren und zu reflektieren;

- die Vernachlässigung der Wirkung der Erhebungssituation auf den Forscher.

Insbesondere VOLMERG (1983) und SCHWEMMER (1987) unterstreichen ausdrücklich den experimentellen Charakter und die damit verbundene Künstlichkeit der Situation im normativen (quantitativ orientierten) Paradigma. Gerade die Maßnahmen, die in einer quantitativ orientierten Untersuchung Zuverlässigkeit und Überprüfbarkeit garantieren sollen, wie z.B. Standardisie-

rung oder Variablenisolierung, verändern die Situation und das Verhalten der Untersuchten derart, daß sie nicht mehr mit dem Alltag übereinstimmen. Dieser Einfluß der Kontrollbemühungen bleibt aber letztlich unkontrollierbar, sodaß nur noch festgestellt werden kann, wie sich Menschen in solchen restriktiven Situationen verhalten, sich verändern (vgl. VOLMERG 1983, S.126 und SCHWEMMER 1987, S.143). "Damit seien die Ergebnisse solcher Untersuchungen aber nicht auf die alltäglichen Lebenssituationen übertragbar und also praktisch irrelevant" (SCHWEMMER 1987, S.143).
Die Naturwissenschaften als auch die an ihnen orientierten wissenschaftlichen Empirien entwickeln sich zusehends zu einer eigenständigen Welt, "... die sich von unserer alltäglichen Erfahrungswelt weitgehend abgelöst hat und in steigendem Maße dieser Alltagswelt gegenüber 'autonom' wird ..." (SCHWEMMER 1987, S.141).

Betrachtet man die Welt der Psychiatrie und des Wahns (mit ihren eigenen Regeln und Wahrheiten, vgl. FENGLER/FENGLER 1980), wird deutlich, daß eine Übertragung des normativen Paradigmas mit einem naturwissenschaftlichen Empirieverständnis und gerade die Maßnahmen, die Objektivität gewährleisten sollen, den alltäglichen Handlungsmethoden quantifizierende Forschungsmethoden aufzwingen, sodaß sie selbst Sinn konstituieren und Verzerrungen und falsche Informationen provozieren, gleichsam erzeugen **müssen**.
Des weiteren würde dieses Vorgehen vom Patienten, dessen Wirklichkeitsverständnis ja "ver-rückt" ist/sein soll, verlangen, sich in mehreren Realitäten adäquat zu bewegen, nämlich in seiner eigenen, der psychiatrischen und in den Konstruktionen des normativen Paradigmas. Diese Erwartung ist m.E. eindeutig unangemessen, betrachtet man etwa den Unwillen oder die Unfähigkeit "Gesunder", andere, fremde Welten sozialer oder ethnischer Randgruppen zu verstehen. Dies erfordert in unserer Kultur offensichtlich "wissenschaftliche Vorbildung, mit welcher die wenigsten Betroffenen ausgestattet sind.

In der Perspektive des interpretativen Paradigmas kann der Kontext der Interaktion, der in der Forschungssituation entsteht, nicht weiter als störende oder verfälschende Randbedingung betrachtet werden, sondern muß produktiv i den Erkenntnisprozeß einbezogen werden; er darf nicht (z.B. durch Standardisierung o.ä.) eliminiert werden. Unverzichtbar sind aus diesem Grund zwei basale Prinzipien qualitativer Sozialforschung: "Das Prinzip der Offenheit und das Prinzip der Kommunikation" (HOFFMANN-RIEM 1980, S.343).

Soll der Befragte seine Themen unter dem Gesichtspunkt seiner eigenen Prioritäten und Relevanzen darstellen können, muß er die Möglichkeit haben, seinen Kommunikationsstil zu realisieren. Das fordert unbedingt, "... daß sich die Konstruktion der Erhebungsmethoden nach dem Vorkommen des Gegenstandes in der Realität richten muß" (VOLMERG 1983, S.126). Die entscheidende Frage ist, ob es dem Forscher gelingt, eine Situation und Bedingungen herzustellen und zu erhalten, in denen es dem Befragten möglich ist, realitätshaltige Informationen zu produzieren, **obwohl** Forschung stattfindet. "Damit ist das Hauptproblem, das es zu bewältigen gilt, wie das Forschungsvorhaben den Beteiligten so nahe gebracht werden kann, daß sie es mit Hilfe ihres vorhandenen Wissensbestands als ein alltägliches Geschehen für sich definieren können. Das Dilemma partieller Unvereinbarkeit von Forschung und größtmöglicher Realitätsnähe stellt sich bei jedem Thema neu und erfordert für jedes Thema eine spezifische Lösung ..." (a.a.O., S.127) - zumindest in der Methodenauswahl und -kombination.
Diese **"Lebensnähe"** ist nur durch eine möglichst weitgehende "... Strukturgleichheit von Forschungsgegenstand und Forschungsmethode herzustellen ..." (SCHUCHARDT 1985 a, S.45); sie existiert nicht aus sich selbst, sondern muß allererst **praktisch erzeugt** werden durch "... strukturelle Übereinstimmung der Erhebungssituation mit typischen Alltagssituationen, in denen der Forschungsgegenstand relevant ist ..." (VOLMERG 1983, S.128; vgl. auch HOFFMANN-RIEM 1980, S.347 und HEINZE 1987, S.65).

An dieser Stelle wird sehr häufig der ethnologische Begriff des "Fremdverstehens" übernommen. Er "... soll die spezifische Zielsetzung signalisieren, die Rekonstruktion der Erklärungen, Handlungsgründe und Absichten von Handelnden ... **nicht per 'Innenschau' des Forschers zu erschließen, sondern durch kommunikative Interaktion mit den Handelnden**. Es wird als wichtig erachtet, die Sinnstrukturen der Adressaten, ihre Welt- und Selbstsicht, ihr Alltagswissen, ihre kognitiven Fähigkeiten und ihre Interaktionskompetenz situativ zu erschließen und insbesondere auch die Art und Weise, wie diese in alltäglichen interaktiven Prozessen einerseits eingesetzt und andererseits auch modifiziert oder gar erst erzeugt werden" (KÖCKEIS-STANGL 1980, S.348).

Die Forderung nach Rekonstruktion der Sinnkonstitutionen in kommunikativer Interaktion führt zu dem zweiten grundlegenden Prinzip qualitativer Sozialforschung, zu dem der Offenheit. Hiermit ist ein möglichst unvoreingenommenes Verhalten des Forschers gemeint, sich mit möglichst wenig Vorannahmen und Hypothesen den Untersuchten zu nähern: Entscheidend ist ganz besonders die permanente **Anpassungsfähigkeit** der Erhebungsinstrumente, die möglichst nur geringfügig, in groben Zügen, durch vorgefertigte Erwartungen fixiert sein sollen. "Sie sollen - idealiter - in einem steten Austauschprozeß zwischen qualitativ erhobenem Material und zunächst noch wenig bestimmtem theoretischen Vorverständnis präzisiert, modifiziert oder revidiert werden" (HOPF 1979, S.15; vgl. auch HOFFMANN-RIEM 1980, S.343-346 und KÖCKEIS-STANGL 1980, S.355 f.). Der jeweils Untersuchende muß die Bereitschaft besitzen, falsche Annahmen und (Vor-) Überlegungen zu korrigieren, vorläufige Schlüsse in die Kommunikation einzubringen und mit den subjektiven Darstellungen des Untersuchten zu vergleichen, sie u.U. zu verwerfen oder Einverständnis zu erzielen.
Dadurch, daß Rückfragen und Korrekturen möglich werden, ergibt sich mi voranschreitendem Forschungsprozeß eine zunehmende Verschränkung vo Erhebung und Auswertung des Datenmaterials. Der Untersuchende über nimmt dabei zu einem großen Teil die Rolle des "Lernenden", er muß sich lei ten lassen (vgl. zweite Sozialisation), sich auf den Befragten "einlassen". "'Sic einlassen' heißt ..., eine Erfahrung des Fremden zu machen, d.h. Brüch Widersprüche, Paradoxien, Störungen, Angst zu erleben - und daran aber di Eigenstruktur des Gegenüber zu erkennen. Die persönliche Fremdheitsbewä tigung ist also gewissermaßen eine methodische Strategie, um Andersartigke zu erkennen. Diese wird dadurch aber nicht aufgehoben" (WAHL u.a. 198 S.101; vgl. auch KÖCKEIS-STANGL 1980, S.356).
Das soll/darf natürlich nicht zur Selbstaufgabe des Forschers führen; i Gegenteil zu quantitativen Untersuchungen soll er in qualitativen Erhebung

deutlich und vor allem verständlich seine Empfindungen, insbesondere **Verständnis oder Befremden zeigen**. Nur dann ist auch sein Verhalten dem Befragten verständlich und dieser in der Lage, ihm wichtige Themen und Bedeutungen nicht zurückhalten zu müssen (vgl. WAHL u.a. 1982, S.136). "Und noch wesentlicher dürfte es sein, im Interview nicht als Neutrum, als 'Niemand' aufzutreten, also keineswegs das im objektivistischen Kanon hypostasierte 'neutrale Interviewerverhalten' anzustreben. Denn wie ... betont, fühlen sich die Befragten für das, was sie einem Niemand erzählen auch nicht verantwortlich (d.h. dem kann man im Grunde X-beliebiges weismachen)" (KÖCKEIS-STANGL 1980, S.356).

An dem bisher Gesagten wird erkennbar, daß nicht nur die Interaktion, sondern die ganze Beziehung zum Befragten - etwa auch in ihren emotionalen Qualitäten - gestaltet, gleichsam "gepflegt" werden muß (vgl. a.a.O. und WAHL u.a. 1982, S.108 ff.).

Zu diesem Zweck sind unbedingt Selbstdarstellungen des Forschers, weniger bzgl. seines wissenschaftlichen Interesses, sondern eher solche privater Natur erforderlich. Nur wenn er diese Einblicke zuläßt, wird er das dringend benötigte Vertrauen des Untersuchten finden, insbesondere in gesellschaftlichen Subkulturen und in Einrichtungen wie der Psychiatrie, in der häufig/meist das Verhältnis zwischen Patienten und Mitarbeitern (oft zu Recht) gerade durch Mißtrauen und Vorsicht geprägt ist (vgl. dazu auch VOLMERG 1983, S.128).

Das Ziel einer vertrauensvollen Beziehung zwischen Forscher und Befragtem "... ist jedoch nicht über eine passiv-rezeptive, emotional neutrale und sozial detachierte Befragtenrolle erreichbar: Nur wenn das Forschungssubjekt seine Handlungsorientierungen in autonomer Selbstdarstellung gestalten kann, wenn es seine Handlungsbegründungen entsprechend den eigenen Relevanzsetzungen in der Interviewsituation entfalten kann, wenn es sich selbst auch emotional engagiert einbringen und die Bedeutsamkeit der Interviewkommunikation auch für seine alltäglichen Handlungszusammenhänge unterstellen kann - nur dann ist interne Gültigkeit zu erhoffen" (HOFFMANN-RIEM 1980, S.350; vgl. auch KÖCKEIS-STANGL 1980, S.356).

Hierzu ist wesentlich mehr persönliches Engagement des Forschers nötig als in quantitativ orientierten Untersuchungen üblich. Es ist z.B. "... fraglich, ob

aus ein- bis zweistündigen Interviews ... so weitreichende Schlüsse hinsichtlich der Persönlichkeitsstrukturen gezogen und entsprechende Folgerungen für die didaktische Theoriebildung abgeleitet werden können" (EBERWEIN 1987 b, S.168). SCHUCHARDT meint: "Der Aufbau der Kommunikationsbeziehung, bei der der Forscher von der Dominanz seines institutionsspezifischen Regelsystems abrücken muß, entscheidet über den Grad der Tiefenschicht, die bei der Datengewinnung erreicht werden kann" (1985 a, S.40). Nur dann "... kann erschlossen werden, wie Gesellschaftsmitglieder (Forschungssubjekte) inmitten von Interaktionen ihre scheinbar als 'real' bzw. als 'objektiv gegeben' erlebte Welt zugleich interpretativ 'subjektiv' selbst mitbauen" (a.a.O., S.41).
WAHL u.a. nennen "... Überraschung und Verblüffung, Betroffenheit und peinliches Berührtsein" (1982, S.109) als wichtigste Ausdrucksformen, anhand derer der Forscher beispielsweise die "Revision" (a.a.O.) und Korrektur falscher oder auch ungenauer Vorannahmen erkennbar, für den Befragten erlebbar machen soll. Solche Reaktionen sind unabdingbar für dessen Orientierung im Forschungsprozeß und zum Verständnis der Welt und Persönlichkeit des Forschers.
KÖCKEIS-STANGL (vgl. 1980, S.356 f.) meint sogar, es sei am günstigsten, wenn sich die Beteiligten schon vor der Untersuchung kennen, wenn der Forscher am Ort der Untersuchung in einer Alltagsfunktion als Betreuer, Berater oder gar als echtes Mitglied der betreffenden Subkultur oder Institution zu tun hat.

Aus den bisherigen Darstellungen wird deutlich, daß es sich bei den erhobenen Daten und den Auswertungsergebnissen **immer**, im normativen Paradigma eben in unreflektierter Form, um ein **gemeinsames Produkt**, um eine **gemeinsame Wirlichkeits(re-)konstruktion** handelt. Für die folgende Auswertung muß dann gelten: "Indem der Protokollant seine eigene Betroffenheit offenlegt, indem er damit deutlich macht, worauf er besonders geachtet hat, was ihn besonders beschäftigt hat und wie er dieses Ereignis gesehen hat, gewinnt die Beschreibung dieser fremden Familienwirklichkeit ihre Glaubwürdigkeit und ihre Nachvollziehbarkeit für andere" (WAHL u.a. 1982, S.136).

Das heißt "... noch einmal sehr prononciert formuliert: Ab einem bestimmten

Punkt ist Subjektivität unvermeidbar. Die Objektivitäts-Behauptung führt zu fruchtlosen Diskussionen, die von der Bearbeitung inhaltlicher Probleme nur abhalten" (KÜCHLER 1983, S.24).

4.2. Ethnographisch orientierte Feldstudien in der qualitativen Sozialforschung und ihre Erhebungs- und Auswertungsverfahren

Einige Darstellungen qualitativer Sozialforschung greifen nicht auf das Paradigma des Fremdverstehens zurück (so z.B. HEINZE 1987, der sich stark der Handlungsforschung verbunden fühlt); andere, wie KADE (1983) und KÖCKEIS-STANGL (1980), sehen die Ableitung dieses Paradigmas aus der kulturanthropologischen Tradition, integrieren in ihre praktisch-methodischen Konzepte aber nicht die Vorschläge der ethnographischen Feldforschung. Entsprechend unklar bleibt der praktische und planungsbezogene Wert ihrer Vorgehensweisen (trotz theoretischer Qualität).

HOPF erkennt allerdings schon 1979 die Notwendigkeit dieses Gedankengangs, wenn sie schreibt: "Als Prototypen des Zusammenhangs von Unerschlossenheit und qualitativer Vorgehensweise können dabei anthropologische Untersuchungen gelten, in denen Sprache, Kultur und Lebensgewohnheiten fremder Stämme und Gesellschaften in einem Prozeß der schrittweisen, über die Teilnahme am Leben der untersuchten Stämme vermittelten Annäherung erfaßt werden ... Den anthropologischen Untersuchungen in der Art ihres Zugangs vergleichbar sind qualitative Untersuchungen, die sich mit bestimmten subkulturellen Milieus in der Industriegesellschaft befassen (institutionalisierter Kriminalität, Drogenszene, Sektenorganisationen und ähnlichem)" (a.a.O., S.18; vgl. auch HOFFMANN-RIEM 1980, S.344 und KÜCHLER 1983, S.17). Während diese Tradition im angloamerikanischen Sprachraum wesentlich älter und selbstverständlicher ist, wie der Sammelband von HOPF/ WEINGARTEN (1979) deutlich zeigt (exemplarisch für die pädagogische Forschung: BOGDAN/BIKLEN 1982), wurde die Praktikabilität der ethnographisch orientierten Feldstudie in der qualitativen Sozialforschung im deutschsprachigen Raum eigentlich erst in den 80er Jahren entwickelt. Exemplarisch sind hierfür die Arbeiten von HILDENBRAND (1983 und 1984 a, b, c) und WAHL u.a. (1982), aber auch von GIRTLER (1984 und 1987).

Typische qualitative Vorgehensweisen sind:

- die mehr oder weniger stark strukturierte Beobachtung mit unterschiedlich intensiver Teilnahme des Forschers im Feld;

- verschiedene Formen qualitativer Interviews mit dem Erkenntnisinteresse entsprechender Strukturierung als Befragung oder Erzählung;

- Dokumentenanalysen von Akten, biographischem Material, vorliegenden Berichten und Protokollen u.ä. (vgl. HOPF 1979, S.14 f.).

E.W.MÜLLER meint aber in diesem Zusammenhang: "Ethnologie ist charakterisiert weniger (ganz ist das natürlich nicht zu trennen) durch den Gegenstand als durch die Art, an ihn heranzugehen" (1986, S.121). Diese Bemerkung ist sicher richtig, denn auch bei Untersuchungen im Sinne des normativen Paradigmas werden Beobachtungen, Interviews und Dokumentenanalysen durchgeführt; in der qualitativen Sozialforschung kommen aber eben keine standardisierten, sondern offene, auf Teilhabe gerichtete Formen zur Geltung.

Die wichtigste, oftmals mit dem Begriff Feldforschung gleichgesetzte, Methode ist die **teilnehmende Beobachtung**: "Für die ethnographische Feldforschung aber liegt hier das Zentrum: Interaktion zwischen dem Ethnographen und 'den Untersuchten' ist selbst die Methode, macht die gesamte Feldforschung aus. CRANE und ANGROSINO schreiben deshalb zu recht, es handle sich bei der teilnehmenden Beobachtung weniger um eine Methode als einen 'state of mind' ... Um schließlich in die Nähe eines 'insider's view' zu gelangen ... und wichtige Aspekte des Verhaltens der fremden Gesellschaft zu internalisieren ..., muß der Feldforscher durch Mittun lernen ..., wobei das Zentrale ist daß er 'von den Leuten ausgebildet' wird. ... Entscheidend für unsere Überlegungen ist, daß ethnographische Feldforschung in erster Linie Dialog, Koope ration, Geben und Nehmen von beiden Seiten, Austausch, ein reziproker Prozeß ist ..., der vom Untersuchenden zwar beeinflußt und mitbestimmt wird, aber nicht seiner vollen Kontrolle unterliegt" (FISCHER 1981, S.75).

Nach SCHWEMMER (vgl. 1987, S.158-163) muß eine Felduntersuchung drei verschiedenen Prinzipien/Schritten folgen:

- **Partizipation und Internalisierung**: Der Forscher muß am alltäglichen Handeln (das beinhaltet die Kommunikation) der Mitglieder eines Milieus (diesen Begriff verwendet HILDENBRAND; vgl. 1983, S.18 f.) teilnehmen und aktiv selbst dessen Regeln übernehmen.

- **Suche nach Schlüsselideen und Interesse für Kleinigkeiten**: Der Forscher muß sich in alle möglichen Details der Handlungen und Erklärungen der Untersuchten einlassen und vertiefen und über "Schlüsselideen" die Details in einen geordneten Sinnzusammenhang zu bringen versuchen.

- **Verzicht auf logische Vorklärung und Aneignung von empirischem Material**: Der Forscher darf nicht seine persönlichen Ordnungsvorstellungen auf die fremde Welt projizieren, sondern muß immer versuchen, die material-/datenimmanente Ordnung zu entwickeln.

Insbesondere das letzte Prinzip ist als nur partiell erreichbares Ziel zu verstehen, da die Regeln und Ordnungen immer nur interaktiv, selbst ausführliche Erklärungen immer nur auf der Folie der Sinnkonstruktionen des Forschers verstanden werden können. D.h., es handelt sich grundsätzlich, wie schon gesagt, um einen ständigen **Prozeß der Annäherung**, einen ständigen Wechsel von Beobachtung/Befragung und Interpretation, erneuter Beobachtung/Befragung etc.

Warum dies im Prozeß des Fremdverstehens **grundsätzlich** ist, erläutert HILDENBRAND (1983, S.16 f.): Die meisten aller alltäglichen Handlungen sind routinisiert, sie folgen habitualisiertem, implizitem Wissen, welches in unserem Bewußtsein nicht ständig thematisiert oder problematisiert wird. Ein

Forscher kann zwar diese Handlungen beobachten und für sich habitualisieren (**teilnehmende** Beobachtung), damit ist aber das implizite Wissen noch nicht verstanden, es muß erst expliziert, d.h. in einer Befragung artikuliert, geklärt, u.U. erst ins Bewußtsein gerufen werden. Routinehandlungen werden sehr oft als solche überhaupt erst durch Nachfrage wahrgenommen (vgl. HILDENBRAND 1984 a, S.47).
Zudem taucht dieses unverstandene Wissen für den Forscher oft nicht in einer aktuellen Situation, sondern erst in einem darauffolgenden Schritt des Nachdenkens, des Interpretierens oder beim Austausch mit Kollegen auf und kann dann in späteren Phasen der Erhebung artikuliert werden.
Daraus ergibt sich ein zirkulärer Prozeß (der Annäherung), den HILDENBRAND folgendermaßen systematisiert:

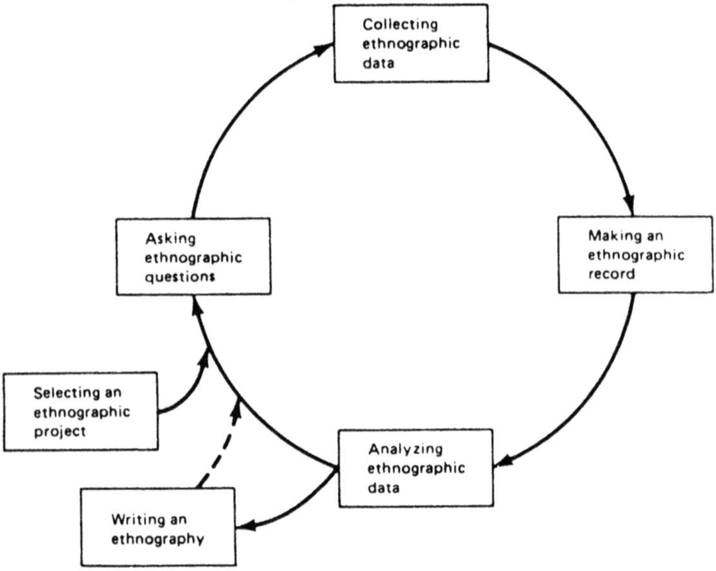

(SPRADLEY zit. nach HILDENBRAND 1984 a, S.60)

Wird der Untersuchte gezielt befragt oder werden ihm Interpretationsvorschläge/-ergebnisse vorgelegt, bezeichnet man dieses Vorgehen als "kommunikative Validierung".

In der vorliegenden Untersuchung wurde keine teilnehmende Beobachtung i konventionellen Sinne durchgeführt, da der Untersuchende selbst als Mitarbeiter "Teilhaber" des betreffenden Milieus war. Aus diesem Grunde werden nachfolgend die möglichen Befragungstechniken und die Erhebung von Dokumenten näher expliziert.

In der qualitativen Sozialforschung werden von den einzelnen Autoren Interviewverfahren mit unterschiedlichen Begriffen bezeichnet, z.B.:

- offenes und geschlossenes Interview (KOHLI 1978);
- das qualitative Interview (HOPF 1979, S.15);
- das fokussierte Interview (MERTON/KENDALL 1979);
- das narrative Interview (z.B. SCHÜTZE 1982);
- das ethnographische Interview (HILDENBRAND 1984 b, S.36 ff.);
- das problemzentrierte Interview (z.B. WITZEL 1985).

Alle Formen, außer dem geschlossenen Interview, teilen den Anspruch, sich möglichst den Ausdrucksformen des Befragten anzunähern, so daß dieser die Breitschaft entwickeln kann, eine vertraute Situation herzustellen, in der er sich zwanglos äußern kann. Gleichzeitig gehen die Autoren aber auch davon aus, daß die Intensität, der Grad der **Gesprächs-Führung** vorab vom Forscher bestimmt werden muß. Das Maß dieser Führung bewegt sich zwischen den Polen des geschlossenen und des narrativen Interviews, wobei geschlossene Verfahren (standardisiertes Interview mit vollständig vorgefertigtem Fragenkatalog) im interpretativen Paradigma recht selten vorkommen, da sie davon ausgehen, "... daß der Befragte die Frage so versteht, wie der Forscher es beabsichtigt, und überdies im von diesem beabsichtigten Bezugsrahmen antwortet" (KOHLI 1978, S.9). Nach den vorigen Überlegungen aber ist Kommunikation immer Fremdverstehen in unterschiedlichem Ausmaß. "Das macht eine wechselseitige 'Übersetzung' erforderlich" (a.a.O.). Bei geschlossenen Interviews aber kann "... nicht überprüft werden, ob die 'Übersetzung' der Forschungsfragen in den Kode des Befragten gelungen ist. Das mag für das Selbstvertrauen des Forschers vorteilhaft sein, nicht aber für die Validität der Antworten ..." (a.a.O., S.10). Das bedeutet, daß dieses Verfahren in Untersuchungen, in denen das Fremdartige bestimmter Phänomene im Vordergrund steht (Subkulturen, Irrationales u.ä.), **nicht** zur Anwendung kommen sollte.

Den Gegensatz zu diesem Verfahren bildet das in den letzten Jahren von SCHÜTZE entwickelte und häufig angewandte narrative Interview. Hier wird die Aktivität (und Direktivität) des Interviewers auf ein Minimum reduziert, um der Relevanstruktur und den Prioritäten-Setzungen durch den Befragten so viel Gestaltungsraum wie eben möglich zu lassen (vgl. WITZEL 1982, S.47 ff.; KADE 1983, S.172 ff. und SCHÜTZE 1982, S.568 ff.). SCHÜTZE gliedert sein Verfahren in zwei streng voneinander zu trennende Phasen:

- eine Anfangs- bzw. Haupterzählung, und
- eine Phase narrativer Nachfragen.

Die zentrale Einführungsthemenstellung soll eine möglichst ausführliche Haupterzählung "hervorlocken", während derer sich der Interviewer auf eine eher passive Unterstützung der Berichte und Interpretationen beschränkt (Kopfnicken etc.). Wenn der Interviewte zu erkennen gibt, daß seine Erzählung abgeschlossen ist, folgt die Phase der Nachfragen, welche wiederum nur explikativen Sinn haben sollen, nicht etwa Meinungen oder Wertschätzungen u.ä. in Frage stellen, sondern Darstellungen zu wenig oder noch gar nicht erläuterten Themen fördern sollen (vgl. 1982, S.570). Dieses Vorgehen nennt er auch "Stegreif-Erzählung eigenerlebter Erfahrungen" (SCHÜTZE 1982, S.572).
Der Interviewte unterliegt, hat er sich einmal auf ein solches Gespräch eingelassen, innerhalb der Stegreif-Erzählung einem dreifachen "Zugzwang", dem der Gestaltschließung, der Kondensierung und der Detaillierung.

- Zum **Gestaltschließungszwang**: "Der Informant muß den Gesamtzusammenhang und die einzelnen Situationen der erlebten Geschichte als Episoden oder historische Ereigniskonstellationen durch das Darstellen aller wichtigen Teilereigniszusammenhänge in der Erzählung repräsentieren" (SCHÜTZE 1982, S.571). D.h., will der Interviewte eine verstehbare Erzählung (eine konsistente und u.U. nachvollziehbare Wirklichkeit) produzieren, muß er **alle** zum Verständnis wichtigen Zusammenhänge darstellen. Dazu gehören auch, da sonst ein Teil seiner Handlungen unverstanden bleibt, Erklärungen zu seinen Handlungs-Motiven und Deutungen von Ereignissen, Ereignis-Reihen und Konstellationen.

- Zum **Kondensierungszwang**: "Um die entscheidende Aussage (den 'Clou') der erlebten Geschichte herauszuarbeiten, und weil für die Rekapitulierung eigenerlebter Erfahrungen nur begrenzte Zeit zur Verfügung steht, ist der Erzähler gezwungen, allein das zu erzählen, was unter Ansehung der Gesamt-Ereigniskonstellation der vorgegebenen Thematik und der damaligen Orientierungssignifikanz möglicher Handlungsalternativen und eingetretener Ereignisse ... an 'Ereignisknotenpunkten' wirklich relevant ist. Ein derartiger **Kondensierungszwang** bewirkt, daß der Tendenz nach **nur** das Ereignisgerüst der erlebten Geschichte und das, was zum Verständnis des Entstehens und der wesentlichen Folgen der Ereignisknotenpunkte unumgänglich ist, berichtet wird" (a.a.O., S.572). Das wiederum bedeutet, daß der Erzähler für gewöhnlich Geschichten und Episoden, die nicht "zum Thema" gehören (nach seiner Meinung), also zum Verständnis des Ereignisablaufs unwesentlich sind, wegläßt.

- Zum **Detaillierungszwang**: "Hat der Erzähler über ein Ereignis A berichtet, so fühlt er sich bemüßigt, auch über das auf dieses Ereignis zeitlich, kausal und/oder intentional folgende nächste wichtige Ereignis B zu berichten. Tut er das nicht, so zerstört er sowohl die kausale Logik der Ereignisabfolge als auch die intentionale Logik entsprechender Verflechtungen und Zusammenhänge von Handlungsplanungen" (a.a.O.). Somit ist der Interviewte gezwungen, so lange ins Detail zu gehen, bis ein plausibler Zusammenhang zwischen verschiedenen Ereignissen, Motiven und Situations-Deutungen entsteht. Hierzu muß der Erzähler versuchen, sich in die Rolle des Zuhörers zu versetzen, gleichsam dessen Verstehensleistungen und -probleme nachzuvollziehen: "Um sich des Verständnisses des Zuhörers fortlaufend zu versichern, baut der Erzähler 'Schlitze' für die sprachinhaltliche und/oder parasprachliche Zustimmung des Zuhörers ('ja'; 'hm, hm'; Kopf nicken usw.) in seinen Sprechvorgang ein; von Zeit zu Zeit stellt er auch explizite

Nachfragen, ob der Zuhörer mit der Art der narrativen Darstellung einverstanden ist ('Geht's zu schnell, geht's zu langsam?')" (a.a.O., S.573).

Gestaltschließungs- und Detaillierungszwang gemeinsam führen dazu, daß auch Ereignisse berichtet werden, die in jedem anderen Gespräch nicht auftauchen oder gezielt ausgelassen werden. Dies sind z.B. für den Erzähler unangenehme und heikle Themen und Ereignisse, deren unverhüllte Veröffentlichung zu ungewollten Konsequenzen führen können (vgl. a.a.O., S.575 f.; auch hieraus ist die spätere, unbedingte **Anonymisierungspflicht** des Untersuchenden abzuleiten!).
Je mehr ein Erzähler den dreifachen Zugzwang bewußt als Bedrohung erlebt, wird er seltener versuchen, Abläufe zu verschleiern (er würde sich nur in Widersprüche verwickeln), vielmehr wird er der Darstellung ausweichen: "Die nun einsetzende verschärfte autonome Kontrolle seiner Sprechaktivität zwingt dem Informanten die Tendenz auf, den Grad an Narrativität bzw. expliziter Indexikalisierung seiner Darstellung bis auf ein Minimum absinken zu lassen" (a.a.O., S.578). Er wird/kann z.B. versuchen, durch Pausen oder Gegenfragen den Interviewer zum Reden zu bringen (vgl. a.a.O.). Dieser selbst allerdings soll/wird bemüht sein, auf solche "Angebote" nicht einzugehen.

Kritisiert wurde am narrativen Interview die weitläufige Eingangs-Fragestellung (sie soll ja eine ausführliche Erzählung einleiten) und das unspezifische Interviewerverhalten, welche in Kombination regelrechte "Datenfriedhöfe" produzieren. Der Forscher bekommt, um sein eigentliches Interesse herumgelagert, viel Uninteressantes präsentiert und muß oft lange auf den "Kern der Sache" warten (vgl. KÜCHLER 1983, S.19).

Im Anschluß hat maßgeblich WITZEL (vgl. 1982 und 1985) das problemzentrierte Interview beschrieben. "Bei diesem Verfahren handelt es sich um eine Methodenkombination bzw. -integration von qualitativem Interview, Fallanalyse, biographischer Methode, Gruppendiskussion und Inhaltsanalyse ..." (WITZEL 1985, S.230).
Der Autor hält insbesondere die Zweiteilung des Interviews in einen narrativen Hauptteil (ohne Fragen und Kommentare) und einen Nachfrageteil für

sehr unproduktiv. Er bezweifelt, daß Mitglieder gesellschaftlicher Randgruppen und Subkulturen über ausreichend Sprachkompetenz und persönliche Sicherheit verfügen, nur durch "hm, hm" unterstützt, eine ausführliche Stegreif-Erzählung zu einer bestimmten Fragestellung zu produziere; die ganze Form der Gesprächsführung müsse dem Befragten sehr künstlich und unecht erscheinen. Trotz der Forderung nach Offenheit kommt der Stil narrativer Interviewtechnik einer möglichen Forderung nach einem gleichberechtigten Dialog mit Sicherheit nicht nach (vgl. WITZEL 1982, S.49 f.).

WITZEL fordert deshalb eine "vertrauensvolle Zusammenarbeit" (1985, S.229), in der durch angemessene Fragen und Bemerkungen ständig das gegenseitige Verständnis geklärt wird. Wichtig sind für dieses Vorgehen die Prinzipien der Problemzentrierung, der Gegenstandsorientierung und der Prozeßorientierung. "Das bedeutet, daß der Forscher auf der einen Seite den vom Befragten selbst entwickelten Erzählstrang und dessen immanente Nachfragemöglichkeiten verfolgen muß und andererseits gleichzeitig Entscheidungen darüber zu treffen hat, an welchen Stellen des Interviewablaufs er zur Ausdifferenzierung der Thematik sein problemzentriertes Interesse in Form von exmanenten Fragen einbringen soll" (WITZEL 1985, S.237). Das Kriterium der Gegenstandsorientierung soll ermöglichen, durch eine adäquate Methodenkombination, das ist die geeignete Anordnung, Gewichtung und Modifizierung der Teilelemente, einen die Kommunikations-Strukturen des Befragten aufgreifenden Zugang zu dessen Sinn- und Realitätskonstitutionen zu finden und aufzugreifen. Auch das Thema (das Problem) bestimmt, ob beispielsweise narrative Elemente, die Dialogform oder etwa Gruppendiskussionen überwiegen (vgl. a.a.O., S.232 f.). Das Kriterium der Prozeßorientierung fordert, "... den Forschungsprozeß als Aufeinanderfolge von induktiver und deduktiver Vorgehensweise aufzufassen: Zunächst induziert das Datensammeln, -sortieren und -interpretieren Kategorien und theoretische Konzepte. Anschließend wird stärker selektiv vorgegangen, indem aus der entstehenden Theorie Kernkategorien benutzt werden, um einen strukturierten Suchprozeß nach neuen Ideen und Zusammenhängen in den Daten zu organisieren. Diese beiden Vorgehensweisen bereichern sich wechselseitig ..." (a.a.O., S.233).

Zu den notwendigen Instrumenten des problemorientierten Interviews zählt WITZEL (1985, S.236 f.):

- einen Kurzfragebogen, der den Einstieg ins Problemgebiet erleichtern soll;

- einen Leitfaden, der das Hintergrundwissen des Forschers organisiert und die Ergebnisse kontrollierbar und vergleichbar machen soll;

- Tonbandaufzeichnungen (Videoaufzeichnungen sind "unnötiger Aufwand", a.a.O.);

- ein Postscriptum, in dem die Interaktionen vor und nach dem aufgezeichneten Gespräch festgehalten werden.

Als weitere Stütze dieses Verfahrens benennt der Autor die biographische Methode, die aber lediglich das Interview strukturieren und ein lästiges Frage-Antwort-Gespräch vermeiden hilft (vgl. WITZEL 1982, S.66, S.74 ff. und 1985, S.238 f.).
Von besonderer Bedeutung ist die Forderung, eine Beziehung zum Befragten und eine Gesprächsatmosphäre entstehen zu lassen, in welcher dieser seine "... **Problemsicht** auch **gegen** die Forscherinterpretation ... zur Geltung bringen ..." (WITZEL 1982, S.69) kann. Der Forscher soll durch Fragen, Kommentare u.ä. deutlich machen, daß er sich wirklich für die Ausführungen und Problemsicht des Befragten interessiert (vgl. a.a.O., S.73).

In den ethnographisch orientierten Arbeiten wird das Interview meist als Ergänzung der teilnehmenden Beobachtung verstanden - tauchen im Feld z.B. unverstandene Handlungen oder Situationen auf, können die betroffenen Teilnehmer in einem Interview dazu befragt werden. Während GIRTLER (vgl. 1984, S.149 ff.) zu diesem Zweck die Technik des narrativen Interviews übernimmt, beschreibt HILDENBRAND (1984 b, S.36 ff.) eine eigenständige Form, das **ethnographische Interview** als "ausführliche Unterhaltung" (a.a.O., S.40). Es erscheint als eine Kombination narrativer und problemzentrierter Elemente, wobei der Forscher deutlicher als im narrativen Interview sein

Interessen einbringt, aber gleichzeitig mehr Raum als im problemzentrierten Interview für die "Problemzentrierungen", Relevanzen des Befragten anbietet. Dieses Interview paßt sich an Bedürfnisse und Möglichkeiten, besonders an das Kommunikationsverhalten des Befragten an. HILDENBRAND macht deutlich, "... daß es im Stil einer 'alltäglichen Unterhaltung' aufgebaut ist" (1984 b, S.41). Von diesem Anspruch bezüglich des Interviewerverhaltens weichen die beiden zuvor geschilderten Verfahren erheblich ab. Die beschriebene (zirkuläre) Prozeßstruktur einer ethnographisch orientierten Untersuchung übersetzt sich auch in dieses Teilelement (Interview). Der offene (narrative) Interviewstil ist für die Anfangsphase typisch, später, wenn Verständnisprobleme oder erste Hypothesen auftauchen, folgen dann gezieltere Fragen. Wenn die Situation es erlaubt (weil die beiden Gesprächsteilnehmer sich z.B. schon vertraut sind), können solche Fragen bereits zu Beginn gestellt werden (vgl. a.a.O.).

Für ein solchermaßen adäquates Interviewer-Verhalten ist ein hohes Maß an Sensibilität beim Untersuchenden nötig: "Er muß nicht nur spontan am Gespräch teilnehmen können, sondern gleichzeitig muß ihm das ethnographische Interesse präsent bleiben, er muß zuhören und gleichzeitig das, was gesprochen wird, analytisch reflektieren können, um die sich im Gespräch aufbauende Beziehung zwischen den Interakteuren zu erfassen, Möglichkeiten für Nachfragen zu entdecken und günstige Plazierungspunkte für diese Nachfragen ausfindig zu machen" (a.a.O., S.43).

Zu Beginn sind die grundlegenden Themen zu klären, wobei der Forscher den "... 'sechs W': Wer, Was, Wann, Wo, Warum, Wie" (a.a.O., S.44) folgen kann. Obwohl die größte Zahl der Vertreter qualitativer Sozialforschung die Vermeidung von Suggestivfragen anraten, da sie u.U. dem Interviewer genehme Antworten provozieren, betonen die der ethnographischen Feldforschung folgenden Wissenschaftler deren möglichen Einsatz in fortgeschrittenen Phasen eines Forschungsprozesses (sie können z.B. lauten: "Stimmt es, daß ...?" oder "Ist es möglich, daß ..."). GIRTLER meint sogar, "... daß Suggestivfragen in jeder Form zum Interview gehören und man sich nicht scheuen soll, solche zu stellen. Suggestivfragen haben nicht nur die Funktion, den Interviewpartner zum Erzählen zu animieren, sondern auch um zusätzliche Informationen zu erhalten" (1984, S.161). Auch RICHARDSON u.a. bestätigen diese Auffassung: Es würde "... auffallen, daß die Befragten durch solche Fragen ermutigt werden, über die tatsächlich gestellten Fragen hinaus unaufgefordert weitere Informationen zu geben, ohne daß es zu größeren Abweichungen von der Interviewthematik kommt" (1979, S.230).

Insbesondere die ethnographisch orientierten Wissenschaftler plädieren, statt allzu raffinierten Interviewtechniken nachzuhängen, für eine **Methodentriangulation**. Sie beschränken sich nicht nur auf eine gegenseitige Ergänzung von Teilnehmender Beobachtung und Interview, sondern beziehen zusätzlich die **Dokumentenanalyse** mit ein. Darunter sind alle auffindbaren Materialien zu verstehen, die "den Fall" unter einem anderen Licht beleuchten; z.B.

historische Dokumente:
- Akte,
- Fotoalben,
- Ausbildungs-Dokumente,
- Zeitungsausschnitte,

aktuelle, zu erstellende Dokumente:
- Autofotografie
- vom Befragten erstellte Videoaufzeichnungen,
- fokussierte Beobachtung,
- Produkte anderer Art.

Eine große Zahl Autoren fordert ein solches "kontrastierendes Verfahren" als Methode systematischen Vergleichs der Ergebnisse (vgl. HILDENBRAND 1984 a, S.43), wobei es **nicht** darum geht, **die** "Wahrheit" zu finden, sondern den Gegenstand des Interesses von verschiedenen Seiten zu betrachten. Ethnographisch oder auch psychologisch orientierte Wissenschaftler kritisieren SCHÜTZE und WITZEL, die nach ihrer Auffassung zu sehr auf den Interviewtext vertrauen und meinen, daß dessen "... Bewertung und Analyse jedoch erst dann möglich ist, wenn die Erzählung des Informanten mit Daten aus anderen Quellen konfrontiert werden kann" (KÜCHLER 1983, S.22). Sie fordern "... eine möglichst umfangreiche und vielfältige Beschreibung des Gegenstands mit Hilfe unterschiedlicher methodischer Vorgehensweisen und aus möglichst verschiedenen Perspektiven. Hierher gehört das Konzept der

'Triangulation' ..., der 'dichten Beschreibung' ..., in dem drei Klassen von empirischen Daten gefordert werden, nämlich Beobachtungsdaten zur Erfassung manifesten Verhaltens, Interviewdaten zur Erfassung der bewußten Kognitionen und schließlich naive Interpretationen von unbeteiligten, ungeschulten Beobachtern zur Erfassung sozialer Konventionen" (BERGOLD/ BREUER 1987, S.24 f.). Diese Auffassung vertritt auch KÖCKEIS-STANGL und empfiehlt die Benutzung "... **bereits vorhandener Dokumente** ..." (1980, S.358), die die Befragten im Rahmen von Alltagshandlungen erstellt haben - z.B.: Tagebücher, Briefe, Akten verschiedener Behörden etc.
HILDENBRAND deutet schon hier auf den Zusammenhang dieser Methode zu den Gütekriterien hin: "Ein Aussagezusammenhang kann, wie gesagt, um so mehr Gültigkeit für sich beanspruchen, je ausführlicher er anhand dieser Kontrastierungsverfahren 'verdichtet' ... wurde und je schlüssiger die unteschiedlichen Analyseergebnisse, die je nach Beobachtungsfokus und je angewandter Methode entstanden sind, aufeinander bezogen werden können, und je systematischer Aspekte, die das zentrale Muster zu widerlegen vermögen, aufgefächert sind" (HILDENBRAND 1984 a, S.44).

Die üblichen Instrumente der Datenerhebung in der ethnographisch orientierten, qualitativen Sozialforschung, von denen in allen Untersuchungen jeweils nur ein Teil verwendet werden, sind:

- Tagebuch-Aufzeichnungen des Forschers (Protokolle, Aktenanalyse etc.);
- Postscriptum (Gedächtnisprotokoll, falls direkte Aufzeichnungen stören);
- Ton- und Videoaufzeichnungen (im Sinne von Protokollen);
- neuerdings Foto- und Videoaufnahmen durch den Befragten selbst (im Sinne einer fokussierten Beobachtung).

Im Laufe der letzten Jahre wurden mehrere interpretative Auswertungsverfahren entwickelt, die sich meist nach den spezifischen Erkenntnis-Interessen der jeweiligen Wissenschaftler richten. Bis heute hat sich keines dieser Verfahren durchsetzen können; in den meisten Untersuchungen werden deshalb den Besonderheiten des "Falls" entsprechend Teilelemente kombiniert.

HILDENBRAND z.B. folgt bei der Darstellung der **dichten Beschreibung** den grundlegenden Gedanken von GEERTZ (vgl. 1987, S.7-43): "Bei meiner eigenen Forschungsarbeit ziehe ich es vor, zugunsten kontrastiver Analysen auf sehr differenzierte Detailanalysen zu verzichten" (HILDENBRAND 1984 b, S.46). Zumindest ein Interview wird vollständig transkribiert (die anderen können in einem Inhaltsverzeichnis zusammengefaßt werden), welches darauf hin analysiert wird, **was** der Befragte berichtet und **wie** er dies tut. Nach der Analyse der Rahmenbedingungen (Entstehungsgeschichte und äußere Umstände) erfolgt eine Zusammenstellung der Daten, die am deutlichsten objektiven Charakter tragen - dies kann zu ersten Hypothesen führen. Inhaltlich gesehen wird das Interview in Segmente gegliedert. "Danach werden sich wiederholende und damit für das zu erforschende Milieu wichtig erscheinende Themen identifiziert ... Einzelne Passagen, in denen solche Themen angesprochen werden, greift man heraus und analysiert sie ausführlich" (a.a.O., S.49). Ergänzt werden die Ergebnisse durch eine Analyse der Interaktion, der Kontrast aller Ergebnisse führt zu (vorläufig) endgültigen Hypothesen (vgl. das gesamte Vorgehen a.a.O., S.46-50).
SCHWEMMER (1987, S.256) betont ausdrücklich den konstruktiven Anteil dieses Auswertungsverfahrens: "Unsere Handlungsbeschreibungen sind eigene Systeme, die die Komplexität ihrer Umwelt, also auch und insbesondere der beschriebenen Handlungswirklichkeit, reduzieren. Sie **spiegeln keine Wirklichkeit**, sondern sie **erzeugen sich selbst** ... Dies bedeutet aber, daß das **Ergebnis** der Handlungsbeschreibungen auch **durch diese immanente Struktur** des Beschreibungsprozesses **bestimmt** wird und **nicht** - sozusagen durch die Beschreibung hindurchgreifend - von der Handlungswirklichkeit selbst. ... Entscheidend ist lediglich, daß sich die **Beschreibungen** überhaupt **an die Wirklichkeit unseres Handelns anschließen lassen**. Und ebenso entscheidend ist es wiederum, daß sich **an die Handlungsbeschreibungen** wieder **wirkliches Handeln bzw. Verhalten anschließen läßt**". Aber schon die Bündelung der Ereignisse bietet "... **Anschlußmöglichkeiten für unser weiteres Verhalten** ... (a.a.O.).

MAYRING (1983 UND 1985) beschreibt in seinen Arbeiten zur **qualitativen**

Inhaltsanalyse drei Grundformen interpretativer Auswertung, die synchron zu alltagsweltlichem Verstehen und Interpretieren verlaufen:

"**Zusammenfassung**: Ziel der Analyse ist es, das Material so zu reduzieren, daß die wesentlichen Inhalte erhalten bleiben, durch Abstraktion einen überschaubaren Corpus zu schaffen, der immer noch Abbild des Grundmaterials ist.

Explikation: Ziel der Analyse ist es, zu einzelnen fraglichen Textteilen (Begriffen, Sätzen,...) zusätzliches Material heranzutragen, das das Verständnis erweitert, das die Textstelle erläutert, erklärt, ausdeutet.

Strukturierung: Ziel der Analyse ist es, bestimmte Aspekte aus dem Material herauszufiltern, unter vorher festgelegten Ordnungskriterien einen Querschnitt durch das Material zu legen oder das Material aufgrund bestimmter Kriterien einzuschätzen" (MAYRING 1983, S.53).

Einen wesentlich subjektivistischer orientierten Ansatz stellt die **Deutungsmusteranalyse** dar. Hier interessieren weniger Handlungen und objektivierbare Ereignisse, sondern wesentlich ist die **Bedeutung**, die ihnen von den Befragten beigemessen wird (vgl. WIEDEMANN 1985, S.216). Eine adäquate Rekonstruktion dieser Perspektive ist davon abhängig, daß die Interpretation mit dem Verfahren der dokumentarischen Interpretation darauf abzielt, nicht explizierte, "... **unter der Oberfläche liegende Sinnstrukturen, Deutungsmuster und Handlungsregeln der Akteure aufzudecken**" (KÖCKEIS-STANGL 1980, S.359). Rein methodisch besehen, gleicht das weitere Vorgehen dem der qualitativen Inhaltsanalyse (vgl. a.a.O., S.361). WIEDEMANN nennt zusätzlich die Methode der Kategorisierung (vgl. 1985, S.217 f.), diese dürfte aber (sie wird nicht näher beschrieben) der o.g. Strukturierung sehr ähnlich sein. ARNOLD hingegen beschränkt seine Vorschläge zum methodischen Vorgehen auf "... eine diskursive Interpretation im Kollegenkreis ..." (1985, S.97).

Das Verfahren der **objektiven Hermeneutik**, vor allem soziologisch orientiert, ist sicher die differenzierteste qualitative Auswertungsmethode. Das primäre Interesse der Analyse richtet sich auf die objektiven Sinnstrukturen und Interaktionsregeln einer Kommunikation. Über die Möglichkeit zu deren Rekonstruktion verfügt "jedermann" gleichermaßen, da sie, kulturell allgemeingültig, in der Sozialisation erlernt werden. "Und zwar ist unter 'jedermann' der normale, bereits sozialisierte Erwachsene zu verstehen, der die Regelstrukturen der Sprache und des sozialen Handelns beherrscht und zugleich in einer bestimmten historischen Zeit lebt" (KADE 1983, S.99). Der inhärente Formalismus geht soweit, die Methode (oder Soziologie) dort beginnen zu lassen, wo sie ohne ein Subjekt auskommen könnte (vgl. REICHERTZ 1988, S.221). Es fehlen alle Prinzipien des **Fremd**verstehens (z.B. Rückversicherung oder Verschränkung von Auswertung und Erhebung); zudem macht der erforderliche Arbeitsaufwand (10-15 Stunden Arbeit für bis zu sieben Mitarbeiter pro Protokollseite!) diese Methode bei begrenzten Forschungskapazitäten unpraktikabel.

Die **Tiefenhermeneutik** (bekannte Vertreter sind LORENZER und HORN) versucht eine Kombination psychoanalytischen und qualitativ-sozialwissenschaflichen Vorgehens, welches unter dem Begriff "szenisches Verstehen" zusammengefaßt wird. Szenen "... sind Ausdruck eines unbewußten Konflikts, der seinen Ursprung in realen Situationen in der Kindheit hatte, die jedoch als vollständiger Sinnzusammenhang zerschlagen wurden und bewußt nicht mehr einnert werden können" (KADE 1983, S.137). Dabei wird die familiäre und die gesellschaftliche Perspektive ergänzt. Das Muster des Konfliktes wird im Interview re-inszeniert, somit in dem entstandenen Text (wenn nicht im Inhalt, dann in der Form der Kommunikation) sichtbar. Lebensgeschichtlich wichtige "Schlüsselszenen" werden erkennbar durch "... die in dem Leser jene Irritation hervorrufende Widersprüchlichkeit, die sinnliche Anschaulichkeit der Darstellung und die Dramatik einer herausgehobenen Situation" (a.a.O., S.140). Die Beschränkung dieser Methode auf problematische Anteile einer Persönlichkeit und unbewußtes Material begrenzen ihre Verwendbarkeit auf Themen um Krankheit und seelischen Konflikt (vgl. insbesondere HORN u.a. 1983 und 1984), abgesehen von der Tatsache, daß die wenigsten Forscher über die notwendige analytische Ausbildung verfügen (vgl. zur Kritik KADE 1983, S.146).

4.3. Aspekte der Ethnopsychoanalyse

DEVEREUX hat etwa in der Mitte dieses Jahrhunderts unzählige Studien in sogenannten Stammesgesellschaften (z.B. Mohave und Sedang Moi) durchgeführt, deren Auswertungsergebnisse er unter dem Begriff "Ethnopsychiatrie" zusammenfaßte (vgl. die Aufsatzsammlung aus 1940-1970 in DEVEREUX 1974). Thema dieser Arbeiten waren maßgeblich systematische Vergleiche zur kulturellen Definition, Ausprägung und u.U. Erzeugung psychischer Krankheiten. Seine Forschungs- und Analyseprinzipien konnte er verallgemeinern und etwa ab 1970 unter der Bezeichnung "Ethnopsychoanalyse" eine "komplementaristische Methode" der Wissenschaft vom Menschen beschreiben (vgl. DEVEREUX 1978). Komplementär zusammengesetzt sollte und müßte immer die Betrachtungsweise in den Humanwissenschaften sein - aus individuell-psychologischer und soziologisch-ethnologischer Sicht (vgl. a.a.O., S.16).
Der Schnittpunkt zwischen psychiatrischer und ethnologischer Perspektive, den zum Teil die Ethnopsychoanalyse verkörpert, ist das Interesse für das Fremde und Irrationale, in der Ethnologie für das Anderssein fremder Völker, in der Psychiatrie für das Anderssein in der eigenen Kultur (vgl. ERDHEIM 1981, S.505). Zunehmend rücken aber (vor allem in neueren Arbeiten wie z.B. PARIN 1978, ERDHEIM 1984, MORGENTHALER u.a. 1984, NADIG 1986 oder in der Sammlung von DUERR 1987) allgemeine psychische und gesellschaftliche Strukturen, nicht mehr nur das Pathologische in den Blickpunkt der Aufmerksamkeit (vgl. HEINRICHS 1981, S.172 ff.).

An dieser Stelle der vorliegenden Arbeit interessieren weniger die inhaltlichen Ergebnisse der Auswertungen DEVEREUX's, die stark dem psychoanalytischen Interesse am Studium des Unbewußten und psychischer Pathologie (im Kulturvergleich) folgen. Wichtiger für den vorliegenden Zusammenhang sind allgemeine, methodologische Erkenntnisse, die das Verhalten eines Beobachters (Forschers) in einer kommunikativen Situation analysieren, und die DEVEREUX (1984) in seiner beachtenswerten Arbeit "Angst und Methode in den Verhaltenswissenschaften" zusammengefaßt hat. Er hat "... bereits vor einer Reihe von Jahren die provokante (und weitgehend ignorierte) These vertreten, daß deren Daten mehr Information über den Wissenschaftler (seine

Persönlichkeit, Biographie usw.) als über dessen intendiertes Forschungsobjekt liefern. ... Die **Person des Wissenschaftlers** stellt in einem unfassenden Sinne sein **Forschungsinstrument** dar" (BERGOLD/BREUER 1987, S.40). Diese grundlegende Erkenntnis meint: Jede Beobachtung, jeder Beobachter beeinflussen, wie der Quantenphysik schon in Form der HEISENBERG'schen Unschärferelation sogar für unbelebte Materie bekannt wurde (diesen Vergleich führt DEVEREUX immer wieder an), notwendig und unvermeidlich das zu beobachtende Phänomen allein schon durch ihre Anwesenheit. "Die Charakterstruktur - d.h. das invariante Element der psychischen Struktur des Feldforschers - filtert nicht nur die Daten, die er sammelt, sondern determiniert auch viele der Reaktionen seiner Informanten und selbst den Grad ihrer Produktivität. Tatsächlich stellt eine Interviewsituation und schon die bloße Anwesenheit eines Anthropologen ... in dem Sinne eine 'Störung' dar, wie bei quantenmechanischen Experimenten das Experiment selbst eine Quelle der Störung ist" (DEVEREUX 1984, S.235).

Durch Objektivierungen aber, wie im normativen Paradigma üblich, wird nicht die Beeinflussung beseitigt, sondern lediglich das beobachtete Phänomen partiell abgetötet, eben "standardisiert" (vgl. DEVEREUX 1978, S.18 ff.). "Ignoriert man diese 'Störungen' oder wehrt sie durch als Methodologie getarnte Gegenübertragungswiderstände ab, so werden sie zu einer Quelle unkontrollierter und unkontrollierbarer Irrtümer ..." (DEVEREUX 1984, S.18). Der Untersuchende kann nur **mit** der ausgelösten Veränderung leben und versuchen, sie zu erkennen und zu erklären. Die Störungen im Beobachteten und im Beobachter bilden gleichsam die Entwicklungslinie der Erkenntnis, darum "... muß jede taugliche verhaltenswissenschaftliche Methodologie diese Störungen als die signifikantesten und charakteristischsten Daten der Verhaltenswissenschaft behandeln und ... sich die aller Beobachtung inhärente Subjektivität als den Königsweg zu einer eher authentischen als fiktiven Objektivität dienstbar machen ..." (a.a.O., vgl. auch S.62 f.). Der wesentliche Kern seiner methodologischen Forderungen lautet daher: "Nicht die Untersuchung des Objekts, sondern die des Beobachters eröffnet uns einen Zugang zum **Wesen** der Beobachtungs**situation**.

Die Daten der Verhaltenswissenschaft sind deshalb unter drei Gesichtspunkten aufzuschlüsseln:

1. Das Verhalten des Objekts.
2. Die 'Störungen', die durch die Existenz und die Tätigkeit des Beobachters hervorgerufen werden.
3. Das Verhalten des Beobachters: seine Ängste, seine Abwehrmanöver, seine Forschungsstrategien, seine 'Entscheidungen' (d.h. die Bedeutung, die er seinen Beobachtungen zuschreibt)" (a.a.O., S.20).

Die Ergebnisse der ethnopsychoanalytischen Untersuchungen lehren demgemäß, daß wichtigste und vor allem einflußreichste Reaktionen eines Wissenschaftlers, begegnet er fremdem, befremdlichem Material, Angst und die aus ihr resultierenden Abwehrstrategien sind. Verzerrungen im Prozeß des Verstehens sind aber genau da am ausgeprägtesten, denn: "Untersuchungen ... über das Lernen im Zustand der Angst, wie auch die Analyse von Übertragungs- und Gegenübertragungsphänomenen legen den Schluß nahe, daß die Verzerrung dort besonders ausgeprägt ist, wo das beobachtete Material Angst erregt. Der Wissenschaftler, der sich mit dieser Art von Material beschäftigt, sucht sich im allgemeinen gegen die Angst zu schützen, indem er bestimmte Teile seines Materials unterdrückt, entschärft, nicht auswertet, falsch versteht, zweideutig beschreibt, übermäßig auswertet oder neu arrangiert" (a.a.O., S.67). Bezogen auf die Studien in Stammesgesellschaften heißt es weiter: "Auch wenn der Anthropologe den Lebensstil eines Stammes, der ein in unserer Gesellschaft tabuisiertes Verhalten an den Tag legt, sympathisch findet, werden Ängste erregt. Diese Ängste könnte man als soziale Schuldgefühle ansehen.

Auf einer mehr subjektiven Ebene wird Angst durch Material erregt, das

a. die grundsätzliche Verwundbarkeit (Gefahr für Leib und Leben, Kastrationsdrohungen usw.) aller menschlicher Wesen auf bedrohliche Weise fühlbar werden läßt ...;

b. idiosynkratische Ängste wiedererweckt, die mit vergangenen Erfahrungen verknüpft sind ...;

c. wesentliche Abwehrhaltungen oder Sublimierungen zu unterminieren droht ...;

d. aktuelle Probleme verschärft usw." (a.a.O., S.68).

Insbesondere für Untersuchungen in gesellschaftlich **unterpriviligierten Subkulturen** trifft in ausgeprägtem Maße zu, daß das erhobene, verhaltenswissenschaftliche Material diese **Ängste und sozialen Schuldgefühle mobilisiert, durch welche die genannte Verwundbarkeit des Menschen und die Wehrlosigkeit von Kindern "auf bedrohliche Weise" nachfühlbar werden. Sie sind für den Wissenschaftler von entscheidender Relevanz, da sie, entsprechend seiner Persönlichkeitsstruktur, Ausprägung und Hierarchie seiner Abwehrreaktionen und damit die Art der Verzerrung des erhobenen Materials bestimmen** (vgl. a.a.O., S.69).

Zur Lösung des entstehenden Dilemmas und statt mit allzu heftiger Abwehr zu reagieren, verlangt DEVEREUX (1984, S.126), daß sich jeder Untersuchende der Einsicht beugen muß, "... daß seine Daten genausoviel Angst erregen wie klinische Fakten und daß er seiner Angst **ins Gesicht sehen** muß, um der Versuchung zu widerstehen, Teile seines Materials zu verdunkeln".
Für die Auswertung der Daten bedeutet das aber auch, daß sie wie ein gemeinsames Produkt von Forscher und Befragtem behandelt werden müssen - wie "dyadische Daten" (a.a.O., S.337).

Das methodische Konzept der Ethnopsychoanalyse wurde in den letzten zwei Jahrzehnten kaum verändert. Neben den üblichen ethnographischen Methoden der Datensammlung und dem psychoanalytischen Gespräch werden die subjektiven Irritationen in einem Forschungstagebuch festgehalten und später mit emotionaler Distanz ausgewertet (vgl. NADIG 1986, S.39 ff. und S.56).
Eine bemerkenswerte Entwicklung hat eher im Inhaltlichen stattgefunden; das ist

- die Erweiterung des "Angstkonzeptes" von DEVEREUX um andere Reaktionsmöglichkeiten, und
- die allgemeine Intensivierung des gesellschaftlich-politischen Aspektes.

Die meisten neueren ethnopsychoanalytischen Untersuchungen beschränken sich nicht mehr bei Betrachtung des interaktiven Geschehens auf Angstreaktionen und -abwehr des Forschers; ins Blickfeld rückt zunehmend seine ge-

samte Verfassung, seine Gegenübertragungsreaktionen und alle festgehaltenen Irritationen. NADIG (vgl. 1986, S.40) fordert eine Selbstbeobachtung, die alle wahrnehmbaren Konflikte, Sexualität, Anziehung, Projektionen, Verleugnungen aber auch Idealisierungen berücksichtigt, indem im Tagebuch umfassend die "... eigenen subjektiven Reaktionen notiert werden: Freuden, Assoziationen, Verunsicherungen, Größenphantasien, Hoffnungen, Bedrohungen etc." (a.a.O.).
Am deutlichsten und sinnlich nachvollziehbarsten wird m.E. die Entwicklung in der Forschungsarbeit von HERTH (mit STOLLER als Supervisor): "Andererseits wissen wir, daß die Art und Weise, wie wir denken und sprechen und wie andere dies als Reaktion auf uns tun, vom Wetter, unserer Verdauung, unserem Alter, unserem Körperbau, unseren Neurosen, den eigenen sexuellen Gewohnheiten sowie denen unserer Malariaparasiten, von unseren Genen, unseren Lehrern, der Zeit, in der wir leben, der Paßform unserer Schuhe und von der Alkoholmenge abhängt, die wir am Abend zuvor genossen haben. Uns steht keine wissenschaftliche Methode zur Verfügung, um diese Faktoren zu kontrollieren und um sicherzustellen, daß ihre Wirkung auf ein Minimum beschränkt bleibt. Noch können wir sie bei unseren Informanten ausschalten. Im Grunde genommen sind es gerade diese intersubjektiven Wirkungen - und ebenso die Details im Denken und Verhalten des jeweiligen Eingeborenen -, durch die es gelingen kann, noch vollständigere Deutungen einer Kultur zu gewinnen als durch die Bemühungen der Fundamentalisten, von solchen Einzelheiten zu abstrahieren. Diese Details sind kein Schmutz auf der Linse, sie gehören zum Beobachtungsfeld selbst. Wenn man von ihnen absieht, erhält man keine zutreffende Deutung einer Kultur, eines Kulturmusters oder seiner Träger, sondern bestenfalls eine Karikatur" (HERDT/STOLLER 1987, S.177 f.). Die hieraus resultierende uneingeschränkte und sensible Offenheit des Forschers wird nachvollziehbar, kennt man seinen Forschungsgegenstand, nämlich Praktiken und Rituale institutionalisierter Homosexualität in der männlichen Initiation der Sambia auf Neuguinea in ihrer subjektiven Erfahrung des Individuums (vgl. a.a.O., S.180 f.).

Insbesondere ERDHEIM warnt, bei der Diskussion subjektiver Reaktionen, vor den schon weiter oben erwähnten Idealisierungen, welche allzu oft ihren

Ursprung in Unzufriedenheit mit der eigenen Kultur und damit verbundenen Gefühlen der Abhängigkeit und Unterlegenheit haben. Diese "... Idealisierung des Gegenstandes ist in der Regel mit der Enttäuschung an der Normalität der eigenen Kultur verknüpft, einer Enttäuschung, die bei der Motivation zu forschen, eine entscheidende Rolle spielt. Das Fremde - sei dies z.B. der Wahn in der Psychiatrie oder, in der Ethnologie, die andere Kultur - erscheint als das Bessere, von wo aus die Mißstände der eigenen Kultur kritisiert werden können" (ERDHEIM/NADIG 1987, S.167; vgl. auch ERDHEIM 1981, S.511). Das Bedürfnis nach Idealisierung führt zu einer selektiven Wahrnehmung, in der nur die positiven, idealen Seiten des Forschungsgegenstandes beachtet werden können. In der Sprache der Ethnopsychoanalyse "... muß das unbewußt gemacht werden, was die Idealisierung des Gegenstandes erschweren oder gar verunmöglichen würde ..." (ERDHEIM/NADIG 1987, S.167). D.h., der Forscher muß auf Distanz bleiben, darf den Befragten und das präsentierte Material nicht zu nahe kommen lassen, was für gewöhnlich durch Interviewtechniken erreicht wird, die "...die **persönliche** Konfrontation..." (a.a.O.) vermeiden und das Verstehen auf die Auslegung des entstandenen Textes verlagern (vgl. narratives und z.T. problemzentriertes Interview).

Bedeutend für ihre Entwicklung ist auch der zweite Aspekt, die gesellschaftspolitische Wendung der Ethnopsychoanalyse, die spätestens seit Erscheinen der Arbeiten von PARIN (vgl. besonders 1978) zur Kulturanalyse und **Kulturkritik** wird. "Ethnopsychoanalyse kann klären helfen, was sich im einzelnen an objektiven Strukturen und Gewaltzusammenhängen niedergeschlagen hat und nach welchen Mechanismen sich Konformität und Ausschließung, Gemeinschaft und Solidarität bzw. Pseudosolidarität herstellen. PARIN ... orientiert diese Analyse an dem Konzept der **Anpassungsmechanismen**. Die ethnologisch erweiterte Psychoanalyse hat vor allem die Beschreibung von drei Anpassungsmechanismen erbracht: das 'Gruppen-Ich', das 'Clan-Gewissen' und die 'Identifikation mit der Rolle'. ... Ihre konstruktiven und destruktiven Bedeutungen werden in Prozessen hergestellt, die kooperativ von Psychoanalyse, Ethnologie und Gesellschaftstheorie verstehbar gemacht werden können" (HEINRICHS 1981, S.188; vgl. PARIN 1978, S.78-133). Mit diesen Anpassungsmechanismen beschreibt PARIN kollektive Strategien des Überlebens

des Individuums in der Gruppe (Ethnie, Stammeskultur und andere Gemeinschaften).
ERDHEIM analysiert, in Fortsetzung dieser Tradition, besonders deutlich in der Arbeit "Die gesellschaftliche Produktion von Unbewußtheit" (1984) wie in verschiedenen Machtverhältnissen (z.B. mit Ritualen) Aggressionen, die durch Entmündigungsprozesse bei den Beherrschten ausgelöst wurden, ins Unbewußte ge-/verdrängt werden. NADIG (1986, S.125 ff.) untersucht eben diesen Prozeß an der Rolle der Frau im mexikanischen Machismo. **Entscheidend ist die Erkenntnis, daß die "Widersprüche des Systems ... nicht nur 'auf dem Rücken', sondern auch 'im Innern' der Subjekte ausgetragen" werden (BOSSE 1979, S.84 f.).**
Methodischen Zugang zu den entstandenen Strukturen des Unbewußten liefert die Empathie; dies sei das wichtigste, was die Psychoanalyse anderen Wissenschaften zu geben habe (vgl. ERDHEIM 1984, S.10). Obwohl dieser Begriff der Empathie eng mit dem psychoanalytischen Symbol-Deutung verbunden ist (was wiederum eher auf ethnozentristisches Denken verweist), zeigt er Ähnlichkeit mit dem ethnologischen Begriff der "zweiten Sozialisation": "Der Ethnologe erfährt diese Umstrukturierung als ein **'soziales Sterben'**. Das soziale Sterben ist jener Prozeß, in dem die klassen-, kultur- und zum Teil geschlechtsspezifischen Rollenidentifikationen zerfallen ..." (NADIG 1986, S.43).
Die Empathie ist aber auch in der qualitativen Sozialforschung gefragt und wird z.B. von WAHL u.a. (1982, S.257) als Suche nach Gemeinsamkeit bezeichnet: "Ich muß als Forscherin immer finden, wo etwas, was ich beim anderen untersuche, mit mir zu tun hat (z.B. wie ich mich in der Schule gefühlt habe oder mit meinen Kindern umgehe). Das ist die Voraussetzung für Verstehen" (a.a.O.).

Wie schon weiter oben gesagt, sind allerdings für die Planung der vorliegenden Arbeit (und Untersuchung) diese inhaltlichen Ergebnisse der Ethnopsychoanalyse nur von marginaler Bedeutung, wichtig ist ihre methodische Forderung, nicht nur den Untersuchten, sondern ebenso intensiv den Forscher zu beobachten.

4.4. Zur Bedeutung der Gütekriterien in der qualitativen Sozialforschung

An dieser Stelle erfolgt lediglich eine allgemeine Darstellung der Rolle der Gütekriterien in der qualitativen Sozialforschung. Erläuterungen zu spezifischen Detailproblemen erfolgt im Zusammenhang mit den Erörterungen zum wichtigsten Verfahren der vorliegenden Arbeit, der "biographischen Methode" (s. Kap. 5.). Durch Zufügung der zeitlichen/historischen und "selbst-heilenden" Perspektiven bedürfen sie, soweit sie zur Anwendung gelangen, erheblicher Modifikationen.

Gütekriterien traditioneller Sozialforschung sind

- die **Objektivität**; sie strebt die Unabhängigkeit des Verfahrens vom Untersuchenden durch Standardisierung an;

- die **Reliabilität**; sie fordert die Zuverlässigkeit eines Instrumentes in unterschiedlichen Situationen;

- die **Validität**; diese fragt nach der Gültigkeit der Ergebnisse, d.h. nach ihrem Wahrheitsgehalt;

- die **Repräsentativität**; sie fordert die Verallgemeinerbarkeit der Ergebnisse

  (vgl. BIRKHAN 1987, S.234 ff.; MAYRING 1983, S.93 ff.; HEINZE 1987, S.126 ff. oder MÜHLFELD u.a. 1981, S.342 ff.).

Objektivität und Reliabilität können nicht als Gütekriterien qualitativer Sozialforschung betrachtet werden. Qualitatives Vorgehen ist prozeß- und subjektivitätsorientiert, plant also eine erhebliche Abhängigkeit der Ergebnisse vom Forscher und ständige Weiterentwicklung ein, und sie bedient sich in fast allen Fällen offener Forschungsmethoden, die sich der Situation und dem Gegenstand der Untersuchung in kaum wiederholbarer Form anpassen. D.h., die Ergebnisse sind im Sinne des normativen Paradigmas nicht überprüfbar, da die Untersuchungssituation auch nicht annähernd wieder herstellbar ist. Aus die-

sem Grund ist die Auswertung zwar formalisierbar, wie etwa in der qualitativen Inhaltsanalyse, aber dennoch sehr abhängig vom auswertenden Subjekt. Die meisten Autoren setzen sich gar nicht erst mit diesen Kriterien auseinander; sie werden als dem interpretativen Paradigma widersprechende Forderungen betrachtet (vgl. z.B. ARNOLD 1985, S.87 ff.).
Die Diskussion der Ergebnisse zu einem späteren Zeitpunkt soll diese Subjektivität, Gründe für Vorlieben, Abneigungen etc., sichtbar machen; eine Vermeidung ist aber nicht möglich, gar nicht wünschenswert.

Mehr Aufmerksamkeit seitens der qualitativen Sozialforschung findet das Problem der Validität der Ergebnisse. Fehlerquellen können in der Befragungstechnik selbst liegen, d.h., der Wahrheitsgehalt kann "... durch Suggestivfragen und bürokratische Leitfadensteuerung in mindestens ebenso großem Maße gestört werden wie bei standardisierten, situationsverändernden Techniken" (ARNOLD 1985, S.89). Zum anderen kann es situationsunabhängige Gründe für den Befragten geben (z.B. wahnhaftes Erleben oder Angst vor Konsequenzen), Fakten oder Erlebnisse entstellt oder falsch darzustellen, u.U. ganz auszulassen. Aber auch dem Untersucher können Fehler bei der Interpretation unterlaufen, indem er den Befragten, aus welchen Gründen auch immer, falsch versteht.

Die Autoren, die sich mit dem Problem auseinandersetzen (und das sind bei weitem nicht alle), empfehlen zu seiner Lösung einmütig die **kommunikative Validierung** (vgl. KÖCKEIS-STANGL 1980, S.362; MAYRING 1983, S.96 f.; GIRTLER 1984, S.118; HEINZE 1987, S.102 ff. und FLICK 1987 b, S.253 ff.). Durch Rückfragen und Erläuterungen soll Unverstandenes und Widersprüchliches aus der subjektiven Sicht des Befragten geklärt werden. **Diese** will ja verstanden sein, nicht eine zweifelhafte "objektive" Wahrheit. Zur Überprüfung, ob die Daten richtig interpretiert wurden, können auch Teile der Auswertung vorgelegt werden: "Das unterschiedliche Verständnis von kommunikativer Validierung läßt sich auch so verdeutlichen: Bei der Erforschung subjektiver Theorien wird kommunikative Validierung vor allem zum Bestandteil der Erhebungsphase, hier wird sie speziell zur Absicherung der Rekonstruktion der Daten eingesetzt. ... dagegen wird kommunikative Validierung explizit

Teil bzw. Überprüfungskriterium der Auswertungsphase und dient der Absicherung der vorgenommenen Interpretationen" (FLICK 1987 b, S.254). Letzteres Vorgehen wird aber auch sehr oft abgelehnt, um die Bindung des Forschers an die Zustimmung des Befragten zu vermeiden, denn "... in diesem Falle würde er sich an deren Mythen, Stereotype, Ideologien binden" (HEINZE 1987, S.102; vgl. auch FLICK 1987 b, S.255).

M.E. kann aber die Reaktion des Befragten auf die Interpretationen des Untersuchenden eine wichtige Informationserweiterung bedeuten, **ohne** daß die Interpretation unbedingt von der Zustimmung des Befragten abhängig gemacht werden **müssen**. Gerade hier können die Reaktionen "erhellend" wirken. HEINZE (1987, S.104) schlägt vor, dem Gesprächspartner die vorläufigen Fallrekonstruktionen vorzulegen "... und ihm jede Möglichkeit zur Stellungnahme, zu Verbesserungs- und Veränderungsvorschlägen ..." zu geben.

VOLMERG (1983, S.128) und WAHL u.a. (1982, S.102) empfehlen zur Sicherung der Gültigkeit nicht nur den Inhalts-, sondern auch den Beziehungsaspekt (zwischen Forscher und Befragtem) zu analysieren. "In der Forschungsinteraktion begegnen sich zwei fremde Welten, die sich gegenseitig abtasten, sich unter spezifischen Umständen kennenlernen, bestimmte Regeln des Umgangs miteinander erarbeiten. In diesem Prozeß spielen nicht nur die Gesprächsstrategien des Forschers eine Rolle, sondern die spezifische Beziehungsstruktur zwischen Forschern und ihrem Gegenüber und - nicht zuletzt - nichtverbale, gleichwohl sinnstiftende Kontexte ..." (WAHL u.a. 1982, S.102). Wie dies geschehen soll, wird allerdings nicht erläutert.

Erfolgversprechender scheint die Validierung durch "methodologische Triangulation": "Zusammengefaßt beinhaltet methodologische Triangulation einen komplexen Prozeß des Gegeneinander-Ausspielens jeder Methode gegen die andere, um die Validität von Feldforschungen zu maximieren" (DENZIN zit. nach FLICK 1987 b, S.258). Verschiedene Meßinstrumente bzgl. eines Themenbereichs zu kombinieren, fordern auch MÜHLFELD u.a. (vgl. 1981, S.347) und KÖCKEIS-STANGL (1980, S.363): "Anstelle von Validierungen zu sprechen, **wäre es vielleicht adäquater, unsere Prüfprozesse als mehrperspek-**

tivische Triangulation anzusehen ... und im voraus schon darauf gefaßt zu sein, **als Ergebnis kein einheitliches, sondern eher ein kaleidoskopartiges Bild zu erhalten**" (a.a.O.). Hier wiederum wird deutlich, daß es nicht um den Nachweis einer Realität geht, sondern um **das Beleuchten eines Gegenstandes von mehreren Seiten**.

Das Problem der Repräsentativität wird in den einzelnen Arbeiten zur qualitativen Sozialforschung sehr unterschiedlich behandelt. Auf individuelle Subjektivität bezogene Untersuchungen lassen diese Fragestellung oft ganz aus (z.B. WAHL u.a. 1982 oder HILDENBRAND 1983); Forschungen, die soziale Regeln in einem subkulturellen Milieu behandeln, suchen Bestätigung/Ablehnung für ein Thema oder eine vorläufige Hypothese bei mehreren Befragten. "Es handelt sich also dabei auch um ein quantitatives Problem, also um die Frage, ob es sich um einen Einzelfall oder um ein regelmäßiges, von den Mitgliedern der Gruppe erwartetes Phänomen handelt. Je mehr Beweismittel der Forscher für eine solche Überlegung hat, um so eher wird er sich der Realität nähern. Das heißt, wenn Beobachtungen und Informationen aus Interviews übereinstimmen, kann der Beobachter mit relevanten Ergebnissen rechnen" (GIRTLER 1984, S.145; vgl. auch HEINZE 1987, S.126 ff. und KÖCKEIS-STANGL 1980, S.362 f.). WITZEL (1982, S.112) nennt das Vorgehen "vergleichende Systematisierung", beschreibt aber nur den Vergleich von "Stereotypien" und "sich gleichförmig wiederholender Ausdrucksformen". FRICZEWSKI betont ausdrücklich: "Die Gültigkeit der entdeckten Zusammenhänge steigt - anders als bei standardisierter Forschung - nicht in erster Linie mit der Fallzahl" (1985, S.295).
KÖCKEIS-STANGL (1980, S.363) verlangt zusätzlich eine "kumulative Validierung". Das ist "... ein Prozeß, an dem idealiter die ganze scientific community beteiligt ist und der über längere Zeiträume läuft. Sukzessive Untersuchungen verschiedenster Forscher bieten letzten Endes neben einer **Validierung an der Praxis** doch noch die besten Chancen zu erfahren, ob und inwieweit spezifische Forschungsresultate stimmig und relevant waren" (a.a.O.). Auch WAHL u.a. (1982, S.190) beschreiben positive Erfahrungen mit einer "Expertenvalidierung".

Zusammenfassend kann man feststellen:
In der qualitativen Sozialforschung wurden Forschungsmethoden und -instrumente entwickelt oder vorhandene modifiziert, die Strukturen der individuellen Persönlichkeit als auch interindividuelle Handlungsmuster in ihrer prozessualen Ausprägung analysieren lassen. Häufigste Vorgehensweisen in der Erhebung sind teilnehmende Beobachtung und verschiedene Interviewformen.
Diese Methoden müssen m.E., und das trifft insbesondere für die vorliegende Untersuchung zu, um die einseitige Gewichtung von sprachlicher Darstellung und sozialer Interaktion zu erweitern, mit der autofotografischen Visualisierung persönlicher Weltsicht und einer Aktenanalyse ergänzt, methodisch trianguliert werden. Die Kombination soll stärker als die Verwendung nur einer Methode das Erfassen wesentlicher Gesichtspunkte, die vielleicht nicht verbalisiert werden können, garantieren.
In der Auswertung ist eine Verbindung von Inhalts- und Wortprotokollen die für den geplanten Zweck praktikabelste Transkriptionsmethode.
Die folgenden Schritte der Auswertung stellen eine Verbindung verschiedener Elemente von Strukturierung, Deutungsmusteranalyse, Beschreibung und anschließender, hermeneutischer Interpretation dar.

Die qualitative Sozialforschung, auch in der Pädagogik, formuliert nicht die zeitliche Perspektive einer möglichen Untersuchung; denkbar sind tendenziell eine vertikal-historische (biographische) oder eine horizontal-interaktive ("geographische") Sicht. Phantasierbare Kombinationen erfordern sicher einen wesentlich höheren Forschungsaufwand, als hier geleistet werden kann.
Mit der Wahl der biographischen Methode wurde diese Untersuchung zur Ermittlung von Bildungsmöglichkeiten auf einen individuell-entwicklungsgeschichtlichen (Erhebungs-) Schwerpunkt festgelegt. Arbeiten über das soziale Regelnetz in der Psychiatrie liegen bereits vor. Dies begründet auch die Bevorzugung des Interviews gegenüber der teilnehmenden Beobachtung, abgesehen von der Tatsache, daß der Autor als Mitarbeiter teilnehmender, aber parteiischer Beobachter ist.
Die Frage nach der Verallgemeinerbarkeit der Ergebnisse, ob es vergleichbare Fälle gibt, wird, ja darf erst nach der Auswertung gestellt werden, kann nicht gleichsam im Vorab festgelegt werden.

5. Die biographische Methode

Die Planung von Bildungsarbeit, insbesondere in einer psychiatrischen Klinik, muß nicht nur das Milieu analysieren (wie es FENGLER/FENGLER 1980 beispielhaft praktiziert haben) und Entwicklungsmöglichkeiten (etwa im sozialpsychiatrischen Sinne) aufweisen, sondern gerade in der individuellen Bildungsgeschichte Neigungen und Fähigkeiten, aber auch eventuelle Ab-Neigungen (z.B. nach beruflicher o.ä. Überforderung) suchen, an welche persönliche Bildungs- und Lernmöglichkeiten "angebunden" werden können oder nicht.
Zielt die ethnographisch orientierte Feldforschung mit maßgeblich teilnehmender Beobachtung und ergänzenden Interviews zuvorderst auf die "Ermittlung" objektivierbarer, sozialer Verhaltensregeln und kultureller Handlungsmuster (aus der Sicht des Subjekts), richtet die biographische Methode ihr Interesse genau auf die unbekannten und fremden subjektiven Repräsentationen und Deutungen erlebter und intersubjektiv konstituierter gesellschaftlicher Wirklichkeit, im Falle der Pädagogik auf die Lebensgeschichte als Bildungsgeschichte und allgemein auf bewußt gebliebene Aspekte individueller Erziehung. "Biographieforschung ist der Ansatz eines integrierenden mittleren Wegs, der auf das Lern- und Bildungsgeschehen von Lebensläufen führt, der es ermöglicht, den Zwischenbereich des Wechselverhältnisses von Individuum und Gesellschaft auszuloten. Dabei ist Diffusem und Sperrigem zu begegnen, mehr als jedem lieb sein wird, der sich für Verbreitung und Vertiefung des Lernens zur Bildung engagiert" (TIETGENS 1985, S.9).

Markanteste Differenz biographischer Perspektive zur teilnehmenden Beobachtung ist die Dimension der Lebenszeit; sie kann daher, in Kombination, als Analyse konkreter Fortsetzungen oder Transformationen (sub-)kultureller Verhaltensregeln im oder in das Individuum hinein verstanden werden. "Biographische Forschung richtet sich ... auf das 'ganze Leben' des Subjekts; es ist der ideale Fokus auch dort, wo ein Teilabschnitt davon (z.B. eine Krankheitskarriere) empirisch im Vordergrund steht. Subjektive Erfahrung und subjektives Handeln rückt damit ins Zentrum der Aufmerksamkeit; in diesem Sinn kann man sagen, daß die Biographieforschung die umfassendste Thematisierung von Subjektivität ist" (KOHLI/ROBERT 1984 b, S.4). **Die biographische Erzählung spiegelt gleichsam die sozial-kulturelle Regelstruktur und Wirklichkeitskonstruktion im Individuum aus subjektiver Sicht und im historischen Verlauf und Wandel der Lebenszeit.** "Die 'gesellschaftlichen Bedingungen' finden ihren Counterpart im Detail einer Biographie, einer Situation, eines Erlebnisses" (BAACKE/SCHULZE 1984 b, S.7).

5.1. Kulturelle Bedeutung der biographischen Perspektive

Die zunehmende Thematisierung von Subjektivität und Biographie ist deutlicher "... Ausdruck einer historischen Veränderung der sozialen Wirklichkeit ... Der europäische Modernisierungsprozeß kann u.a. als Prozeß der Subjektivierung bzw. Individualisierung des Lebens (Auflösung geschlossener Felder, Internalisierung sozialer Programme) beschrieben werden, und in diesem Prozeß ist die Biographie zu einer zentralen sozialen Regelungsdimension geworden ..." (KOHLI/ROBERT 1984 a, S.4). Diese biographische Thematisierung wird im Rahmen von Modernisierung und Industrialisierung zunehmend wichtigste Methode zur Absicherung von Identität und Individualität, das heißt, heute ist sie "... ein besonderer Typ der alltäglichen Praktiken, mit denen Orientierungsrahmen geschaffen und gesichert werden, ... sie ist eine der alltagspraktischen Grundlagen der Sozialwelt" (KOHLI 1981 b, S.502).

Eine derartige Entwicklung ist notwendig geworden, da tendenziell eine immer stärkere Trennung von Alltags- und Lebenszeit zu beobachten ist: "Die Moderne hat die Arbeit zum Lohnerwerb und das Leben zur Freizeit degradiert, sie hat den Lebenszyklus zum Lebensablauf begradigt und die Ausstattung dieser zerstückelten Erfahrung mit Sinn und Bedeutung zur privaten Aufgabe erklärt" (HOHN 1988, S.121). "**Alltagszeit** bezeichnet die Perspektive aktuell-spontaner Handlungsorientierung, die vor allem für die Routinen des tagtäglichen Lebens benötigt wird. Sie hat eher **zyklischen** Charakter. **Lebenszeit** dagegen aktiviert einen weiteren Horizont. Sie steht für die 'Sequenzialisierung' einzelner Handlungen und Erlebnisse, für die subjektive 'Kontinuität' und 'Kohärenz', und ist deshalb eher auf **Linearität** angelegt" (ALHEIT 1988, S.373). Trotz der Widersprüchlichkeit dieser unterschiedlichen Zeiterfahrungen werden sie aufeinander bezogen, wirken komplementär. Das gleicht häufig "... einer Stategie des 'In-Ordnung-Bringens' - so als lebe man gleichsam zwei Leben, ein 'alltägliches' mit seinen wiederkehrenden Selbstverständlichkeiten und ein 'biographisches' Leben mit Anfängen, Stationen, Weichenstellungen und Schlußpunkten. Weder das eine noch das andere ist so recht 'unser eigenes' Leben. Die Alltagsroutinen entfernen uns von dem Gefühl persönlicher Individualität und Kohärenz. Die biographischen Linearitäten gleichen allzu häufig rigiden Erwartungsstrukturen, die ebenfalls das Besondere gerade **unseres** Lebens nicht markieren. Deshalb muß das alltagszeitliche Erleben immer wieder in den Kontext biographisch vorgängiger Ereignisse 'eingepaßt' werden" (a.a.O.). Die Banalität oder z.T. sogar Trostlosigkeit der Alltagszeit wird kompensiert durch Historisierung. Schaltstellen und bestimmte Phasen von Ausbildung und Beruf werden mit Bedeutung "geladen" und derart in die Lebenszeit, den Individualität garantierenden Lebenslauf eingebaut.

Gerade diese wachsende Eintönigkeit der Alltagszeit (und hier darf man sicher auf die Folgen derzeitiger Computerisierung gespannt sein) verschärft die Notwendigkeit, gar Dringlichkeit, die Biographie als Kontrapunkt zu "inszenieren", mit ihr gleichsam Individualität zu konstruiern - zu garantieren. "Die (Auto-)Biographie ist ein Typus der (Selbst)Identifikation, und Selbstidentifikation gehört zu den Lebensbedingungen eines Wesens, das, wie ARNOLD GEHLEN formuliert hat, nicht 'festgestellt' ist und das sich daher der Wirklichkeit und Dauer seines eigenen Seins erst noch versichern muß und ebendies in der biographischen Selbstidentifikation tut. ... Dabei sind Selbstidentifikationen an die Zeitlage ihres Anlasses gebunden, für diesen konstituieren sie einen Zeithorizont von Vergangenheit, Gegenwart und Zukunft als Sinnzusammenhang" (LEITNER 1982, S.18). Nach ALHEIT (vgl. 1985, S.121) ist die biographische Erzählung nicht nur Darstellung vergangener Ereignisse, sondern sie repräsentiert in kulturell verständlicher Form das "Selbstkonzept" des Erzählers.

Dieser Vorgang wird unverzichtbar im Umgang mit einem Fremden, mit fremdem Material, und zwar wechselseitig als Selbstvergewisserung (auf sich gerichtet) und als Selbstdarstellung (auf den anderen gerichtet). "In solchen Fällen der Ungewißheit über Sinn und Motive des Handelns, über die eigene und die Identität anderer, erzählen wir - oder fordern - typischerweise eine Geschichte; die Geschichte, wie es zum Heute gekommen ist, nur zu dem Zweck zu zeigen, was wir heute sind" (LEITNER 1982, S.8). Da der Gegenüber fremd ist, entsteht die Frage nach den zu berichtenden Inhalten: "Im Fortgang der Erzählung konstituiert sich der Sinn der Gegenwart, nicht notwendig identisch freilich für den Erzähler und den Zuhörer. Woher, so ist dann zu fragen, wissen wir, was zu erzählen ist" (a.a.O.)? Nicht nur der Inhalt, sondern auch die Form der Selbstdarstellung, die Verteilung von Relevanzen und Prioritäten, als auch die Interpretation durch den Zuhörer folgt kulturellen und vermittelten Mustern. "Jegliches Selbstbewußtsein, also: wie und als was sich ego definiert, wie und welche Biographien möglich sind, das ist jeweils bereits Konstruktion eines spezifischen Bewußtseins-Inhalts, einer Wirklichkeit des Ich in der Sprache und Logik spezifischer Sozialität: Kultur" (a.a.O., S.19).

Während in "primitiven" Kulturen bei einer zyklisch verlaufenden Alltagszeit eine biographische Perspektive in nur geringem Maße benötigt wird (vgl. besonders LEITNER 1982, S.78 ff.), zeigt sich mit zunehmender Industrialisierung und Technisierung in den Hochkulturen, "... daß Individualität und Subjektivität aufs engste mit der Logik kultureller Zeitbegriffe zusammenhängen. Erst die Entwicklung eines abstrakt-leeren Zeitbegriffs in der europäischen Moderne ermöglicht auch die Subjektivierung der Zeit, ihrerseits Bedingung dafür, daß jedes Individuum seine 'eigene' Zeit und damit seine eigene je besondere Geschichte haben kann - zur Behauptung seiner Individualität seine Zeit aber auch mit einer Geschichte füllen muß" (a.a.O., S.21).

Die extreme Temporalisierung unserer technisierten Kultur erzwingt parallel dazu eine Temporalisierung der jeweils eigenen Biographie. Das heißt, Identität wird erst in der Aufeinanderreihung von Ereignissen und Erlebnissen erkennbar, diese erst "markiert" den Lebenszusammenhang, den Lebenslauf (vgl. a.a.O., S.75). Aufgabe der wissenschaftlichen Biographik ist es dann "... z zeigen, wie Menschen ihre Identifikationen selber konstruieren, nach welchen Regeln sie das tun und inwiefern diese Identifikationen sinnhafte Realitätskonstrukte sind" (LEITNER 1982, S.19).

Der Stellenwert der Bedeutung biographischer Perspektive in unserer Kultur für die vorliegende Arbeit wird an zwei Gedankengängen deutlich:

- die Identifikation kann unter bestimmten Bedingungen auch in ihr Gegenteil umschlagen. Während Träger erfolgreicher Karrieren den Erfolg maßgeblich ihrem persönlichen Einsatz zuschreiben, machen Träger sozial negativ bewerteter Karrieren (z.B. Kriminalität oder Arbeitslosigkeit) oft den Zufall, die Umgebung u.ä. dafür verantwortlich, sie identifizieren sich gleichsam negativ mit dem eigenen Lebenslauf;

- man kann sich in etwa die Konsequenzen vorstellen, betrachtet man die Tatsache (vgl. Kap. 6.), daß chronisch psychisch Kranke über lange Zeit (bis zu Jahrzehnten) in psychiatrischen Kliniken, in denen kaum etwas Persönliches geduldet wird, in unterschiedlichem Maße gehindert sind/werden, sich ihrer biographischen Identität zu vergewissern.

5.2. Aspekte biographischen Erzählens

Die Bezeichnung "biographische Methode" markiert im Konkreten lediglich die Dimension der Lebenszeit, wobei unterschiedliche Erhebungs- und Auswertungsverfahren möglich sind. Denkbar ist z.B. auch die Analyse von Autobiographien (vgl. SCHUCHARDT 1987 a und b); weitaus verbreiteter sind allerdings Erhebungen von Lebensläufen in Dialogform, meist mittels offener Interviews. Mit einer allgemeinen Fragestellung wird eine biographische Erzählung initiiert, in der sich die thematischen Relevanzen des Erzählers möglichst frei entfalten können. Das Maß nachfragender oder beispielsweise bestätigender Aktivitäten seitens des Interviewers müssen sich m.E. der sprachlichen Kompetenz des Erzählers anpassen. Wichtig ist dabei, nicht durch das

Verfolgen bestimmter Interessen das Relevanzsystem des Befragten außer Kraft zu setzen. In den meisten Fällen folgen dann in einer zweiten Phase (in Anlehnung an die Konzeption des narrativen Interviews) verstärkte Rückfragen zu bestimmten Themen oder Problemstellungen (vgl. z.B. die Darstellung bei BRÜGGEMEIER 1987, S.150 f.). Sinnvoll ist die Verteilung der Interviews über mehrere Termine (vgl. a.a.O.).

Dieses Vorgehen wird von den meisten Autoren bevorzugt, da es mehr Analysemöglichkeiten als autobiographische Artikulationen bietet. Hinzu kommt der Aspekt der Interaktion: "Die Erzählform des Befragten im Interview, seine Interaktionsformen gegenüber dem Interviewer und die Inhalte und Formen seiner erzählten Lebensgeschichte im Interview können als drei Ebenen der Präsentation ein und desselben Merkmalsbündels des Befragten aufgefaßt werden, seiner Handlungsstruktur" (FUCHS 1984, S.168).
Des weiteren ist die im Interview erhobene Biographie ein gemeinsames Produkt von Interviewer und Interviewtem, während die Autobiographie als nicht reaktives Verfahren betrachtet wird. Der Dialog aber kann die Möglichkeit entwerfen, relativ früh Lern- und Veränderungsbereitschaft des Interviewten zu erkunden.
Die sach-immanente Zeitstruktur des Lebenslaufs bietet im Vorgehen der biographischen Methode dem Interviewten die Möglichkeit, die Chronologie selbsttätig oder mit nur geringer Unterstützung als Leitfaden für seine Erzählung zu benutzen. Damit wird die Gefahr, daß sich ein Frage-Antwort-Gespräch entwickelt, erheblich reduziert.

Genau diese Dimension der Lebenszeit und die Notwendigkeit, sie in einem bestimmten Zeitrahmen darzustellen, führt zu einigen Besonderheiten, die diese Methode zu der am stärksten an subjektiver Sichtweise und Sinnkonstitution orientierten Interviewform werden lassen. Berichtete Ereignisse werden immer aus dem Gedächtnis beschrieben, das bedeutet, sie erfahren grundsätzlich eine Tönung, Gewichtung und Einordnung in den Gesamtzusammenhang der Gestalt "Lebenslauf" aus der **aktuellen Verfassung** des Erzählers heraus. "Wie die Geschichte stets nur in der Erzählung, nämlich als Historie, zugänglich ist, so ist auch der Lebenslauf nur in einem narrativen Konstrukt, eben de

(Auto-) Biographie faßbar. Hier wie dort handelt es sich um die Darstellung eines Stroms von Geschehen, dessen Realzusammenhang weder hier noch dort schon von selbst den Sinnzusammenhang der Darstellung ergibt. Dieser wird vielmehr erst in der Erzählung und durch die Erzählung selber konstituiert. Erst die Erzählung läßt den Lebenslauf überhaupt als (diachrone) Einheit erscheinen" (LEITNER 1982, S.18). Vergangene Erlebnisse, die zu "Erfahrungen" werden, erscheinen immer im Licht einer sich ständig verändernden Gegenwart, unterliegen einer sich ständig wandelnden Beurteilung: "Wenn die vorgegebenen biographischen Fahrpläne transformiert wurden, hat man erfahren, daß alte und vormals gültige Orientierungen sich auflösen und durch neue ersetzt werden ... Bezogen auf diese transformative Dimension kann man sagen, Erfahrung steht für den Aspekt der **Reversibilität** der Biographie. ... Ob diese Erfahrungen durch individuelle Veränderungen oder Umweltveränderungen (auch historischer Art) induziert sind, ist dabei zunächst unerheblich; entscheidend ist, daß biographische Schemata immer von einer konkreten **Gegenwartsperspektive** her konstituiert sind" (FISCHER/ KOHLI 1987, S.32 f.).
Nicht nur ihre Schilderung, sondern gerade Deutungen, Bedeutungen, die einzelnen Erlebnissen und den abgeleiteten Erfahrungen beigemessen werden, fallen daher, je nach aktueller Situation, unterschiedlich aus. "Mit jeder Veränderung meiner Lebenslage und meines Selbstverständnisses ändert sich auch meine Auffassung von der Vergangenheit, verschieben sich die Strukturierungsprinzipien, kommen andere Ereignisse in den Vordergrund der Erinnerung, werden andere vergessen" (FUCHS 1984, S.63). "... die gängige Auffassung, daß die Vergangenheit im Unterschied zum ewig strömenden Fluß der Gegenwart fest stehe, starr und unveränderlich, ist ... falsch. Ganz im Gegenteil, sie ist geschmeidig, biegsam und dauernd im Fluß für unser Bewußtsein, je nachdem wie die Erinnerung sie umdeutet und neu auslegt, was sich ereignet hat" (BERGER zit. nach HOERNING 1987, S.232).

Abgeleitete Konsequenzen können in ihrer Radikalität weitreichend sein (nicht nur in pathologischem Sinne): "... je nach situativen Zuschreibungen werden die Vergangenheiten bewertet, umgedeutet, wenn nicht gar der Versuch der Abschaffung der Vergangenheit unternommen wird" (HOERNING

1987, S.232 f.). Hiervon können auch an der Biographie beteiligte Personen und deren Beurteilung betroffen sein (vgl. a.a.O.).

Die Autoren, die sich zur Anwendung der biographischen Methode äußern, vertreten bei der Behandlung solcher "reversibler Daten" z.T. widersprüchliche Auffassungen. FUCHS (1984, S.168) meint z.B.: "Werden lebensgeschichtliche Erzählungen als Material für heutige Deutungsmuster und Lebensauffassungen genommen, dann ist es meist nicht weiter wichtig, ob die retrospektive Darstellung ausreichend Einblick in das damalige Geschehen bietet". Bezogen auf solche Vereinfachungen schreiben FISCHER/KOHLI (1987, S.33): "Es ist zweifellos unproblematischer, biographische Gebilde als Ausdruck gegenwärtiger Orientierungsperspektiven zu betrachten. Aber die Möglichkeit zur Rekonstruktion vergangener Gegenwarten (und damit auch der Genese der gegenwärtigen biographischen Schemata) sollte nicht - weil schwieriger - von vorneherein preisgegeben werden. Die Schwierigkeit muß allerdings benannt und bearbeitet werden. Technisch gesprochen geht es hier um die Validität von Retrospektion".
WIEDEMANN empfiehlt eine strikte Trennung der Datenklassen, was partiell schon in der Erhebung geklärt werden kann und **muß**. "Die Erfassung der **biographischen Entwicklung von Sinnstrukturen und Deutungsmustern** im Lebensvollzug kann sich auf verschiedene Bereiche beziehen: Vorstellungen von Krankheit, Körper, Selbst, Partnerschaft, Schuld, Erfolg, Glück etc. Die Analyse der Entwicklung und Veränderung solcher subjektiver Vorstellungen erfordert allerdings besondere Umsicht: Es sind zwei Datenklassen auseinanderzuhalten, und zwar die lebensgeschichtlichen Ereignisse und die Sinnstrukturen, die sich aufgrund dieser Ereignisse entwickeln oder verändern ..." (WIEDEMANN 1987, S.310).
Die Tragweite dieses Problems vergrößert sich, ist ein biographisches Projekt in einer psychiatrischen Klinik mit schizophren Erkrankten geplant, deren wahnhaftes Erleben ihre gesamte Biographie erfassen kann.

Die beschriebene **Reversibilität** der Biographie aus der Gegenwartsperspektive verweist auf die Möglichkeit auch einer Änderung des Lebensplans, der Planung gegenwärtigen und zukünftigen Handelns. Die meisten Autoren

betrachten auch die Zukunft als Teil der Biographie, da die biographische Bilanzierung fast immer Konsequenzen in die Zukunft hinein entwirft. Die Vergangenheit kann ja immer auch als gelebter Zukunftsplan gedacht werden.
Nach SCHULZE (1984, S.59) ist die "... **Organisation und Neuorganisation von Erfahrungen** ... als Lebensgeschichte ... vorwärtsgewandt, also prospektiv und nicht nur rekonstruierend, sondern konstruktiv auf eine bestimmte Fortführung des eigenen Lebens gerichtet".
Die heutigen Deutungen der Biographie und ihrer Teilelemente sind insofern als objektive zu bezeichnen, da "... sie für ego real sind, ego in seinem gegenwärtigen Handeln und Erleben daran anschließt" (LEITNER 1982, S.130).

Biographische Thematisierung als umfassende **Konstruktion und Gestaltung des Lebenslaufs** ist immer auch **biographische Sinnfindung**, "... ein hochkomplexer kognitiv-emotionaler Bewertungsvorgang, ... in dem eine Bilanz der gesamten Lebenspraxis nach ihren (mehr oder weniger bewußten) Um-zu- und Weil-Motiven vorgenommen wird" (LEGEWIE 1987 a, S.177) und aus der Vergangenheit in der Gegenwart als Lebensplan oder Handlungs-Rahmen in die Zukunft gewendet wird. KRUSE (1987, S.130 f.) fordert daher ausdrücklich, schon die Erhebung zeitlich in die Phasen - Vergangenheit - Gegenwart - Zukunft - (mit entsprechenden Fragen) zu gliedern. Daß auch die Betrachtung der Zukunft wichtig ist, "... liegt einfach daran, daß Vergangenheit immer 'vergangene Zukunft' ... ist" (ZURHORST 1987, S.101). Auch VOGES (vgl. 1987 b, S.130 f.) befürwortet, die "Biographie als deskriptive Bilanz" und den "Lebensplan als präskriptiven Entwurf" getrennt zu betrachten, da Vergangenes als Erfahrungswert besteht und somit verifizierbar sei, während Zukünftiges jeglicher Erfahrung entbehrt und entsprechend nicht verifizierbar sei.

In der Volkskunde hat die biographische Forschung eine lange Tradition (vgl. die Vortragssammlung von BREDNICH u.a. 1982); insbesondere LEHMANN hat sich um eine Übertragung auf Untersuchungen in "sozialen Unterschichten" (1977, S.161) bemüht. Er konnte im Vergleich sogar Muster und ähnliche Erzählstrukturen in einzelnen Milieus erkennen: "Ein solches Muster ... taucht ... in zahlreichen Lebensberichten auf. Das deutet darauf hin, daß in Erzählsituationen, in denen lebensgeschichtliche Erfahrungen zur Sprache kommen, innerhalb des von mir untersuchten teilkulturellen Milieus gleichartige lebensgeschichtliche Erlebnisse und Bewertungen vorliegen und daß sich daraus gleichartige Erzählstrukturen ergeben. **Lebensgeschichtliche Erzählungen sind Indikatoren für kulturell oder teilkulturell spezifische Bewußtseinsformen**" (LEHMANN 1982, S.81).

In der Pädagogik steckt die Rezeption der biographischen Methode weitgehend noch in den Anfängen (insbesondere bezüglich der Differenziertheit von Erhebungs- und Auswertungsmethoden), sie beschränkt sich meist auf die Untersuchung von autobiographischen Materialien oder auf allgemeine, theoretische Beschreibungen - die Arbeit von KIEPER 1984 (ein Interview mit einem Heimmädchen) bildet hier eine gewisse Ausnahme.
Ein entscheidender Unterschied zur Sozialforschung wird allerdings erkennbar, wenn BAACKE, der die Typisierungsversuche und Verallgemeinerungen der Soziologen entschieden ablehnt, schreibt: "Mir scheint, darum geht es heute: **Das höckerige Individuum nicht gleich zu bearbeiten in Hinsicht auf ein normatives Allgemeines, auf das hin der Konsens ohnehin aufgekündigt worden ist, sondern es in seinen Eigenarten, Bedürfnissen und Interessen überhaupt erst einmal freizulegen. Kurz: Den pädagogischen Forscher interessieren die Varianten mindestens ebenso wie der Regelfall**" (1985, S.14; Hervorhebung, K.K.).

Schon HOERNING hielt 1980 (vgl. S.684 f.) die biographische Methode für besonders geeignet zur Untersuchung der Verläufe von Bildungsprozessen im weitesten Sinn. Besonders aber die allgemeine Erwachsenenbildung versucht Bildungsinhalte für bestimmte Zielgruppen (wie z.B. Arbeitslose, Frauen, AIDS-Kranke, Fernstudenten u.ä.) aus den Ergebnissen biographisch orientierter Untersuchungen abzuleiten (vgl. SIEBERT 1985; BUSCHMEYER u.a. 1987; aber auch HEINZE/KLUSEMANN 1984 oder HEINZE 1987, z.B. S.110 ff.). Ziel ist die Analyse von gruppenspezifischen Deutungsmustern. "Deuten heißt in diesem Zusammenhang, sich mit den Ereignissen der eigenen Biographie derart in Beziehung zu setzen, daß trotz der Übermacht der objektiven, von gesellschaftlichen Verhältnissen aufgezwungenen Handlungsbedingungen Momente der eigenen Identität bewußt werden oder bleiben

anders ausgedrückt, daß die eigenen Handlungen nicht nur als blinde Reaktionen, sondern auch als bewußte und im aufgeklärten Selbstinteresse interpretierbare Handlungen erscheinen. Denn Erfahrungen machen und diese deuten, heißt ja nicht, sich zu der in den Erfahrungen repräsentierten Realität in eine bloß anschauende Beziehung zu setzen, sondern zu erkennen, auf welche Weise Erfahrungen die eigenen Bedürfnisse und Interessen prägen, die Handlungsspielräume erweitern oder beschränken, die bisher als bewährt geltenden Realitätsdeutungen revidieren" (THOMSSEN 1982, S.151).
"Zum anderen kann betrachtet werden, wie der Prozeß der Identitätsentwicklung und -förderung in der Lebensgeschichte verläuft, und welche Phasen und Stationen in der Lebensgeschichte durchlaufen werden, wo es Brüche, Einschnitte, Wechsel, Veränderungen gibt, wodurch diese verursacht und wie sie verarbeitet und bewertet werden. Lebensgeschichte ist dann zuallererst Lerngeschichte" (BUSCHMEYER u.a. 1987, S.21).

5.3. Zur Auswertung biographischer Interviews

Die zuvor beschriebene Reversibilität biographischer Daten und Deutungen muß bei der Auswertung des Erzähltextes **unbedingt** berücksichtigt werden. Gründe für Änderungen von Entscheidungen und Bewertungen, warum z.B. bestimmte Details und Erlebnisse zuerst ausgelassen und dann doch berichtet oder zu Beginn und Ende einer Untersuchung unterschiedlich gewichtet werden, müssen erläutert werden. Insbesondere in Lebensläufen von Insassen verschiedener Institutionen totaler Gewalt können Widersprüche in Form und Inhalt auftauchen, etwa dergestalt, daß Ereignisse dramatisch geschildert werden, ihre wichtige Bedeutung aber verneint wird ("hat mir alles nichts ausgemacht").
Diese Schwierigkeiten, die besonders prägnant in biographisch orientierten Untersuchungen auftauchen können, beschreibt eindrücklich BAHRDT (1987, S.83): "Es genügt nicht, sich bei der Auswertung von autobiographischen Zeugnissen nur ganz allgemein vor Augen zu halten, diese seien irgendwie subjektiv gefärbt. Man muß daran denken, daß das Erzählen der

Lebensgeschichte im Leben der Erzähler eine bestimmte Funktion besitzt und zwar nicht diejenige, einem Wissenschaftler auswertbares Material für Lebenslaufforschung anzubieten. Beim Erzählen sucht der Erzähler Selbstbestätigung und Identität. Er verteidigt sich, indem er die Schuld für Mißerfolge von sich abwälzt. Selbstverständlich verdrängt, verschweigt und beschönigt er vieles, aber er übertreibt auch die Belastungen, teils aus Wehleidigkeit, teils um seine Stärke im Ertragen von Leid zu beweisen.
Natürlich versucht er der Geschichte seines Lebens einen Sinn abzugewinnen, und gestaltet sie so, daß sie kontinuierlicher und geschlossener wirkt, als sie tatsächlich war. ... Und beim Erzählen wählt er wiederum aus, nämlich jene Erinnerungen, die sich zu einer Geschichte zusammenfügen.
Und schließlich gestaltet er die Erzählung so aus, daß sie für den Gesprächspartner unterhaltsam ist. Das mündliche Erzählen der Lebensgeschichte ist kein totaler Monolog, sondern ein Stück Kommunikation, bei der man mit Erwartungen des Zuhörers rechnet, auf Zwischenfragen antwortet (bzw. schon im vorhinein auf mögliche Reaktionen eingeht). Man muß auch rechtfertigen, daß man einem anderen Menschen zumutet, derart lange zuzuhören. Er könnte sich langweilen. Infolgedessen wird man solche Begebenheiten hervorheben, die ihn etwas angehen. Anderes, was vielleicht wichtiger ist, wird weggelassen".

Die Auswertung der biographischen Erzählung muß in Rechnung stellen, daß der Entwurf der Lebensgeschichte, des biographischen Gesamtgebildes, als auch alle Detail-Rekonstruktionen und kognitiven Verarbeitungen (z.B. von vergangenen Konflikten oder Traumen), wie bereits gesagt, weniger das damalige Geschehen als den aktuellen Stand der Verarbeitung repräsentieren. "Die Vergangenheit tritt uns nicht unmittelbar gegenüber, sondern stets in verschlüsselter Form, durchsetzt mit Vorannahmen, Verdrängungen, individueller sowie kollektiver Sinngebung" (BRÜGGEMEIER 1987, S.153). Allein die Rückfragen des Interviewers führen zu sonst nicht vorgenommenen Vertiefungen, Modifikationen und Präzisierungen des Biographen. Insbesondere Deutungen und Interpretationen ("Subjektive Theorien") entstehen "... durch die kognitive und emotionale Verarbeitung von verinnerlichten Wissensbeständen und Bewertungen in der konkreten Befragungssituation, d.h. in der

Auseinandersetzung mit eigenen Kontrollinstanzen, vor allem aber mit denen des Befragers" (BIRKHAN 1987, S.235). Daher ist es möglich und wahrscheinlich, daß der Erzähler bei unterschiedlichen Interviewern unterschiedliche Deutungen und Rekonstruktionen präsentiert (vgl. a.a.O.).
Selbst schon jede Veränderung der Lebenslage und des Selbstverständnisses des Biographen verändert die Auffassung von seiner Vergangenheit, verlagert die Verteilung und Gewichtung seiner Strukturierungsschwerpunkte, unterschiedliche Ereignisse werden erinnert oder zu erwähnen vergessen (vgl. FUCHS 1984, S.63). "Relevanzkriterien der Auswahl und der zeitlichen Verknüpfung sind ja gerade nicht mehr 'objektive', d.h. in ihrer Bedeutung je schon und unveränderlich festliegende, Ereignisse und Zusammenhänge, sondern das, was ego als für sich bedeutsam interpretiert, erlebt, erinnert ..." (LEITNER 1982, S.130).

Handelt es sich nicht um den gezielten Versuch einer Täuschung, stehen alle Rekonstruktionen als authentische Sinninterpretation biographischer Identität gleichwertig nebeneinander. "Man darf also nicht in den entgegengesetzten Trugschluß verfallen und der jeweiligen Gegenwart einen Vorrang vor ihrer diachronen Repräsentation einräumen. Die gegenwärtige Identität ist nicht wirklicher als es die Identität einer vergangenen Gegenwart war" (a.a.O., S.41).
In Abgrenzung von psychiatrischem Denken, innerhalb dessen von Medizinern und Psychologen biographische Rekonstruktionsversuche als krankheitsbedingte "Erfindung" abgetan und im Falle von schizophrenen Erkrankungen als wahnhaftes Erleben bezeichnet werden, bedeutet das, wie HILDENBRAND u.a. (1984, S.49) formulieren, "... daß wir, entsprechend der ethnographischen Tradition, weder psychiatrische Definitionen verwenden noch einzelne Familien oder Individuen nach Kriterien der Normalität oder Abnormalität beurteilen. Es geht uns um das Verstehen sozialen Handelns, unabhängig davon, wie die Handelnden psychiatrisch beurteilt werden. ... An der Klärung der Frage der Entstehung von Schizophrenie sind viele Disziplinen beteiligt, jede hat ihr eigenes Forschungsrecht, und wir sind der Auffassung, daß wir einen soziologischen Beitrag zu dieser Diskussion nur leisten können, wenn wir auf der Eigenständigkeit unseres Ansatzes bestehen". Dies hat ohne Einschrän-

kung auch Geltung für eine erziehungswissenschaftliche Untersuchung zur Ableitung von Möglichkeiten zur Bildungsarbeit aus biographischen Rekonstruktionen.

An diesem Punkt stellt sich nun die Frage, wie mit der beschriebenen und auch unter alltäglichen Bedingungen üblichen Reversibilität biographischer Daten umzugehen ist. Zur Klärung des Wahrheitsgehaltes (interne Validität, Authentizität) solcher u.U. (je nach Interviewsituation und/oder Zeitpunkt) unterschiedlich präsentierter Erzähldaten schlagen die meisten Autoren eine Trennung in verschiedene Datenklassen vor, welche dem Status entsprechend validiert werden.

WIEDEMANN fordert, wie schon referiert, die Teilung der zu analysierenden Daten in zwei Klassen: und zwar lebensgeschichtliche Ereignisse und daraus resultierende Sinnstrukturen (vgl. 1987, S.310).

In ähnlichem Sinne äußert sich **LEITNER** (1982, S.201), denn "... der objektivierten Biographie werden die subjektiven Identifikationen dem Geschehen des Lebenslaufs ebenso zugerechnet wie die Handlungen des Individuums und äußere Ereignisse. ... Die objektivierte Biographie konstruiert also nicht nur einen 'objektiven Lebenslauf' - sie erklärt im gleichen Zuge auch, warum ego seine Geschichte so erzählt, wie es sie erzählt".

LEGEWIE (1987 b, S.141) trennt kommunikative Äußerungen in drei unterschiedliche Bereiche, nämlich nach ihren Bezügen zur objektiven, sozialen und subjektiven Welt:

"a) Die objektive Welt der Tatsachen und der 'äußeren Natur' (z.B. 'Ich bin in Berlin geboren').

b) Die soziale Welt der interpersonalen Beziehungen (z.B. 'Meine Vorstrafen gehen Sie nichts an!').

c) Die subjektive Welt der Gefühle, Wünsche, Absichten und Gedanken, der 'inneren Natur' (z.B. 'Mein sehnlichster Wunsch war es, einen Freund zu finden') ...

Mit seinen Weltbezügen verbindet der Sprecher, wenn er ernst genommen werden will, bestimmte Geltungsansprüche, nämlich

a) daß der Inhalt des Gesagten zutrifft (Anspruch der Wahrheit im bezug auf die Welt der Tatsachen);

b) daß das Gesagte in seinem Beziehungsaspekt sozial angemessen ist (Anspruch der sozialen Angemessenheit oder normativen Richtigkeit);
c) daß das Gesagte in seinem Selbstdarstellungsaspekt aufrichtig ist (Anspruch der Aufrichtigkeit in bezug auf die innere Welt des Sprechers)".

Der Autor betont, ähnlich den Forderungen der Ethnopsychoanalyse, daß insbesondere die Unterscheidung zwischen Interaktion im Interview und erzählten, lebensgeschichtlichen Situationen grundlegend ist für Interpretation und Validierung biographischer Erzählungen (vgl. a.a.O., S.142).

Am sinnvollsten und ergiebigsten bezüglich der Trennung der Datenklassen erscheinen mir die allgemein gefaßten Vorschläge von G.SCHNEIDER in seinem kurzen Aufsatz "Hermeneutische Strukturanalyse von qualitativen Interviews" (1988, S.223-244), die der Autor als Alternative zur "objektiven Hermeneutik" betrachtet. Hier überträgt er die gängige Teilung von Bericht und Interpretation lebensgeschichtlicher Daten auf die Interview-Interaktion. Es wird die tatsächliche Handlungsebene von der ihrer Kommentierungen durch den Befragten getrennt, so daß folgendes Kategorien-System entsteht:

Realitätsebenen	*„Interaktionssysteme" (Fälle)*	
	Fall A: Das untersuchte Handlungssystem und seine Entwicklungsgeschichte (Resequentialisiertes Interview)	Fall B: Das Interviewer-Interviewte-Interaktionssystem und seine Entwicklungsgeschichte (unbearbeitete Sequenz des Interviewprotokolls)
Realitätsebene I (Episoden sozialen u. instr. Handelns u. jeweilige situat. Kontexte)	*I* „gedächtnisprotokollierte" Berichte zu Handlungsereignissen u. -episoden	*II* Interaktion beim Interview (und sonstige Interaktion zwischen Forschern und Befragten)
Realitätsebene II (Deutungen von Handlungsereignissen u. -episoden)	*III* a) aktuelle Deutungen zu früheren Handlungsereignissen u. -episoden b) Berichte von früheren Deutungen des Befragten zu vergangenen Handlungsepisoden im untersuchten Handlungssystem	*IV* a) Deutungen zur aktuellen Interviewinteraktion b) Deutungen zu früheren Handlungsepisoden im Interviewer-Interviewten-Interaktionssystems (z. B. Bezug auf ein früheres Interview)

(SCHNEIDER 1988, S.235)

"Die Analyse hat ihren Schwerpunkt im I. Quadranten des Schemas, wo es um die Rekonstruktion der objektiven Bedeutungen bzw. latenten Sinnstrukturen geht. Erst danach ist es sinnvoll, die subjektiven Interpretationen (III. Quadrant) zur objektiven Bedeutungsstruktur ins Verhältnis zu setzen. Die Analyse wird abgeschlossen und eingerahmt durch die Rekonstruktion, was eine bestimmte Erzählsequenz aktuell im Interviewer-Interviewten-Interaktionssystem objektiv und subjektiv bedeutet (II. und IV. Quadrant)" (a.a.O.).

Die Aufteilung des Erzähltextes in verschiedene Datenklassen ist notwendig, um sie in unterschiedlicher, ihnen adäquater Form validieren zu können. Oft handelt es sich dabei um identische Sequenzen, da Lebensereignisse u.U. schon in Form (z.B. Umfang) und Art (z.B. affektive Beteiligung des Interviewten) der Präsentation gewertet und interpretiert werden.
Die Validierung selbst hat nicht den Zweck, den Befragten der Lüge oder Falschdarstellung zu überführen, sondern "... Mystifizierungen, Selbsttäuschungen und Ideologien thematisieren zu können" (a.a.O., S.229; vgl. auch BRÜGGEMEIER 1987, S.155 oder FUCHS 1984, S.157).
Das entspricht einer Vorgehensweise, bei der nicht grundsätzlich die Glaubwürdigkeit eines Datums nachgewiesen werden muß, sondern bei der man umgekehrt "... **probeweise und jeweils vorläufig, bis zum Beweis des Gegenteils, die Sachverhaltsdarstellungen von Erzählern so behandelt, als seien es realitätsadäquate Beschreibungen und Berichte von Ereignissen** und gleichzeitig aufmerksam danach sucht, ob andere Fakten, Berichtsteile oder Interpretationen des Erzählers den ersten **widersprechen**. ... Widersprüche können z.B. identifiziert werden als Inkonsistenzen im inneren Sinnzusammenhang einer Handlungsepisode, als Inkonsistenz mit der Darstellung anderer Beobachter (soweit vorhanden) oder als Inkonsistenz mit empirischem Wissen, das aus anderen Quellen stammt" (SCHNEIDER 1988, S.229).

Bezogen auf die Validierung der einzelnen Datenklassen vertreten die genannten Autoren ganz unterschiedliche Konzepte. FUCHS schreibt z.B.: "Studien, die die biographische Befragung zur Herausarbeitung der aktuellen Deutungsmuster und Situationsdefinitionen von Menschen verwenden, die die subjektive Lebenswelt beschreiben wollen, sind nicht notwendigerweise auf objektive Informationen angewiesen. Erst, wenn sie den Entstehungsprozeß solcher Deutungsmuster und Situationsdefinitionen in der Interaktion mit anderen und mit sozialen Verhältnissen untersuchen wollen, sind sie auf entsprechende

Daten angewiesen. Ähnlich steht es mit Studien, die die Deutungsmuster des Befragten von seiner Lebensführung, die Relevanzstruktur und das Gliederungsmuster seiner Lebensgeschichte herausarbeiten wollen. Sie sind erst dann auf weitere Informationsquellen angewiesen, wenn sie eine Rekonstruktion der damaligen Handlungssituationen versuchen, wenn sie die Konstellationen rekonstruieren wollen, in denen und auf die hin der Befragte seine Deutungen entworfen hat" (1984, S.156 f.). BAHRDT dagegen hält es grundsätzlich und immer für sinnvoll, "... wenn man sich nicht auf eine einzige Methode verläßt, sondern mehrere einander ergänzende Methoden verwendet" (1987, S.83).
Ganz besonders für die Psychiatrie, in der auffallend unterschiedliche, z.T. widersprüchliche Sichtweisen zu ein und demselben Gegenstand/Ereignis entwickelt werden, gelten Formulierungen von THOMAS/THOMAS: "Die Gesamtsituation wird stets mehr oder weniger subjektive Faktoren enthalten, und die Verhaltensreaktion kann deshalb nur im Gesamtzusammenhang untersucht werden, d.h.: sowohl die Situation, wie sie objektiv nachprüfbar besteht, als auch die Situation, wie sie die betreffende Person sieht, müssen untersucht werden. ... Im Bereich der Psychiatrie ist der Zusammenhang besonders wichtig, und man sollte hier eine Vielzahl von Berichten besitzen, welche zeigen, wie die Situationen bewertet werden und wie sie das Verhalten motivieren. Jedoch sollten die Berichte nicht ohne Bezugnahme auf die tatsächlichen Elemente in der Situation angefertigt werden" (1973, zit. nach FUCHS 1984, S.112 f.; vgl. hierzu auch LEGEWIE 1987b, S.144-149 und SCHULZE 1985, S.58 ff.).

Zusammenfassend und bezogen auf das Kategorien-System von SCHNEIDER (s.o.) können folgende Möglichkeiten der Validierung realisiert werden:

Datenebene	Erhebung	Interpretation
I. Quadrant berichtete Lebensereignisse	Dokumenten-Triangulation, Akten, Fotoalben, etc. Befragung Beteiligter	
III. Quadrant Deutungen von Ereignissen	Prüfung von Kontinuität und Konstanz, alternative Ausdrucksformen, Kommunikative Validierung mit Befragtem	Kommunikative Validierung mit Befragtem
II. Quadrant Interview-Interaktion	möglichst umfassende Dokumentation (auch der eigenen Eindrücke)	
Datenebene	Interviewäußerungen	Interpretation
IV. Quadrant Deutungen zur Interview-Interaktion	Befragung	Kommunikative Validierung mit Befragtem Validierung im Experten-/ Kollegenkreis

I. Soll die Enstehung von Einstellungen, Deutungen, Deutungsmustern ode Lebensplänen rekonstruiert werden, müssen in der Arbeit mit der biogra phischen Methode, im Gegensatz zur allgemeinen qualitativen Sozia forschung, in der maßgeblich teilnehmende Beobachtung und Intervie kombiniert werden, vergangene, lebensgeschichtliche Ereignisse anhan

der schon in Kap. 4.2. erwähnten historischen Dokumente (Akte, Fotoalben, Tagebücher etc.) und u.U. anhand der Befragung anderer am Geschehen Beteiligter soweit wie möglich validiert werden (vgl. hierzu insbesondere FUCHS 1984, S.277 und S.301; HILDENBRAND u.a. 1984, S.32; aber auch BERGOLD/BREUER 1987, S.33 f.). Nur mit "... Berücksichtigung von mehreren Sichtweisen auf Lebenslauf oder Ereignisfolge ... könnten der informatorische Gehalt abgesichert und die Spezifik der Perspektive des Subjekts bestimmt werden" (FUCHS 1984, S.277 f.).
Besonders HILDENBRAND u.a. (1984) empfehlen aus dem genannten Grund (mehrere Sichtweisen) Biographien im Rahmen von Milieustudien zu erheben. Dies biete "... bessere Validierungsmöglichkeiten. Denn wenn wir von einem Strukturzusammenhang ausgehen, dann können wir das entdeckte Strukturprinzip, das wir auf der einen Ebene betrachten, ('fertig werden wir ja nie' beim Hausbau), auf der anderen Ebene weiter verfolgen ('nicht fertig werden' in der sprachlichen Interaktion etc.) und dadurch modifizieren, erweitern und differenzieren" (a.a.O., S.50). Dies ist in einer Untersuchung in einer Institution totaler Gewalt nur am Rande (Befragung Beteiligter) möglich, hier sind die medizinische Sichtweise (Akte) und die damit verbundenen Situationsdefinitionen wichtiger.

III. Eine Validierung der Daten auf der (Be-) Deutungsebene ist im konventionellen Sinne (Überprüfung außerhalb der subjektiven Sinnkonstruktion) nicht möglich. Interpretationen, Gefühle, Gewichtungen von Ereignissen etc. können nur auf Konstanz, Kontinuität und Konsistenz überprüft (vgl. KOHLI 1981 b, S.513 ff.) bzw. Diskontinuitäten dialogisch ergründet und erläutert werden: "Ich (der Biograph, K.K.) kann deutlich machen, daß ich über alle bisher erlebten politischen Veränderungen hinweg an meinen grundlegenden Werten festgehalten habe und ihnen auch weiterhin treu bleiben werde. Ich kann innere Kontinuität nachweisen, obwohl ich nicht mehr so handle wie früher, z.B. in Form 'persönlicher Entwicklung'... Schließlich kann ich meine inneren Veränderungen sinnhaft deuten und damit in einen konsistenten Zusammenhang bringen, indem ich z.B. auf ein 'Schlüsselerlebnis', eine 'Berufung' oder 'Erleuchtung' verweise" (KOHLI 1981 b, S.514 f.).

Überprüft werden kann, ob die Interpretationen und Deutungen des Befragten richtig verstanden wurden, einmal durch eine kommunikative Validierung mit ihm selbst (z.B. zu unverstandenen Textstellen, vgl. auch FUCHS 1984, S.154-157; BRÜGGEMEIER 1987, S.150 oder FLICK 1987 b, S.254), zum anderen durch die Kontrastierung verbaler Äußerungen durch andere Medien, etwa die selbsttätige Erstellung von Fotographien (vgl. die "Methode der autofotografischen Selbstdarstellung" bei SCHNEIDER 1985, S.317) oder Videoaufzeichnungen (vgl. besonders BELLMAN/JULES-ROSETTE 1977, u.U. auch fokussierte Beobachtung) durch den Biographen (dies beschränkt sich natürlich auf Deutungen zur Gegenwart).
Einige Autoren, am konsequentesten aber FUCHS (1984, S.299 f.; vgl. ebenso LEGEWIE 1987 b, S.148 f.), fordern, auch die Interpretationen des Untersuchenden zu den Deutungen des Befragten kommunikativ zu validieren, von seiner Zustimmung abhängig zu machen: "... er hat über ihre Stimmigkeit das letzte Wort" (FUCHS 1984, S.300). M.E. ist diese Forderung unrealistisch; zwar sollten aus forschungsethischen Gründen die Ergebnisse dem Biographen unbedingt vorgelegt werden, ihre Gültigkeit sollte aber nicht von dessen Zustimmung abhängig sein, da ja gerade in der Psychiatrie über Abwehrmechanismen im psychologischen Sinn eine adäquate Interpretation ihrer eigenen Deutungen sehr häufig verstellt bleibt. So führt etwa der Versuch, schmerzliche und prägende Erfahrungen zu verdrängen, zu dem erwähnten Satz: "... hat mir alles nichts ausgemacht". Diese Auffassung teilt FLICK (vgl. 1987 b, S.255), der im Falle einer solchen Abhängigkeit eine Bindung des Forschers auch an die Ideologien, Mythen und Stereotypien des Biographen befürchtet. Diese haben zwar realitätsgenerierenden Charakter, müssen/sollten aber als solche erkannt werden/erkennbar sein.

II. Bezüglich der Überprüfbarkeit der Interview-Interaktion ist eine möglichst umfassende Dokumentation derselben mittels Tonband- oder Videoaufzeichnung üblich geworden, welche mehr oder weniger vollständig transkribiert werden. Während die meisten Autoren vollständige Wortprotokolle fordern, befürworten aus arbeits-ökonomischen Gründen z.B.

BRÜGGEMEIER (vgl. 1987, S.151), FUCHS (vgl. 1984, S.270), oder allgemein auf offene, nicht nur auf biographische Interviews bezogen, WAHL u.a. (vgl. 1982, S.148-157) eine Mischung aus Wort- und Inhaltsprotokollen. Es werden nur wichtige Passagen wörtlich wiedergegeben, weniger interessante Stellen werden zusammengefaßt, ansonsten sollte immer direkt mit den Ton- oder Videoaufzeichnungen gearbeitet werden. Wichtig ist die grundsätzliche Erstellung eines Postskripts, in dem im Sinne der ethnopsychoanalytischen Forderungen, alle bewußten Reaktionen (auch Emotionen) des Interviewers als auch nicht medial aufgezeichnete, um das Interview herum gelagerte Interaktionen festgehalten werden. Es ist unerläßlich, "... daß unmittelbar nach jedem Kontakt bzw. Interview mit dem Befragten ein Interviewerbericht verfaßt wird. Die Eindrücke sind frisch und noch nicht zerlegt in emotionale und verstandesmäßige; sie sind noch szenisch gebunden. In ihnen steckt eine Eindrucksoffenheit, die sich später, je länger man mit dem Befragten zu tun hat oder auch je länger man sich mit dem Gesprächsprotokoll und dann auch mit dem transkribierten Text beschäftigt, verlorengeht. Irgendwie ist man mit dem Fall dann vertraut. Man hat sich an die Sprache und die Inhalte eines Interviews gewöhnt und eben dadurch auch eigene Offenheit für Überraschungen und Anregungen zu neuen Fragestellungen und Antworten verloren" (FUCHS 1984, S.258).

IV. Ist man in einer biographischen Untersuchung an der Dynamik der Interaktion (Beziehungsaspekt) und/oder einer Bewertung dieser dialogisch-rekonstruktiven Tätigkeit interessiert, kann man (muß aber nicht) hierzu den Interviewten befragen und ihm erste Interpretationen zur kommunikativen Validierung vorlegen (falls er nicht schon selbständig diesen Aspekt kommentiert hat).

Alle relevanten Autoren verlangen, vorgenommene Interpretationen und Einschätzungen von einzelnen Lebensereignissen ebenfalls zur kommunikativen Validierung im Kollegen- oder einem Expertenkreis zur Diskussion vorzulegen (vgl. z.B. FUCHS 1984, S.300 f.; SCHULZE 1985, S.59; BRÜGGEMEIER 1987, S.151 oder LEGEWIE 1987 b, S.149).

Die Auswertung selbst folgt den auf S.88 f. referierten Vorschlägen zur qualitativen Inhaltsanalyse (MAYRING): **Zusammenfassung - Explikation - Strukturierung** (nicht unbedingt in dieser Reihenfolge). Durch die biographische Perspektive kommt lediglich die Möglichkeit hinzu, nicht nur inhaltlich (z.B. Auseinandersetzung des Biographen mit einem bestimmten, ihm als Kind über lange Zeit widerfahrenen Erziehungsverhalten), sondern auch chronologisch (z.B. Bildungsverlauf) zu strukturieren. Dabei ist es "... **nicht mehr erforderlich, sich an die Sequenz der Interviewer-Interviewten-Interaktion, wie sie im Interviewprotokoll abgebildet ist, zu halten, sondern man kann die innere genetische Ordnung der Geschichte des jeweils untersuchten Handlungssystems selbst zur Grundlage der Sequenzanalyse machen und dabei trotzdem die Differenz von latenter Sinnstruktur und subjektiven Deutungen in den Daten erhalten**" (SCHNEIDER 1988, S.231).

Ein Großteil der qualitativ orientierten Biographieforscher versucht mehr oder weniger konsequent ein zentrales Konstruktionsprinzip des Lebenslaufs, mit dem unablässig Wirklichkeit konstituiert wird, zu rekonstruieren. In konstruktivistischem (s. Kap. 3.1.3.) aber auch psychologischem Sinn handelt es sich um ein aus Lebensereignissen abgeleitetes Muster aus Deutungen, Erwartungen sowie Verhaltens- und Reaktionsweisen, welches in Zukunft, gleich einer selbsterfüllenden Prophezeiung, wieder Realität produziert. Da dieses Muster in entscheidender Weise Bildungsverhalten und -planung als auch berufliche Entscheidungen beeinflußt ("Was will ich noch vom Leben?"), sei nochmals betont: "Der Analyse der **Konstruktion der Biographie** liegt die Auffassung zugrunde, daß Biographien nicht nur Widerspiegelung des Lebenslaufs, sondern auch eine konstruktive Leistung ... sind. Biographische Erzählungen sind Konstruktionen (vgl. die Reflexivitätsthese der Ethnomethodologie ...), d.h. subjektive Gestaltung: der Erzähler hat Themen auszuwählen, deren Umfang und Differenziertheit zu bestimmen, einen Rahmen zu konstruieren, in den diese Themen eingefügt werden, über die bloße Chronologizität hinaus Zusammenhänge darzustellen sowie Abweichungen, Brüche und Veränderungen zu erklären ... Die Analyse solcher Konstruktionen, insbesondere der Rahmen, gibt Hinweise auf die Lebensorientierung des Biographieträgers

So kann eine Biographie in verschiedenen Rahmen gestaltet sein: Leben als Kampf, als Reise oder als Suche" (WIEDEMANN 1987, S.311).
Den Bogen zum Bildungsverhalten spannt SCHNEIDER (1988, S.231 f.), wenn er folgenden Zusammenhang herstellt: "Jede Erklärung von Handlungsphänomenen setzt nun aber die Kenntnis der **inneren Realität** eines Falles voraus. **Die innere Realität ist Folge einer Bildungsgeschichte, in der eine fallspezifische Identität oder Regularität in den wiederkehrenden Mustern gleichförmiger Entscheidungen wie zu einem 'Programm' geronnen ist, das jetzt die fallspezifische Selektivität in den Entscheidungen gleichzeitig determiniert, aber auch ein Ausdruck der Autonomie des Falles gegenüber seiner Umwelt ist. Dieses 'innere Programm' ist Ausdruck einer inneren Vernünftigkeit und Rationalität, die durchaus und häufig zur allgemeinen Rationalität der kulturell geregelten Beziehung von Handlung und äußerem Kontext in Widerspruch stehen kann** (letztere Hervorhebung, K.K.)".
KRUSE (vgl. 1987, S.130) verwendet für dieses "innere Programm" die Begriffe "Leitidee", "zentrale Anliegen" oder "Daseinsthemen" und fordert eine Prüfung "... der **Konstanz und Variabilität der 'daseinsthematischen Struktur'**".

Da das innere Programm oder Muster, die Leitidee weniger entlang der Normalbiographie (Geburt, Kindergarten, Schule ...), sondern über herausragende, markante Erlebnisse definiert zu sein scheint, schlägt ALHEIT (vgl. 1985, S.222) zur Analyse vor, Schaltstellen und Wendepunkte aufzusuchen, anhand derer geklärt werden kann, ob der Biograph die Bewältigung dieser Lebensabschnitte mittels großer Autonomie oder eher durch äußere Einflüsse festgelegt erlebt/erlebt hat.

In diesem Zusammenhang soll ein spezielles Konzept innerhalb besonders der psychologischen Biographieforschung zumindest kurz skizziert werden, das der **life-event-Forschung bzw. die Perspektive kritischer Lebensereignisse**. Ältere Arbeiten (aus den 70er Jahren) werden von TÖLLE (1987, S.39) beschrieben: "In der **life-event-Forschung** werden lebensbestimmende Ereignisse in Beziehung zu psychischen Erkrankungen untersucht. Die Lebensereignisse werden isoliert statistisch erfaßt, also losgelöst vom Kontext der individuellen Biographie".

Neuere, qualitativ orientierte Arbeiten suchen allerdings den Kontext zu berücksichtigen: "**Ereignisse** entstehen nicht aus dem Nichts, sie haben eine Vorgeschichte, und diese Vorgeschichte hat einen biographisch-subjektiven und einen kollektiv-sozialen Aspekt. Der biographisch-subjektive Aspekt gibt dem Ereignis eine Bedeutung und setzt Handlungsketten in Gang; der kollektiv-soziale Aspekt verweist auf die Eingebundenheit des Ereignisses (soziale Deutungsmuster, antizipatorische Sozialisationschancen, Support-Systeme, Kontextbedingungen usw.)" (HOERNING 1987, S.253). Obwohl der Einfluß von kritischen Lebensereignissen auf die Entstehung von psychischen Störungen und Erkrankungen bestätigt wird (allerdings in weitaus geringerem Ausmaß als bislang angenommen), also eine Häufung von Ereignissen vor Ausbruch einer Krankheit auftritt, wird in den letzten Jahren betont, daß Lebenskrisen nicht unbedingt nur zu negativen Effekten beim Individuum führen müssen, sondern ebenso ein progressives Wachstum der Persönlichkeit fördern können (vgl. a.a.O., S.250 ff.; vgl. auch FISSENI 1987, S.258; LEGEWIE 1987a, S.178). BUDE spricht von "konservativen und evolutionären Transformationen" (vgl HOERNING 1987, S.238). Entscheidend wirken hierbei:

"1. Eigenschaften der Person: stabile Persönlichkeitseigenschaften, Kontroll bewußtsein, Bewältigungsverhalten ...;
2. sozialer Kontext und soziale Unterstützung ..." (HOERNING 1987, S.251)

Für eine pädagogische Biographieforschung kann daraus abgeleitet gelten "Eine Veränderung der Perspektive entsteht durch die Erfahrung der 'Grenzsituationen' ..., in denen das Alltagswissen nicht zur Bewältigung von kritischen Lebensereignissen ausreicht und der Zeithorizont durch interpretativ Leistungen umgeformt werden muß. Daher läßt sich bei diesem Ansatz vo einem zugrundeliegenden **Interpretationstheorem** sprechen. ... Der Lebensverlauf kann daher als eine diskontinuierliche Erneuerung nach krisenhafte Veränderungen angesehen werden" (VOGES 1987 b, S.132 f.). Solche Transformationen des "inneren Programms" sind nach BUDE "... weder als Reproduktion eines vorgegebenen Musters noch als Setzung eines beliebigen anderen Musters zu verstehen, sondern als Entfaltung einer verdeckten Möglichkeit" (zit. nach HOERNING 1987, S.238).

5.4. Möglichkeiten zur Anwendung biographisch orientierter Methodik in der Bildungsarbeit mit erwachsenen Behinderten und chronisch psychisch Kranken

Behinderung und chronische Krankheit (psychische wie somatische) beeinflussen in entscheidendem Ausmaß (vgl. die Arbeiten von SCHUCHARDT und die Ausführungen in Kap. 2.1.3.) die Entwicklung einer Biographie. Sie rücken vermittels individueller Beeinträchtigungen **und** Behinderungen durch die Gesellschaft und ihre Institutionen ins Zentrum des Erlebens des Biographieträgers. Die Beurteilung und Deutung von Vergangenheit, Gegenwart und Zukunft stehen unter diesem Primat ("Mußte alles **so** kommen, wie wird es weitergehen?"). Der fast obligatorische Verlust an Autonomie bringt im Vergleich zur "Normalbiographie" den Aspekt der Fremdsteuerung (bis hin zur Entmündigung) durch Ärzte, Heime, Kliniken u.ä. hinzu. Nur wenige Betroffene erreichen dem entgegen den Status solidarischer Selbstverteidigung ihrer Rechte (vgl. S.19 ff.).

Das bedeutet allgemein besehen: "Akute Krankheiten haben für den Kranken episodischen Charakter. Sie können als 'Auszeiten', Unterbrechungen der alltäglichen Abläufe definiert werden. ... Chronische Erkrankungen hingegen fügen dem Leben eine andauernde Dimension hinzu ..., die permanente Folgen im Alltag und der Lebenszeit hat. Kapazitätsverluste, Beeinträchtigungen von Routinen und Langzeitplänen werden zum Bestandteil des 'normalen' Lebens. Selbst in Zeiten relativen Wohlbefindens ist die Krankheit präsent wie der nächste Tag. Die Lebensgeschichten chronisch Kranker zeigen, daß hier eines der ersten Probleme im Umgang mit der Krankheit liegt: den lebenslangen Zukunftshorizont einer Beeinträchtigung des Alltags und der Lebenszeit, eventuell einer verkürzten Lebenszeit, anzuerkennen" (FISCHER 1982, S.6). Die neue, nicht erwartete oder gar geplante Existenzbedingung, welche die chronische Krankheit und damit verbundene Behinderungen mit sich bringt (falls es sich nicht um eine angeborene Behinderung handelt), besteht in der **Veränderung der Perspektiven der Lebenszeit**. Davon können beispielsweise die Bereiche Arbeiten, Wohnen und/oder Familie betroffen sein. Die schmerzhafte Erfahrung des **Vergleichs** mit einem zuvor "normalen" Leben gleichsam am eigenen Leibe bleibt für Menschen mit angeborener Behinderung aus.

In den Vordergrund tritt jetzt **die Therapie** mit etlichen möglichen Konsequenzen: Medikamente müssen in einem bestimmten Rhythmus eingenommen werden, oft sind regelmäßig spezielle Übungen wie Bewegungs-, Beschäftigungs- oder seltener Arbeitstherapie durchzuführen, häufig muß die Ernährungsweise geändert und dürfen verschiedene Genußmittel überhaupt nicht eingenommen werden. Alle Maßnahmen sind, und das ist eine entscheidende Schwierigkeit, ständig im Alltag zu koordinieren (vgl. FISCHER 1982, S.7). Dieser Aspekt der Veränderung, der zwangsweisen Änderung des eigenen Lebenslaufs führt in der Krisenverarbeitung, wie sie SCHUCHARDT dargestellt hat, zu zusätzlichen Schwierigkeiten bis zur völligen Verweigerung.

"Gelingt die Entwicklung eines dauerhaften neuen Lebensstils zur Symptomkontrolle nicht, wird die Krankheit nicht nur verschärft erfahren, sondern wird auch der Kranke für seine Umwelt zu einem größeren Problem, was zu seiner weitgehenden Isolierung führen kann. Damit ist ein letzter Bereich des Alltages thematisiert. Chronische Krankheiten bergen die Gefahr **sozialer Isolierung**. Mit dem Beginn der Krankheit zerbricht oft das soziale Kontaktnetz, und der Aufbau eines Neuen wird erschwert durch die Einschränkung der Handlungskapazitäten einerseits und motivationale Reduktion andererseits. Im Extremfall wird die Krankheit zum Lebensinhalt ..." (a.a.O., S.8). Es kommt zum Abbau zeitlicher Orientierungen, "... die über die mit der Therapie gesetzten Schemata hinausgehen (Vergessen von Wochentagen; Wahrnehmung der Jahreszeiten verschwommen; Auflösung oder Umkehr der Tag-Nacht-Struktur)" (a.a.O.).

Dieser Prozeß der sozialen Isolierung endet gerade für chronisch psychisch Kranke / seelisch Behinderte oft in einem psychiatrischen Krankenhaus (ehedem deutlicher: "Anstalt"). Hier aber wird der Abbau individueller zeitlicher Orientierungen zusätzlich aktiv unterstützt und mit sogenannten "Sachzwängen" der Versorgung und Krankheit begründet (z.T. sogar als Diagnostikum gegen den Kranken gewandt). Das wird von TÖLLE (Direktor der Klinik für Psychiatrie der Universität Münster) in seinem Aufsatz "Die Krankengeschichte in der Psychiatrie" (1987) folgendermaßen beschrieben: "Welche Bedeutung der Biographie des Kranken zukommt, ist insbesondere bei chronisch schizophrenen Patienten zu erkennen. Infolge langer Hospitalisierung sind sie nicht selten so weit von den natürlichen Lebensbeziehungen abgeschnitten, daß sie Gefahr laufen, sozusagen zu geschichtslosen Wesen zu werden. Die Zukunft bietet ohnehin wenig Entfaltungsaussicht. Zudem erschwert die reduzierte Daseinsform Rückbeziehungen zur eigenen Vergangenheit. Wenn nun auch Ärzte und Schwestern nichts über das Leben dieser Kranken wissen, sehen sie in ihnen schließlich kaum etwas anderes als Träger bestimmter Störungen oder Vertreter psychiatrischer Diagnosen. **Nur wenn die Biographie des Patienten bekannt ist, wird eine persönliche Beziehung zum Kranken möglich.** Entsprechendes gilt für die Beziehungen dieser Patienten untereinander" (a.a.O., S.38; Hervorhebung, K.K.).

Entscheidend für den Verlauf des weiteren Lebensweges bei chronischer Erkrankung und den damit verbundenen Behinderungen ist die Verfügbarkeit gesellschaftlicher Ressourcen, wie sie graphisch auf S.36 dargestellt sind. Die Beantwortung der Frage, ob eine integrierte Versorgung in der ursprünglichen Lebenswelt möglich ist, oder eine isolierende Unterbringung in einer Klinik notwendig wird, hängt maßgeblich von den mobilisierbaren Interventionen (in einem Netz sozial-psychiatrischer u.ä. Dienste) ab. Als Zielvorstellung formuliert KEUPP: "Für jede Karrierestufe sind spezifische Interventionsstrategien zu bestimmen, die in der Lage sein könnten, Bewältigungsversuche der Betroffenen einzuleiten und zu unterstützen. Je nach Karrierestufe sind solche Interventionen eher alltagsweltliche Unterstützung, Solidarität und Hilfe, Krisenintervention, gezielte Therapie, Rehabilitation oder kompensatorische Versorgung" (1987, S.358).
Diese Entscheidung und die folgenden Konsequenzen können, wenn der Kranke/Behinderte sie z.B. als erzwungene erlebt, die Qualität "kritischer Lebensereignisse" erlangen.
Maßgeblich ist gerade auch unter biographischen Gesichtspunkten, das sei nochmals betont, nicht die medizinische Sicht einer Störung, sondern die Art und Weise, wie eine Gesellschaft/Kultur damit umgeht (vgl. auch a.a.O., S.347). "Für eine solche Statuspassage mag eine Person durch ihr befremdliches und störendes Handeln Anlaß geliefert haben, aber was in einem gesell-

schaftlichen System konkret unternommen wird, um die Störung zu beseitigen und wie sich solche sozialen Reaktionsmuster ihrerseits wieder auf das weitere Handeln der Person auswirken können, wird von keiner psychiatrisch-psychologischen ätiologischen Theorie erklärt" (KEUPP 1987, S.346).

Mit diesem Aspekt, und das auch nur im historisch-rückblickenden Sinn, beschäftigen sich explizit lediglich die life-event-Forscher, die, sich erst neuerdings qualitativ orientierend (vgl. FALTERMAIER 1987, S.137 ff.), bestimmte, zumeist kritische Lebensereignisse für psychische Erkrankungen, zumindest aber für deren Ablauf verantwortlich machen: "**Lebensereignisse spielen im Entstehungsprozeß von verschiedenen psychischen Störungen eine beträchtliche Rolle.** Am deutlichsten wurde dieser Einfluß bisher wohl bei depressiven Störungen gezeigt; aber auch bei der Schizophrenie, bei verschiedenen Formen der Angst und bei Suizidversuchen gilt ein Zusammenhang als gut dokumentiert. Wesentlich scheint dabei aber weniger die Quantität erlebter Ereignisse als deren **Bedeutung** für das Subjekt, d.h. ihre Qualität zu sein. Je nach Störungsform sind unterschiedliche Qualitäten von Lebensereignissen ätiologisch bedeutsam: So scheinen z.B. für die Entstehung von Depressionen unerwünschte und stark bedrohliche Ereignisse entscheidend zu sein, während bei Störungen im Formenkreis der Angst eher solche Ereignisse zu wirken scheinen, die für das Individuum eine Gefahr signalisieren ..." (a.a.O., S.138).

Chronische Krankheit und Behinderung fügen dem referierten Aspekt der Reversibilität biographischer Daten (insbesondere ihrer Deutungen) den der **Irreversibilität** hinzu: das Krankheitsgeschehen ist nicht rückgängig zu machen und nur schwer zu leugnen oder wegzudiskutieren. Das führt zu einer Umdeutung, u.U. differenzierteren Gewichtung bestimmter Lebensereignisse "Lebenszeitliche und alltagszeitliche Schemata, die vor der Krankheit etabliert waren, wurden im irreversiblen Krankheitsgeschehen aufgelöst und neukonstituiert" (FISCHER/KOHLI 1987, S.37). Einige Autoren sehen hier eine gewisse Chance biographischer Rekonstruktionen für Bildungsarbeit als auch für Therapie, nämlich den Kranken von einem regressiven, oft destruktiven Deutungsmuster zu einem progressiveren Ziel zu führen. "Als Ergebnis einer solchen 'Sinnkrise' kann es im Extremfall zu einem Zustand des dauernden Sinn

verlustes mit den Folgen von Resignation, Depression, Krankheit und Tod kommen. Die Sinnkrise kann aber auch der Anstoß für eine Neubewertung und Umstrukturierung der gegenwärtigen Lebenssituation sein. Sie bietet damit die Chance für eine neuartige Problembewältigung und Weiterentwicklung der Persönlichkeit" (LEGEWIE 1987a, S.178; vgl. auch S.181; FISSENI 1987, S.258; HOERNING 1987, S.238 und FISCHER/KOHLI 1987, S.46).
FUCHS formuliert eine eher pädagogische Perspektive: "Biographische Kommunikation kann genutzt werden, um eine bisher nicht mögliche Zukunft zu eröffnen, einen Umstieg in der lebensgeschichtlichen Richtung zu erreichen und zu stabilisieren. Eine möglichst umfassende Thematisierung der Lebensgeschichte mit ihren ungelebten Alternativen und übergangenen Seitenstraßen kann mich in die Lage versetzen, mich zuerst reflexiv, dann auch lebenspraktisch aus der Bahn herauszulösen. Ich gewinne Distanz gegenüber den bisher aufgehäuften Pflichten und Bindungen, kann sehen, daß sie nicht die einzige Lösung waren und sind, daß andere hätten ergriffen werden können und also jetzt ergriffen werden können. 'Selbstbefreiung' nennt KOHLI ... diese Leistung biographischer Thematisierung" (1984, S.82).

Eben derselbe Vorgang der Revision von Deutungen wird in der Arbeit mit chronisch psychisch Kranken/Behinderten häufig erschwert durch die Tatsache, daß sie ihre Krankheit nicht sehen können oder wollen und mehr oder weniger erfolgreich einer Auseinandersetzung ausweichen (vgl. die schon erwähnte "fehlende Krankheitseinsicht").
Zusätzlich behindert wird eine solche Zielsetzung innerhalb einer Institution totaler Gewalt, in der der Blick stärker auf einheitliche Versorgung und Fremdsteuerung als auf individuelle, biographische Thematisierung gerichtet ist (vgl. ALHEIT 1985, S.152 f.).
Bezogen auf Bildungsarbeit mit Kranken und Behinderten, die diese Schwelle (der Krankheitseinsicht) gleichsam nicht mehr zu überwinden haben, hat SCHUCHARDT ihr integratives "Zielgruppen-Interaktions-Konzept" entwikkelt (vgl. Kap. 2.1.), in dem, wie ausgeführt, Behinderte und Nichtbehinderte gemeinsam die einzelnen, schon erarbeiteten (schriftlichen) Biographien problematisieren. Ohne den Gegenüber, den möglichen "Zuhörer" zu kennen, wird durch das "... Medium selbst jene Beziehungsebene hergestellt, die zur

Voraussetzung von Inhaltsaufnahmen wird; das heißt: Die Tonkasette (z.B. von blinden und anderen Forschungsadressaten) oder die autobiographische Quelle als Erlebnis- und Erfahrungs-Bericht mit eingestreuten Brief- und Tagebuchaufzeichnungen, ergänzt durch visualisierende Medien (Fotos, Zeichnungen, Skizzen u.a.), wendet sich an einen fiktiven Zuhörer, tritt zu ihm in eine mittelbare persönliche Beziehung und löst seine Betroffenheit aus" (SCHUCHARDT 1985 a, S.56).

Ihre Erfahrungen mit einem solchermaßen vorbereiteten "didaktisch-methodischen Einsatz von Biographien" (a.a.O., S.130) beschreibt die Autorin: "Biographisches Material erweist sich als besonderes Magnetfeld" (a.a.O.). Sein Identifikationsangebot übt große Anziehungskraft auf alle Beteiligten aus, diese "... können sich dem Bann bzw. dem Lernsog angebotener Beziehungen nicht entziehen" (a.a.O.), ausgelöst werden fast notwendig Lernprozesse des Umdenkens. SCHUCHARDT betont, daß "... die Teilnehmer in einem sehr hohen Ausmaß zu eigenen Aktivitäten ..." (a.a.O., S.143) ermutigt werden.

Sie weiß auch um die therapeutische Funktion ihrer Bildungsarbeit. Für den Betroffenen "... folgt daraus ansatzweise eine Reflexion seiner Sozialisation, indem bisher Verdrängtes und Noch-nicht-Verbalisiertes zunächst zugelassen, sodann versprachlicht, möglicherweise transparent und letzlich verfügbar werden kann, so daß aus Deutung der Situation und Umdeutung in der Interaktion Veränderung angebahnt werden kann ..." (a.a.O., S.43).

6. Untersuchungsfeld und -gegenstand

Dieses Kapitel dient der Beschreibung des Untersuchungsgegenstandes (Krankheitsbild) und des Untersuchungsfeldes (Klinik und reale Praxis), auch weil veröffentlichte Erfahrungen zur Bildungsarbeit mit erwachsenen Psychiatriepatienten kaum vorliegen. Außerdem soll die Verbindung zwischen gewählter biographischer Methode sowie diesem Feld und Gegenstand erläutert werden.

6.1. Schizophrenie und Psychiatrie

Alle Diagnosen, welche die an der Untersuchung beteiligte Patientin im Laufe ihrer psychiatrischen "Karriere" erhalten hat, stammen aus dem Formenkreis der schizophrenen Psychosen. Daher wird allererst dieses umfassende Krankheitsbild mit seinen recht unterschiedlichen Erscheinungsformen dargestellt.
Hierbei ist nicht Ziel, den aktuellen psychiatrisch-therapeutischen Forschungsstand zu erarbeiten, vielmehr sollen anhand von Psychiatrie-Lehrbüchern, die dem Autor der vorliegenden Untersuchung in der Klinik von praktizierenden Ärzten zur Einarbeitung empfohlen wurden, die Grundmuster konkreter medizinischer Handlungs- und Sichtweisen entworfen werden, so, wie die Vertreter der Schulmedizin es verlangen/fordern. Kritische Konzepte, wie die der Anti-Psychiatrie oder der italienischen Psychiatrie-Reform, waren zwar meist bekannt, besaßen aber innerhalb der Klinik keinerlei Handlungsrelevanz.
Bei der durchgesehenen Literatur handelt es sich um Arbeiten, die in der Folge auf die erschreckenden Berichte und Forderungen der Psychiatrie-Enquete entstanden und bezüglich der Therapie meist Formen unterschiedlicher Sozialpsychiatrie darstellen. FINZEN (1985) beschreibt den mühsamen Weg ihrer Umsetzung in die Praxis zwischen 1975 und 1984 in der psychiatrischen Klinik in Wunstorf (begleitet von der Untersuchung der FENGLER's).

Die Häufigkeit des Vorkommens der Schizophrenie (in Behandlung befindliche) wird mit 0,3 - 0,4% der Gesamtbevölkerung angegeben. 1 - 2% der Bevölkerung erleben wenigstens einmal im Leben einen schizophrenen Schub, so daß sie mit der Psychiatrie in Berührung kommen. Die größte Häufigkeit der Ersterkrankung liegt etwa zwischen 20 - 45 Jahren, Männer und Frauen sind etwa gleichermaßen betroffen. Diese Zahlen haben sich in den letzten Jahrzehnten kaum verändert, lediglich die Verweildauer in einer psychiatrischen Klinik hat sich erheblich verkürzt, gleichermaßen angestiegen ist die Frequenz der Wiederaufnahme ("Drehtürpsychiatrie"). Die Krankheit taucht mit ähnlicher Verteilung (abhängig von Erfassung und Gesundheitssystem) in allen Kulturen auf, unterschiedlich sind lediglich die Wahninhalte (australische Aborigines z.B. werden nicht vom CIA, sondern von einem Ahnen o.ä. verfolgt). Die Diagnose der Schizophrenie bildet etwa 1/4 der Erstaufnahmen in psychiatrischen Kliniken und bis zu 2/3 der chronischen Patienten (vgl. zu diesen Zahlen DÖRNER/PLOG 1978, S.117; SCHULTE/TÖLLE 1979, S.161; BAUER u.a. 1980, S.272 f.).

Untersuchungen der soziologischen Forschung sind zu dem Ergebnis gekommen, daß schizophrene Erkrankungen in den unteren Sozialschichten häufiger anzutreffen sind. In allen durchgesehenen Arbeiten (nur von Psychiatern) drücken die Autoren relativ deutlich ihre Ratlosigkeit aus, diesen Sachverhalt zu interpretieren. Sie formulieren mehrere mögliche Hypothesen:

- **Stress-and-Strain-Hypothese:** Unterpriviligiertheit und soziale Isolation können Schizophrenie begünstigen;

- **Drift-Hypothese:** die mit der Krankheit verbundenen Behinderungen führen zu Benachteiligung und sozialem Abstieg;

- **Non-starter-Hypothese:** präschizophrene Personen bereiten durch ihr Verhalten in Schule und Berufsausbildung den sozialen Abstieg schon vor;

- Schizophrene sind häufiger als die Durchschnittsbevölkerung ledig; Präschizophrene sind kontaktarm oder in ihrer Kommunikation gestört und finden deshalb keinen Partner, diese Isolation (s.o.) kann eine Erkrankung auslösen (vgl. DÖRNER/PLOG 1978, S.119 f.; SCHULTE/ TÖLLE 1979, S.193 ff.; BAUER u.a. 1980, S.274).

Die Geisteskrankheit, als Gegensatz zu den Gemütskrankheiten (beides Psychosen, Wahnerkrankungen), war schon im vorigen Jahrhundert unter der Bezeichnung "**Dementia praecox**" bekannt. KRAEPELIN betonte damit im Gesamtverlauf die Störungen des Denkens, die Fortschreitende "**Verblödung**" des Patienten als Kern der Krankheit. BLEULER hob dem entgegen 1911 das Zersplittern und Zerfahren des kranken Menschen hervor, sprach von "**Spaltungsirresein**" und prägte den Begriff "**Schizophrenie**" (vgl. DÖRNER/ PLOG 1978, S.100 f.; SCHULTE/TÖLLE 1979, S.160 f.; SÜLLWOLD 1983 a, S.12 f.).

Der weltweit unter Psychiatern akzeptierte ICD-Schlüssel (Diagnosen) der WHO definiert schizophrene Psychosen als eine "... Gruppe von Psychosen mit einer tiefgehenden Persönlichkeitsstörung, charakteristischen Denkstörungen, oft einem Gefühl, von fremden Kräften kontrolliert zu werden, Wahnideen, die bizarr sein können, gestörter Wahrnehmung, abnormem Affekt, der mit der tatsächlichen Situation nicht übereinstimmt, und Autismus. Trotzdem bleiben im allgemeinen klares Bewußtsein und intellektuelle Fähigkeiten erhalten. Die Persönlichkeitsstörung bezieht sich auf die grundlegenden Funktionen, die einer normalen Person das Gefühl von Individualität, Einmaligkeit und Unabhängigkeit geben. Die Patienten haben das Empfinden, ihre intimsten Gedanken, Gefühle und Handlungen sind anderen bekannt oder werden von anderen geteilt. Zur Erklärung können sie Wahnideen entwickeln, daß natürliche oder übernatürliche Mächte am Werk sind, um ihre Gedanken und Handlungen in einer oft bizarren Weise zu beeinflussen" (DEGKWITZ u.a. 1980, S.34). Die Wahnidee ist für den Kranken real: Während der Neurotiker seine Entfremdung so empfindet, "als ob" es so wäre, kommen für den Schizophrenen die Strahlen, mittels derer ihn der KGB beeinflußt, tatsächlich aus der Wasserleitung (vgl. SCHULTE/TÖLLE 1979, S.167).

Die wichtigsten Störungen betreffen die Persönlichkeit/Identität, das Denken, die Wahrnehmung und Gefühle und affektive Beziehungen zur Umwelt.

Die **Ich-Störungen** führen zu einer Auflösung der Identität, der Persönlichkeitsgrenzen. "Die Abgrenzung gegen außen und andere geht verloren, Dinge und Personen ragen in den Leib hinein und durchziehen ihn (Störungen der Meinhaftigkeit). Andererseits breiten sich seine intimsten Gedanken und Gefühle aus und werden ihm in eine Öffentlichkeit hinein entzogen (Gedankenentzug, Gedankenausbreitung)" (BAUER u.a. 1980, S.284). In schweren Fällen können die Kranken zwischen verschiedenen Wirklichkeiten, die sich überschneiden und durchdringen, hin- und herwechseln. "So interferieren Wahn- und Wunschwelten in die Wahrnehmung der Realität" (SÜLLWOLD 1983 a, S.40). Daraus folgen Störungen der Affektivität, es kommt zu hauptsächlich depressiven Verstimmungen und deutlichem Erleben von Angst.

Die **Störungen des Denkens** bilden nach Auffassung der meisten Autoren eines der wichtigsten Grundsymptome der Schizophrenie, es werden formale und inhaltliche Störungen unterschieden.

Mit den formalen Störungen ist die Zerfahrenheit des Denkens gemeint. Das bedeutet, daß Wichtiges und Unwichtiges, oft inneres und äußeres Erleben nicht differenziert werden können. Das Denken erscheint einem Beobachter zuvorderst unlogisch und ohne Zusammenhang, es kommt zu kaum nachvollziehbaren Gedankensprüngen oder dem völligen Abreißen eines Gedankens. In schweren Fällen werden mehrere Gedanken unverständlich aneinandergereiht, dies kann bis zu Wortneuschöpfungen führen. Beim Gesunden findet eine ständige Selektion der wichtigsten Reize und Gedanken aus der Fülle unseres Erlebens statt, der Kranke aber ist "... nicht in der Lage, durch verstärkte Konzentration den Gedankengang zu ordnen" (SÜLLWOLD 1983 a, S.14). Die Bedeutungsgewichtung bestimmter Ereignisse als auch ihre zeitliche Strukturierung mißlingen, ebenso die Auswahl kontextadäquater Mitteilungen. Die inhaltlichen Denkstörungen meinen die Wahnvorstellungen und -ideen. "Häufigste Erscheinungsformen sind Verfolgungswahn, Beeinflussungs- und Beziehungswahn, wobei die Patienten sich beobachtet fühlen, oder unter dem Eindruck unheimlicher Kräfte zu stehen glauben, die sie zu asozialen oder unmoralischen Handlungen nötigen" (DÖRNER/PLOG 1978, S.100). Eigent lich unbedeutende äußere Dinge und Ereignisse bezieht der Patient auf sich, er fühlt sich z.B. von allen und jedem beobachtet. Einzelne Teile des Wahngebäudes stammen oft aus der Familiengeschichte und der eigenen kindlichen Welt, sie korrespondieren häufig mit früheren Erlebnissen. Bei genauerem Hinhören können die einzelnen, unlogischen Gedankengänge höchst konsistente Gesamtgebilde ergeben.

Die **Wahrnehmungsstörungen** haben unterschiedliche Ausprägung, sie reichen von einer affektiven Aufladung eines tatsächlich wahrgenommenen Gegenstandes (die Ausdruckseigenschaften sind überbetont, z.B. wird aus einem Baumstumpf eine kauernde Gestalt) bis hin zu deutlichen Halluzinationen. Weitaus am häufigsten sind akustische Halluzinationen; die Patienten hören meist Stimmen von Personen ihrer früheren oder heutigen Umgebung, welche flüstern, schimpfen, drohen oder die Handlungen des Kranken kommentieren. Oft führt der Patient Gespräche mit diesen Stimmen; häufig sind sie sehr ängstigend, da sie schreckliche Dinge wie Selbstmord o.ä. fordern. Seltener sind optische, Geruchs- und Geschmacks-Halluzinationen (in Verbindung mit Verfolgungswahn: giftige Gase oder vergiftete Speisen), etwas häufiger wiederum Halluzinationen des Tastsinnes und von Leibgefühlen (vom Elektrisieren bis zu Schlägen oder zum Angefressenwerden). Diese Trugwahrnehmungen, insbesondere das Hören von Stimmen, haben hohen diagnostischen Stellenwert in der Psychiatrie (vgl. SÜLLWOLD 1983 a, S.41).

Die **Affektivität** und die **Beziehungen zur Umwelt** sind eingeschränkt und inadäquat. D.h., schizophren Erkrankte wirken meist gefühlsarm, spröde, kühl oder "gläsern", Gefühlsäußerungen in Mimik und Gestik stimmen oft nicht mit dem verbal geäußerten Inhalt überein. Sie zeigen starke Kontaktarmut, die sich bis zum Autismus entwickeln kann; Handlungsunfähigkeit und Unentschlossenheit reichen manchmal bis zur völligen Sperrung der Motorik (Katatonie).
Während eines aktuellen Ausbruchs der Schizophrenie (oft als "Schub" bezeichnet) fehlt im allgemeinen jede Krankheitseinsicht, tritt sie nach Abklingen desselben ins Bewußtsein, sind die Patienten stark gefährdet (vgl. zu diesen Grundstörungen: DÖRNER/PLOG 1978, S.98-100; SCHULTE/TÖLLE

1979, S.161-172; BAUER u.a. 1980, S.283-285; DREGKWITZ u.a. 1980, S.34 f.; SÜLLWOLD 1983 a, S.13-48 und BLEULER 1983, S.408-436.

Der Verlauf schizophrener Erkrankungen ist recht unterschiedlich, von BLEULER (1983, S.448) graphisch übersichtlich dargestellt:

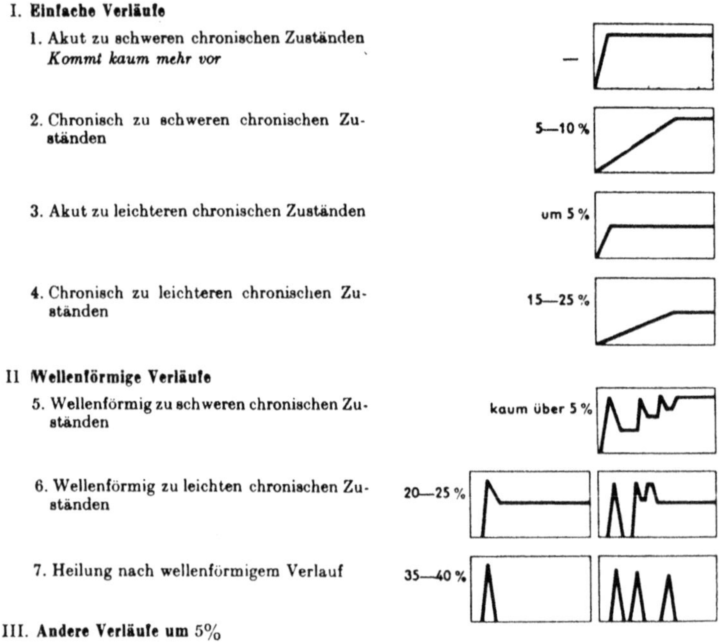

(BLEULER 1983, S.448)

Das bedeutet, daß etwa 2/3 der Erkrankungen wellenförmig (wechseln Schub und Abklingen der Symptome) verlaufen und 2/3 der Patienten i leichten bis schweren chronischen Zuständen enden.

Der ICD-Schlüssel unterscheidet zehn Untergruppen der Schizophrenie (vg DEGKWITZ 1980, S.35-39; ebenso BLEULER 1983, S.436-444), die meiste anderen Autoren führen davon allerdings nur die vier häufigsten Diagnose an.

Die **Schizophrenia simplex** ist besonders durch das Fehlen produktiver (bz Wahninhalte) Symptome gekennzeichnet; im Vordergrund steht die sogenan

te Minussymptomatik mit Antriebsstörungen, Autismus, Affektverflachung, Denkstörungen und Einbußen intellektueller Leistungsfähigkeit. Solche Kranke, die oft lange unentdeckt bleiben, fallen nur durch diffuse Kontakt- und Leistungsstörungen (z.B. Beruf) auf, sie kommen meist erst nach langer Zeit des Leidens und der Isolation (wenn überhaupt) zum Arzt.
Bei der **hebephrenen Form** treten Wahnideen und Halluzinationen in den Hintergrund, auffallend sind Affektveränderungen inadäquater Art. Das Verhalten der Patienten wirkt albern (selbstbezogenes Kichern und Lächeln), enthemmt, ziellos und distanz- und taktlos, ihre Sprache, Mimik und Gestik verschroben, manieriert und possenhaft.
Die **paranoid-halluzinatorische Form** (etwa 80% aller chronischen Erkrankungen tragen diese Symptome, vgl. SCHULTE/TÖLLE 1979, S.173) ist gekennzeichnet von Wahnbildungen verfolgender Art und zusätzlichen Halluzinationen; zu dieser Gruppe werden auch Größen- und Sendungswahn gerechnet. "Verfolgungswahn, Eifersuchtswahn, Abstammungswahn, Sendungswahn oder Wahn körperlicher Beeinflussung sind wichtigste Formen. ... es kristallisiert sich im Laufe der Zeit ein mehr oder weniger kompliziertes Wahnsystem heraus" (BAUER u.a. 1980, S.287). Diese Patienten sind gekennzeichnet von Angst, Unruhe und oft großer Erregung, sind daher sehr oft selbstgefährdet, "... weil sie z.B. aus Angst vor vermeintlichen Verfolgern aus dem Fenster springen o.ä. ..." (SÜLLWOLD 1983 a, S.50). "Die Wahnkranken leben in zwei Welten (zweispurig, 'doppelte Buchführung'); einerseits in der realen und andererseits in ihrer Wahnwelt. Geäußert wird das Gefühl der Besessenheit. Die Kranken erleben ihre Gedanken als gemacht, auch ihre innerkörperlichen Abläufe erscheinen ihnen von außen gesteuert und beeinflußt" (BAUER u.a. 1980, S.287).
Im Bild der **katatonen Form** treten psychomotorische Erregung oder Stupor (Regungslosigkeit) in den Vordergrund, meist aber auch verbunden mit Wahn und Sinnestäuschungen. Bei der hyperkinetischen Ausformung kann es zu brutalen und autodestruktiven Akten kommen. Die Patienten sind äußerst gespannt und verkrampft, gleichzeitig innerlich erregt (vgl. zu den Untergruppen: DÖRNER/PLOG 1978, S.101 f.; SCHULTE/TÖLLE 1979, S.172-175; BAUER u.a. 1980, S.285-288; DEGKWITZ u.a. 1980, S.35-39; SÜLLWOLD 1983 a, S.50 und BLEULER 1983, S.436-444).

Die Frage nach der Genese der Schizophrenien hat in den letzten Jahrzehnten zu einigen heftigen Diskussionen innerhalb der psychiatrischen Forschung geführt. Erst allmählich konnten sich neben den Theorien der Genetiker/Somatiker und der tiefenpsychologischen Schulen psychoreaktive Sichtweisen und Ergebnisse und Argumente aus Sozial- und Familienforschung durchsetzen. Heute vertreten die meisten Psychiater mehr oder weniger unterschiedlich gewichtete polygenetische Modelle, da sich, nach langjährigen Forschüngen, der Einfluß aller Gesichtspunkte kaum noch leugnen läßt.

Die **Genforschung** kann über Zwillingsuntersuchungen relativ eindeutig nachweisen, daß bei gleicher Erbanlage (eineiige Zwillinge schizophrener Eltern) eine wesentliche Erhöhung der Häufigkeit des Krankheitseintrittes vorliegt, auch wenn die Kinder schon in frühem Alter von der Mutter getrennt aufwuchsen. Da aber nicht 100% der Kinder erkranken, bedeutet dies, daß eine anlagebedingte Konstitution (Prädisposition) nicht unbedingt zum Krankheitsausbruch führt. Das gilt nicht nur für Zwillinge, sondern auch für andere Kinder schizophrener Eltern, die getrennt von denselben aufgezogen wurden. Alle Autoren schließen daraus, daß eine erbbedingte Konstitution vorhanden ist, aber unter günstigen Entwicklungsbedingungen nicht eine Erkrankung zur Folge haben muß (vgl. SCHULTE/TÖLLE 1979, S.182 ff.; BAUER u.a. 1980, S.276 ff.; BLEULER 1983, S.454; SÜLLWOLD 1983 a, S.59 ff.). Die Erkrankungsrate von Kindern, die bei ihren schizophrenen Eltern aufwachsen, reicht bis zu 68%; DÖRNER/PLOG (1978, S.118) folgern daraus den zusätzlichen Einfluß des Erziehungsmilieus. Wesentliche organische Abweichungen im Vergleich zu Gesunden konnten nicht gefunden werden, allerdings schließen einige Forscher von der hohen positiven Wirkung der Neuroleptika auf hirnorganische Stoffwechselanomalien (vgl. besonders SCHULTE/TÖLLE 1979, S.184 ff.; BAUER u.a., S.278 ff.; BLEULER 1983, S.453 f. und SÜLLWOLD 1983 a, S.62 f.).

Psychochreaktive und tiefenpsychologische (analytische) Theorien nehmen in der Vorgeschichte eines schizophren Erkrankten, bis zurück in die früheste Kindheit, eine unspezifische Häufung traumatisierender Erlebnisse an, auf die der Patient mit folgenden möglichen Abwehrmaßnahmen antwortet:

- **Ich-Anachorese**: Das Ich zieht sich von Bewußtseinsinhalten zurück, die gleichsam "... nicht zu verdauen sind, wobei die Inhalte in vollem Umfang und in unverminderter Stärke im Bewußtsein bleiben ..." (DÖRNER/ PLOG 1978, S.118). Sie verlieren aber ihre Ich-Qualitäten, d.h., der Patient nimmt sie als äußere, gemachte, nicht als die eigenen Gedanken wahr. Diese Abwehrmaßnahme dient der Entlastung von unerträglichen Schuldgefühlen, dadurch "... können z.B. körperliche Empfindungen sexueller Art zum Gefühl einer Beeinflussung von außen werden oder eigene Gedanken zu Fremdgedanken in Form von Eingebungen und akustischen Halluzinationen" (SCHULTE/TÖLLE 1979, S.190). Sie hat die Funktion einer "... ultima ratio, wenn inkompatible Inhalte mit besonderer Intensität und Penetranz in das Ich einbrechen und nicht abgewehrt werden können" (a.a.O.).

- **Subjekt-Objekt-Umkehr**: Aus einem unakzeptablen "ich hasse ihn" wird in wahnhafter Umkehrung ein "er haßt mich". Diese Abwehrmaßnahme dient ebenfalls der Entlastung von Schuldgefühlen, der Begriff "... trifft das Wesen der paranoiden Abwehrformel" (BAUER u.a. 1980, S.281).

- **Ich-Mythisierung**: Dies ist die vollständigste Form von Schuldentlastung. In Identifikation mit archetypisch-mythischen Figuren, welche über jede Schuld erhaben sind, kann sich der Patient am perfektesten seiner persönlichen Verantwortlichkeit entziehen und wird, "... indem er zu Jesus oder zu einem anderen Heilsbringer wird, unangreifbar; er macht sich unverfügbar" (DÖRNER/PLOG 1978, S.118).

SCHULTE/TÖLLE weisen an dieser Stelle ausdrücklich auf die Bedeutung realer, sexueller Traumen hin: "Inzest und homosexuelle Annäherungen, die in der Vorgeschichte von Schizophrenen nicht selten vorgebracht werden, stellen allerdings nur Extremfälle von mißglückten Begegnungsweisen dar. Meist sind diese subtilerer Art und bleiben daher der Umgebung und dem Untersucher oft verborgen" (1979, S.188).

Die familiensoziologische Schizophrenieforschung rückt den Blick vom individuellen Verarbeiten bestimmter Erlebnisse auf Funktionsweise und Struktur des Familiensystems. Aus einer solchen Perspektive wird sehr häufig die Situation des "broken home" vorgefunden und beschrieben. Schizophrene waren in ihrer Kindheit gehäuften Belastungen ausgesetzt: "... uneheliche Geburt, Vernachlässigung des Kindes, Auseinanderbrechen des Familienzusammenhaltes, Scheidung der Eltern; geisteskranke, neurotische oder psychopathische Eltern, alkoholsüchtige Väter ..." (SCHULTE/TÖLLE 1979, S.191).

Die Interaktion der Familienmitglieder wird oft als "double-bind-Situation" bezeichnet. D.h., im familiären "Kleinkrieg" bekommt das Kind insbesondere bezüglich seiner Bedürfnisse nach Sicherheit und Geliebtwerden keine eindeutigen, sondern widersprüchliche Informationen. Beschrieben werden auch Väter und Mütter, die die Eltern-Kind-Symbiose nicht aufgeben können, dem Kind keine Autonomie zugestehen und dieses dann in der Adoleszenz von der geforderten Selbständigkeit überfordert ist (vgl. DÖRNER/PLOG 1978, S.119 f.; SCHULTE/TÖLLE 1979, S.191 ff.; BAUER u.a. 1980, S.281 ff.; BLEULER 1983, S.455 ff. und SÜLLWOLD 1983 a, S.65 ff.). Wegen mangelnder Rollenstruktur finden die Kinder oft keine eindeutigen Identifikationsmöglichkeiten. "Es gibt Beobachtungen, die dafür sprechen, daß viele Väter von Schizophrenen insuffizient sind, als Ehemänner und Erzieher versagen, sich ihrer Frau gegenüber selbst eher als Kind denn als Partner fühlen, mit den Kindern um die Gunst der Mutter konkurrieren. Um die Kinder kümmern sie sich wenig" (SCHULTE/TÖLLE 1979, S.191).
Die beiden letztgenannten Wissenschaftler betonen nochmals: "Nicht selten waren auch inzestuöse und deviante Sexualbeziehungen sowie Homosexualität" (a.a.O., S.192).

Auch wenn das Wie und Warum der Entstehung der Schizophrenie letztlich exakt nicht geklärt werden kann, scheinen sich dennoch alle genannten Autoren einig, daß diese Krankheit nicht allein auf einer Ebene ausgelöst werden kann, sondern sie vertreten multifaktorielle Genesemodelle. Sicher ist nur, daß der Inhalt des Wahnsystems von der Vorgeschichte geprägt wird (vgl. SCHULTE/TÖLLE 1979, S.195).

Bei der Frage der Diskussion der Behandlung von Schizophrenien gehen die Meinungen der Schulpsychiater am weitesten auseinander. Einigkeit besteht über die Notwendigkeit einer mehrdimensionalen Therapie und des Einsatzes von Psychopharmaka in den meisten (nicht z.B. bei den leichteren) Fällen. Weiterhin konnte durch "... kontrollierte Studien ... belegt werden, daß eine Kombination von ambulanter Soziotherapie und einer neuroleptischen Langzeittherapie die besten Behandlungsergebnisse bringt ..." (SÜLLWOLD 1983 a, S.86).

Wird dennoch die Aufnahme in einer psychiatrischen Klinik notwendig, hat der Einsatz von **Psychopharmaka** das primäre Ziel, den Patienten zu beruhigen und seine Wahnproduktion soweit zurückzudrängen, daß andere Therapieformen überhaupt an ihn herangetragen werden können (vgl. BAUER u.a. 1980, S.290). Schizophrene sind beim akuten Krankheitsausbruch oft kaum ansprechbar und außerhalb ihres Wahnsystems nur schwer erreichbar; gerade auch wegen der fehlenden Krankheitseinsicht können sie kaum (oder gar nicht) die Notwendigkeit irgendeiner Therapie erkennen. Immer wieder wird auf die starken Nebenwirkungen (z.B. heftiges Zittern und psychisches Gedämpftsein) der Neuroleptika, welche ansonsten antipsychotisch wirken, hingewiesen. Sie können bis zu Krämpfen führen und werden dann wiederum mit anderen Medikamenten behandelt.

Die weitere Behandlung besteht dann aus Sozio- und Psychotherapie, wobei die meisten Autoren die erstgenannte Form bevorzugen. Sie formulieren die Überzeugung, daß "... die Nützlichkeit einer konkreten Hilfe zur sozialen Wiedereingliederung und eine berufsbezogene Rehabilitation ..." (SÜLLWOLD 1983, S.86) unbestritten sind.

Soziotherapie meint in den meisten Fällen (es besteht nicht immer Einigkeit über die Definition der Begriffe) die therapeutische Ausgestaltung des Stationsmilieus, Arbeits- und Beschäftigungstherapie, oft auch systematische Freizeitgestaltung. Das bedeutet gewöhnlich, daß der Patient sich nicht passiv auf seine Krankheit und sein Innenleben zurückziehen soll, sondern in rehabilitativem Sinn seine Umwelt selbsttätig mitgestaltet, kreativ-gestalterisch aktiv wird (Beschäftigungstherapie) oder möglichst regelmäßig arbeitet (Arbeitstherapie). Die Milieugestaltung innerhalb der Krankenstation beinhaltet meist eine Patientenversammlung (auch Hausparlament genannt), verschiedenste haushälterische Dienste (Spülen, Waschen etc.), Gesprächsrunden und Veranstaltungen mit eher familiärem Charakter (Tee-, Spielstunden u.ä.). Neben den stationären Freizeitangeboten existieren in den meisten psychiatrischen Kliniken Sozialzentren mit unterschiedlichsten (oft pädagogischen) Gruppenangeboten.

Psychotherapie spielt bei vielen Autoren eine untergeordnete Rolle DÖRNER/PLOG (1978, S.385-410) beschreiben zwar die bekannteren Methoden, stellen aber keine Verbindung zu bestimmten Krankheitsbildern (Indikation) her. Lediglich SCHULTE/TÖLLE (1979, S.197-200) äußern sich etwas umfänglicher zum tiefenpsychologisch-analytischen Vorgehen. An dieser Stelle sollen aber nur kurz die Differenzen zum traditionellen psychoanalytischen Verfahren charakterisiert werden. Im Umgang mit Schizophrenen mu der Therapeut stärker als in der Neurosenbehandlung seine Passivität aufgeben und aktiv dem Patienten den Kontakt erleichtern. Die Arbeit an biographischem Konfliktmaterial und dessen Deutungen treten in den Hintergrund, dasselbe würde den Patienten u.U. zu sehr ängstigen. Wichtiger werde Deutungen des gegenwärtigen Erlebens und Verhaltens. "Der Therapeut mu sich dabei in die Symbolsprache seines Patienten einleben können. Die Herstellung eines Kontaktes gelingt bei schweren chronisch Schizophrenen oft nu auf präverbaler Ebene und stellt an die Beweglichkeit, Phantasie und Opferfreudigkeit des Therapeuten große Anforderungen. ... Der Arzt nimmt die ih übertragene Rolle an, verhält sich wie der Vater, die Mutter oder die Frau, e hilft dem Patienten in kleinen Dingen, akzeptiert ihn in seiner gegenwärtige psychotischen und regressiven Verfassung, bespricht mit ihm alles, auc scheinbar Banales und Belangloses, gegebenenfalls arbeitet oder spielt er sogar mit ihm zusammen" (SCHULTE/ TÖLLE 1979, S.198 f.; vgl. zur Behandlung: DÖRNER/PLOG 1978, S.113-116 und S.349-410; SCHULTE/TÖLL 1979, S.195-211; BAUER u.a. 1980, S.299-312, SÜLLWOLD 1983 a, S.85- und BLEULER 1983, S.457-464).

Hier sei nochmals betont, daß die vorgetragenen Ergebnisse nicht den aktuellsten psychiatrischen oder psychoanalytischen Therapie-Forschungsstand repräsentieren, sondern auf der Ebene von Lehrbüchern die Vorgehensweise der Schulpsychiatrie und die der in psychiatrischen Kliniken praktizierenden Mediziner in der Mitte der 80er Jahre beschreibt (die angegebenen Werke werden immer wieder aktualisiert und neu herausgegeben).

Zur Zeit der Planung der Untersuchung wurden dem Autor in der Klinik einige wissenschaftliche Arbeiten zur "Empirischen Schizophrenieforschung" (z.B.: BRENNER u.a. 1980, 1983 und SÜLLWOLD 1983 a) empfohlen, in denen neue "Psychologische Trainingsprogramme zur Minderung defizitärer kognitiver Störungen in der Rehabilitation chronisch schizophrener Patienten" (STRAMKE/BRENNER 1983) zur Diskussion stehen.
SÜLLWOLD (1983 b) hatte genauer (z.B. mit Hilfe eines Fragebogens zur subjektiven Befindlichkeit) als bisher die sogenannten "Basis-Störungen" (s.o. die Grundstörungen) bei Schizophrenen untersucht und folgende Subgruppen formuliert:

- formale Denkstörungen, Zerfahrenheit
  (Gedankengänge können nicht durch Konzentration geordnet werden);

- kognitive Anomalien
  (kognitive Probleme können schlechter gelöst werden);

- Instabilität der Leistungsfähigkeit
  (Konzentrationsschwäche, hohe Ablenkbarkeit durch innere und äußere Reize);

- Störungen der Affektivität
  (etwa bei der Interpretation emotionaler Komponenten von Mitteilungen anderer, Affektverflachung);

- Einschränkungen der Kommunikationsfähigkeit
  (falsche oder ausfallende Reaktionen).

BRENNER u.a. haben darauf aufbauend ein Trainings-Programm entwickelt, welches auf die Beseitigung bzw. Abschwächung der Defizite zielte. Dieses Programm hat Ähnlichkeiten mit Konzepten, die in der Sonderpädagogik als kompensatorische Erziehung bezeichnet wurden und bedarf daher der Abgrenzung. Es besteht, parallel zu den o.g. Störungen, aus den Einzelprogrammen:

- Training der kognitiven Differenzierung
  (ähnlich didaktischem Vorschulmaterial: Zuordnen von Kärtchen nach Zahlen, Wochentagen, Farben etc.);

- Training der sozialen Wahrnehmung
  (z.B. Lernen adäquater Beurteilung von Mimik und Gestik auf Dias u.ä.);

- Kommunikationstraining
  (Übungen zum Hinhören, Verstehen und Eingehen auf Beiträge eines Partners);

- Soziales Verhaltenstraining
  (Rollenspiel in vorgegebenen Übungssituationen);

- Verhaltensorientierte Gruppentherapie
  (Übungen zum "... Erwerb kognitiver Strategien zur Bewältigung interpersoneller Probleme und Konflikte ...", STRAMKE/BRENNER 1983, S.196).

Die vorausgesetzten Leistungsschwächen zeigen eine große Variabilität im Verlauf der Schizophrenie, d.h., die Störungen werden in akut psychotischen Krankheitsphasen wesentlich stärker (vgl. SÜLLWOLD 1983 a, S.20), gehen aber auch "... oft ohne therapeutische Beeinflussung zurück" (GÜLLICH/ LORENZEN 1983, S.214). Es handelt sich diesen Autoren zufolge um temporäre, krankheitsabhängige Beeinträchtigungen/Behinderungen.
Einige Autoren zeigen sich gegenüber der Wirksamkeit des Trainings selbst skeptisch. Sie sehen die Möglichkeit, daß bei einem solch intensiven Pro-

gramm lediglich die erhöhte Behandlungsmotivation der Patienten heilende Wirkung birgt (vgl. GÜLLICH/LORENZEN 1983, S.213) und fragen sich, ob schizophrene Basis-Störungen überhaupt trainierbar sind (a.a.O.).

Die Meinung von Medizinern und Psychologen in der Klinik der vorliegenden Untersuchung diesen Trainingsprogrammen gegenüber war sehr widersprüchlich. "Euphorischen" Befürwortern gegenüber wurde bemängelt, daß diese Programme ausschließlich an Defiziten des Patienten ansetzten und sie ihm gebündelt vor Augen halten, statt seine produktiven und progressiven Kräfte zu entwickeln; ebenso fehle vollständig eine Auseinandersetzung über Vorgänge auf der Beziehungsebene zwischen Patient und Therapeut.
Auffallend ist m.E. in diesem Zusammenhang der Entwicklungsrückschritt einzelner Psychiater in der Perspektivenwahl, ähnlich wie im vorigen Jahrhundert den Fokus wieder auf die "Verblödung" ("Dementia ...") zu richten!

1986 legten MÖLLER/ZERSSEN eine umfängliche Untersuchung zum "Verlauf schizophrener Psychosen unter den gegenwärtigen Behandlungsbedingungen" vor, von der nur die wichtigsten Ergebnisse referiert werden.
Seit Einführung der Neuroleptika hat sich der Langzeitverlauf schizophrener Erkrankungen erheblich verbessert, auch aufgrund der übrigen sozio- und psychotherapeutischen Maßnahmen (vgl. a.a.O., S.15). Aufgrund einer 5-Jahres-Katamnese (nach Entlassung aus dem Krankenhaus) kommen sie zu folgendem statistischem Ergebnis:

"a) Symptomfreiheit (10%)
b) phasischer Verlauf (16%)
c) leichte/mittelgradige Dauersymptomatik mit oder ohne wellenhaften Exazerbationen (42%)
d) schwere Dauersymptomatik mit oder ohne wellenhaften Exazerbationen (32%)"
(a.a.O., S.80).

Der heute noch als relativ ungünstig bewertete Krankheitsverlauf steht in deutlichem Zusammenhang mit der Häufigkeit negativer Lebensereignisse als auch der Tatsache, daß nur etwa die Hälfte der entlassenen Patienten di Langzeittherapie mit Neuroleptika durchhalten (der andere Teil setzt si ziemlich schnell selbständig wieder ab). Erwähnenswert ist hierbei folgendes "Scheidet man die als krankheitsabhängig beurteilten Lebensereignisse aus de Analyse aus, so ergibt sich das überraschende Ergebnis: Patienten mit viele krankheitsunabhängigen Lebensereignissen, gleichgültig ob negativ oder posi tiv bewertet, haben einen eher günstigen Krankheitsverlauf. ... Die Anzahl de krankheitsunabhängigen Lebensereignisse läßt sich am ehesten als Indikato für den Aktionsradius und Aktivitätsgrad und damit indirekt als Indikator fü das Ausmaß psychopathologischer Gestörtheit der Patienten interpretieren (a.a.O., S.231).

Abschließend fassen sie zusammen: "Zum Katamnesezeitpunkt zeigte etwa di Hälfte der Patienten bei globaler Beurteilung hinsichtlich psychopathologi scher Auffälligkeiten und Störungen der sozialen Adaption einen ungünstige Zustand. Insgesamt weisen diese und andere hier nicht genannte Befunde dar auf hin, daß schizophrene Psychosen auch unter den heutigen, insbesonder durch die Neuroleptika-Therapie verbesserten Behandlungsmöglichkeite eine schwere Erkrankung darstellen mit starker Tendenz zu Rezidiven bzw Chronifizierung der Symptomatik und erheblicher Beeinträchtigung der sozia len Adaption" (MÖLLER/ZERSSEN 1986, S.259).

Prävention im eigentlichen Sinn des Wortes betreibt die Psychiatrie nicht. Is ein Patient erkrankt, werden lediglich Vorschläge zur Rückfallprophylax unterbreitet: Einrichtung ambulanter Dienste, von Tages- oder Nachtkliniker Übergangswohnheimen, betreuten Wohngruppen, Beratungsstellen ode Selbsthilfegruppen u.ä. (so wichtig diese Nachversorgungsmöglichkeiten auc sind). Selbst sozialpsychiatrische Dienste (meist der Gesundheitsämter) rea gieren erst, wenn Menschen oder Familien in Schwierigkeiten geraten, betre ben aber keine Prävention etwa im Sinne von Gesundheitsaufklärung/Öffent lichkeitsarbeit, obwohl dies einige Autoren fordern. "D.h., daß eine 'primär Prävention' (die Verhinderung des Krankheitsausbruches) schwer möglich is (DÖRNER/PLOG 1978, S.122). Dies hängt m.E. mit der Unfähigkeit de Psychiatrie zusammen, konkrete Aussagen zur Schizophreniegenese z machen, ebenso an dem noch heute recht starren Festhalten an biologischen Theorien.

Einzig BOCHNIK u.a. (1986, S.197) äußern sich etwas ausführlicher aber auch negativ: "Die **primäre Prävention** psychiatrischer Erkrankungen hat sich leider weitgehend als Utopie erwiesen: Endogene Psychosen sind weder durch Sozialveränderungen noch durch Medikamente primär zu verhüten. Im Prinzip vermeidbar, aber de facto unvermeidbar sind Alkoholismus und andere Suchtentwicklungen, Suizidalität, Neurosen und andere abnorme Erlebnisreaktionen. Die Konstellationen, die in diese Leidenszustände führen, sind wohl definierbar und weit verbreitet. Dennoch ist der kleine Kreis derer, die diesen Verhältnissen zum Opfer fallen, nicht vorher erkennbar und daher nicht warnbar" (vgl. zur Prävention: DÖRNER/PLOG 1978, S.122 f.; SCHULTE/ TÖLLE 1979, S.208 ff. und BAUER u.a. 1980, S.318 ff.).

6.2. Zur Klinik und der konkreten psychiatrischen Praxis

Die vorliegende Untersuchung wurde in einem psychiatrischen Landeskrankenhaus zwischen Juli 1987 und Februar 1989 durchgeführt, in welchem der Autor mit einem vierjährigen Zeitvertrag Möglichkeiten zur Bildungsarbeit mit erwachsenen Psychiatriepatienten (im weitesten Sinne, z.B. auch sozialpsychiatrische Milieugestaltung auf einer Rehabilitationsstation) erproben sollte.
Die seit Mitte des vorigen Jahrhunderts immer wieder vergrößerte Klinik ist weit außerhalb einer ländlichen Gemeinde und etwa 20 Kilometer von der nächsten Großstadt entfernt, also etwas zu ruhig und abseits (schlechte öffentliche Verkehrsbedingungen) gelegen. Diese Einrichtung des Landeswohlfahrtsverbandes, fast ein kleines Dorf, besteht in dem Zeitraum von 1985 - 1989 (es finden immer wieder starke Veränderungen statt, in der betrachteten Phase wurden allein drei Stationen aufgelöst, eine andere in zwei geteilt) aus etwa 19 Krankenstationen, Verwaltung, Versorgungsbetrieben (Küche, Kasino, Werkstätten, medizinischen Labors, Badeabteilung u.ä.), auffallend vielen Unterkünften für Mitarbeiter, Beschäftigungs-, Arbeits- und Bewegungstherа-

pie. Ein Kultur- (Sozial-) Zentrum wurde in Kooperation mit mehreren Kollegen und dem Untersuchenden eingerichtet. Die Verteilung der Stationen (Anzahl) sah folgendermaßen aus:

	Stationen
Gerontopsychiatrie	5
chronisch psychisch Kranke und geistig Behinderte	6
Aufnahme- und Akutbereich	3
Suchtbereich (Alkoholiker, mit jeweils einer Station - zur Entgiftung, - für hirnorganisch abgebaute Korsakow-Patienten, - für eine Entziehungskur/4-6 Monate)	3
Rehabilitationsstation für meist jüngere (chronisch) schizophrene Kranke	1
Psychotherapiestation (gemischte Diagnosen)	1

Die Klinik ist zuständig für einen größeren Landkreis und die benachbart[e] Großstadt (insgesamt über 420.000 Einwohner). Im Untersuchungszeitrau[m] war die Zahl der Patienten auf ca. 520 reduziert worden (z. Vergleich: i[m] zweiten Weltkrieg z.T. über 1.500 Patienten).

Die Geschichte dieser Klinik ist weitgehend typisch für die historische En[t]wicklung des allgemeinen zentraleuropäischen "Irrenwesens" (ausführlic[h] nachzulesen z.B. bei FOUCAULT 1977 und BLASIUS 1980). Anfang des 1[9.] Jahrhunderts wurde in einem benachbarten Kloster eine "Irrenabteilung" ge[-]gründet, 1842 mit dem Bau einer neuen, eigenständigen Anstalt begonnen, i[n] die die "Irren" Mitte desselben Jahrhunderts umzogen. Sie wurde baulich un[d] bzgl. der Patientenzahl ständig ausgedehnt; dieser Prozeß wurde erst in de[r] Folge der Psychiatrie-Enquete beendet/umgekehrt.
Im NS-Deutschland hatte die betreffende Klinik die Rolle einer Zwische[n-] oder Sammelanstalt für arbeits- und therapieunfähige und auch jüdische Pa[ti]enten auf dem Weg in den Gastod in einer anderen Anstalt des gleichen Bu[n]deslandes. Aber auch in der Klinik dieser Untersuchung wurden Mensch[en] durch Aushungern oder überdosierte Medikamente ermordet, insbesonde[re]

etwa 430 Kinder unter 10 Jahren. Die Methoden der Bestrafung wegen schon geringster Vergehen erinnern an mittelalterliche Vorgehensweisen (vgl. zur Geschichte der Klinik die ausgezeichnet recherchierte Arbeit von DICKEL 1988).

Die heutige Klinik kann sicher als eine der weniger modernen bezeichnet werden. Sozialpsychiatrische Reformprozesse, in anderen Häusern schon seit Mitte der 70er Jahre eingeführt, wurden hier erst 10 Jahre später aufgegriffen. In etwa der Hälfte der anderen Landespsychiatrien dieses Bundeslandes sind die Stationen der geistig Behinderten in heilpädagogische Heime mit entsprechendem Konzept umgewandelt und aus dem Krankenhausbetrieb ausgegliedert worden; in der beschriebenen Klinik jedoch nicht.

Ein Vergleich der Forderungen der Schulpsychiatrie mit den eigenen Erfahrungen des Untersuchenden mit psychiatrischer Praxis, welche konzeptionell maßgeblich von Medizinern und Psychologen bestimmt wird, führt zu einigen Auffälligkeiten:
Weitgehender Konsens besteht über Methoden und Kategorien der Diagnostik und die Notwendigkeit des Medikamenteneinsatzes, der aber schon bei der Einschätzung von Bedeutung, Dosierung und Auswirkungen auf den Patienten (Heilung oder "Chemokeule") schnell wieder verloren geht.
Unterschiedliche bis konträre Diskurse existieren bezüglich der Verwendung von psycho- und soziotherapeutischen Techniken; zur Verfügung stehen Ärzten und Psychologen im Prinzip (nach entsprechender Ausbildung) unzählige Varianten, von Gesprächspsychotherapie, Psychoanalyse, Verhaltens- und Gestalttherapie über Psychodrama bis zu den erwähnten kognitiven und kommunikativen Trainingsprogrammen u.ä. Erwähnenswert hierbei ist, daß oft für ganze Stationen jeweils die Form indiziert zu sein scheint, die der betreffende Therapeut in seiner eigenen Ausbildung erlernt hat.

Aus pädagogischer Sicht und in Reflexion auf die vorliegende Arbeit sind zumindest tendenziell zwei grob vereinfachte Richtungen oder auch Pole erkennbar, nämlich einmal ein naturwissenschaftlich-defektbeseitigender und zum anderen ein hermeneutisch-unterstützender Diskurs.

Im naturwissenschaftlich orientierten Diskurs steht neben der erhofften heilenden Wirkung von Medikamenten ein Training sozialer Defizite, welches maßgeblich auf die Wiederherstellung von Arbeitsfähigkeit und sozialer Unauffälligkeit gerichtet ist. Beschäftigungs- und Arbeitstherapie werden zur stufenförmigen Heranführung an die Anforderungen der Arbeitswelt benutzt. Arztgespräche dienen der Überzeugung des Patienten von Sinn und Dringlichkeit der Behandlung, kaum genuin psychotherapeutischer Intention.
Im hermeneutisch orientierten Diskurs werden die Medikamente nach Wiederherstellung der Kommunikationsfähigkeit des Patienten so bald als möglich reduziert, u.U. abgesetzt, es sei denn, es handelt sich um schwer chronische Krankheitsverläufe. Es folgen Therapien, die dann gleichsam über Verstehen und Einfühlen (seitens des Terapeuten) dem Patienten selbst seine eigenen Gefühle, Gedanken und psychischen Strukturen verstehbar, u.U. akzeptabel und somit modellierbar machen. Im Vordergrund des Interesses stehen weniger die Defekte, sondern mögliche Traumen und (ähnlich der Sonder- und Heilpädagogik) die Unterstützung produktiver Kräfte, um das Erlernen neuer Möglichkeiten zu fördern. Beschäftigungs- und Arbeitstherapie werden eher verstanden als Rahmen, innere Konflikte und Fähigkeiten auf Material o.ä. zu projizieren.
Der größte Teil der Stationen folgt (im angegebenen Zeitraum) dem naturwissenschaftlichen Modell. Der hermeneutische Diskurs wird lediglich von der Psychotherapiestation und der Station zur Langzeitentwöhnung von Alkoholikern (letztere mit erheblichen Schwierigkeiten) realisiert; eine Station für chronisch psychisch Kranke versucht dasselbe in rudimentären Ansätzen, unter schlechten personellen Bedingungen. Die Rehabilitationsstation für jüngere, meist schizophrene Patienten stellt eine Mischung (zumindest im Untersuchungszeitraum 1987 - Anfang 1989) verschiedener Konzepte dar; neben einer mehr defektorientiert arbeitenden Ärztin (Vertreterin der von BRENNER u.a. entwickelten Trainingsprogramme) versucht (mit einigen Patienten) ein Psychologe psychotherapeutische Ideen umzusetzen. Konsens besteht jedoch über den Nutzen eines verstärkten Trainings in der Arbeitstherapie. Die angedeutete Ambivalenz bzw. konzeptionelle Zerrissenheit bestimmt die Reformversuche der betreffenden Klinik - ähnliche Schwierigkeiten äußert auch FINZEN (1985) immer wieder.

Mitverantwortlich für den insgesamt besehen eher unbefriedigenden Zustand psychotherapeutischer Versorgung in der betrachteten Klinik, entgegen den Forderungen der referierten Schulpsychiater, sind m.E. auch Ausbildungsverhältnisse und Aufstiegsbewußtsein der meisten Ärzte. Spielt die Psychiatrie im Studium eine randständige Rolle, erlernen die Assistenzärzte die psychiatrischen "Kunstgriffe" allererst in verantwortlichem Tätigsein auf einer Station (mit einem Bereichsarzt im Hintergrund). Unsicherheit und Unwissenheit gegenüber dem, was über somatische Prozesse hinausgeht, werden oftmals überspielt. Für gewöhnlich wird dann eine Facharzt- (dazu gehören mindestens zwei Jahre Neurologie in einer anderen Klinik) oder eine psychotherapeutische Ausbildung begonnen, nach deren Abschluß fast alle Mediziner wegen der schlechten Arbeits- und Verdienstverhältnisse die Klinik wieder verlassen und somit die Stellen wiederum den Berufsanfängern überlassen.
Dies scheint "Schicksal" vieler Landeskrankenhäuser zu sein, meint doch FINZEN: "Im übrigen ist das Berufsbild des Arztes immer noch eng verknüpft mit therapeutischem Optimismus, mit der Vorstellung, heilen zu können oder doch wenigstens die Dinge machen zu können. Rehabilitation, erwachsenenpädagogische Kleinarbeit, Zeitperspektiven von 5, 15, 30 Jahren zur Erhaltung des Status quo sind dem Denken des jungen Arztes fremd. Welche Überraschung, daß er sich mit seinen Berufsplänen und den Phantasien von seiner eigenen Zukunft dem zuwendet, was ihn das Studium hindurch fasziniert hat: der hohen Kunst der Psychotherapie; und dem, was ihm hohes soziales Prestige und ehrfurchtsvollen Respekt der Laienumwelt verspricht: Psychotherapeut sein und all dem, was an Mythos damit verbunden ist. Wie wenig spektakuläre Höhepunkte bietet dagegen die Arbeit mit chronisch kranken Schizophrenen" (1985, S.116).
Die augenfälligste Differenz der Praxis zu den Forderungen und Empfehlungen der Schulpsychiatrie besteht in der therapeutischen Vernachlässigung der chronisch psychisch Kranken oder seelisch Behinderten, sieht man über die Verteilung von Medikamenten hinaus. Arbeitstherapie, als häufig einzige soziotherapeutische Maßnahme, gereicht dann manchmal nur zum Plastiklöffel Zählen und Eintüten, anspruchsvollere Formen (z.B. Fahrradreparatur, Buchbindearbeiten oder Holzwerkstatt) bleiben fast gänzlich den Rehabilitationsstationen vorbehalten.

Gerechterweise muß aber auch gesagt werden, daß gerade bei den chronisch Kranken Reformversuche bemühter Ärzte oder Psychologen sehr oft auf Widerstände konventionell denkenden Pflegepersonals stoßen, die eine ruhigstellende und verwahrende Behandlung einer aktivierenden vorziehen und bei Mißachtung ihrer Wünsche ihre Kooperationsbereitschaft reduzieren (vgl. FINZEN 1985, S.118 f.).

Der Vergleich schulpsychiatrischer Forderungen (wie sie von Medizinern in Anspruch genommen werden) mit der konkreten Praxis zeigt, daß der psychoreaktive Aspekt psychischer Erkrankungen, insbesondere schizophrener Psychosen, weitgehend vernachlässigt wird - z.T. von Vertretern der defektorientierten Trainingsprogramme sogar explizit. Konformität mit den an sich schon relativ rückständigen Lehrbüchern besteht bezüglich Diagnostik und Medikation; das ist erklärbar durch den Primat des somatischen Diskurses und den meist schlechten Ausbildungsstand vieler junger Assistenzärzte. Psychotherapie wird nur auf ganz wenigen Stationen praktiziert, Arbeits- und Beschäftigungstherapie häufig nur für die anstrengenden Patienten (seitens der Stationen) genutzt. Dies alles, obwohl natürlich neuere psychiatrische und besonders tiefenpsychologische Therapie- und Ursachenforschung wesentlich weiter entwickelt sind, und obwohl fortschrittlichere und angemessenere (aus sonderpädagogischer Sicht) Methoden maßgeblich auf der Psychotherapiestation zur Anwendung kommen. Die randständige, oft auch beneidete Stellung dieser Station sorgt aber dafür, daß ihr Konzept nicht repräsentativ für die übrige Arbeit der Klinik ist.

Allerdings repräsentiert sie die fachlich-wissenschaftlichen Möglichkeiten einer zeitgemäßeren Psychiatrie. Aus diesem Grund sollen einige Gedankengänge des leitenden Stationsarztes (Soziologe/Analytiker) zur "Sozialisation in der schizophrenogenen Familie" (MENZ 1980) kurz und thesenhaft referiert werden, soweit sie die vorliegende Untersuchung betreffen.
In der genannten Arbeit, einer Dissertation, werden, da die Suche nach biologischen Entstehungsbedingungen keine befriedigenden Ergebnisse lieferte, verschiedene in der Sozialisation wirksame Faktoren familiärer und sozialer

Art für die Schizophreniegenese als verantwortlich bezeichnet. Das Vorgehen entspricht in der Berücksichtigung komplexer Zusammenhänge weitgehend einem sonderpädagogischen Diskurs und den dort üblichen Vorstellungen über die Entstehung und Wirkung von elterlichem Erziehungsverhalten auf die kindliche Persönlichkeitsentwicklung.
Es werden (meist amerikanische) Forschungsarbeiten referiert, die versuchen, "... Zusammenhänge zwischen spezifischen Weisen der Interaktion und den in schizophrenogenen Familien auftretenden Denkstörungen herzustellen" (MENZ 1980, S.23). Es ist zwar nicht gelungen, alle Aspekte der Ätiologie zu klären (dies wird u.U. auch nie gelingen), das analytische Vorgehen ist aber gegenüber dem der klassischen Psychiatrie zu bevorzugen, da es "... zumindest den Zusammenhang zwischen der Erkrankung des Ich und dem Verlauf der Objektbeziehungen als Verhältnis von Individuum und sozialen Agenturen gesichert und den 'Gummizaun' ... um die Medizin - mit naturwissenschaftlicher Methode vorzugehen, wo es um Menschen geht - durchlöchert" (a.a.O., S.26). HORN hat später für eine solch komplexe Analyse den Begriff der "Soziopsychosomatik" geprägt (vgl. HORN u.a. 1983, S.29).
Die insbesondere jüngere Psychoanalyse konnte zeigen, daß die gesamte Persönlichkeitsentwicklung in direkter Abhängigkeit zur Qualität elterlicher, meist wohl mütterlicher Zuwendung, d.h. zu "Konstanz" und "geringer Ambivalenz" steht (vgl. MENZ 1980, S.27). Die Entwicklung der Ich-Funktionen ist in konsistenter Verbindung mit Prozessen der Identifikation mit den Eltern und später einsetzender Autonomiebildung zu sehen, welche beide erheblich unter einer möglicherweise notwendigen Angstabwehr, "... **Angst vor Liebesverlust** und **Strafangst** in der ödipalen Krise ..." (a.a.O., S.79) leiden. Insbesondere in zerstrittenen Ehegemeinschaften fehlen oft diese Konstanz und eindeutiges Verhalten gegenüber dem Kind, d.h. ein "... adäquates Ich-Wachstum wird unter diesen Bedingungen verhindert; Aktionen des Kindes stehen unter einer ständigen Androhung existenzbedrohender Sanktionen" (a.a.O., S.129). In solchen kritischen Verhätnissen wirkt besonders ungünstig, wenn ein unreifer Elternteil mit dem Kind koaliert, gleichsam bei diesem Hilfe und Beistand sucht (vgl. a.a.O., S.113-120). Dies sind die günstigsten Voraussetzungen für die aus der Familienforschung bekannten "double-binds".
Deutlich und ausdrücklich weist MENZ außerdem auf folgendes hin: "**Eine**

weitere pathologisierende Folge gestörter Elternkoalitionen ist die Erschwerung oder Verhinderung der Geschlechts- und Generationsrollenidentifikation. Einer der Gründe ist die Unfähigkeit unreifer Eltern, ihre homosexuellen, inzestuösen und narzistischen Wünsche zu kontrollieren, die sie auf ihre Kinder projizieren, die so nicht lernen, ihre eigenen generations- und geschlechtsspezifischen Bedürfnisse von denen der Eltern zu differenzieren. ... Die Folge des forcierten ödipalen Konflikts ist dramatisch. **Die ödipalen Phantasien werden nicht frustriert; die Über-Ich-Bildung verkümmert auf Grund der mangelhaft verlaufenden Identifikation, die homosexuellen und inzestuösen Tendenzen des Kindes werden emotional akzeptiert, aber verbal abgewehrt (Double-Bind-Situation)**" (1980, S.149 f.; vgl. auch S.112 f.).

Die gesamte Situation kann zusätzlich verschärft werden durch Restriktionen am Arbeitsplatz, die sich auf das Familienklima auswirken. Ein Zusammenhang der Verkehrsformen in beiden Bereichen kann als gesichert gelten (vgl. a.a.O., S.179 ff.). Hierin kann man eine adäquate Erklärung für die höhere Erkrankungsrate in den unteren Sozialschichten sehen.

Eine rein medizinische Therapie kann solche Entwicklungsstörungen (als Ergebnis beim Kind) kaum bearbeiten. Notwendig ist eine u.U. langwierige Aufarbeitung, die Konstitution einer gemeinsamen Erlebniswelt mit dem Therapeuten über das Verstehen der latenten Sinnstrukturen der Wahninhalte (vgl. a.a.O., S.211).

Auf allen anderen Stationen fehlen hierzu allerdings die Ressourcen. "In der organmedizinisch orientierten Psychiatrie wird dieser Zusammenhang unbedeutend, was die Entwicklung der Erkrankung angeht. In der Behandlungssituation wird der kommunikative Aspekt des Symptoms nicht auf das 'Zwischen-Uns' untersucht und damit auf Beziehungsmöglichkeiten, sondern mit der Interpretation des 'An-Sich' als 'Individualstörung' an den Erkrankten zurückgegeben" (MENZ 1980, S.215).

An dieser Stelle muß im kurzen Überblick die Arbeitsweise des Untersuchenden und deren Einordnung in das Gesamtgefüge der Klinik beschrieben werden, da die Entwicklung des Konzeptes eines sonderpädagogischen Dienstes in engem Zusammenhang mit den Ambivalenzen psychiatrischer Reformve suche und deren Dynamik gesehen werden muß. Diese Tendenzen sind zusammengefaßt:

Tradition	-	Reform
medizinisch-defektorientierte Perspektive	-	psychotherapeutisch-hermeneutische Perspektive

Im Spannungsgefüge dieser Tendenzen entwickelte sich die Konzeption und bestimmte somit die Position des Untersuchenden als teilnehmender, parteiisch involvierter (als Mitarbeiter) Beobachter.
Veranstaltungen zur Bildungsberatung (z.B. Vermittlung an weiterführende Schulen), das Nachholen von Schulabschlüssen, Gruppen zur kulturellen Fortbildung oder zur Freizeitgestaltung, Theater- und Medienarbeit, Einübung von Kulturtechniken mit über Jahrzehnte hospitalisierten geistig Behinderten mit dem Ziel der Entlassung wurden zuerst (etwa die ersten zwei der insgesamt vier Jahre) stark stationsbezogen angeboten. Der Untersuchende war intensiv an der Einführung von Maßnahmen zur soziotherapeutischen Milieugestaltung auf der Rehabilitationsstation beteiligt, nahm an Patienten- und Stationsversammlungen u.ä. teil. Häufige Wechsel der Assistenzärzte/innen brachten genau so häufige Konzeptänderungen (bis zu entgegengesetzten Therapierichtungen: s. defektorientiert - hermeneutisch) mit jeweiliger Forderung nach Anpassung der Mitarbeiter, auch des Untersuchenden, mit sich.
Dieser auf Dauer unbefriedigende Zustand führte zur Einrichtung eines eigenständigen Kulturzentrums, in dem verstärkt stationsunabhängige Veranstaltungen angeboten werden konnten, gleichzeitig bestand die Möglichkeit zur Kooperation mit "kompatiblen" Stationen. Dieser Prozeß führte in einen von Patienten und Mitarbeitern positiv erlebten "Freiraum", in dem, unabhängig von Stationsordnung und kontrollierendem Personal, die Patienten sich freier und offener äußern konnten und gleichzeitig leichter zur Zusammenarbeit zu motivieren waren. Dies konnte insbesondere von der Psychotherapie-

station und einigen anderen produktiv genutzt werden, führte aber auch in vereinzelten Fällen zu Ängsten bzgl. einer verletzbaren Loyalität, z.B. gegenüber den unter Medizinern verbreiteten Sanktions- und Restriktionsmethoden.

Zumindest die Versorgung der seelisch Behinderten/chronisch psychisch Kranken (in abgeschwächter Form auch die der akut Kranken) ist m.E. eindeutig inadäquat; es ist MENZ (s.o.) zuzustimmen, daß eine naturwissenschaftlich-medizinisch, defektorientierte Therapie **weit** an den **seelischen** Problemen dieser Behinderten vorbeiwirkt. Gefordert sind psychotherapeutisch-erwachsenenpädagogische Konzepte, die an den Fehlentwicklungen (oder Entwicklungsrückständen), gleichsam nach-sozialisierend und individuelle Fähigkeiten unterstützend, mit den Patienten arbeiten. Eine Psychiatrie der "pills and needles" trägt eher zur Verschlechterung der seelischen Entwicklung bei, indem sie den psychischen Charakter der Krankheiten ihrer Patienten "übersieht". "Die technische Medizin und ihr Experte, der Arzt, sowie der persönliche Widerstand gegen die Thematisierung lebensgeschichtlicher Konfliktanteile an einer Ätiologie koalieren miteinander und bilden eine relativ feste Abwehrfront, eine 'unheilvolle Koalition'" (HORN u.a. 1983, S.193).
Die Psychologen der beschriebenen Klinik setzen diesem Zustand kaum etwas entgegen (bis auf wenige Ausnahmen), häufig drängt sich der Eindruck auf, daß sie sich in Konkurrenz mit der Macht der Ärzte nahtlos in die Logik des Krankenhauses einpassen. Schwestern und Pflegern fällt es auch allzu oft schwer, ihre traditionelle Berufsrolle zu verlassen und "erzieherische" Aufgaben adäquat zu verfolgen.

6.3. Psychiatrie und Biographie

Alle bisher referierten Vertreter der Schulmedizin, von denen keiner das psychiatrische Großkrankenhaus als adäquate Versorgung ablehnt (FINZEN z.B. hält lediglich eine Verkleinerung und verstärkte Versorgung in der Gemeinde für realisierbar; vgl. 1985, S.21 f.), erkennen die negativen Auswirkun-

gen eines Langzeitaufenthaltes - er wird gerechtfertigt mit dem Fehlen von Alternativen. Die Autoren loben die Wirkung der Neuroleptika, da sie, obwohl die Patienten jetzt häufiger zur Wiederaufnahme kommen, dennoch zu einer Verkürzung der Verweildauer führen, also lange, schädigende Krankenhausaufenthalte vermeiden helfen.
Trotzdem "... sind mehr als die Hälfte der chronisch hospitalisierten Patienten solche, die ursprünglich die Diagnose Schizophrenie erhalten haben" (DÖRNER/PLOG 1978, S.116). Das bedeutet, daß die Zahl der chronisch psychisch Kranken nicht erheblich reduziert wurde, die Krankenhäuser dennoch verkleinert werden konnten, da die Patienten mit günstigeren Krankheitsverläufen immer wieder entlassen werden können und ambulant oder in Rehabilitationseinrichtungen versorgt werden. Schwer chronisch Kranke werden weiterhin hospitalisiert; dies trifft zumindest auf die beschriebene Klinik zu. Ambulante Versorgung bedeutet dann auch nur allzu oft: Versorgung mit den notwendigen Medikamenten, nicht etwa Psychotherapie o.ä. Eine sinnvolle außerklinische Sozialpsychiatrie kann nur erfolgreich sein, wenn die benötigten Einrichtungen überhaupt existieren. Das war im Einzugsbereich der Klinik im Untersuchungszeitraum kaum der Fall.
Fast unvermindert werden chronisch Kranke, oft auch junge Patienten, die ohne institutionelle Hilfe nicht leben können, über Jahrzehnte, oft ein Leben lang hospitalisiert, meist nachdem sie sich den zu hoch angesetzten Rehabilitationsversuchen gegenüber als "resistent" erwiesen haben. Keineswegs gehört folgende Tatsache der Vergangenheit an: "Es kann kein Zweifel mehr darüber bestehen, daß ein Teil der früher in unseren Anstalten so häufig anzutreffenden schweren und **bizarren Formen** des schizophrenen Persönlichkeitsverfalls **Anstaltsartefakte** - Produkte der Hospitalisierung, der extremen Passivierung und des damit verbundenen Verlustes der zwischenmenschlichen Beziehungen - gewesen sind" (BAUER u.a. 1980, S.298; vgl. auch SCHULTE/TÖLLE 1979, S.178).

Im psychiatrischen Krankenhaus wird die Identität und Individualität sichernde, für eine mögliche Gesundung dringend erforderliche Biographie mit positiv und negativ erlebten Ereignissen "ausgetauscht" gegen eine kategorisierende, gleichsam die Persönlichkeit sezierende Diagnose, institutionelle Routinen

(Mahlzeiten, Arbeitstherapie, Nachtruhe, etc.) und medizinische Rituale (Medikamenteneinnahme, Visite, hygienische Kontrollen etc.). Entsprechend den Prämissen der Wirklichkeitskonstitution, wie sie von Ethnomethodologie und radikalem Konstruktivismus formuliert werden, entsteht eine Realität, auf oftmals zusätzlich noch geschlossenen Stationen, der sich das Individuum "Patient" allein aus Gründen des Überlebens anpaßt und sein Selbst gänzlich zur Krankheit, zur Diagnose, zum "sprechenden Krankheitsbild" wird (häufig kann man sich nicht des Eindrucks erwehren, daß Patienten um z.B. eines bestimmten Medikamentes willen exakt das formulieren, was der Arzt dazu hören will): "Viele Patienten, die lange im Krankenhaus sind, ähnlich wie Gefangene oder andere Internierte, passen sich mit ihren Gewohnheiten der Umgebung an, d.h. vieles, was für sie ehedem normal war, wird durch die reizarme und weniger anregende Umgebung überformt. Von daher ist gerade in psychiatrischen Krankenhäusern (und Heimen) oft nicht bestimmbar, welche bizarren Erscheinungsweisen von der kranken Person kommen, und welche dadurch bedingt sind, daß die Institution mit den Menschen nicht pfleglich umgeht. ... Es trägt zur Entindividualisierung bei, daß einem alles, was eine Person kennzeichnet, weggenommen wird. So bleibt ihm häufig nichts anderes übrig, als aus seiner Phantasie Gestaltungsmöglichkeiten hervorzubringen, die ihm zeigen, daß er er selbst ist" (DÖRNER/PLOG 1978, S.115).

Der chronisch kranke Patient nimmt "die Krankheit", er ist ja immerhin dauerhaft im Krankenhaus untergebracht, als prägendes Persönlichkeitsmerkmal an. Dies kann vorläufige Entlastung bedeuten, führt aber über die Jahre dazu, daß immer mehr Persönliches, materiell und seelisch, verloren geht, bis nur noch die obskursten Merkmale dieser Krankheit existieren. Die Behandlung in der psychiatrischen Klinik deckt sich **anscheinend** mit den regressiven Wünschen eines chronisch Kranken. "Der Ausbruch einer seelischen Krankheit erscheint bei genauem Studium der Lebensgeschichte des Betroffenen oft wie ein folgerichtiger Schlußpunkt am Ende einer langen Kette von unglücklichen Verstrickungen; für ein durch äußere oder innere Umstände in die Enge getriebenes Individuum oft noch die ökonomischste, ja geradezu die beste aller möglichen Lösungen. Wie der Tod für den Gläubigen eine Zuflucht ist, die Erlösung verheißt aus dem irdischen Jammertal, so die Krankheit für den geplagten und leidenden Menschen, der mit dem Leben nicht zurechtkommt. Jede psychische Krankheit birgt irgendwo immer auch einen Profit, einen **Krankheitsgewinn** in sich, um dessentwillen sie in Kauf genommen und ertragen wird und weswegen oft hartnäckig an ihr festgehalten wird" (LANGEGGER 1983, S.53). Sie gleicht einem inneren Tod, alles Lebendige erscheint als Gefahr, Störung oder Verwirrung (vgl. a.a.O.), mutet phänomenologisch besehen wie ein Tot-Stell-Reflex an. Die Krankheit bietet u.U. Schutz vor einer Wirklichkeit, auf die sich der Patient nicht eindeutig und mit Sicherheit verlassen kann, welche jederzeit wieder traumatisierenden und kränkenden Charakter gewinnen kann.

RIEMANN (1983) legt eine soziologisch orientierte Untersuchung vor, die zwar insgesamt m.E. unzulässige Verallgemeinerungen zum Krankheitsverlauf psychiatrischer Patienten trifft, aber zur Wirkung von Langzeitaufenthalten in einer psychiatrischen Klinik die vorgetragene Auffassung durch subjektive Sichtweisen mehrerer Patienten bestätigt. Diese hatte er in narrativen Interviews ausführlich befragt. "Die Besprechung der Lebensgeschichten ... hat deutlich gemacht, daß man in verschiedener Hinsicht von Verlusterfahrungen in der Beziehung zur eigenen Biographie sprechen kann: Man kann z.B. daran gehindert werden bzw. kann darauf verzichten, eine eigene biographische Linie zu entwickeln; man kann vollständig 'enteignet' werden; die Biographie kann einem fremd werden (und fremd gemacht werden); es kann zum Verlust der Sinngrundlagen kommen" (a.a.O., S.422).
RIEMANN formuliert exakt Eindrücke, die sich mit den Erfahrungen des Autors der vorliegenden Arbeit in einer psychiatrischen Klinik decken (ausdrücklich sind nur die zum Thema "Biographie-Verlust" gemeint); daher seien die Ergebnisse wörtlich referiert: "Wenn hier von 'Verschüttung' die Rede ist, dann sind die Schwierigkeiten der Betroffenen gemeint, an einer eigenen **Lebensgeschichte** festzuhalten oder sie für sich neu zu entdecken, sich nicht darauf reduzieren zu lassen, daß sie eine **Anstaltskarriere** haben" (a.a.O., S.425). Diese Schwierigkeiten können "... die Form annehmen, daß man sich der Prozessierung durch signifikante andere, Professionelle und/oder Institutionen überläßt" (a.a.O., S.423). Besonders chronisch kranke Patienten haben deutliche Mühe, sich "... an einer biographischen Linie zu orientieren, weil ihre selbständigen und durch biographische Prozeßstrukturen gesteuerten All-

tagsplanungen mehr und mehr durch die Zeitabläufe der Organisation verdrängt worden sind. ... An die Stelle von biographischer Arbeit, die vom Betroffenen zu leisten ist, treten entlastende oder restriktive organisatorische Maßnahmen und Planungen" (a.a.O., S.425).
Der zitierte Autor sieht zwar die Möglichkeit, über den Prozeß der Biographieanalyse Schritte einer Selbstaufklärung auszulösen und gemeinsam zu vollziehen, hält aber einen systematischen Einsatz (ohne Angabe von Gründen) für eine Entwertung der Methode (vgl. RIEMANN 1983, S.484 f.).

M.E. garantiert genau dieser Aspekt der Wiederaneignung des Lebenslaufs, der Selbstaufklärung, die möglicherweise befreiende Wirkung des Erzählens, daß es sich bei der biographischen Methode nicht um ein ausbeutendes Instrumentarium handelt, bei dem ausschließlich dem Untersuchenden die Ergebnisse der Arbeit zur Verfügung stehen. Die Frage der systematischen Anwendung kann in der von RIEMANN vorgetragenen Form nicht adäqua abgehandelt werden, vielmehr muß an anderer Stelle ihr Stellenwert in de Bildungsarbeit mit chronisch psychisch Kranken **neben den therapeutische Angeboten** als Teil sämtlicher Rehabilitationsbemühungen diskutiert werden.

Erwähnenswert sind an dieser Stelle abschließend einige Bemerkungen de Psychiaters/Psychotherapeuten LANGEGGER, die den Kreis zum Paradigm des ethnographischen Fremdverstehens hin schließen. Er vergleicht symbol haft die Schizophrenie mit Formen der Besessenheit, in der der innere, seel sche Tod ausgefüllt wird mit Geistern und Dämonen (psychologisch: "Kom plexe"; vgl. LANGEGGER 1983, S.211), die den Patienten beherrschen. Wi man sie verstehen, ist folgendes zu beachten: "Geduldiges Zuhören ist di erste Voraussetzung für die **Erlernung der Sprache der Geister**. Die toten Se len sprechen nämlich eine eigene Sprache, die man lernen muß, wenn man m ihnen verkehren will. ... Die Dämonen müssen gründlich verhört werden, w sie überhaupt sind, wie sie beschaffen sind und was ihre Absicht ist. Ken man erst einmal ihren Namen, so hat man auch schon Macht über sie" (a.a.C S.210).
Aus der Tradition C.G.JUNGs heraus erkennt er, "... daß die 'Verrückte nicht einfach 'verrücktes Zeug' von sich geben, sondern durchaus sinnvol

Anliegen haben, die sie aber in einer besonderen, rätselhaften Art und Weise vorbringen. ... Diese Sprache kann man mit einigem ... Geschick, wenn man sich Mühe gibt, erlernen, genauso wie man eine Fremdsprache lernt" (LANGEGGER 1983, S.211). Schädlichster Fehler im Umgang mit einem Schizophrenen ist, statt ihm Verständnis entgegen zu bringen, ihn von der Rationalität unserer Wirklichkeit überzeugen zu wollen: "Wer nämlich versucht, einem Geisteskranken mit Vernunft beizukommen, hat von Anfang an ausgespielt. Man muß zuerst einmal seine Sprache erlernen, die in ihrer Verdrehtheit für den Uneingeweihten definitionsgemäß wirklich klingt wie eine Unwahrheit, also wie eine Lüge. - Bekanntlich wurden und werden Geisteskranke dafür bestraft, daß sie 'lügen'" (a.a.O., S.215 f.).

Die Forderung nach biographischer Forschung wird von FINZEN (vgl. 1985, S.144), allerdings ohne weitere Ausführungen, zur Erkundung der Bedürfnisse chronisch Kranker unterstützt.

7. Durchführung der Untersuchung

Im vorliegenden Kapitel zur Form und zum Design der Untersuchung werden Planung und Datenerhebung mit kommunikativer Validierung durch die Patientin getrennt dargestellt, da letzteres zu einigen, nicht beachtlichen aber doch erwähnenswerten Korrekturen verschiedenster Art führte. Die Auseinandersetzungen dienen auch der Spezifizierung der Instrumente, die nur modifiziert, z.T. versuchsweise aus der allgemeinen, qualitativen Sozial- und Biographieforschung auf das Praxisfeld Psychiatrie übertragen werden sollten/konnten. Einige Bedingungen, wie z.B. die Zugzwänge narrativen Erzählens sind nicht unbedingt erfüllt; dem widerspricht etwa die Zerfahrenheit schizophrenen Denkens.

7.1. Wichtige Aspekte der Planung der Untersuchung

In der Planungsphase der Untersuchung mußten folgende Fragen und Probleme geklärt werden:

- Auswahl des Interview-Partners, Abschluß eines Vertrages;
- Formulierung der leitenden Fragestellung der Untersuchung;
- Zustimmung der Klinikleitung und der beteiligten Ärzte und Psychologen;
- zeitlicher, räumlicher und inhaltlicher Aufbau der Untersuchung;
- Zusammenstellung der geplanten Instrumente.

Ziel und Thema der Untersuchung war zur Zeit der Planung, wie schon erläutert, die Suche nach Bildungsmöglichkeiten von chronisch psychisch Kranken, insbesondere bezüglich Patienten, die weder eine therapeutische noch eine rehabilitative Perspektive besaßen.

Hierzu wählte der Untersuchende eine Patientin aus, die von Ärzten (die Akte wurde erst zum Schluß der Untersuchung durchgesehen) als Defekt-

Schizophrene bezeichnet wurde. Diese Bezeichnung sollte sowohl den Aspekt biologisch-körperlicher Genese betonen als auch daraus abgeleitete, schlechte Prognosen und die folgende, therapeutische Ratlosigkeit begründen. Die Äußerungen dieser Patientin wurden daher als rein wahnhafte, ohne jeden Bezug zu Realität oder persönlicher Geschichte betrachtet. Hierzu ein Beispiel: Brüllte die Patientin plötzlich und ohne erkennbaren Grund irgend einen männlichen Mitpatienten an, er solle sie in Ruhe lassen und ihr nicht ständig solche "Schweinereien" sagen, was sie dann später selbst mit dem Hören von Stimmen erklärte, so wurde dies Verhalten als "Spinnerei" belächelt oder höchstens von findigen Psychologen als der Ausdruck eines Wunsches (Objekt der Begierde zu sein) interpretiert, den sie vor sich selbst nicht zulassen dürfte. Die Auslegung, es könne sich beispielsweise auch um die Kombination von Wirklichkeiten verschiedener Zeiten handeln, wurde nicht erwogen.

Die Ableitung von Ansatzpunkten aus der Biographie der Patientin sollte die ausstehende Entscheidung (die Patientin hatte mehrere mißlungene Rehabilitationsversuche hinter sich), Entlassung in eine Nachsorgeeinrichtung oder dauerhafte Unterbringung auf einer Langzeitstation für chronisch Kranke, vorantreiben und zu entsprechenden Entwicklungshilfen im Sinne von Weiterbildung oder Beratung führen.

Der Untersucher (= Interviewer = I.) bat die betreffende Patientin (= Frau F. = F.) als zur Selbstbestimmung fähige **Frau** um ihre Mitarbeit, da er sich aus einem heterogenen Rollenverhältnis einen psychodynamisch größeren Spannungsbogen im Interaktionsverhältnis (Beziehungsebene) und stärkere Selbstdarstellungswünsche als in einem homogenen Verhältnis erhoffte. Frau F. und ihre krankenhausinterne Karriere war ihm bekannt aus einer Gruppe (mit verschiedenen Themenschwerpunkten), die gemeinsam mit einer Psychologin eingerichtet worden war, um den Patientinnen die Auflösung ihrer eigenen und das Zurechtfinden auf einer neuen Station zu erleichtern. Die alte Station wurde aufgelöst, da hier noch bis 1985 ausnahmslos schwerst kranke, meist schizophrene Frauen unter unmenschlichen Verhältnissen geschlossen verwahrt wurden. Frau F. hatte hier etwa fünf Jahre zugebracht und war nach den (meist zaghaften) Versuchen auf der Rehabilitationsstation über die Akutstation (sie hatte Parfum und Haarfestiger getrunken) z. Zt. der Unter-

suchung auf einer offenen und gemischten Langzeitstation für chronisch psychisch Kranke untergebracht.
Sie konnte an der Untersuchung teilnehmen, da sie sich trotz unwürdiger Unterbringung über fünf Jahre eine beachtliche Reflexionsfähigkeit und erstaunliche Widerständigkeit gegenüber dauerhaften und massiven Versuchen medikamentöser Ruhigstellung erhalten hatte; sie zeigte sich in gewisser Weise resistent gegen eine Reihe intensiver Hospitalisierungsversuche seitens der Klinik.

Mit Frau F. wurde ein Vertrag abgeschlossen, in dem ihr die Unzugänglichkeit des aufgezeichneten Materials auch gegenüber Ärzten und Psychologen garantiert wurde, lediglich eine begleitende Wissenschaftlergruppe in Berlin sollte nach Löschen aller Namen Zugang haben. Gleichzeitig wurde dem Untersuchenden gestattet, den Mitarbeitern ihrer Station auch ausführlich zu berichten; damit sollten, um beispielsweise Ängste zu Loyalitätsverletzungen gar nicht erst entstehen zu lassen, Vorgehensweise und Inhalte für Mitarbeiter durchsichtig gehalten werden, die letztlich für alles, was der Patientin im Krankenhaus "passierte", die Verantwortung trugen, sich zumindest verantwortlich fühlten. Die Klinik sollte selbstverständlich nur anonymisiertes Material verlassen, dies forderte allein schon die Schweigepflicht des Untersuchers als Mitarbeiter. Sollte ein Mitarbeiter die Patientin erkennen, sei er an seine eigene Schweigepflicht erinnert.

Das leitende Untersuchungsinteresse wurde der Klinik (Chef-, Bereichs-, Stationsarzt und Psychologin) zum Einverständnis unter folgender Fragestellung vorgelegt:

> Ist es möglich, anhand qualitativer Analysen eines Biographieverlauf (maßgeblich: Bildungsgeschichte) einer chronisch Schizophrenen, Entwicklungs-, Beratungs- oder Bildungsmöglichkeiten zu entwerfen, z.T. zu erproben (s. Zeitvertrag des Untersuchenden), welche entweder der Verbesserung ihrer klinischen Lebensverhältnisse oder der möglicherweise langfristigen Vorbereitung einer Entlassung (z.B. in eine Rehabilitationseinrichtung, Wohnheim o.ä.) dienen ?

Da es sich insbesondere bei den Langzeitstationen der chronisch Kranken um stark vernachlässigte und (personell) unterversorgte Bereiche handelt, wurde die geplante Arbeit mit Interesse auch als Erweiterung des bisherigen therapeutischen und rehabilitativen Angebots, z.T. direkt als Defizitausgleich, aufgenommen.

Um den an ihre Patienten gerichteten, teilweise unvermeidlichen Ordnungs- und Kontrollbedürfnissen der betroffenen Station als auch möglichen Störungen zu entgehen, sollten die Gespräche in den ruhigeren und zu bestimmten Zeiten ungestörten Räumen des Kulturzentrums stattfinden. Das angenehmere, nicht so sehr an Krankenhaus erinnernde Klima sollte der Patientin das Erzählen erleichtern.
Ohne die Anzahl der Interviews in den einzelnen Phasen festzulegen, dies sollte sich vielmehr nach Rhythmus und Bedürfnissen der Patientin richten, wurde der einzelne, regelmäßige und wöchentliche Termin auf 30 - 45 Minuten begrenzt; dies sollte den Schwierigkeiten um Konzentration und Aufmerksamkeit Schizophrener und der Anstrengung, immer wieder den Blick auf die Biographie zu fokussieren, Rechnung tragen (Frau F. war dem Untersuchenden als lebhafte und äußerst sprunghafte Patientin bekannt). Geplant waren vorab lediglich folgende Phasen in nachstehender Reihenfolge:

- Biographieerhebung, mit einem Strukturierungsangebot: Vergangenheit - Gegenwart - Zukunft;
- "inoffizielle Termine" mit offener Themenstellung und ohne Aufzeichnungsgeräte, gleichzeitig erste Auswertung der bisherigen Interviews;
- kommunikative Validierung mit Rückfragen zu unklaren Passagen im ersten Teil;
- selbständige Video-Aufzeichnungen der Patientin als fokussierte Beobachtung;
- Dokumentenanalyse: Durchsicht der Akte.

Alle Interviews der eigentlichen Biographieerhebung sollten mit Video-Geräten aufgezeichnet werden, wobei die letzten 10 Minuten des vorhergehenden Interviews, gemeinsam betrachtet, den Einstieg in jedes neue Gespräch dar-

stellen sollten. Zu jedem Interview sollte ein Postskriptum erstellt werden, in dem aktuelle Eindrücke des Untersuchenden und umgebende, nicht aufgezeichnete Gespräche festgehalten werden.
Um die Wirkung des Video-Instrumentariums zu erkunden, sollten die "inoffiziellen Termine" nicht aufgezeichnet, sondern ausschließlich mit Postskripta festgehalten werden. Mögliche Verhaltensänderungen der Patientin sollten vorsichtige Rückschlüsse auf die Wirkung der Medien ermöglichen. Fragestellungen dieser Phase sollten sich aus den ersten Interviews ergeben, es könnte sich aber auch z.B. um Besuche biographisch relevanter Orte oder etwa der Eltern handeln.
In der kommunikativen Validierung würden der Patientin ausgewählte (unverständliche, zu knappe) Erklärungen als Video-Ausschnitt mit entsprechender Fragestellung vorgelegt, die folgende Reaktion wiederum mit Video aufgezeichnet.
Nach dieser Validierung sollte versucht werden, den Blickwinkel der Patientin auf die Psychiatrie festzuhalten, durch Video-Aufzeichnungen, von ihr selbständig im Gelände, auf Stationen oder in anderen Bereichen der Klinik erstellt.
Den Abschluß der Datenerhebung würde die Dokumentenanalyse mit einer Aktendurchsicht bilden.

Die einleitende Frage sollte die Darstellung der Patientin auf ihre Bildungsgeschichte richten, gleichzeitig aber so allgemein gehalten sein, daß auch Erzählungen zu außerschulischen Ereignissen, in der Familie, mit Spielkameraden in Jugendgruppen u.ä. möglich waren. Der Bildungsverlauf im weitesten Sinne z.B. auch die Sozialisation am Arbeitsplatz, sollte als Teil des gesamten Lebenslaufs und nicht als isolierter Teilaspekt betrachtet werden. Alle Milieus wirken prägend, keines sollte daher vernachlässigt werden; den "roten Faden" aber sollte die Ausbildung darstellen.
Das Interview war als Alltagsgespräch, als Dialog geplant, mit deutlich narrativen Elementen, immer wenn die Patientin dazu in der Lage war und nicht ausschließlich ihren Wahnideen nachging. Der dialogische Charakter des Interviews sollte der Patientin als vertraute Situation das Erzählen insbesondere vor der Video-Kamera erleichtern. Diese sorgte erfahrungsgemäß (aus de

Arbeit mit anderen Patienten) besonders in der Gewöhnungsphase für einige Anspannung. Die Gesprächsführung sollte auf keinen Fall Assoziationen zu einem "diagnostischen Verhör" o.ä. wecken. Die Wahl des Dialogs würde auch Schilderungen oder Kommentare des Interviewers ermöglichen, insbesondere bei Rückfragen der Patientin. Hatte der Untersuchende den Eindruck, daß die Patientin aus bestimmten wahnhaften Gedankengängen nicht mehr herausfand, sollte sie an das leitende Interesse, die Darstellung der Biographie erinnert werden. Suggestiv wirkende Bemerkungen, die Antworten der Patientin oder Stellungnahmen im Sinne des Interviewers provozieren könnten, sollten unbedingt vermieden werden.

7.2. Zur Datenerhebung

Die Ergebnisse der Datenerhebung bis einschließlich der kommunikativen Validierung I (diese wurde in Phase I und II unterteilt) führten zu einigen Änderungen und Ergänzungen (einiges, etwa die "inoffiziellen Termine", waren nicht vorstrukturiert), so daß folgendes Bild des Gesamt-Vorgehens im Überblick entstand:

Interview	Inhalt	Aufzeichnung/Datum
I-VI	Erhebung der Biographie	VP/21.7.-8.9.87
VII-VIII	unstrukturierte Gespräche, ohne thematische Vorgabe	GP/14.9.-24.9.87
IX	Wechsel der Befragungsrolle	GP/29.9.87
X	Besuch zu Hause	GP/20.10.87
XI	Erhebung einer biographischen Chronologie	P /3.11.87
XII	kommunikative Validierung I	VP/10.11.87
XIII	unstrukturiertes Gespräch	GP/17.11.87

XIV	kommunikative Validierung I	VP/30.11.87
XV-XVI	unstrukturierte Gespräche	GP/7.12.-21.12.87
XVII-XX	kommunikative Validierung I	VP/11.1.88-1.2.88
XXI-XXII	Vorbereitungen zu den selbsttätigen Video-Aufzeichnungen	GP/8.2.88-14.3.88
XXIII-XXIV	unstrukturierte Gespräche	GP/21.3.88-28.3.88
XXV	Versuch von Video-Aufnahmen	GP/30.3.88
XXVI-XXXII	unstrukturierte Gespräche und Einführung von Dr.Z.	GP/11.4.88-6.6.88
XXXIII	Fahrt zu biographisch relevanten Orten	GP/20.6.88
	Aktendurchsicht	4.88
XXXIV	autofotografische, fokussierte Beobachtung	GP/23.1.89
XXXV	Fahrt zu einem relevanten Ort	GP/30.1.89
XXXVI	kommunikative Validierung II	VP/15.2.89

P: Protokoll / G: Gedächtnis- / V: Video-

Anhand dieser Übersicht wird deutlich, daß eine wesentlich intensivere Verschränkung von Datenerhebung und Auswertung notwendig wurde als geplant. Innerhalb der ersten drei Phasen (I-XX) wurde relativ schnell erkennbar, daß der Teil der Nachfragen von dem der Vorlage erster Ergebnisse und Interpretationen (u.U. als Frage: "Ist es möglich, daß ...?") in eine kommunikative Validierung I und II getrennt werden mußten. Zum einen zeigte sich die Erstellung der Schriftprotokolle vom gesamten Bildmaterial zur Entwicklung von Ergebnissen als notwendig, zum anderen mußten die Erfahrungen der ersten Praxis-Umsetzungen in der vierten Phase (XXI-XXXIII) mit in die Besprechung der vorläufigen Interpretationen einfließen. Außerdem wurde klar, daß der Einsatz von Medien (Video und Fotografie) wegen ihrer Wirkung und

persönlichen Bedeutung in korrigierter, der Situation angepaßter Form erfolgen mußte.
In der Gesamtheit der Daten zeigte das Auftauchen und die Priorität bestimmter Themen, daß die Entwicklung praktischer Ziele für Bildungsarbeit und Beratung weitläufiger und zeitlich ausgedehnter gedacht werden mußte. Insbesondere die **Ebene** der praktischen Ableitungen (z.B. Prophylaxe) mußten im Vergleich zur Planung erheblich erweitert werden; z.T. konnten Erprobungen praktischer Umsetzung nicht realisiert werden, da sie die Möglichkeiten einer wenig fortschrittlichen Psychiatrie überschritten, gleichzeitig einer Realisierung durch den Untersuchenden der Ablauf dessen Zeitvertrages (Ende 2/89) widersprach.

Die erste Phase der Untersuchung konnte wie geplant durchgeführt werden, von allen sechs Interviews liegen Video-Protokolle und Postskripta vor. Beide wurden jeweils bis zum nächsten Termin durchgesehen und führten so zu einer ständigen Kontrolle des Interviewer-Verhaltens.
Trotz offener Einführungsfragestellung hielt sich Frau F. in der ersten Zeit der Interviews streng an ihren Ausbildungsgang, zählte z.T. nur Schulklassen, Unterrichtsfächer und Noten auf. Erst als der Interviewer nochmals auch die Umgebung ins Blickfeld rückte und die anfängliche Anspannung, unter dem scharfen Blick der Kamera, die beide erfaßt hatte, nachließ, verließ sie den Bildungs-**Weg** und warf zunehmend selbständig Geschehnisse und Anekdoten zu der jeweiligen Zeit ein.
Die Anspannung, die beide Gesprächsteilnehmer "zwang", keine Pausen entstehen zu lassen, engte anfangs die Spontanität und nötige innere Ruhe zur Erinnerungsarbeit etwas ein, konnte aber im Laufe der Zeit aufgelöst werden. Die Situation entspannte sich durch Gewöhnung an das Medium Kamera, welches stärker als Notizen oder Kasettenrecorder den Eindruck ständiger Beobachtung oder Kontrolle vermittelte. Dem Interviewer kamen einerseits Erfahrungen mit anderen Patienten aus der Theater- und Mediengruppe zugute, andererseits konnte er durch die nach dem Interview stattfindende Selbstbeobachtung gezielt sein (nicht nur verbales) Befragungsverhalten verändern.
Sehr bald wurde augenfällig, wie konzentriert Frau F. ihre Lebensgeschichte

erarbeitete, ganz im Gegensatz zu ihrem sonstigen Krankheits-Verhalten, währenddessen fast nur ihre Wahnideen im Vordergrund standen; dies hatte zu Empfehlungen "gut meinender" Ärzte geführt, mit einer anderen Patientin oder einem Patienten zu arbeiten. Tauchten solche wahnhaften Einfälle auf, etwa zu Verwandlungen von Mitpatienten in andere, ihr bekannte Personen o.ä., meist in Frageform vorgetragen, kehrte Frau F. oft selbständig wieder zu ihrer Biographie zurück. Eine derartige Selbstkontrolle bezüglich ihrer Wahnproduktionen hatten die beteiligten Mediziner als auch der Interviewer nicht für möglich gehalten.

In der zweiten Untersuchungsphase wurden die Gespräche mit offener Themenstellung (nur mit Postskripta) ergänzt durch ein Interview mit umgekehrten Interviewrollen (der Interviewer wurde von Frau F. befragt). Diese Umkehr der Rollen sollte der Patientin die Möglichkeit geben, die Prioritäten ihres Erkenntnisinteresses zu formulieren. Die ungewohnte Mitteilungsbereitschaft seitens eines Mitarbeiters mußte, da sie die übliche Krankenhaus-Hierarchie umkehrte, sehr vorsichtig (nicht zu drängend) gehandhabt werden. Bei einem Besuch zu Hause bei der Mutter (der Vater lag im Krankenhaus) präsentierte Frau F. eine große Menge biographischen Materials: Fotoalben, Zeugnisse, Arbeiten aus ihrer Berufsausbildung etc.
Während der Biographieerhebung hatte die Schilderung der Zeit der Erkrankung auf den Interviewer derart verwirrend gewirkt, daß in Interview XI gemeinsam eine Chronologie erhoben wurde.

In den ersten sechs Interviews entstand durchgängig der Eindruck (s. Auswertung), daß Frau F. sämtliche Verantwortlichkeiten zu delegieren suchte und sich dadurch ununterbrochen in Abhängigkeiten bewegte. Dem kam der Krankenhausbetrieb entgegen. Gleichzeitig war Frau F. die meiste Zeit mit einem Patienten befreundet, den sie zwar emotional ablehnte, der aber ihren chronischen Geldmangel durch Geschenke (Zigaretten und Kaffee) ausglich. Die erste praktische Umsetzung/Beratung bedeutete, sie an einen adäquaten bezahlten Platz in der Arbeitstherapie zu vermitteln, um ihr Wege aus der finanziellen Abhängigkeit mit den dazugehörenden Konsequenzen (z.B. sexuelle Forderungen des Patienten) zu zeigen/ermöglichen.

Die Bemühungen zu diesem Bereich wurden abgelöst (s. Auswertung) von der zunehmenden Priorität eines Themas, das sich in dem ersten Interview ohne Video (VII) erst zaghaft, später, während der kommunikativen Validierung I immer heftiger, etwa in der Forderung, die Aufzeichnungsgeräte wegzulassen, Durchbruch verschaffte: der über Jahre andauernde sexuelle Mißbrauch durch den eigenen Vater. Rücksprache mit Therapeuten und wiederum langwierige Beratungen (s. Auswertung) mit Frau F. führten zum Beginn einer Therapie beim Analytiker der Klinik. Damit war dieses Thema für die Untersuchung **nicht** vom Tisch, zumindest aber m.E. in kompetenten Händen. Die folgende Kooperation floß als Teil der Validierung in die Auswertung mit ein.

Die geplanten Video-Aufzeichnungen wurden aus noch zu erläuternden Gründen in Autofotografie umgewandelt und in die letzte Untersuchungsphase (XXXIV) verschoben, da medikamentös verursachtes, heftiges Zittern die Handhabung der ungewohnten, technischen Geräte unmöglich machte. Gleichzeitig erfolgte die Aktendurchsicht.
Etwa ein halbes Jahr später erfolgte der Abschluß der Untersuchung und der kommunikativen Validierung II. Auf den eingestreuten Fahrten zu biographisch relevanten Orten wollte Frau F. dem Interviewer Begegnungsstätten ihrer Jugend u.ä. zeigen.
Bis zur kommunikativen Validierung II wurde das gesamte Videomaterial in Wort- und Inhaltsprotokolle übertragen und mit den Gedächtnisprotokollen der nicht aufgezeichneten Interviews zu einer Dokumentation zusammengefaßt.

Der systematische Vergleich von Planung und Durchführung in Form der Durchsicht der Videoprotokolle führte immer wieder zu Korrekturen des Interviewerverhaltens. Es war erkennbar, daß der Interviewer bei Verständnisschwierigkeiten, etwa zur chronologischen Abfolge oder zu Erklärungen über das Wesen "ihrer Stimmen", mit verstärkten Nachfragen oder Strukturierungsversuchen reagierte. Um so mehr zeigte er Erleichterung, zumindest zuvorderst und bestätigte fast suggestiv, wenn die Patientin z.B. auf Fragen nach Veränderungsmöglichkeiten struktureller Art in der Klinik, verstanden als Anpassung an die Bedürfnisse chronisch Kranker, mit einer Reihe von Anforderungen seitens des Stationspersonals antwortete: kein Kaffee, kein Alkohol, mehr Hygiene etc. Es wurde im Laufe der Zeit deutlich, daß vor der Kamera und vor den immer wieder drängenden Zielsetzungen des Interviewers, Anknüpfungspunkte für praktische Maßnahmen zu finden, die Patientin sich von ihrer "besten/normalsten Seite" zu zeigen suchte. Das führte bewußt und gezielt zu einem intentionalen Rückzug des Interviewers noch innerhalb der mit Video aufgezeichneten Phase. Besonders als in den unstrukturierten, "inoffiziellen" Interviews das Thema des sexuellen Mißbrauchs zur Sprache kam, überließ der Interviewer die Gesprächsführung fast gänzlich der Patientin. Von diesem Zeitpunkt an nahm Frau F. oft die Möglichkeit wahr, die relativ kompakt und bündig geplante Struktur der kommunikativen Validierung I mit Gesprächen ihres aktuellen Interesses, ohne Video, zu unterbrechen. Die Gespräche lagerten dann meist um das genannte Thema und damit verbundene konkrete Probleme, z.B. der Abgrenzung gegenüber anderen männlichen Patienten. Mit Video wurde nur noch die kommunikative Validierung II aufgezeichnet, obwohl Frau F. schon im Interview XIV den Mut fand, auch vor der Kamera über ihren sexuellen Mißbrauch als Kind zu sprechen.

Die Tatsache, daß der Untersuchende erstmalig im Konkreten mit diesem Thema konfrontiert wurde, gleichzeitig auf die unterschiedlichsten Interpretationen (als Wunsch, Wahn o.ä.) von Therapeuten stieß, begründete auch die Notwendigkeit einer Experten-Validierung vor der kommunikativen Validierung II.

7.3. Zur Datenauswertung

Die Auswertung der erhobenen Daten beginnt, streng betrachtet, mit deren Erhebung. Die Korrektur des Interviewerverhaltens in Interview II, beispielweise, nach Betrachten der Videoaufzeichnungen von Interview I und Reflexion des Postskriptums, stellt, so besehen, prinzipiell schon eine Form der Auswertung dar.

Zur Planung der kommunikativen Validierung I wurde das gesamte Videomaterial gesichtet und nach Brüchen, Unverständlichkeiten, besonderen Betonungen, Widersprüchen in der Gestaltung der Erzählung und anderen Auffälligkeiten, etwa nach Gegensätzen zwischen mimisch-gestischen und inhaltlichen Äußerungen durchgesehen. Damit wurden die ersten Auswertungsergebnisse, denn auch Selektion ist eine erste Form der Interpretation, zur Grundlage erneuter Datenerhebung. In dieser Weise konnten in bis dahin zwanzig Interviews Schritt für Schritt Erhebung und Auswertung miteinander verzahnt, nur schwer Verstehbares geklärt und u.U. Vergessenes wieder erinnert werden.
Neben den Rückfragen des Interviewers in der Phase der kommunikativen Validierung I hatte die Patientin gleichzeitig die Möglichkeit, unter ihren Bedingungen (ohne Aufzeichnungsgeräte) ihre primären Interessen und/oder für sie relevante Fragestellungen und Probleme zur Geltung zu bringen.
Zur Validierung wurde der betreffende Videoausschnitt gemeinsam betrachtet, anschließend die Fragestellung, jetzt allerdings weniger dialogisch, vorgelegt und von der Patientin erörtert. Dies barg auch die Möglichkeit, daß Frau F. den Sinn eigener Äußerungen nur mit Schwierigkeiten, selten gar nicht rekonstruieren konnte. Dies kann m.E. als "Lernerfolg" jahrelanger Hospitalisierung gewertet werden, in der ihre Äußerungen als "Blödsinn" abgetan wurden, und sie selbst in der Folge ihre eigene Rede als unbedeutendes "Geplapper" (Akte) mißachtete.

In der Zeit zwischen letztem Interview (XXXIII) und kommunikativer Validierung II wurden, wie gesagt, vom gesamten Datenmaterial Inhalts- und Wortprotokolle erstellt, die Gedächtnisprotokolle wurden wörtlich in die Dokumentation übertragen. Interviewpassagen, die inhaltlich erst- oder einmalig auftauchten, wurden in Wortprotokolle übernommen, Wiederholungen und allgemein übliche Erlebnisse (Schulklassen, Fächer etc.) wurden, den Vorschlägen von WAHL u.a. (1982) folgend, in Inhaltsprotokollen zusammengefaßt (z.B. wird die Detailliertheit einer Schilderung erwähnt). Dies geschah nach Abschluß der Untersuchung in derselben Form mit den drei letzten Veranstaltungen. Insbesondere die Themen um das inzestuöse Geschehen lagen dem Psychoanalytiker zur Validierung vor.

Gleichzeitig erfolgte die Aktendurchsicht (aller verfügbaren Dokumente), deren Auswertung auf folgende Fragestellungen gerichtet war:

- Werden die Darstellungen der Patientin bestätigt, wo widersprechen sie denselben?
- Tauchen Inhalte auf, die über die Darstellung der Patientin hinausgehen (nicht im Sinne einer Suche nach Unterschlagungen, sondern als informative Ergänzung)?
- Wie unterscheidet sich die in der Akte gebündelte medizinische Sichtweise von der der Patientin?

Nach endgültigem Abschluß der Datenerhebung (nach der kommunikativen Validierung II) lagen demzufolge zur weiteren Auswertung vor:

- die Protokoll-Dokumentation (inklusive kommunikative Validierung II,
- die Postskripta (als Untersuchungs-Tagebuch),
- die Zusammenfassung der Aktendurchsicht,
- die (von der Patientin erstellten) Fotografien.

Hiervon wurde die Dokumentation der Protokolle weiterbearbeitet und durch die übrigen Datenträger ergänzt. Nach wiederholter Durchsicht (auch der Videoaufzeichnungen) wurden die Protokolle nach Themen, die die Patientin angesprochen hatte, strukturiert, wobei zuvorderst nicht zwischen Bericht- und Deutungsebene differenziert wurde. Erkennbar wurden drei Themenschwerpunkte: lebensgeschichtliche Ereignisse und deren Bedeutung, Personenbeschreibungen und inhaltlich vergleichbare Situationen. Die entsprechenden Interviewpassagen wurden nach Markierung unter einem Thema (oder Themenkomplex) zusammengefaßt, so daß alle Aussagen der Patientin, gleichsam um ein Merkmal gruppiert, übersehbar waren. Die Passagen wurden im Sinnzusammenhang verwandt (keine einzelnen Sätze), sodaß einige mehrmals unter verschiedenen Gesichtspunkten, erschienen.
Von diesem Punkt an verlief die Auswertung in zwei gegensätzlichen Richtungen. Eine zunehmende "Verdichtung" sollte auf makro-analytischem Weg die Biographie im Überblick entwerfen, bis hin zur graphischen Darstellung einer

Hierarchie der Relevanzen. Die mikroanalytische "Auffächerung" jeden Themas sollte dessen Deutung durch die Patientin als auch seine lebensgeschichtliche Bedeutung erfassen, welche dann später die Möglichkeiten der Bildungsarbeit begründen sollten. In einem letzten Schritt werden beide Wege in einer Form "Vernetzung" der relevanten Themen wieder zusammengeführt.

Es ist unübersehbar, daß diese Methode der Strukturierung, bei dem Versuch fremde Sinn- und Wirklichkeitskonstitutionen zu verstehen, dem Gegenstand selbst fremde Konstruktionsprinzipien anlegt. Diese Notwendigkeit der Vereinnahmung des noch Unverstandenen führt dann zur Reflexion seiner Wirkung im Untersuchenden selbst. Dabei wurden/werden auch Kommentare, Fragen u.ä. des beteiligten Analytikers verarbeitet. Zusätzlich wurde das Videomaterial unter dieser Perspektive gesichtet, d.h. der Untersuchende beobachtete sein eigenes Verhalten selbst durch das Auge der Kamera.

8. Ergebnisse der Untersuchung

Nachdem die Daten in der beschriebenen Form ausgewertet wurden, bedürfen die Ergebnisse der Darstellung und Auslegung. Hierbei werden originale Textstellen aus der Interview-Dokumentation verwendet und mit Angabe der Seite (IS. ..) zitiert. Die Auslegungen von Ergebnissen, welche über die Ausführungen der Patientin hinausgehen, z.B. Themenverknüpfungen, die von ihr nicht getroffen werden, bewegen sich auf phänomenologischer Ebene. Sie repräsentieren ausdrücklich eine erziehungswissenschaftliche Sichtweise von Sozialforschung und seelischen Vorgängen, weniger eine psychologische oder gar psychiatrische.
Aus diesen Gründen werden die Themen ähnlich isoliert beschrieben, wie dies Frau F. praktiziert und erst später in Sinnzusammenhänge gebracht.?
Einzelne Themen/Themenbereiche verändern ihre Bedeutung während der Untersuchung, daher sind zeitliche Relevanzen (was erzählt Frau F. zuerst, in welcher Reihenfolge?) und inhaltliche (was gewinnt mit der Zeit an Bedeutung, welches Thema beschäftigt die Patientin am häufigsten, u.U. mit welcher emotionalen Beteiligung?) gemischt behandelt und nicht einer strengen Rangordnung folgend.

Alle Passagen aus Gedächtnis-, Wort- oder Inhaltsprotokollen sind durch Kursivdruck ausgewiesen. Mit ----- markierte Stellen bezeichnen Auslassungen (Wiederholungen u.ä.).

8.1. Zur Chronologie und Hierarchie der Relevanzen

Bevor die einzelnen Themen im Detail analysiert werden, wird der Lebenslauf der Patientin im Überblick, in der gemeinsam erarbeiteten Chronologie vorgestellt. Dies ist die Form, ähnlich einem tabellarischen Lebenslauf, in der sich die Patientin einem Fremden oder wenig Vertrauten gegenüber präsentieren würde:

XI 3.11.87 Gemeinsam erstellte Chronologie

27.12.1952	*geboren in A.*
	1 Schwester (12 Jahre älter)
	Mutter 36 Jahre
	Vater 38 Jahre
	Kindergarten
1958	*eingeschult in Grund-Schule*
1962	*Wechsel zur Realschule*
1968	*Mittlere Reife*
	Lehre: Bauzeichnerin - nach 2 1/2 Jahren Gesellenprüfung
1970	*Ruhrpott (bei Schwester) - 3/4 Jahr gearbeitet*
Anf. '71	*A.*
	1. Hotel
	2. eigene Wohnung
	Verlobten kennengelernt
	Arbeit bei einer Baufirma
Ende '71	*Kur (in nahegelegenem Ort)*
1972	*1 Jahr Krankenschwesternhelferin (mit Wohnen)*
1973	*Umweltamt (6 Jahre)*
	bei Eltern gewohnt - bis auf 1 1/2 Jahre, mit Verlobtem in Nachbarort
1976	*1/2 Jahr Aufenthalt in der Klinik*
	anschließend 1 Jahr Umweltamt
1978	*1 oder 2 Jahre in Werkstatt für Behinderte, Wohnung beim Verlobten*
1980	*wieder Klinik - Berentung*
	Stationen: 7.1, 4 Jahre 8.2, 9.2, 12.2 bis heute (IS.26)

Eine graphisch dargestellte Hierarchie der inhaltlichen Relevanzen zeigt im direkten Vergleich, welche Themen und Bewegung derselben sich hinter einer Entwicklung entlang der Auseinandersetzung mit Institutionen verbergen:

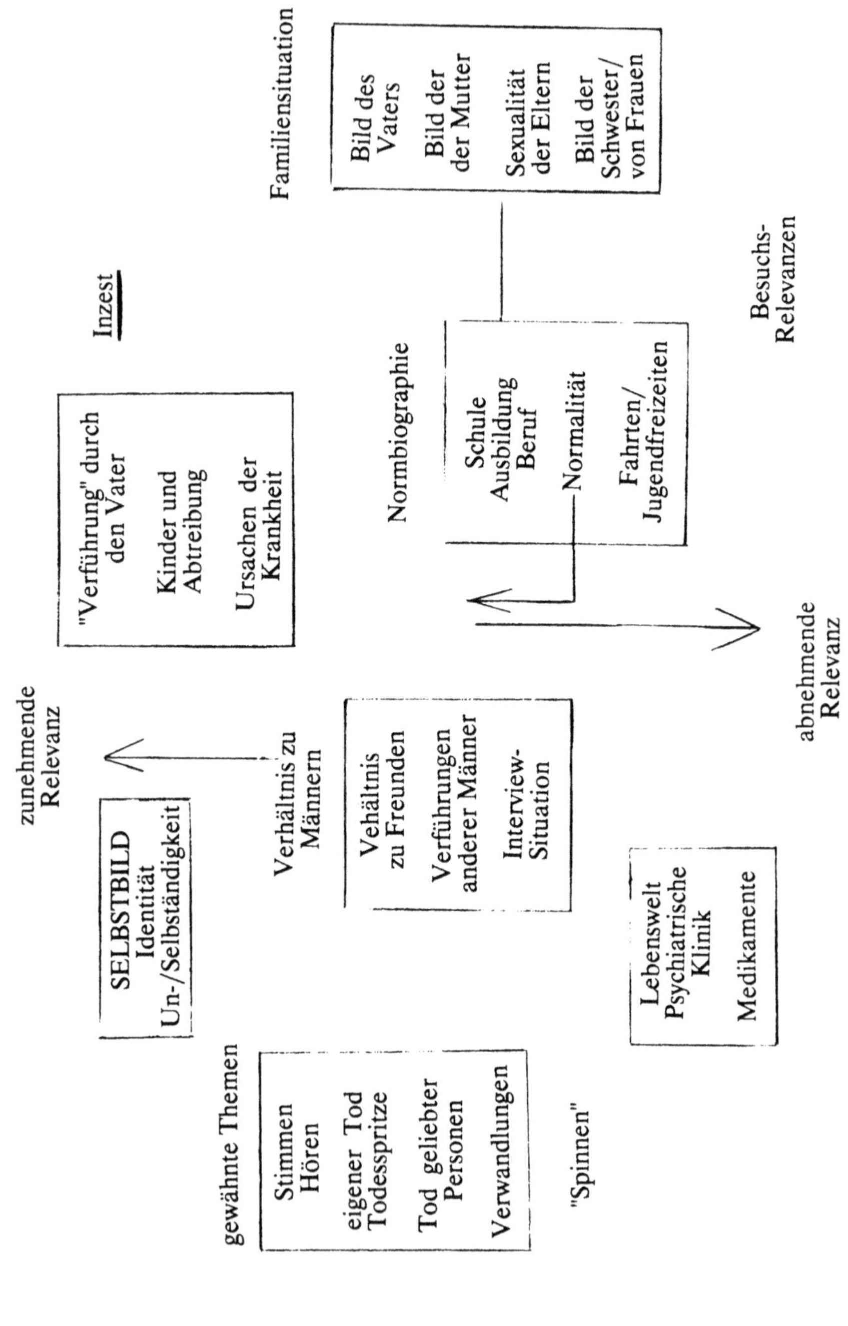

zunehmende Relevanz
Inzest
"Verführung" durch den Vater
Kinder und Abtreibung
Ursachen der Krankheit
SELBSTBILD
Identität
Un-/Selbständigkeit
gewähnte Themen
Stimmen Hören
eigener Tod
Todesspritze
Tod geliebter Personen
Verwandlungen
"Spinnen"
Verhältnis zu Männern
Vehältnis zu Freunden
Verführungen anderer Männer
Interview-Situation
Familiensituation
Bild des Vaters
Bild der Mutter
Sexualität der Eltern
Bild der Schwester/von Frauen
Normbiographie
Schule
Ausbildung
Beruf
Normalität
Fahrten/Jugendfreizeiten
Lebenswelt
Psychiatrische Klinik
Medikamente
Besuchs-Relevanzen
abnehmende Relevanz

Diese Hierarchie inhaltlicher Relevanz soll "auf einen Blick" ein Bild von den biographisch bedeutsamen Themen vermitteln. Die Pfeile bezeichnen/symbolisieren hierbei **die Veränderung der Relevanz zur Darstellung** der Themen im gesamten Untersuchungszeitraum. Der Inzest war sicher immer schon von einmaliger Bedeutung; aber nachdem er in den Interviews lange, auch bei Erarbeitung und Beschreibung der entsprechenden Kindheitsphase, unerwähnt bleibt, gewinnt die Notwendigkeit seiner ausführlichen und wiederholten Betrachtung erst allmählich und zunehmend an Bedeutung. Der Wunsch dagegen, den Lebenslauf als eine Art Normalbiographie zu entwerfen, verliert fortschreitend seine Relevanz, in dem Moment, in dem gleichermaßen die "offizielle" Darstellung des Lebens**ver**laufs mit Vergangenheit, Gegenwart und Zukunft abgeschlossen ist und die Interviews, auch durch Aussetzen der Videoaufzeichnungen, "inoffiziellen" Charakter gewinnen.

Es entsteht der Eindruck, daß seit der konkreten Planung eines Besuchs zu Hause in Interview VII sich, bildhaft gesprochen, der Druck zwischen den Themenblöcken zur Familiensituation und den gewähnten Inhalten (erkennbar an der diesbezüglichen Unsicherheit der Patientin) erhöht wird, und die Themen um den Inzest schließlich auch gegen eingrenzende Untersuchungsstruktur (Video, Fragestellung, kommunikative Validierung) an die sichtbare Oberfläche drängt.

Die Begriffe "Verführung" und "Spinnen" sind in Anführungszeichen gesetzt, da es sich um die Wortwahl der Patientin handelt, die als solche schon eine Deutung beinhaltet, welche wiederum vom Untersuchenden nicht geteilt wird. Auch wenn dieser selbst Inzest für ein Gewaltdelikt hält (wie die meisten Autoren, die sich mit dem Thema befassen), wird doch immer wieder auf die Wortwahl der Patientin zurückgegriffen, da diese Ausdruck für ihre Wirklichkeitskonstruktion ist.

Insbesondere an der Chronologie wird deutlich, daß Frau F. an einigen Stellen Schwierigkeiten hat, Termine exakt zu rekonstruieren. Dieser Verlust an Eindeutigkeit und die entstehende Verwirrung wird nicht detektivistisch verfolgt, sondern als Teil der entstehenden Krankheit betrachtet.

Frau F. benennt ausdrücklich diese Schwierigkeiten und versucht beispielsweise nicht, sie zu verbergen. M.E. ist es wichtig, daß die Patientin eine relativ lange Zeit auf einer geschlossenen Station mit schwerstkranken Frauen und bei therapeutischer Unterversorgung (in der Akte wird nur die Medikation erwähnt) verbracht hat, unwichtig wäre, die genaue Dauer des Aufenthalts dort mit drei Jahren und neun Monaten aus der Akte zu überprüfen. Solche Ungenauigkeiten stellen nicht die Validität der Ergebnisse in Frage, sie werden eher als Datum eigener Art behandelt.

Synchron zur Gestaltung der biographischen Erzählung durch die Patientin verläuft die Darstellung zumindest der wichtigsten Ergebnisse. Das bedeutet, es werden zuerst die Themen, die um Vorstellungen von Normalität kreisen, beschrieben, anschließend erst die Auseinandersetzungen zum inzestuösen Geschehen und um Selbstbild/Identität der Patientin. Hierauf folgen Personenbeschreibungen und Familiensituation, gewähnte und übrige Themen.

Frau F. sagt ihre Beteiligung nach einer Woche Bedenkzeit zu. Sitzt ihr Freund in der Nähe, lehnt sie ab, einen Tag später alleine meint sie: *Weiß nichts zu erzählen. - Wenn Fragen gestellt werden, ja - ach, lieber nein - nochmal drüber nachdenken* (IS.2). Nach einer Woche erklärt sie ihre Entscheidung, sich doch zu beteiligen ... *um auch mal was zum Schwätzen zu haben* (a.a.O.). Den Video-Aufzeichnungen stimmt sie nur mit Zögern zu.

8.2. Bedeutsame Themen der biographischen Interviews

8.2.1. Kindheit, Ausbildung, Beruf, Krankheit und Perspektiven

Frau F. schildert ihre Vergangenheit bis zur endgültigen Einweisung in die psychiatrische Klinik in drei Interviews. Den Aufenthalt dort betrachtet sie trotz jetzt siebenjähriger Dauer als Gegenwart.
Die dialogisch geführte Erzählung wird immer wieder unterbrochen von Fra-

gen und Überlegungen um das Thema "Todesspritze", ob es so etwas in der Klinik gibt oder nicht (s. Kap. 8.2.7).

Frau F. wuchs im Vorort einer Großstadt auf; ihre Eltern besaßen (und besitzen noch heute) dort ein kleines Einfamilienhaus mit Garten, in dem sie oft mit Freundinnen spielen konnte. Der Vater arbeitete als Pförtner in einem Amt, die Mutter war Hausfrau und ging zeitweise putzen oder arbeitete als Verkäuferin in einem großen Kaufhaus. Die Versorgung der Tochter übernahmen zu einem großen Teil der Zeit die auch im Haus lebenden Großeltern, zu denen sie sich z.B. bei Streit der Eltern zurückziehen konnte. Außerdem wurde die zwölf Jahre ältere Halbschwester, vom ersten Mann der Mutter, mit der Aufsicht etwa über die Erledigung der Hausaufgaben betraut. Diese zog aber schon bald, mit achtzehn Jahren, zu Hause aus, Frau F. war damals sechs Jahre alt. In der Schule kam Frau F. problemlos zurecht und hatte immer gute Noten.

Auf die Frage, ob sie sich an etwas Besonderes aus dieser Zeit erinnert, antwortet sie:

F: Ja ich bin viel auf die Straße gegangen, spielen gegangen und hab geschaukelt bei uns im Garten, da haben wir ne Schaukel gehabt. Und da war ich mit der ... befreundet, die hat einen Puppenwagen mitgebracht, ich auch, und dann haben wir mit Puppen gespielt.

Sie zählt noch einige bekannte Kinderspiele und -beschäftigungen auf und daß sie mit einer anderen Freundin im Garten in einer Badewanne geplanscht hat und sie nackt herumgelaufen sind (I, IS.3, VP: Interview-Nr., Seite, Protokollform).

In Verbindung mit der Schilderung ihres Schulalltages berichtet Frau F. mit besonderer Betonung von erlebten Strafen und deren Anlässen. Wegen "Abgucken" wurde sie z.B. einmal bis zur nächsten Pause in ein Kämmerchen eingesperrt. Eine Lehrerin hat Kinder, die nicht "brav" waren, mit einer Nähnadel in die Hand gestochen. Grund zu "Krach" in der Schule gab die Tatsache, daß Kinder im Winter auf ihrer Schultasche gerodelt waren.

Schon für diese Zeit deutet sie undeutlich Probleme mit der Definition der Geschlechterrollen und mit Sexualität an, worauf der Interviewer nicht näher eingeht, da er die Bemerkungen dem üblichen, kindlichen Interesse an diesen Themen zuordnet:

F: *Sonst gings immer lustig zu. ... Da haben sie schon von verführten Eltern gesprochen und alles sowas, schon mit 6 Jahren, wer wen verführt hat und so, der Vater oder die Mutter* (I, IS.4, VP).

Wenig später erinnert sie sich an einen Besuch bei ihrer schon weggezogenen Schwester.

Auf einem Spaziergang ist der Schwager dabei, der von einem Pfarrer erzählt, der verheiratet sei oder nicht.

F: *Das habe ich nicht ganz kapiert* (a.a.O.).

Mehrfach unterbreitet sie den Vorschlag, einmal nach Hause zu fahren, da all ihre Hefte und viele Fotos noch existieren. Da ihr aber immer wieder Zweifel kommen, ob sie tatsächlich Kleinkind war, wirkt dies z.T. wie der Versuch, sich selbst und dem Interviewer die Wirklichkeit des Berichteten zu beweisen.

In Interview II berichtet Frau F. von ihrer Kommunion und Firmung, erwähnt kurz einen Urlaub und mehrere Kinder- und Jugendfreizeiten. Ob die Realschule mit der fünften, sechsten oder siebten Klasse begonnen hat, weiß sie nicht mehr und zählt wieder Klassen und Unterrichtsfächer auf.

Nach ihren kindlichen Berufswünschen befragt, antwortet sie mit "Modezeichnerin" - genau wie ihre damalige Freundin.

F. berichtet von politischem Unterricht (in Erdkunde) bei einer kommunistischen Lehrerin, die den Vietnam-Krieg behandelt hat und zählt anschließend ihre Noten in einzelnen Fächern auf. Sie ist mit allen Lehrern gut ausgekommen.

I: *Haben sie irgendwelche Lehrer noch besonders gut im Gedächtnis behalten?*

F: *Meine Zeichenlehrerin, die hab ich in Erinnerung behalten.*

Sie erzählt, daß sie viele Freizeiten gemacht hat, "... war immer was los ...". Modezeichnerin hat sie dann doch nicht gelernt, sondern Bauzeichnerin in einem Architekturbüro.

Als die Lehre anfing, hatte sie schon einen Freund, mit dem sie viel unternahm, mit einer Freundin war sie in einem Turnverein. Im Abschlußzeugnis hat sie nur gute Noten gehabt, keine "4". Bald hat sie einen neuen Freund kennengelernt, der hat sie z.B. immer von der Arbeit abgeholt (II, IS.7, VP).

Die Lehre beschreibt Frau F. als erfolgreiche und schöne Zeit, sie beschreibt detailliert die an ihrem Arbeitsplatz durchgeführten Tätigkeiten. Besonders stolz ist sie darauf, daß sie die Prüfungen ein halbes Jahr früher als üblich ablegen konnte.
Freunde, Turnverein und insbesondere der Besitz eines (deutlich hervorgehobenen) Mofas scheinen erwartete Selbständigkeit und Unabhängigkeit vom Elternhaus zu repräsentieren.
Nach der Lehre verließ sie das Elternhaus, um nach C. (Stadt im Ruhrgebiet) zu ihrer Halbschwester zu ziehen, die ihr dort einen Arbeitsplatz besorgt hatte. Einige Zeit später fand sie ein eigenes Zimmer, der Kontakt aber blieb bestehen. *Insgesamt war sie 1,6 Jahre dort. Zum Schluß bekam sie Heimweh, sie vermißte ihre Freunde und Familie* (II, IS.8, VP).

Im folgenden Interview fallen Frau F. beim Betrachten der letzten zehn Minuten des vorhergehenden Interviews zwei Jugendfreizeiten in Norwegen und Jugoslawien ein, die sie vergessen hat, ihr aber wichtig und erwähnenswert sind, daher berichtet sie relativ ausführlich.
Anschließend an diesen Nachtrag schildert sie ihre Rückkehr aus dem Ruhrgebiet nach A., ihre Versuche, im Berufsleben Fuß zu fassen, selbständig leben zu müssen und den gleichzeitig einsetzenden Erkrankungsprozeß. Undeutlich sieht sie einen Zusammenhang der drei Themen, während die Struktur dieses Interviews eher das chaotische Durcheinander der damaligen Zeit spiegelt. Gleichzeitig erscheint Frau F. kränker und konfuser als sonst, raucht aus Zigarettenmangel "Kippen" aus dem Aschenbecher. Sie vermittelt dem Interviewer den Eindruck, daß sie nicht nur inhaltlich, sondern auch emotional die für sie schwierige Zeit nachempfindet. Zur Verdeutlichung einige Ausschnitte aus den Wort- und Inhaltsprotokollen im Zusammenhang:

Wieder in A. (nach Ruhrpott) hat F. drei Monate bei ihrem Lehre-Chef gearbeitet. Dieser aber wollte sie an eine größere Firma vermitteln, in der sie mehr Geld verdienen könne. Dort wurde sie nach drei Monaten wieder entlassen. Danach war F. arbeitslos. In der letzten Firma sollte sie Arbeiten durchführen, die sie nicht kannte.

(3508)

F: Keiner hat mich richtig aufgeklärt ... und die haben sich nicht richtig um mich gekümmert und da bin ich nach drei Monaten wieder gegangen.

Bis dahin hat F. bei ihren Eltern gewohnt.

F: Und mit 18 bin ich von zu Hause ausgezogen, habe ich erst im Hotel gewohnt, dann habe ich mir ein Zimmer gesucht.

Währenddem arbeitete sie wieder drei Monate bei einer Firma in einer Nachbarstadt.

(3540)

F: Da bin ich tanzen gegangen in ein Tanzlokal, und da wollte ich nicht allein übernachten und hab mir jemand mitgenommen ins Zimmer. Das ist mir auf die Dauer zu viel geworden. Dann hat mich eine Bekannte abgeholt, aus (Nachbarort), von meiner Freundin die Mutter, davon die Schwester, hat mich abgeholt und hat mich in eine Kur gebracht in (anderem Nachbarort).

I: Wie, und wo im Hotel gewohnt, das habe ich noch nicht ganz verstanden?

F: Hotel "G.B.".

I: In B.?

F: In A.

I: In A. - und warum haben Sie nicht daheim gewohnt?

F: Eija, weil ich selbständig sein soll. Mein Vater hat gesagt, ich wär in C. selbständig gewesen, ich könnte mir jetzt wieder ein eigenes Zimmer nehmen. Und das habe ich

ABBRUCH

da bin ich krank geworden, durch die vielen (...)bletten, die ich da gehabt habe.

I: Wie? Krank geworden? (Verständnisfrage)

F: Eija, ich habe das nicht mehr verkraftet, ich konnte nicht mehr arbeiten gehen.

I: Überhaupt nicht mehr?

F: Bin nur tanzen gegangen und jeden Abend weggegangen, in Kneipen gegangen ... (es folgt eine Aufzählung bekannter Tanz- und Nachtlokale).

F: Ab und zu ist einer mitgegangen, aber der ist auch nicht die ganze Nacht ge blieben, der ist dann vorher wieder weggegangen, und da habe ich dann so schlecht geschlafen. Habe Heimweh gehabt und sowas.

Die oben beschriebene Bekannte bringt F. in eine bekannte psychiatrische Praxis.

F: Die ... (Ärztin) hat gefragt: Was ist denn mit Ihnen los, dann werden wir mal eine Kur beantragen. Da bin ich nach (...) in Kur gekommen.

In dieser Kur hat F. ihren späteren Verlobten kennengelernt.

F: Und es kam soweit, daß meine Eltern mich wieder abgeholt haben.

I: Aus der Kur?

F: Aus der Kur.

Auch auf Zureden des neuen Freundes hin durfte F. jetzt zu Hause bei ihren Eltern bleiben - weil der Vater gesehen hatte, daß es ihr da besser ging.

F: Und der Freund durfte mich auch besuchen kommen, der ist bei uns ein und aus gegangen, hat einen anständigen Beruf gehabt ... das hat meinem Vater imponiert. Und da durfte ich auch mit ihm ausgehen, und da hat er auch samstags mal Arbeiten gemacht, durft ich mal mitgehen, habe ich geholfen.

F: Mit dem habe ich mich dann verlobt ... mit 21.

Nach dieser Kur bekam F. auf dem Arbeitsamt einen Behindertenausweis und eine Stelle als Schwesternhelferin in einer orthopädischen Klinik in A. vermittelt.

F: ... Und da habe ich mich ganz wohl gefühlt.

(3766)

I: Und wieso haben sie einen Behindertenausweis gekriegt?

F: Ja, das weiß ich nicht

I: Naja, über wen haben sie den gekriegt?

F: Über meine Nervenärztin.

I: Die (Name)?

F: Ja.

I: Und die hat ihnen das nicht erklärt, warum?

F: Nee.

Sie hat 1 1/2 Jahre als Schwesternhelferin gearbeitet.

F: Dann hieß es, ich könnte wieder zeichnen, ich soll mir wieder einen Zeichenberuf suchen. Das hat dann 1/2 Jahr gedauert, nee 1/4 Jahr gedauert, und dann bin ich wieder zum Umweltamt gegangen.

Dort hat sie acht oder fünf Jahre gearbeitet, das weiß sie nicht mehr genau - bei einer gemeinsamen Rückrechnung kommen sechs Jahre heraus.

I: Was ist dann passiert, daß Sie da nicht mehr gearbeitet haben?

F: Die haben erfahren, daß ich '71 schon mal auf dem (Klinik) war. Da bin ich ausgezogen von zu Hause zu meinem Freund in die Wohnung. Und da waren wir im Zimmer allein, haben wir uns ins Bett gelegt und haben geschlafen. Die Schwester von meinem Freund ist mit (...) herumgefahren zu Amis, und da haben die LSD mitgebracht, und ich wußte das nicht, und dann haben wir Cola zwischendurch getrunken, und da bin ich am nächsten Tag in der Stadt stehen geblieben und wußte nicht mehr wohin, hatte keinen Schlüssel für die Wohnung ...

I: Wegen was waren Sie denn damals schon mal hier?

F: Ei wegen Drogenmißbrauch.

I: Das war das mit den Amis?

F: Ja.

(3976)

Als Gründe für ihre Kuren gibt F. an, sie habe gesponnen, von dem LSD noch, das bei ihr so lange gehalten hat. Sie beschreibt das Spinnen:

F: Und da habe ich geglaubt, die Freunde von früher (Namen) würden mich verfolgen. Die würden vor der Tür stehen und reinkommen und was nicht alles.

Auf der Arbeit haben sie "herausgekriegt", daß F. auf dem (Klinik) war.

(4016)

F: Da kam ein neuer Arbeitskollege, der hat gesagt, ich soll wieder dahin zurückgehen (Klinik) - die haben mich ganz schön durcheinandergeschafft.

I: Die Kollegen?

F: Ja.

Nach der Stelle im Umweltamt bekam F. Arbeit in einer Werkstatt für Behinderte - die näheren Umstände, die dazu führten, beschreibt sie nicht.

F: Und da hieß es schon, ich soll meinen Freund nicht mehr anrufen, habe aber trotzdem angerufen. Und die haben das mitgekriegt, da haben sie mich zum Gesundheitsamt gefahren und das Gesundheitsamt hat mich hier eingewiesen.

Sie meint, daß die Mitpatienten auch an ihrem Zustand Schuld seien, da sie behaupten, ihren Vater verführt zu haben. Sie haben es zwar noch nicht gesagt, aber an deren Getue merkt sie das. ..., ganz zum Schluß erkundigt sie sich nach einer ehemaligen Mitpatientin, die dem Vater ähnlich sah (III, IS.9-12, VP).

Die Schilderung ihrer Kindheit und Jugend schließt sie im nächsten Interview mit einer Bilanzierung ab:

F: Weil ich's da gut hatte.
I: Als Kind?
F: Ja.
I: Und inwiefern hatten Sie's da gut?
F: Bin von meiner Mutter umsorgt worden,
von meinem Vater umsorgt worden,
von meiner Schwester umsorgt worden,
von meiner Oma umsorgt worden (IV, IS.13, VP).

Den Eindruck, daß es sich bei den Anforderungen von Beruf und Arbeit um eine besondere Belastung handelt, bestätigt Frau F. später in der kommunikativen Validierung I:

Zu 3508: I. fragt F., was es heiße, sich richtig um sie gekümmert zu haben - F. hatte den Mangel an 'um sie kümmern' als Grund ihrer Entlassung angeführt. Sie erklärt, daß sie die geforderten Arbeiten in ihrer Lehre nicht gelernt und sie ihr auf der neuen Stelle auch niemand richtig erläutert hat. Alle haben weitergearbeitet, ohne sich um sie zu kümmern. Andere Mitarbeiter hatten auch mehr Erfahrung (z.B. im Ausland gesammelt) (XVII, IS.31, VP).
Sie bemerkt zu dieser Zeit noch, daß es ja auch immerhin mit drei Arbeitsstellen nicht geklappt hat. Besser ginge es ihr, wenn sie wieder selbständig leben könne und es ihr nichts mehr ausmache in der Klinik zu sein (VXII, IS.32, VP).

Die folgenden drei Interviews mit Frau F. zu ihrer gegenwärtigen Situation, zu Beschreibungen ihrer Krankheit und Überlegungen zu zukünftigen Entwicklungen sind strukturell charakterisiert durch häufige Themenwechsel, die Gedankengänge um ihre Identität und Wahn-Themen einleiten. Letztere setzt

sie, wie schon gesagt, sprachlich von biographischen Fakten ab, indem sie sie meist als Frage formuliert und deutlich Unsicherheit zeigt.
Die Beschreibungen zu ihrem Aufenthalt in der Klinik fallen recht knapp aus. Prägendste Zeit war die auf der geschlossenen Station für chronisch kranke Frauen. Sie macht deutlich, daß sie sich nicht gerne an die damit verbundenen Erlebnisse zurückerinnert.
Erklärungen zu ihrer Krankheit, die sie nur zweifelnd akzeptiert, richtet Frau F. sofort auf ihre Stimmen (s. Kap. 8.2.7) - irgend ein Mitarbeiter hat ihr erklärt, sie habe eine "Einbildungskrankheit". Für ihre Entstehung sind LSD, Kollegen u.ä. verantwortlich.
Ihre Arbeiten in der Beschäftigungstherapie sind nach ihrer Auffassung die einzig sinnvollen Betätigungen in einem sonst eher öden Klinik-Alltag (rumsitzen und qualmen).
Ihre Zukunft möchte sie nicht in der Klinik verbringen; ein Leben "draußen" kann sie sich aber nicht ohne Hilfe vorstellen und wartet immer noch auf Unterstützung durch ihren ehemaligen, langjährigen Freund.
Jemand anderes als Stütze kann sich F. nicht richtig vorstellen,
F: ... eine Freundin vielleicht ..., aber ich habe keine mehr ... hier findet man ja auch keine richtige Freundschaft (V, IS.19, VP).
In der Klinik selbst muß bezüglich eines menschenwürdigeren Lebens, das sich stärker den Bedürfnissen der Patienten anpaßt, nicht viel geändert werden:
F: Ich bräuchte ein bißchen mehr Geld.
Die Arbeitstherapie - welche minimal entlohnt wird - schafft F. nicht, da sie morgens nicht wach wird und dort so viel Stimmen hört. Das normale Taschengeld (ca. 170.- DM) jedenfalls reicht lange nicht (VI, IS.20, VP).

Über alle sechs Interviews bleibt eine recht gespannte Atmosphäre erhalten, die sich erst am Ende bei einem Phantasie-Gespräch über Zukunftsträume, Normalität aufzulockern beginnt.

8.2.2. Zum Inzest: "Ja, ist doch normal, ... oder?"

Sofort, im folgenden Interview nach Erarbeitung der "offiziellen" Biographie

und in etwas entspannterer Atmosphäre (ohne den Einsatz von Videogeräten), berichtet Frau F. immer wieder von inzestuösen Handlungen ihres Vaters, die sich von frühester Kindheit bis hin zu den ersten Klinikaufenthalten erstreckten. Dieses Thema erlangt in den Interviews eine immer größere Relevanz: nachdem sie den Inzest aus ihrem vorzeigbaren und für sie objektiv dokumentierten Lebenslauf vollständig ausklammert, sodann als relativ harmloses Geschehen beschreibt ("Verführung"), erkennt sie zunehmend seine negative Wirkung auf sich selbst, welche sie, nach ihrer Meinung, letztendlich in die psychiatrische Klinik gebracht hat. Unverkennbar wird seine existentiell zentrale Bedeutung in der kommunikativen Validierung II, in der Frau F. einzig über diese Erlebnisse eine "vernünftige" Auseinandersetzung zuläßt. Mit Fortschreiten der Interviews läßt sie sich auch nicht mehr durch Video und Kamera am Formulieren der Ereignisse und ihrer diesbezüglichen Erkenntnisse hindern.
Der Versuch anfänglicher Verharmlosung, den Vater gleichsam in Schutz zu nehmen, wird an der Begriffswahl erkennbar. Von diesem wird sie nämlich "verführt", von anderen Männern eher "vergewaltigt".

In folgendem Dialog führt sie das Thema ein:

F. fragt, ob ihre Kinder noch leben.

I: Haben sie denn mal welche gehabt?

F: Ja, eine Frühgeburt und Ausschabung im (Klinik).

I: War das eine Abtreibung?

F: Ja, 1973, die Mutter hat mich hingebracht, das Kind lebt bestimmt noch (das Kind war vom langjährigen Freund).

F: Aber mein Vater hat mich auch schon verführt, als ich 25 war, da ist er abends zu mir gekommen, richtig - als Mädchen hat er mich auch schon verführt, aber nur mit'm Finger. Da haben wir auf dem Sofa gelegen und Weihnachtslieder gesungen, dann hat er's gemacht.

I: Öfter?

F: Ja, ist doch normal, oder, sie verführen die ... (eigene Tochter) doch auch, oder?

I: Nein (VII, IS.22, GP).

Immer wieder tauchen im Zusammenhang mit den inzestuösen Handlungen des Vaters Berichte von Schwangerschaft und Abtreibung auf; es zeigt sich aber, daß Frau F. eigentlich nicht weiß, wer der Verursacher der Schwangerschaft ist, der eigene Vater oder der damalige Freund.

Zu Beginn dieser Berichte fordert sie ausdrücklich vom Interviewer, keine Aufzeichnungsgeräte zu benutzen, womit sie das Gefühl der Angst vor einer nicht anonymisierten Preisgabe des Erzählten irgend einer Öffentlichkeit gegenüber zu kontrollieren versucht. Mit objektiven Medien konservierte Erklärungen können unter diesem Gesichtspunkt später wesentlich schlechter korrigiert oder gar annulliert werden. Da die Patientin aber mittlerweile erkennen konnte, daß der Interviewer ihre Erzählungen ernst nimmt, als biographische Wirklichkeit betrachtet und nicht wie etwa das Personal der geschlossenen Frauenstation als "Spinnerei" oder "unsinniges Geplapper" (Akte) geringschätzt, wird ihre Preisgabe der Informationen, das Brechen der Verpflichtung zum Schweigen um so riskanter.

F: *Heute ohne Kamera, keine Lust aufgenommen zu werden wegen schlechte Laune. Habe sowieso schon zuviel erzählt. Jeder dritte gibt sich als Freun aus, will ich nicht; mein alter Freund soll mich abholen. Aber der kommt j nicht. Weil mein Vater mich verführt hat; das ist daran schuld. Der Vater is eifersüchtig, vertreibt andere Männer. Mit 25 (Jahren) das erste Mal richti verführt, früher als kleines Mädchen auch, mit 3 oder 4 (I. hat vorher von de eigenen 4-jährigen Tochter erzählt). Andere Kinder sind auch verführt worde - mit 24, da war ich in der Werkstatt für Behinderte - das war damals so Sitt Mein Vater hat mich damals nicht zu meinem Freund gelassen, der wollt das verhindern. Der Freund wußte von der Verführung. Nur einmal Kind gemacht, einmal war ich im Krankenhaus, weiß man nicht genau von we das Kind war, die Mutter wußte es auch nicht* (XIII, IS.27 f., GP).

Die Bemerkung "Jeder dritte gibt sich als Freund aus, will ich nicht ..." in direkte Zusammenhang mit der Befürchtung, "zuviel erzählt" zu haben, drückt d Vermutung aus, der Interviewer könne zu den Männern gehören, die sich a Freund anbieten, später das gewonnene Vertrauen mißbrauchen, sie fallenla sen und im vorliegenden Fall die Informationen gegen sie richten oder gar m dem Vater paktieren. Dieser Vorgang wäre nicht neu für sie, fordern do eine Klinik und Mitarbeiter immer Vertrauen in ihre Maßnahmen und haben im Speziellen dann der Bestellung des Vaters zum Pfleger (Sorge für das Vermögen und Recht der Aufenthaltsbestimmung) nach Antrag zugestimmt.

Offensichtlich gerät Frau F. in starke Konflikte mit sich selbst, so daß sie das nächste Interview mit den wiederholten Worten "Keine Lust, habe sowieso schon zuviel erzählt" (IS.28, GP) ausfallen läßt.
Die Befürchtung oder Angst, "zuviel erzählt" zu haben, beschreibt in fast direkter Form das Gefühl von Frau F., trotz der Verpflichtung zum Schweigen ein Geheimnis gelüftet zu haben, das ihren Vater u.U. in erhebliche Schwierigkeiten bringen könnte. Daraufhin "korrigiert" sie die nächstfolgenden Darstellungen zumindest dahingehend, daß sie einige Unsicherheit in der Schuldfrage äußert, wer eigentlich wen verführt hat, selbst wenn ihr de facto, als kindliches Opfer eines Gewaltdeliktes, keine Schuld zugeschrieben werden kann.
Die Situation setzt Frau F. unter Druck, sich rechtfertigen und verteidigen zu müssen; die Angst vor Aufzeichnung hat sie allerdings schnell verloren:

F: Ich will meinen Vater nicht verführen.

I: Sie haben den verführt?

F: Er mich!

I: Er Sie - was wäre dann?

F: Wäre ich noch normal!

I: Ja?

F: Ja.

I: Wieso meinen Sie, daß das einen verrückt macht?

F: Mein Freund hat auch gesagt, ich soll mich von meinem Vater nicht verführen lassen, und das habe ich auch nicht gemacht, aber als ich dann zu Hause war, da war niemand anderes mehr da, und da hat mein Vater gesagt: 'Komm her, ich verführ dich mal.' Und da habe ich das gemacht, ich war ja willenlos, was soll ich denn machen? Ich wollte ihm auch keine Absage geben. Meine Mutter ist eifersüchtig geworden.

I: Ja?

F: Ja. Wird Zeit, daß mein Vater ...

F. berichtet, daß alle anderen auch träumen, verführt worden zu sein, das kann ja nur im Traum möglich sein. Durch die Spritze bekommt sie doch Kinder, weil die weiterleben. I. fragt, ob die Schwangerschaft mit der Verführung ihres Vaters zu tun gehabt habe. F. sagt, ihr Freund habe auch mitgespielt. Die Mutter wußte davon, war eifersüchtig und ist mit zur Abtreibung gegangen. Ob sie (die Mutter) das bewußt vor anderen versteckte, bejaht F. (XIV, IS.29, VP).

Frau F. hatte am Ende des Interviews III die Meinung vertreten, ihre Mitpatienten hätten auch an ihrem (Frau F.s) Zustand schuld, da sie behaupten, ihren (Frau F.s) Vater verführt zu haben. Dies hätten sie zwar nicht behauptet, Frau F. merkt es aber an ihrem Getue.

Die Antwort, die sie gibt, nachdem der Interviewer sie nach der Bedeutung dieser Äußerung befragt hat, zeigt, wie der zuvor zitierte Dialog, daß die Schuldfrage - wer verführt wen? - eines der größten Probleme in ihren Wirklichkeitskonstruktionen darstellt:

Zu 4016 und 4162: I. bittet F., nochmal zu erläutern, welchen Einfluß andere Leute auf sie und ihr Wohlbefinden haben. I. hat Schwierigkeiten, diesen Vorgang zu verstehen.

F: Ich meine als, die hätten meinen Vater verführt. Oder mein Vater hätte die verführt oder die würden von dem träumen und so. Da komme ich nicht davon weg. Das habe ich aber schon öfter

BRUCH

Das habe ich aber mit meinem Freund noch nicht gehabt ... Die behaupten das einfach so.

I: Wer, die Mitpatienten?

F: Ja.

I: Und dadurch geht's Ihnen dann schlecht?!

F: Ja.

Diese Gedankengänge leitet F. aus dem ganzen 'Getue und Gehabe' der Mitpatienten ab.

F: Daß mein Vater mich nicht abholt, verstehe ich nicht ... Verstehe ich nicht, der kann mich doch nach Hause holen (XVIII, IS.34 f., VP).

In der Realität, in ihren Träumen und in ihren Spekulationen ("Ich meine als die hätten ..."), sogar schon in Interview I (Frau F. hatte berichtet, daß sie al

Kinder schon mit sechs Jahren überlegten, wer wen verführt, der Vater oder die Mutter), läßt sie nicht die Frage los, ob der Vater aktiv verführt oder verführt wird, von ihr selbst als Tochter, von der Mutter und von ihren (allen) Mitpatienten.

Die immer wieder vorgetragene Unsicherheit bezüglich ihrer Mit- oder gar alleinigen Schuld an den inzestuösen Geschehnissen wird im Laufe der kommunikativen Validierung I von der Ebene nicht selbst verschuldeter Gewalterfahrung und kindlicher/jugendlicher Verzweiflung verdrängt, ohne daß der Interviewer in eine solche Richtung fragt oder argumentiert und sich eher passiv verhält.

Zu 6470: I. bittet, diese Stelle zum Thema Heimweh zu erläutern. F. erklärt, daß die Leute in der Klinik oft nicht nett zu ihr sind und daß es ihr zu Hause besser geht. Es folgt wieder die Schilderung eines normalen Alltages (Einkaufen, Waschen etc.).

Anschließend formuliert sie Ängste um den möglichen Tod ihres Vaters.

Es folgt eine kurze Diskussion um Einbildung und Wahrheit, wobei F. meint, daß die Dinge zum Greifen wahr und Einbildung krankhaft ist.

F: Ich könnte jeden Morgen dreimal in die Badewanne, vor Verzweiflung.

I: Und was soll da passieren, in der Badewanne?

F: Abtreibung!

F. erklärt, daß sie warten will, bis ihre Eltern tot sind, dann gehe sie wieder zu ihrem Freund.

F: Hätte mein Vater mich bloß nicht verführt, wäre ich noch normal ... dann wäre ich noch bei meinem Freund.

I. bittet F. nochmals zu erklären, warum sie denkt, daß die "Verführung" durch den Vater sie verrückt gemacht hat.

F: Weil der mich mit meinem Freund auseinandergerissen hat.

I: Und davon wird man verrückt?

F: Ja, kann man verrückt werden davon. ... und deswegen bin ich auch hier.

F: Ich will ja auch wieder mal normal werden, so wie ich es verdient habe. So ein unnormales Leben kann ich mir doch nicht gefallen lassen, daß ich jeden

Abend um halb acht ins Bett gehe, mit Medikamenten vollgepumpt werde und morgens nicht mehr richtig wach werde (XX, IS.36 f., VP).

Immer deutlicher wird der Wunsch, ein ganz "normales" Leben führen zu können, mit ihrem Freund, ohne die zu verbergenden und zu verheimlichenden Erlebnisse und ohne die daraus resultierenden Ängste und Verwirrungen. Als Ursache für die für sie schreckliche Entwicklung führt sie in den letzten Interviews nicht nur auf den Inzest selbst zurück, sondern insbesondere auf die Tatsache, daß der Vater mit seiner für sie offensichtlichen Eifersucht alle ihre möglichen Partner vertreibt und so das gewünschte "normale" Leben verhindert (s. auch Kap. 8.2.8). Diese eigenständigen Erkenntnisse bleiben ihr jetzt auch erhalten, wenn es ihr psychisch schlechter geht, und sie mehr Medikamente erhält.

F. ist heute ziemlich erregt und aufgedreht. Sie bringt die Träume der Nacht, Personen-Verwandlungen und Verwechslungen, ihre Stimmen und die Realität unablässig durcheinander.

F: *Warum bin ich nur so durcheinander - das sind bestimmt die Medikamente. Wenn mich mein Vater nicht verführt hätte, wäre ich nicht hier.*

F. spricht die Schuld an ihrem Aufenthalt in letzter Zeit immer häufiger ihrem Vater zu (Verführung), auch weil er ihr verboten hat, ihren alten Freund anzurufen. Der hätte sie schon längst hier herausgeholt (XXIV, IS.38 f., GP).

Relativ eindeutig formuliert sie, daß der Vater mit seinem inzestuösen Verhalten nicht nur ihr vergangenes Leben, sondern auch die Zukunft eines möglichen partnerschaftlichen Lebens zerstört hat.

I: *Zu unserem letzten Interview: Warum sagen Sie in der letzten Zeit so oft 'Wenn mein Vater mich nicht verführt hätte ...'?*

F: *Weil der mich krank gemacht hat, weil der meinen Freund und mich auseinander gebracht hat* (XXVI, IS.40, GP).

Erzählungen und Bemerkungen zum Inzest sind als Aussagen und Bericht über tatsächliche, gleichermaßen historische Ereignisse zu behandeln. Di krankmachende Wirkung des Geschehens und die verfolgenden und zerstö renden Tätigkeiten des Vaters stellen Deutungen von Frau F. dar. Insbeson dere diese Aktivitäten des Vaters scheinen ihr offensichtlich und eindeutig, die diesbezüglichen Feststellungen benötigen in ihren Augen keine Berichte auf der Handlungsebene zwecks Herstellung von Glaubwürdigkeit.

Bemerkenswert ist m.E. nochmals die Entwicklung dieses Themas, seine Bedeutung für Frau F. und seine Bearbeitung. Vom Verschweigen über Verharmlosung bis hin zum offenen Schuldvorwurf "erobert" das Thema immer mehr Platz in den biographischen Interviews. Da Frau F. dem inzestuösen und eifersüchtig-gewalttätigen Verhalten des Vaters ursächlich krankmachende Wirkung zuschreibt, die sie über fast (der Beginn des Mißbrauchs ist nicht genau datierbar) ihr ganzes Leben hin begleitet, wird für sie unumgänglich, daß sich diese Ereignisse mit allen Konsequenzen zum prägenden Thema ihrer biographischen Wirklichkeitskonstruktionen entwickeln und sich genau so prägend über alle wichtigen Themen lagern; fast wie ein Schleier umhüllt es die Ansicht ihres Lebens und ihrer gesamten Sinnbildungen.
Mit der gleichen Unsicherheit, mit der sie die Frage betrachtet, ob ihr Vater sie, oder sie ihren Vater verführt hat, muß sie auf ihr ganzes Leben blicken und kann nur wenige Bereiche dabei auslassen.
Um so beachtlicher ist die Form und Kraft mit der sie dem Thema "Inzest" wider das kontrollierende und anfangs beengende "Auge" der Video-Kamera zum Durchbruch verhilft und immer wieder das Setting insbesondere der kommunikativen Validierung I mit Interviews ohne Aufnahmegeräte "durchlöchert", bis der Interviewer die Relevanz der damaligen Geschehnisse versteht. Verstehen heißt hierbei nicht nachvollziehen können, was ihm als Mann wohl unmöglich ist; es heißt vielmehr, an Form und Inhalt der gesamten Präsentation die lebensbedrohliche und existentiell prägende Qualität der Erfahrungen von Frau F. zu erkennen und sie nicht in Zweifel zu ziehen.

3.2.3. Zu Kindern und Abtreibung: "Och, weil mir's so gut gefallen hat"

In ähnlicher Form wie den Inzest behandelt Frau F. das Thema um ihre Abtreibungen und Kinder. Sie fragt zwar bereits in Interview IV nach ihren

Kindern, berichtet aber von Abtreibungen, wie schon im vorigen Kapitel an den Zitaten ersichtlich war, häufig und erst im Zusammenhang mit den inzestuösen Handlungen ihres Vaters. Dieses Thema kommt ebenfalls erst nach Abschluß der "offiziellen" Biographiedarstellung in Interviews ohne Aufzeichnungsgeräte zum Vorschein.
In Interview IV fragt Frau F. zwischen abrupten Themenwechseln nach ihren Kindern:

THEMENWECHSEL

M: Aber Kinder habe ich keine, gell?

2 Kinder von ihrem Freund sollen bei ihrer Schwägerin sein.

THEMENWECHSEL

Frage nach Verwandlung: Patientin - Mutter (IV, IS.16 f., VP).

Nach ihren Zukunftsvorstellungen befragt, antwortet sie zwei Interviews später bei der Aufzählung ihrer Wünsche: "Kinder keine" (VI, IS.21, VP).
Als Schwägerin bezeichnet sie die Schwester ihres Freundes.

Die erste Schilderung der inzestuösen Handlungen des Vaters leitet sie dan im ersten Interview ohne Video mit kurzen Bemerkungen zu einer Abtreibun ein. Die Schwangerschaft führt sie zwar noch recht eindeutig auf ihren Freun zurück, stellt sie in ihrem Bericht aber schon hier erzählstrategisch in direkt Nähe zum inzestuösen Geschehen (vgl. S.181). Später berichtet Frau F. dan daß eigentlich keiner richtig gewußt habe, von wem das Kind sei, vom Vate oder vom Freund (vgl. S.182 f.).

Die Abtreibungen beschäftigen Frau F. unablässig und führen sie zu sonderl chen **Spekulationen** über die Entstehung und Konsistenz von Menschen.

F: War zwei oder drei mal schwanger, alles abgetrieben, einmal eine Spritze vo Arzt gekriegt, ging Schwangerschaft allein zurück.
Wie kommt es, daß alles so durcheinander ist, vom Lieben Gott?
Werden aus Haufen (Kot, K.K.) Kinder gemacht? Auf Tabletten kriegt ma so guten Stuhlgang ... (VIII, IS.23, GP).

Deutlich trennt sie wieder inhaltlich ("... so durcheinander ...") und formal (a Fragestellung) Bericht- von Deutungsebene, biographischen Sachverhalt v spekulativen Überlegungen.

Einmal nur hat sie richtig "Kinder gemacht", über deren Schicksal sie oft reflektiert; das war bei der Abtreibung im Krankenhaus.

F: *Meine Kinder sind bei meiner Schwägerin (Alter: 11 und 13 / Schwester des Freundes) ...* (VIII, IS.23, GP).

F: *Ich weiß nicht, ob ich Kinder habe ...*
Jeder normale Mensch hat doch Kinder ... (IX, IS.24, GP).

Für diese ungewöhnlichen Gedankengänge gibt Frau F. später eine eigenständige, vom Interviewer nicht geforderte Erklärung:

F. erzählt heute ohne eine Anknüpfungsfrage von ihrer Abtreibung ...

F: *Bin ich deswegen ein schlechter Mensch?*

I: *Wie kommen sie da drauf (verblüfft)?*

F: *Hat die Schwester damals gesagt: 'Man bringt keine Menschen um, sonst ist man ein schlechter Mensch'. Dann hat sie mir den Embryo gezeigt und mitgenommen. Der war etwa so (zeigt etwa 10 cm) groß - man konnte schon alles erkennen* (XXVII, IS.40, GP).

Für die Gesamtheit der Themen "Inzest" und "Abtreibungen/Kinder" wirken **exemplarisch** die Schilderungen von Frau F. in der kommunikativen Validierung II, in welcher sie diese beiden als die **einzig relevanten Themen** zuläßt. Sie werden folgend, von einem etwas merkwürdig anmutenden "Bericht" unterbrochen, als Ganzes dargestellt:

Nach der krankmachenden Wirkung der Verführungen befragt;

F: *Und die Leute behaupten alle, ich hätte das nicht gerne gemacht, gell? ...*
Dadurch bin ich nicht krank geworden. ...
Bin ich eher gesund geworden davon.

I: *Das kann ich mir nicht vorstellen.*

F: *Das stimmt aber.*

F: *Sie sind ja nicht primitiv. Aber viele sind hierdrin primitiv. Jetzt wissen Sie's. Die stammen vom Affen ab, das gibt's auch. Außerdem war ich mit meinem Vater schon im Busch. In Afrika.*

I: *Und was haben sie da gemacht?*

F: *Da wollten sie mir den Teufel austreiben.*

I: Ehrlich?

F: Da sind wir erst bis E-Stadt gelaufen, und da waren wir plötzlich im Busch. Meine Mutter war auch dabei.

I: Ja?

F: Sowas würde ich am liebsten nochmal machen. ... in den Busch gehen.

Nach Kindern und Abtreibung gefragt, wie das für sie war,

F: Nee, das ist mir leicht gefallen.

I: Ja? Und warum erzählen Sie dann so oft davon?

F: Och, weil mir's so gut gefallen hat.

I: Was, die Abtreibung?

F: Was hat mir das denn schon ausgemacht, hat ja doch nicht weh getan.

I: Ja?

F: Nee. ... Die Blutung hat weh getan. ... Da war eine Krankenschwester, die hat gesagt: "Darf man töten?". Erst wollte ich töten. Und dann habe ich mir's wieder anders überlegt, ich töte doch nicht. Und so ging's weiter.

F: Und was führt dazu, daß Sie glauben, daß die Kinder noch leben?

F: Weil wir die da abgesetzt haben, in Heime. Und die zeichnen und basteln und machen lauter so Zeug.

I: Und von wem waren die?

F: Von meinem Freund und mir und meinem Vater. ...
Ich treib nicht gerne ab. ...
Och, ich habe früher zu Hause auch schon abgetrieben. Mit'm Trichter.

I: Und wie geht das?

F: ... hat mir meine Mutter unten heißes Wasser reingeschüttet.

I: Und was ist dann passiert (ungläubig)?

F: Bin ich in die Badewanne gegangen, hab' Rotwein getrunken, und dann ha'm wir abgetrieben. ...
Das ging; prima hat das geklappt. ...
In die ... (bekannte Bordellstraße) gehe ich auch nicht mehr. ... hat mir nichts ausgemacht, mußte ich dabei lachen.

Sie hat alles nicht gemerkt, die Kinder bleiben in Heimen (kommunikative Validierung II).

Die gehäuft aufretenden Fortsetzungs-Punkte stehen für in diesem Interview sehr häufige Wiederholungen, Frau F. wiederholt, wie zur Betonung oder zur Selbstvergewisserung, den vorhergehenden Satzteil.

Insbesondere zur kommunikativen Validierung II müssen einige zusätzliche Bemerkungen ausgeführt werden: Das gesamte Gesprächsverhalten seitens Frau F., zwei Tage vor Auslauf des Zeitvertrages des Interviewers als Mitarbeiter und seinem Ausscheiden aus der Klinik, ist, wie nie zuvor, fast ausschließlich auf Ablehnung und Abwehr gerichtet. Sie zeigt mit Mimik und Gestik die Pose eines trotzigen Kindes; oft stützt sie sich im Gegensatz zu sonstigen Interviews, in denen sie eher eine in sich eingefallene Haltung zeigt, selbstsicher mit beiden Händen auf den Tisch, sitzt senkrecht da und beobachtet den Interviewer abgewandt, von der Seite. Sie lehnt fast alle angesprochenen Themen oder Interpretationen vehement und selbstbewußt ab und läßt sich trotz Insistieren des Interviewers nicht irritieren.
Erst mit Beginn der referierten Dialogpassage bricht äußerlich und inhaltlich der Widerstand zusammen. Frau F. verläßt die gespannte Körperhaltung und wendet sich mit gelöster Mimik dem Interviewer zu.
Der Versuch, die emotional starke Beteiligung zu verleugnen ("... hat mir nichts ausgemacht, mußte ich dabei lachen"), ist verbunden mit ausdrücklicher Zustimmung auf der faktischen Ebene. An einigen Stellen kommt aber auch direkt (nicht nur durch Ablehnung) die affektive Relevanz und Brisanz der Themen zum Ausdruck, etwa wenn sie einschiebt, daß die Blutung weh getan hat, oder wenn sie das problematische Gespräch mit der Krankenschwester wiederholt schildert.
Bei den Bemerkungen zu der "privaten" Abtreibung wird m.E. deutlich, daß Frau F. mit jedem Wort das erneute Erleben der damaligen Schmerzen zu verhindern sucht.

Auf phänomenologischer Ebene betrachtet, behandelt Frau F. die Erlebnisse um die inzestuösen Handlungen des Vaters und um die Abtreibungen der möglicherweise von ihm stammenden Kinder direkt zwiespältig. Die Geschehnisse selbst werden, auch bei Nachfrage, nie verleugnet; aber ihre Deutungen zu deren Wirkung auf sie fallen unterschiedlich aus. Nicht nur Häufigkeit und Intensität der Darstellung zeigen Relevanz und ständige Präsenz dieser Ereig-

nisse, Frau F. selbst bezeichnet immer wieder die "Verführungen" als krankmachend; die moralisierenden Bemerkungen der Krankenschwester bringen sie sogar dazu, abgetriebene Kinder doch am Leben zu lassen. Immer wieder aber versucht sie, der Unerträglichkeit ihrer Gedanken und Gefühle zu entgehen, sie gleichermaßen abzuspalten, zu verleugnen, insbesondere in diesem letzten Interview, in dem wieder eine abstrakte Vorstellung von Öffentlichkeit symbolisch von der Videokamera repräsentiert wird.
Frau F. schwankt zwischen Zulassung und Abspaltung der Bedeutung des Erfahrenen genau so wie zwischen den Deutungen zur Schuldfrage: hat sie ihren Vater oder er sie verführt? Sprache wird dabei zum Medium, die Wirklichkeit der Erfahrungen und ihrer Deutungen zu bearbeiten, u.U. zu korrigieren, zu verändern. Die Schuldfrage selbst, von Frau F. genau zwischen Verführung und Abtreibung plaziert, kann nur durch eine Teufelsaustreibung im Busch geklärt werden. Mit der Deutung, daß die Verführung sie eher gesund gemacht hat, rückt sie die Schuld wieder mehr auf ihre Seite, so daß ihr Vater und Mutter den Teufel austreiben müssen - mit primitiven Ritualen (von "primitiv" kommt sie auf die Primitiven im "Busch"): " ... hat mir meine Mutter unten heißes Wasser reingeschüttet".

Frau F. demonstriert anhand der beiden Themen "Inzest" und "Abtreibung" bildhaft über die gesamte Untersuchung, von Interview I bis kommunikativer Validierung II, ihr persönliches Leitmotiv oder prägendes "Lebensmotto". Dieses formuliert sie, zu Beginn des letzten Gesprächs vom Interviewer unverstanden, ausdrücklich und im Nachhinein betrachtet als Erklärung für ihr Verhalten:

F: Habe mich ja auch auch wieder wunderbar verstellt, gell?
I: Wer hat sich verstellt?
F: Ich habe mich wieder wunderbar verstellt ... Das kann ich am allerbesten!
I: Ja?
F: ... am allerbesten (kommunikative Validierung II).

Sie richtet zwar diese Bemerkungen auf das bevorstehende Gesprächsverhalten, kennzeichnet aber gleichzeitig das **Bemühen**, diese Themen sowohl in der Untersuchung (vor der Kamera) als auch mit Sicherheit in Kindheit und Jugend vor der Öffentlichkeit zu verbergen.

Aus erziehungswissenschaftlicher Perspektive formuliert: Die wichtigste Fähigkeit, die Frau F. als Kind, in der Rolle der Tochter zu erlernen hatte, war, alles, was mit dem Inzest und später mit den Abtreibungen zu tun hatte, vor Bekanntwerden und Veröffentlichung zu schützen.
Die Themen sind allerdings so drängend und von Bedeutung, daß ihr ein erfolgreiches Umsetzen dieser Bemühungen insbesondere in letzter Zeit nicht immer gelingt, die Ereignisse auch gegen Kamera/Öffentlichkeit durchbrechen und die Verleugnung der Gefühle nur noch manchmal gelingt - die krankmachende Wirkung hat sie zumindest im Ansatz erkannt.

Da der Interviewer die Vorstellung hatte, daß diese Entwicklungsphase und ihre partielle Offenheit günstig für das Ansetzen psychotherapeutischer Arbeit sein müßten, erfolgte nach der kommunikativen Validierung I und nach Rücksprache über die Möglichkeiten eine Beratung von Frau F. dahingehend, bei Dr. Z. eine Therapie zu beginnen. Dieser war dem Interviewer als Psychoanalytiker bekannt, der nicht leichtfertig den vorliegenden Sachverhalt als Wahn- oder ödipale Wunschäußerung abtun würde. Nach Versicherung, daß dies nicht das Ende der Gespräche mit dem Interviewer bedeuten würde (bis dahin hatte sie abgelehnt), konnte sie eine Therapie mit Dr. Z. beginnen. Dieser konnte dann später die Validität der geschilderten Ereignisse bestätigen.

An Entwicklung und Bewegung der letzten Themen wird auch die Wirkung des Mediums Video deutlich. Dies sind bei vorläufiger Betrachtung zwei unterschiedliche Richtungen: Einerseits zeigt es die Fähigkeit von Frau F., ihren Wahn zu kontrollieren oder gar zu beherrschen und sich von ihren sonst so "verrückten" Interaktionsformen zu distanzieren. Andererseits schränkt das beobachtende "Auge" der Kamera die von ihr vorgelegten Themen ein, die intimeren Ereignisse werden zumindest in der Gewöhnungsphase zurückgedrängt.
M.E. sollte daher beim Einsatz eines solchermaßen "restriktiven" Instrumentariums unbedingt die Möglichkeit zur Äußerung ohne Aufzeichnungsgeräte gegeben werden, um nicht wichtige Themen zu unterdrücken.

Zum Abschluß muß noch eine etwas vage Möglichkeit erwähnt werden. Frau

F. bemerkt in der kommunikativen Validierung II kurz, daß sie nicht mehr in die ... (bekannte Bordellstraße) ginge; damit deutet sie an, "auf den Strich" gegangen oder geschickt worden zu sein.
Hierbei handelt es sich ausdrücklich nur um eine Möglichkeit der Interpretation, da die Aussage erstmalig auftrat und nicht mehr überprüft werden kann.

8.2.4. Wesen und Ursachen der Krankheit: "Ei wegen Drogenmißbrauch"

Frau F. denkt über alle Interviews hinweg immer wieder über Art und Wesen und die Ursachen ihrer Krankheit nach. Insbesondere in den Interviews I-VI, in denen sie ihren "offiziellen" Lebenslauf vorstellt, und in denen die Themen "Inzest" und "Abtreibung" noch unerwähnt bleiben, reflektiert sie eine Reihe exogener Schädigungen, die sicher ihren Teil zur Krankengeschichte beigetragen haben, letztlich aber, wie die Entwicklung des Themas "Inzest" zeigt, im Gesamt betrachtet, zunehmend sekundäre Bedeutung erhalten.
An dieser Stelle ist eine Differenzierung notwendig: Frau F. rätselt um ihr Krankheit, sie fragt sich, ob sie eine Einbildungskrankheit hat. Sie weiß zwar, daß sie zur Zeit der ersten Erkrankung alles nicht "verkraftet" hat, aber Stimmen z.B., an denen insbesondere Ärzte ein so großes Interesse zeigen, hat si schon immer gehört. Diese gehören für sie zur Normalität, zur Wirklichkeit und sind nicht, wie für ihre Umwelt, Zeichen einer Krankheit. Für sie wahrnehmbare Symptome, die den Begriff "Krankheit" rechtfertigen, tauchen erst auf, seit sie Medikamente bzw. Drogen nimmt.

Den Prozeß der Erkrankung selbst (nach ihrer Rückkehr aus C.) beschreibt sie folgendermaßen:

I: ... und warum haben Sie nicht daheim gewohnt?

F: Eija, weil ich selbständig sein soll. Mein Vater hat gesagt, ich wär in C (Ruhrpott) selbständig gewesen, ich könnte mir jetzt wieder ein eigenes Zimmer nehmen. Und das habe ich

ABBRUCH

da bin ich krank geworden, durch die vielen (...)bletten, die ich da gehabt habe.

I: Wie? Krank geworden? (Verständnisfrage)

F: Eija, ich habe das nicht mehr verkraftet, ich konnte nicht mehr arbeiten gehen.

I: Überhaupt nicht mehr?

F: Bin nur tanzen gegangen ... (es folgt eine Aufzählung bekannter Tanz- und Nachtlokale) (III, IS.9 f., VP).

Da Frau F. ihren ersten Kontakt mit einer Nervenärztin später datiert, wird an dieser Interviewstelle deutlich, daß es sich nicht um verordnete Medikamente, sondern um Tabletten handelt, die Frau F. wie Drogen zur Selbsttherapie verwendet. Damit versucht sie, ihrer Einsamkeit und Verlassenheitsgefühle, die sie für diese Zeit direkt im Anschluß schildert, Herr zu werden:

F: ... Ab und zu ist einer mitgegangen, aber der ist auch nicht die ganze Nacht geblieben, der ist dann vorher wieder weggegangen, und da habe ich dann so schlecht geschlafen. Habe Heimweh gehabt und sowas (III, IS.10, VP).

Naheliegend ist ein Medikamentenmißbrauch auch, da Frau F. später noch einige Male die Rolle von Drogen erwähnt. Zudem sind die vorher aufgezählten Nachtlokale z.T. bekannt als Kontaktlokale für schwarze Amerikaner und als Drogenumschlagplätze.

Frau F. stellt nicht direkt inhaltlich, aber formal, d.h. erzählstrategisch, folgenden Zusammenhang für den Moment ihrer Ersterkrankung her: Der Vater fordert Selbständigkeit und läßt sie zu Hause nicht mehr wohnen. Sie bewohnt Einzelzimmer, leidet unter Einsamkeit, hat Heimweh und fühlt sich überfordert (sie erzählt später, daß sie nur von Eiern und Tee gelebt und die Wäsche in der Badewanne gewaschen hat). Diese Gefühle versucht sie durch Kneipenbesuche und -kontakte und durch die Verwendung von Tabletten erträglich zu gestalten, bis ihr Zustand dazu führt, daß sie nicht mehr arbeiten kann.

Die später dann konsultierte "Nervenärztin" (F.) findet keine in ihren Augen plausible Erklärung für ihren Zustand und kann sie nur fragen: "Was ist denn mit Ihnen los, dann werden wir mal eine Kur beantragen" (III, IS.10, VP). Den Behindertenausweis erklärt sich Frau F. mit dem Streß der Ereignisse: " ... das waren so viel Erlebnisse innerhalb von drei, vier Jahren" (III, IS.11, VP).

Die damalige Überforderung selbst aber kann sie nicht als Teil ihrer Krankheit betrachten. **An den Reaktionen ihrer Umgebung lernt sie gewissermaßen abzulesen, daß sie nicht mehr normal ist, irgend eine Krankheit haben muß**: Kollegen bringen sie durcheinander, weil sie den Klinikaufenthalt herauskriegen; Leute im Haus kommen ihr "auf die Schliche", daß sie nicht arbeiten geht; "die" haben mitbekommen, daß sie trotz Verbot mit dem Freund telefoniert hat und bringen sie dann zum Gesundheitsamt, die Diagnosen der Psychiatrie vermitteln ihr das Bild einer schweren "Einbildungskrankheit".

Erinnert sich Frau F. an die Gefühle der damaligen Verwirrung, müssen Drogen im Spiel gewesen sein. Nach Beendigung ihres Arbeitsverhältnisses im Umweltamt (sie hat zwischenzeitlich wieder zu Hause gewohnt):

I: Was ist dann passiert, daß sie da nicht mehr gearbeitet haben?

F: Die haben erfahren, daß ich '71 schon mal auf dem ... (Klinik) war. Da bin ich ausgezogen von zu Hause zu meinem Freund in die Wohnung. Und da waren wir im Zimmer allein, haben wir uns ins Bett gelegt und haben geschlafen. Die Schwester von meinem Freund ist mit (...) herumgefahren zu Amis, und da haben die LSD mitgebracht, und ich wußte das nicht, und dann haben wir Cola zwischendurch getrunken, und da bin ich am nächsten Tag in der Stadt stehen geblieben und wußte nicht mehr wohin, hatte keinen Schlüssel für die Wohnung ...

I: Wegen was waren Sie denn damals schon mal hier?

F: Ei wegen Drogenmißbrauch.

I: Das war das mit den Amis?

F: Ja.

(3976)

Als Gründe für ihre Kuren gibt F. an, sie habe gesponnen, von dem LSD noch, das bei ihr so lange gehalten hat (III, IS.11, VP).

Unklar bleibt an dieser Passage, ob Frau F. tatsächlich die Kur von 1971 meint, die dann allerdings in einer Privatklinik stattfand; wahrscheinlicher ist, daß sie sich im Datum irrt und den halbjährigen Aufenthalt in der psychiatrischen Klinik 1976 meint.

Erst im weiteren Verlauf der Untersuchung erkennt Frau F. die in ihren Augen krankmachende Rolle des Vaters, nennt ihn in einem Atemzug mit den heutigen Medikamenten:

F: Warum bin ich nur so durcheinander - das sind bestimmt die Medikamente. Wenn mich mein Vater nicht verführt hätte, wäre ich nicht hier.

F. gibt die Schuld an ihrem Aufenthalt in letzter Zeit immer häufiger ihrem Vater (Verführung), auch weil er ihr verboten hat, ihren alten Freund anzurufen - der hätte sie schon längst hier herausgeholt (XXIV, IS.38 f., GP).

Zumindest wäre sie noch normal, hätte der Vater sie nicht "verführt" und nicht gezielt die Beziehung zum Freund zerstört (vgl. Kap. 8.2.2.). In den letzten Interviews formuliert Frau F. mehrmals und ausdrücklich die krank- und verrücktmachende Wirkung des väterlichen Einflusses. Sie versteht dies eher in einem umgangssprachlichen Sinne, so wie jeder schon die Begriffe in banalem, unspezifischem Zusammenhang verwandt hat: "Diese oder jene Zustände können einen aber wirklich krank/verrückt machen".

Der Vater hat Frau F. durch sein inzestuöses Verhalten aus der Normalität gesellschaftlich üblicher Familienverhältnisse herausgerissen, wie sie im nachhinein feststellt: "Hätte mein Vater mich bloß nicht verführt, wäre ich noch normal ... dann wäre ich noch bei meinem Freund" und immer wieder durch Fragen überprüft: " ... sie verführen die (eigene Tochter) doch auch, oder?". Sie betrachtet aber die folgende Entwicklung nicht im medizinischen Sinne ("Schizophrenie") wie eine Krankheit, die im alltagsweltlichen Sinn einen Organdefekt bedeuten würde (Herzinfarkt, Beinbruch etc.).

Einzelne Phänomene, kombiniert mit Reaktionen der Umwelt darauf, die sie in diesem Sinn als Symptome einer "richtigen" Krankheit verstehen kann, tauchen erst in Verbindung mit Drogen, Tabletten und noch heftiger als Begleiterscheinung psychiatrischer Medikation auf: Verwirrung, das Zittern der Hände, ihr seitdem herunterhängender Unterkiefer, ihre Mühe, morgens wach zu werden, nicht arbeiten gehen zu können.

Die Phänomene, die ein Außenstehender der Überforderung ("nicht mehr verkraftet") zurechnet und im Falle der Psychiatrie als Schizophrenie identifiziert - aus ihrem Blickwinkel das, was alle als Einbildung bezeichnen - gehören zu ihrer lebensgeschichtlichen Realität.

So drängt sich Frau F. schon hier gewissermaßen der Verdacht auf, daß die klinische Behandlung sie eigentlich oder zusätzlich erst richtig krank macht.
Sie stellt sich die Frage, was man gegen ihre Krankheit tun kann.
F: Weniger Medikamente geben (XXXI, IS.42, GP).

8.2.5. Zu Selbstbild und Identität: "Keiner hat mich richtig aufgeklärt ... und die haben sich nicht richtig um mich gekümmert"

Frau F. beschäftigt sich ständig und über die gesamte Untersuchung mit ihrer Identität und mit dem Bild, das sie von sich selbst entwirft, für sich und für andere, mit Aspekten, die über die biographische Kette der passiv ertragenen Geschehnisse vom Inzest über die Abtreibungen bis hin zu den Folgen ihrer Krankheit hinausgehen und ihre aktiveren Handlungsweisen, Gedanken, Motive und Intentionen beschreiben.
Es steht außer Frage, daß diese Erlebnisse ihr gesamtes Selbstbild wesentlich geprägt haben; sie bilden relevante Aspekte der maßgeblich familiären Wirklichkeit, welche sich gewissermaßen von außen auf ihre kindliche Welt legen und sie gleichermaßen die Realität verstehen lehren.
In der Auseinandersetzung mit Identität und Selbstbild aber beschreibt sie eher Versuche, sich selbst zu verstehen und von sich aus definitorisch auf diese Wirklichkeit einzuwirken, sie zu gestalten, mit ihr umzugehen. In der Form der Darstellung handelt es sich meist um in Handlungen, in kleinen Anekdoten verborgene Selbst-Deutungen ihrer Person, ihres Wesens.

Dies beinhaltet allererst Reflexionen zu ihrer Rolle als Kind, aber auch indirekt als Tochter und als Frau. Sie kommen eindrucksvoll in folgender Interviewpassage zur Geltung:
F. erklärt, daß die Medikamente betäuben. Denkt nach...
F: ... ob ich Kleinkind war oder nicht. Ich wäre acht Pfund schwer gewesen, hat meine Mutter gesagt. Ich habe aber Angst davor, daß ich das nochmal werde
I: Was?

F: Daß ich mich zurückentwickle.

I: Geht denn das?

F: Weiß nicht.

I: Haben Sie's schon mal gesehen, bei jemand anderes?

F: Nee.

I: Da meinen Sie, bei Ihnen geht das dann?!

F. lacht etwas länger.

I: Das wäre lustig, gell?!

F: Geht aber glaube ich nicht, oder?

I: Was denken Sie denn, das ist doch wichtig!

F: Nee, nee, ich glaube das geht nicht.

I: Ja, glaube ich auch nicht.

F: Aber es ist im Gedankengut.

I: Mhm (ja), wünschen kann man sich das, warum würden Sie sich das wünschen?

F: Weil ich's da gut hatte.

I: Als Kind?

F: Ja.

I: Und inwiefern hatten Sie's da gut?

F: Bin von meiner Mutter umsorgt worden,
von meinem Vater umsorgt worden,
von meiner Schwester umsorgt worden,
von meiner Oma umsorgt worden.

I: Und Sie brauchten nicht für sich selber zu sorgen.

F: Mhm, ja. Aber so schön war das Umsorgen von meiner Schwester auch nicht. Die ist in die Tanzschule gegangen und hat nur ihre Tanzschule im Kopf gehabt. Und wenn ich Aufgaben gemacht hab, und sie sollte mir helfen, hat sie gesagt: "Du kannst das doch nicht, komm ich schreib's gleich selbst." ... Die hat dann daneben gesessen ... Daran kann ich mich noch erinnern. Trotzdem, ob sie's wieder vorhat ... mich soweit zu treiben, daß ich Kleinkind werde.

I: Wer denn?

F: Meine Schwester, ... von der höre ich auch Stimmen.

I: Und was erzählt die?

F: Ich wär so ein kleines Dreckding gewesen und so.

I: Und, stimmt aber nicht oder was?

F: Nöö, ich weiß das gar nicht genau, meine Oma hat behauptet, ich wär gleich groß gewesen. ... Jetzt hört's Gedächtnis auf.

THEMENWECHSEL

Darauf folgt wieder ein kurzes Gespräch um die "Todesspritze". Nach Rückfrage antwortet F.,

F: ... daß man soviel Gift eingespritzt kriegt, bis man nicht mehr aufwacht, nicht mehr aufwacht, ...

dann wieder Gespräch über Stimmen und Krankheit.

Mittendrin:

F: Jetzt höre ich auch wieder Stimmen von meinem Freund.

I: Wann, jetzt?

F: Im Moment. (unbeteiligt, nichts Besonderes)

I: Ja?

F: Mhm.

THEMENWECHSEL (IV, IS.13 f., VP).

Frau F. ist sich deutlich unsicher über ihre Rolle als Kind, insbesondere al Kleinkind. Sie fragt sich, ob sie als Säugling auf die Welt gekommen ist (wi die Mutter sagt), oder ob sie gleich "groß" war (wie die Oma behauptet). Wiederholt formuliert sie die Befürchtung, sich zum Kleinkind zurückzuen wickeln. Frau F. sieht zwar die positiven Seiten dieses Alters, nachdem de Interviewer im Gespräch die Befürchtung als Wunsch (um-)interpretiert ha ("Aber es ist im Gedankengut"), kehrt aber trotzdem recht bald zu den negat ven Qualitäten zurück.

Die (Halb-)Schwester erfüllte in ihren Augen nur widerwillig den von de Eltern übertragenen Erziehungsauftrag, erhielt aus Unlust und Ungedu (Tanzschule) die Unselbständigkeit im wohl gerade begonnenen Schulalt (sie schreibt lieber selbst) und versucht Kind F. ins Kleinkindalter zurückz drängen. Kaum berichtet Frau F. von diesen Erlebnissen, hört sie im Intervie Stimmen ihrer Schwester, die sie als "kleines Dreckding" beschimpfen.

Offensichtlich teilt der Inzest, dessen Beginn Frau F. auf das dritte oder vier Lebensjahr datiert hat, die Familie in zwei Fraktionen: Kind F. fühlt sich z

geliebten, "richtigen", d.h. zur "Geliebten" und einzigen leiblichen Tochter erhöht und empfindet konkurrierende Ablehnung von Mutter (diese war eifersüchtig) und Schwester (Zurückdrängen in ein ungefährliches Alter). Dies führt zur völligen Konfusion ihrer Rolle (Kleinkind oder gleich groß) und vollständiger Hilflosigkeit. In diesem Moment der Erzählung versagt das Gedächtnis, und existenzielle (Todes-)Ängste ("Todesspritze", s. Kap. 8.2.7) tauchen abrupt auf. Die Stimmen des Freundes wirken dann, phänomenologisch besehen, wie die Rettung aus dem Jenseits, die rettende Hand, die Frau F. in die Normalität (Partnerschaft, Familie etc.) hinüberziehen kann.
Deutlich wird m.E., daß seit dieser Ereignisse ihrer frühen Kindheit (s. auch die für sie unklare Schuldfrage) Frau F. nicht in der Lage ist, Eigeninitiative zu ergreifen. Die sexuellen und emotionalen Anforderungen wie an einen Erwachsenen, Schuldzuweisungen und Konkurrenzsituationen sind eine derart überdimensionale Forderung an sie als Kind, daß sie nur noch sämtliche **Verantwortwortung abgeben** kann, sich gleichsam wie gelähmt (passiv) fühlt, alle Probleme in Form von **Delegation** löst.

Die Frage, ob sie wirklich Kleinkind war oder wieder ein solches wird, stellt sich Frau F. im Laufe der Untersuchung mehrere Male. In Interview IV z.B. äußert der Interviewer in diesem Zusammenhang die Möglichkeit, mehr Verantwortlichkeit bezüglich sich selbst zu erproben/versuchen, worauf sie antwortet:

F: Wie soll'n ich das machen, wie soll'n ich das machen, wenn mir keiner hilft? (IV, IS.16, VP).

Die Antwort zeigt die heute noch aktuelle Vorstellung von Frau F., nach der ihre Situation, wie die eines Kleinkindes, nur von anderen Menschen oder nur mit deren maßgeblicher Hilfe verändert werden kann.
Erfolgt diese Hilfe nicht, droht **Einsamkeit**, die sie in C. schon kennengelernt hat, und die sie mit Kneipenbekanntschaften und Medikamenten zu bewältigen sucht.

Immer wieder stellt Frau F. ihre Identität, ihre Wesenszüge und Charaktereigenschaften in Frage, postuliert verschiedenste Möglichkeiten und Vermutungen und läßt sich durch den Interviewer den Realitätsgehalt ihrer Deutungsangebote bestätigen oder ablehnen. Es entsteht insbesondere durch die stilistische Form der Fragestellung der Eindruck, als ob Frau F. versuche, unter mehreren die wirklichere Wirklichkeit herauszufinden. Der gesamten Untersuchung gibt sie vor dem ersten Interview (Frau F. weiß bereits, daß es um die Rekonstruktion ihrer Biographie geht) gleichermaßen folgende "Überschrift":

Fr.F. beginnt das Gespräch mit der Frage, ob es stimmt, daß sie Nena (populäre Schlagersängerin; K.K.) gewesen wäre.

F: Das stimmt doch gar nicht, gell?

I: mhm (I, IS.2 f., VP).

Ihren bevorstehenden Schulbeginn kommentiert sie:

F: Ich war intelligent früher.

I: Und heut'?

F: Weniger intelligent.

I: Ja?

F: Oder?

I: Mhm, wieso?

F: Immer dasselbe, gell?

I: Ja (etwas verständnislos) (I, IS.6, VP).

Insbesondere ihr Charakter scheint Frau F. fragwürdig, wenn sie über Inzest und Abtreibungen und die für sie ungeklärte Schuldfrage ("... was soll ich denn machen?") nachdenkt:

F: ... und da hat mein Vater gesagt: 'Komm her, ich verführ dich mal.' Und da habe ich das gemacht, ich war ja willenlos, was soll ich denn machen? Ich wollte ihm auch keine Absage geben. Meine Mutter ist eifersüchtig geworden (XIV, IS.29, VP).

Mit Willenlosigkeit erklärt sie den Erfolg der sexuellen "Verführungen" ihres Vaters; daß sie keinen Widerstand leistete, macht sie sich selbst zum Vorwurf. Als schlechten Menschen hat sie schon eine Schwester bei der ersten Abtreibung angeklagt, da man keine Menschen umbringe.

Ein Aspekt ihrer Identität bleibt Frau F. unverständlich: ihr formaler Status als Behinderte. Hierzu kann sie nur Vermutungen äußern, da sich ihre eigenen Schwierigkeiten nur mit Problemen mit ihrem alltagsweltlichen Bild vo

Behinderung (als körperliche oder schwer geistige Behinderung) zur Deckung bringen lassen. In der kommunikativen Validierung I nochmals zu ihrem Behindertenausweis befragt, antwortet sie:

F: Ja, weil es mit dem Denken da oft nicht so richtig geklappt hat. Das kann man eigentlich auch nicht sagen. Ich konnte schon denken. Ich weiß auch nicht warum. Weil ich in Rente gegangen bin, deshalb habe ich einen Behindertenausweis bekommen.

I: Hat Ihnen nicht jemand erklärt, warum Sie den gekriegt haben?

F: Nein.

Nach weiteren Fragen gibt F. "nervliche Behinderung" und "ein schwaches Nervenkostüm" an - richtige Behinderungen hat sie keine.

I: Fühlen Sie sich denn selbst behindert durch dieses schwache Nervenkostüm?

F: Ja, weil ich wieder Stimmen höre ... (XVIII, IS.33, VP).

In anderen Zusammenhängen betrachtet sie genau dies nicht als Behinderung, sondern als Privileg:

Er fragt, wie F. es sich erklärt, daß die Ärzte diese Stimmen zu einem der wichtigsten Bestandteile ihrer Krankheit machen.

F: Wahrscheinlich habe ich so ein empfindliches Nervensystem, daß ich das alles mitkriege.

I: Ach so, und andere sind so unsensibel, daß sie das nicht mitkriegen?

F: Ja (XX, IS.36, VP).

Ihrer äußerlichen Erscheinung steht Frau F. zwiespältig gegenüber. Sie fragt sich zwar, ob man ihren gelähmten Mund bemerkt (ihr Unterkiefer hängt häufig herunter) und freut sich deutlich, wenn der Interviewer ihre "schicken Kleider" bemerkt, oft steht sie dem aber auch völlig gleichgültig gegenüber:

F. hat heute hübsche Kleider an, wirkt aber sonst ziemlich verwahrlost. Sie ist stark mit Kaffee bekleckert und sucht Kippen aus dem Aschenbecher, da sie selbst keine mehr hat.

F: Ist doch egal (XXII, IS.38, GP).

Einzig positiv erlebter/geschilderter Bereich ist ihre Lehre, die sie ein halbes Jahr früher als üblich abschließen kann:

F: Mein Lehrmeister hat's gut mit mir gemeint.

Darauf folgt eine Beschreibung ihres Lehr-Arbeitsplatzes und der durchgeführten Tätigkeiten.
SEHR DETAILLIERTE BESCHREIBUNG
In dieser Zeit besaß sie schon ein Mofa (II, IS.7, VP).
Das Mofa scheint zu dieser Zeit noch Zeichen für beginnende Unabhängigkeit, Beweglichkeit und Selbständigkeit zu sein.

Aber auch der Beruf endet in Überforderung, die Kollegen haben die erwartete/übertragene Verantwortung nicht richtig wahrgenommen, **die Delegation der Verantwortung ist gescheitert:**
In der letzten Firma sollte sie Arbeiten durchführen, die sie nicht kannte.
(3508)
F: Keiner hat mich richtig aufgeklärt ... und die haben sich nicht richtig um mich gekümmert und da bin ich nach drei Monaten wieder gegangen.
Bis dahin hat F. bei ihren Eltern gewohnt.
F: Und mit 18 bin ich von zuhause ausgezogen, habe ich erst im Hotel gewohnt, dann habe ich mir ein Zimmer gesucht.
Währenddem arbeitete sie wieder drei Monate bei einer Firma in einer Nachbarstadt.
(3540)
F: Da bin ich tanzen gegangen in ein Tanzlokal, und da wollte ich nicht allein übernachten und hab mir jemand mitgenommen ins Zimmer. Das ist mir auf die Dauer zu viel geworden. Dann hat mich eine Bekannte abgeholt, aus (Nachbarort), von meiner Freundin die Mutter, davon die Schwester, hat mich abgeholt und hat mich in eine Kur gebracht in (anderem Nachbarort).
I: Wie, und wo im Hotel gewohnt, das habe ich noch nicht ganz verstanden?
F: Hotel "G.B.".
I: In B.?
F: In A.
I: In A. - und warum haben Sie nicht daheim gewohnt?
F: Eija, weil ich selbständig sein soll. Mein Vater hat gesagt, ich wär in C (Ruhrpott) selbständig gewesen, ich könnte mir jetzt wieder ein eigenes Zimmer nehmen. Und das habe ich
ABBRUCH

da bin ich krank geworden, durch die vielen (...)bletten, die ich da gehabt habe (III, IS.9, VP).

Diese Deutung des kollegialen Verhaltens als mangelnde Aufklärung und Fürsorge erläutert Frau F. in der kommunikativen Validierung I folgendermaßen:
Zu 3508: I. fragt F., was es hieße, sich richtig um sie gekümmert zu haben - F. hatte den Mangel an "um sie kümmern" als Grund ihrer Entlassung angeführt. Sie erklärt, daß sie die geforderten Arbeiten in ihrer Lehre nicht gelernt und sie ihr auf der neuen Stelle auch niemand richtig erläutert hat. Alle haben weitergearbeitet, ohne sich um sie zu kümmern. Andere Mitarbeiter hatten auch mehr Erfahrung (z.B. im Ausland gesammelt) (XVII, IS.31, VP).

Frau F. berichtet zwar in Interview III chronologisch und erzählstrategisch parallel von der Überforderung im Beruf und der gleichzeitigen Überforderung, selbständig zu leben, stellt einen deutlicheren, inhaltlichen Zusammenhang aber erst ebenfalls in der kommunikativen Validierung I her:
Zu 3540: Auf die Frage, wie diese Zeit des Auszugs von zu Hause gewesen sei, antwortet F. mit gut, sie habe ein richtiges Gammlerleben geführt. Erst auf erläuternde Frage, daß sie in dieser Zeit ja wohl auch krank geworden sei, nennt sie Schwierigkeiten. F. ist z.B. mit der Wäsche, die sie in der Badewanne waschen mußte, nicht zurecht gekommen und hat von Eiern und Tee gelebt.
Die Abweisung durch ihren Vater fand F. nicht richtig, da sie lieber zuhause geblieben wäre.
F: Zu Hause habe ich mich am allerwohlsten gefühlt.

Der Vorteil eines Lebens zuhause wäre ein geordnetes Leben gewesen: sie hätte nachts früher da sein müssen, hätte gekocht und gewaschen bekommen. F. beschreibt die Einrichtung des damaligen Zimmers (Lampe, Blumen etc.), welche sie ganz schön fand. Als konkreten Grund für die folgende Erkrankung gibt sie an, daß ihr die Leute im Haus auf die Schliche gekommen sind, daß sie nicht arbeiten geht. Wohin das geführt hätte weiß M. nicht; vielleicht hätte sie einen Amerikaner geheiratet und wäre nach Amerika gefahren. Damals konnte sie noch klar denken, heute nicht mehr, heute wird sie von außen gesteuert. Sie bemerkt zu dieser Zeit noch, daß es ja auch immerhin mit drei Arbeitsstellen nicht geklappt hat.

Besser ginge es ihr, wenn sie wieder selbständig leben könne und es ihr nichts mehr ausmache in der Klinik zu sein. Von ihrem jetzigen Freund will sie sich auch trennen (XVII, IS.31 f., VP).

Die Delegation von Verantwortlichkeit wird sehr häufig auch an anderen Stellen der Untersuchung deutlich. Noch vor Interview I betont Frau F. mehrmals, daß der Interviewer unbedingt Fragen stellen soll, da sie sonst nichts zu erzählen weiß; irgendwann einmal (als Erwachsene) hat sie alle ihre wichtigen Papiere (Zeugnisse u.ä.) im Zug liegen lassen, die ihr die Mutter dann wieder besorgen mußte; obwohl sie die Zeit in C. bei ihrer Schwester als die größte Selbständigkeit bezeichnet, muß sie sich Arbeit suchen lassen, fühlt sich selbst nicht dazu in der Lage:

Nach der Lehre ist F. zu ihrer Schwester gezogen, die ihr einen Arbeitsplatz besorgt, da sie selbst nicht wußte, wie man so etwas sucht - im Ruhrpott.

Einige Zeit später hat sie sich ein eigenes Zimmer gesucht, hat aber immer noch viel Kontakt zu ihrer Schwester. Insgesamt war sie 1;6 Jahre dort. Zum Schluß bekam sie Heimweh, sie vermißte ihre Freunde und Familie.

I. versucht abzubrechen.

(3045)

F: Bei meiner Schwester war ich selbständig.

I. zögert, F. erzählt weiter.

F: Und jetzt bin ich hier gelandet (...).

I: Ja, im Vergleich dazu ist es nicht so arg schön hier ...

F: Nee (II, IS.8, VP).

Frau F. versucht, die schon in C. empfundene, sich ankündigende Isolation und Einsamkeit (eigenes Zimmer, Heimweh) zu korrigieren, der Vater aber, mit dem sie zuvor durch ein exklusives Verhältnis verbunden war, versagt ihr jetzt die Hilfe. Er zwingt Frau F., neben den Anforderungen des Berufslebens die Einsamkeit des Alleine-Wohnens zu ertragen. In den letzten Interviews der Untersuchung bezeichnet sie mehrmals dieses Ereignis als ihr tragischstes Erlebnis, die Handlungsweise des Vaters, der ihr plötzlich den familiären Schutz verweigert, versteht sie nicht. Die Bedeutung für ihre Identität, besonders für ihre Rolle als Kind, wird an folgender Passage besonders deutlich:

... Sie schildert, daß ihr Vater sie jeden Morgen weckt, daß sie beobachten kann, was die Eltern zu Hause machen und daß irgendein Mann behauptet hat, sie habe keinen Busen - mit 11 habe sie auch tatsächlich keinen gehabt. Anschließend findet wieder eine Diskussion über das Alter und den Tod ihrer Eltern statt. Die Stimmen der Eltern (insbesondere des Vaters) helfen ihr in der Klinik zu überleben. Das schlimmste für sie war, als ihr Vater zu ihr gesagt hat, daß er sich nicht mehr um sie kümmern könne - früher hat er sich immer um F. gekümmert. Hier äußert sie die Befürchtung, sich wieder in ein Kleinkind zurückzuverwandeln (XVII, IS.32, VP).

Noch heute kann sich Frau F. eine eigenständige Existenz nur mit fremder Hilfe, mit erneuter Delegation der Verantwortung vorstellen, wenn sie nicht lieber doch ganz in der Klinik bleibt:

Als Möglichkeit von der Klinik wegzukommen nennt sie ihren Freund, aber das wolle ja ihr Vater nicht.

I: Ist das denn so wichtig, was Ihr Vater dazu sagt?

F: Ja, ich will meinen Vater nicht verärgern, weil er sonst böse auf mich wird und (undeutlich, im Interview unverstanden) mich verschlägt.

I: Ja, oder Sie hören wieder mehr Stimmen von ihm?

F: Das würde nix schaden.

I: Das macht nix?

F: Der sollte sich ruhig mal öfter melden! (lacht dabei)

I: Ach so.

Jemand anderes als Stütze kann sich F. nicht richtg vorstellen,

F: ... eine Freundin vielleicht ... aber ich habe keine mehr ... hier findet man ja auch keine richtige Freundschaft.

I. deutet Wohngemeinschaften als Möglichkeit an.

----- *(längere Pause, Kaffeemaschine wird angemacht)*

I. kündigt nächste Fragestellung an.

F. erkundigt sich danach, wie lange I.s Arbeitsvertrag noch läuft.

F: Wenn Sie aufhören, was mach ich denn dann? (V, IS.18 f., VP).

F: Ach, ich will gar nicht mehr weg, es gefällt mir jetzt besser, die Atmosphäre ist besser geworden. Wo soll ich denn außerdem hin? (XV, IS.31, GP).

F: *Aber ich habe viel zu viel Angst davor ...*

I: *Vor?*

F: *Vor der Selbständigkeit draußen ... Eine Wohngemeinschaft ginge vielleicht ... das könnte gehen.*

(I. hat diese Fragestellung nicht eingeleitet.) (XVIII, IS.35, VP).

Bezüglich ihrer Selbständigkeit gerät Frau F. in ein für sie nicht aufzulösendes Dilemma: Nach der vollständigen Über-Forderung nach beruflicher und gleichzeitiger persönlicher Eigenständigkeit sucht sie den Weg zurück in die Rolle des Kindes. Diese Möglichkeit wird ihr nicht nur verweigert, sondern der Vater zerstört in ihren Augen zusätzlich ihre Versuche, mit Hilfe eines anderen Partners ein "normales" Leben zu führen. Dieses Dilemma und die damit verbundene Enttäuschung ("F: Daß mein Vater mich nicht abholt, verstehe ich nicht ... Verstehe ich nicht, der kann mich doch nach Hause holen", XVIII, IS.35, VP) der ehemals exklusiven Rolle als bevorzugte Konkurrentin der Mutter und Halbschwester kann Frau F. nur auf der Ebene der Erinnerung und Phantasie bis hin zu den gehörten "Stimmen" lösen:

Zu 1311: Bei nochmaliger Frage nach dem Themenwechsel (Form nicht Inhalt) äußert F. wieder die Befürchtung, gleichzeitig mit ihren Eltern sterben zu müssen. Die Eltern sind ihr im Moment eine Hilfe, weil sie sich an zu Hause erinnern kann und weiß, was ihre Eltern machen. Sie sind ihr nicht praktisch aber ideell allein durch ihre Existenz eine Stütze (XIV, IS.28, VP).

F: *Ja, ist doch normal, daß man ein paar Stimmen hört von seinen Eltern, daß sie einem Tippschläge oder sowas mitgeben auf'n Weg* (IV, IS.16, VP).

Dies wird m.E. möglich, da Frau F. als Kind schon **gelernt** hat, daß Wirklichkeit eine interpretativ gestaltbare Gegebenheit über ihre eigene Wahrnehmung hinaus (vgl. Schuldfrage) ist, die den Weg in Bereiche, die andere Gesellschaftsmitglieder als Phantasie oder als Krankheit und Wahn bezeichnen, selbstverständlich beinhaltet.

Frau F. spürt aber vereinzelt, daß diese "Rettungsversuche" eine erhebliche Einbuße an Selbständigkeit mit sich bringen:

Daß sich etwas ändert, will sie,

F: *... nicht von jedem beeinflußt werden, ... daß ich wieder klaren Kopf fassen kann.*

I: *Was heißt das, nicht mehr beeinflußt werden?*

F: *Durch die Stimmen und fremde Leute, ... daß ich ein selbständiger Mensch wieder werde.*

I: *So wie Sie es früher schon mal waren?*

F: *Ja* (IV, IS.15, VP).

Das, was der Interviewer für sich als Konfusion empfindet, setzt sich unablässig für Frau F. fort, etwa wenn im bisherigen Krankenhausaufenthalt niemand ihre Bemerkungen zu Inzest und Abtreibungen ernst nimmt, ihr gleichzeitig Mitpatienten aber die reale Existenz von "Stimmen" bestätigen.

8.2.6. Zur Familie: "Einmal hat er die Mutter im Treppenhaus vergewaltigt ... Es könnten aber auch Sex-Spiele gewesen sein"

Frau F. beschreibt sehr häufig Teilaspekte ihrer Familie, die sich erst für einen Betrachter zu einem Gesamtbild zusammenfügen. Meist handelt es sich dabei um Beschreibungen einzelner Personen und derer Handlungsweisen, nie wird die Familie als Einheit o.ä. dargestellt.

Wichtigster Brennpunkt des Bildes, das Frau F. entwirft, entsteht durch Äußerungen zu ihrem Vater, seinem Verhalten und Vermutungen über dessen Intentionen.
Die Schilderungen, Befürchtungen, Reflexionen und Deutungen bis hin zu deutlich erkennbaren Umdeutungsversuchen kreisen immer wieder um Gewalttätigkeit und Eifersucht des Vaters. Mehrmals formuliert Frau F. große Angst vor dieser maßgeblich körperlichen Gewalt:
Zu Hause traut sie sich nichts zu sagen, da sie Angst vor ihrem Vater hat (XIV, IS.30, VP).
Erster Termin mit Dr.Z.
F. erzählt relativ freimütig von ihren Ängsten diesem Gespräch gegenüber; sie

erzählt von früher, daß ihr Vater viel die Mutter geschlagen hat und von den Stimmen, die sie hört (XVIII, IS.41, GP).
Mit dieser Gewalt ist Frau F. noch heute konfrontiert. Bei dem Versuch z.B., einen zweiten Besuch zu verabreden, lehnt die Mutter zuerst wegen Kreislaufschwäche ab. Da der Vater bei diesem Telefongespräch anwesend war, ruft sie kurz darauf nochmals an und berichtet, daß der Vater z.Zt. viel Alkohol trinkt und aggressiv und unerträglich sei, die Tochter solle deswegen ja nicht unangemeldet nach Hause kommen.

Sexualität, der Frau F. in ihrem Leben als Kind besondere Bedeutung durch das inzestuöse Verhalten des Vaters beimißt, ist für sie von körperlicher Gewalt kaum zu trennen:
F. erzählt wieder von ihrer Familie, sie weiß nicht, ob ihr Vater ihre Mutter geschlagen hat. Einmal hat er die Mutter im Treppenhaus vergewaltigt - dies weiß sie, weil sie oben bei den Großeltern war, die Schreie gehört hat und nicht runter konnte. Es könnten aber auch Sex-Spiele gewesen sein (XXX, IS.41 f., GP).
Zur Sexualität des Vaters gehört Gewalttätigkeit offenbar wie eine Selbstverständlichkeit dazu.

Die Erlebnisse um die väterliche Gewalttätigkeit sind/waren für Frau F. so erschreckend und schwer zu ertragen, daß sie sogar im nachhinein versucht, ihre kindliche Wirklichkeit nicht nur auf der Deutungs-, sondern auch auf der Berichtsebene zu korrigieren - was sie ertragen und erleben mußte, kann wohl nicht wahr gewesen sein:

F: *Als ich auf der ... (Station) eingeliefert worden bin, hatte ich hier die Finger ab und eine Verletzung am Kopf. Ob das jetzt von meinem Vater gekommen ist, oder ob ich in die Bohrmaschine gekommen bin, das weiß ich gar nicht mehr. Ich glaube ich bin in die Bohrmaschine gekommen - auf dem Arbeitsplatz* (XVII, IS.32, VP).

Auffallend häufig erklärt Frau F., daß die drohende Gewalttätigkeit des Vaters und ihre Angst davor die Trennung von ihrem langjährigen Freund bewirkt haben und heute noch eine erneute Kontaktaufnahme verhindern. Sie vermittelt den Eindruck, daß die Macht des Vaters auf der stets präsenten

Bereitschaft beruht, wieder körperliche Gewalt zu realisieren:
Sie ruft aber den Freund zur Klärung des Verhältnisses nicht an, weil ihr das ihr Vater verboten hat. F. hält sich auch daran, weil sie keinen Ärger mit ihrem Vater will. Sie befürchtet, daß sie dann nicht mehr nach Hause (zu Besuch) darf oder von ihrem Vater geschlagen wird (XX, IS.36, VP). Sie will warten, bis die Eltern tot sind, dann gehe sie zu ihrem Freund zurück.

Direkt neben drohende und reale Gewalttätigkeit stellt Frau F. den Wunsch nach der Hilfe des Vaters (vgl. Dialog S.(IS.18)), den sie z.T. wie eine starke Abhängigkeit darstellt:

F: Glauben Sie, daß mein Vater eines Tages wegstirbt?
I: Ja.
F: Ja, was mach ich denn dann?
I: Ja, auch nix anderes als jetzt auch, oder?
F: Ei, dann werde ich ja ganz bekloppt - im Kopf.
I: Wie, weil der Vater stirbt?
F: Ja. Wenn der mir nicht mehr hilft, dann ist alles aus.
I: Der hilft Ihnen im Moment doch eh' nicht viel, soweit ich das mitkriege.
F: Och doch, der hilft mir schon. Wenn ich mich an meinen Vater erinnere, kann ich vieles viel besser (IV, IS.14 f., VP).

Dieser Wunsch aber stößt auf Ablehnung; wiederholt stellt Frau F. es als schlimmstes Erlebnis dar, daß ihr Vater ihr das Wohnen zu Hause (nach dem Aufenthalt in C.) verweigerte. In ihrem Denken scheint er einem direkten Kontakt vollständig auszuweichen. Schon Monate zuvor vermutet sie, daß er sich bei dem geplanten Besuch ins Krankenhaus legen würde:

I: ... mit der Mutter mal einen Termin ausmachen ...
F: ... stöbern dürfen. Ja, wenn der Vater im Krankenhaus ist.
I: Wieso im Krankenhaus?
F: Der soll ruhig zuhause sein.
I: Nee, ist der so krank, daß der ins Krankenhaus ...
F: Der legt sich ab und zu ins Krankenhaus und läßt sich untersuchen. Nur so ... (I, IS.4, VP).

Dies ist dann auch tatsächlich der Fall.

Frau F. beschreibt wenig Eigenschaften der Mutter. Sie wird maßgeblich als pragmatisch orientierte Person vorgestellt:

F. erzählt, daß sie sich mit Masern bei einer Freundin während Spielen im Bett angesteckt hat. Die Mutter hatte sie mit den Worten '... dann sind wir das Problem wenigstens los ...' geschickt (I, IS.4, VP).

Ohne zu wissen, wer die Schwangerschaft der Tochter verursacht hat, organisiert sie die Abtreibungen oder führt Versuche selbsttätig durch.

Einzige Gefühlsäußerung der Mutter, die Frau F. beschreibt, ist Eifersucht (vgl. die Interviewpassagen zum Thema "Abtreibung").

Während des gemeinsamen Besuches bei der Mutter reden beide kaum miteinander, im Mittelpunkt steht die Verpflegung: Kaffee, Kuchen, vorbereitete Salat und Eier. Anschließend sucht die Mutter, an den Interviewer gerichtet Gründe und Erklärungen für die Erkrankungen ihrer Tochter:

Das waren die Männer, sie ist halt in schlechte Gesellschaft geraten; aber vorhe in C., da ging's ihr auch schon nicht gut. Außerdem hat sie Zigaretten mit wa drin (Hasch) geraucht und war in so Lokalen ... (Säuferkneipen). Aber meinen Mann ging's damals auch nicht so gut, ... Krieg, aus Pommern vertrieben usw. meine andere Tochter ist auch von meinem ersten Mann - Halbschwestern (X IS.25, GP).

In der kommunikativen Validierung I äußert Frau F. die Überzeugung, an de Herzoperationen der Mutter schuld zu sein.

Schilderungen zur Beziehung der Eltern untereinander beschränken sich au die oben genannte Vergewaltigung und andere Gewalthandlungen des Vate der Mutter gegenüber. Frau F. vermittelt dem Interviewer den Eindruck, da ihr die Deutung der väterlichen Gewalttätigkeit auch der Mutter gegenüb Mühe bereitet; wieder versucht sie ihre Wahrnehmung "Vergewaltigung" i "Sex-Spiele" umzudeuten, vielleicht hat ja auch die Mutter den Vater verführt (v S.207).

Allgemein besehen ist für Frau F. eine Identifizierung, eine Bestimmu bestimmter, geschlechtsbezogener Rollen problematisch; dies zeigt sie anha einer kurzen Episode in C.:

F. bestätigt, daß sie sich noch gut an die ersten Klassen erinnern kann (im Gege satz zu I.).

Sie berichtet einiges von Schule und Unterricht und von einem Ausflug mit ihrer Halbschwester nach C. Auf einem Spaziergang ist der Schwager dabei, der von einem Pfarrer erzählt, der verheiratet sei oder nicht.

F: Das habe ich nicht ganz kapiert.

Ihre Schwester hat sie hier auch gegen ein schon verbundenes Bein getreten (I, IS.4, VP).

Sowohl Mutter als auch Schwester zeigen **in der Sicht von Frau F.** deutlich, daß beide sie eher als Belastung betrachten; die Schwester hilft nur widerwillig bei den Hausaufgaben und bezeichnet sie als "kleines Dreckding", die Mutter wird allererst als ein Mensch dargestellt, der primär Probleme sieht, die es loszuwerden gilt.

Eine positive Beziehung zu einer Frau kann sie sich kaum, nur mit Zögern, denken:

Jemand anderes als Stütze kann sich F. nicht richtg vorstellen,

F: ... eine Freundin vielleicht ... aber ich habe keine mehr ... hier findet man ja auch keine richtige Freundschaft (V, IS.19, VP).

Von den Großeltern berichtet Frau F. in ihrer Lebensgeschichte fast nie (andeutungsweise als Fluchtpunkt bei Streitereien der Eltern); sie tauchen lediglich als verwandelte Mitpatienten auf.

8.2.7. Gewähnte Themen: "Und so eine Todesspritze gibt's? ... Gibt's die? ... Ja die gibt's, gell? Oder nicht?"

In der Gruppe der gewähnten Themen sind vier Einzelthemen zusammengefaßt, die inhaltlich, in der Form des Vortrags und in ihrer Realitätshaltigkeit einen inneren Zusammenhang aufweisen. Bezüglich aller vier Themen hegt Frau F. nicht ständig, aber immer wieder und mit unterschiedlicher Intensität Zweifel, ob diese real oder zumindest als Möglichkeit existent sind. Diese Themen sind die Stimmen, die sie hört, Befürchtungen um den eigenen Tod und den anderer, geliebter Personen und Verwandlungen von Menschen ihrer

Umgebung in Personen mit biographischer Bedeutung. Die Überlegungen und Fragen hierzu durchbrechen meist die biographische Darstellung in Form abrupter Themenwechsel, lediglich die Hoffnung auf ein Weiterleben der Großeltern knüpft Frau F. an ein biographisches Ereignis, deren tatsächlichen Tod. Oftmals erscheinen die gewähnten Themen in unterschiedlichen Kombinationen.

Die gehörten Stimmen, immer von bekannten Personen, sind derart konkret (laut), daß Frau F. daraus ableitet, daß Mitpatienten oder -arbeiter, die sie in diesem Moment sieht, sich in die jeweilige Person "verwandeln", die tatsächlichen Stimmenträger deren Aussehen angenommen haben; ist niemand anwesend, "geistert" z.B. die Schwester "da herum". Diese Stimmen besitzen unterschiedlichen (Anmutungs-) Charakter; sie sind z.T.

- **neutral**, mit einem Schimmer an Hoffnung (ergibt sich eher aus der Mimik von Frau F.):
  THEMENWECHSEL
  Dann kommen wieder Berichte von Verwechslungen und Stimmen.
  F: Ich habe gehört, wir würden nach ... (Name eines Urlaubsortes) fahren.
  I: Wohin? (kann damit nichts anfangen) (V, IS.18, VP);

- **hilfreich**:
  Anschließend findet wieder eine Diskussion über das Alter und den Tod ihrer Eltern statt. Die Stimmen der Eltern (insbesondere des Vaters) helfen ihr, in der Klinik zu überleben (XVII, IS.32, VP);

- sehr **ängstigend**:
  Danach berichtet sie vom Tod ihrer Oma und ihren Zweifeln daran.
  F. hört Stimmen von ihrem Freund; wenn sie nach Hause komme, dürfe I. aber nicht mehr reinkommen (zu Hause). F. hat Angst vom Hochhaus zu springen, auch das sagen ihr andere Patienten und Stimmen. Zu Hause traut sie sich nichts zu sagen, da sie Angst vor ihrem Vater hat.
  F. erklärt, daß sich auf Station niemand mit ihr unterhalte - immer nur rumsitzen und Zigaretten rauchen (XIV, IS.30, VP).

Die Stimmen nehmen aber eher selten den erhofften, hilfreichen oder den neutralen Charakter an, meist sind sie bedrängend, beschimpfend und ängstigend. Frau F. führt die Tatsache, daß "gesund" bezeichnete Menschen diese Stimmen nicht hören können, auf ihr besonders "empfindliches Nervensystem" zurück und erhält gleichzeitig Bestätigung durch gleichermaßen empfindsame Menschen, die "krank" genannt werden, aber ebenfalls diese Stimmen hören. Dieses Denksystem klinischer Wirklichkeit wird von Frau F. allerdings immer wieder angezweifelt, z.B. wenn sie nicht mehr beeinflußt werden will (vgl. Kap. 8.2.5., S.205 f.) oder Erklärungen des Krankenhauspersonals übernimmt:

I. bittet F. zu erklären, was das Stimmen-Hören und die Personenumwandlungen eigentlich bedeuten.

F: *Weil Sie gesund sind, ich krank..*
Mit Tabletten kriegt man Halluzinationen (VIII, IS.23, GP).

Manchmal auch erkennt sie in den Belästigungen Widersprüche:

Hier unterbricht sie plötzlich die Aufzählung und meint

F: *Ich werde wieder von Fr. A. belästigt, höre Stimmen von ihr, daß sie mein Vater wäre. Dabei stimmt das überhaupt nicht* (XXI, IS.37, GP).

Da Frau F. ein Überhandnehmen der Stimmen auch mit Drogen und unkontrollierter Tabletteneinnahme in Zusammenhang bringt, verbindet sie aktuelle Belästigungen mit der klinischen Medikation, versucht aber gleichzeitig die Stimmen zu normalisieren, obwohl sie im gleichen Interview die behindernden Beeinflussungen beseitigt sehen möchte (s.o.):

I: *Was meinen Sie denn, wie das weggehen könnte mit den Stimmen?*

F: *Ja, ist doch normal, daß man ein paar Stimmen hört von seinen Eltern, daß sie einem Tippschläge oder sowas mitgeben auf'n Weg.*

I: *Aber soviel wie jetzt ist ja auch nicht richtig, oder?*

F: *Nee, nee!*

I: *Und was meinen Sie, wie man das wegkriegen könnte?*

F: *Tabletten absetzen.*

I: *Das ist ja gekommen, als Sie keine Tabletten genommen haben, mit den Tabletten wird's ja eher weniger.*

F: *Weniger, ja? (ungläubig) (...)* (IV, IS.16, VP).

An diesem Passus wird natürlich auch deutlich, daß der Interviewer innerhalb der Untersuchung die Aussagen von Frau F. zu ihrem Medikamentenmißbrauch keineswegs verstanden hat (erst in der Auswertung), sondern in der Situation unbemerkt seine Vorstellungen an sie heranträgt, die Medikation könne hilfreichen Charakter besitzen.

Einige Male bringt Frau F. ihre Stimmen und deren Wirkung in Verbindung mit ihrer Umgebung; dies zeigt sich besonders deutlich in folgendem Dialog:

I: Fühlen Sie sich denn selbst behindert durch dieses schwache Nervenkostüm?

F: Ja, weil ich wieder Stimmen höre ... seit dem ich auf Station ... bin.

I: Behindern Sie die irgendwie, die Stimmen?

F: Ja, von der Frau ... (Name) höre ich einen Haufen Stimmen ... Jetzt wo ich hier bin hat es aufgehört, aber als ich auf Station war, da war es furchtbar.

I: Heute?

F: Heute, ja. Ich habe auch so schlecht geträumt ... (Aufzählung). Die Stimmen haben beim Interview aufgehört.

I: Wie erklären Sie sich das?

F: Jaa, weil ich mich hier wohl fühle. Und weil ich nicht dauernd beobachtet werde von anderen auf Station.

I: Ja, hier werden wir von der Kamera beobachtet, oder macht das nicht so viel aus?

F: Nee, das stört mich nicht.

Anschließend wieder Gespräch über die Stimmen und wo die herkommen könnten.

F: Ich kann mir das ja alles nicht nur eingebildet haben.

THEMENWECHSEL (GANZ VON F.S THEMEN WEG)

Sie erkundigt sich nach I.s Tochter.

Danach erzählt sie weiter von ihren schlechten Träumen.

Zu 3976:

F: Jetzt haben die Stimmen aufgehört, jetzt geht's mir wieder besser. Wenn ich bei Ihnen bin, geht's mir immer ganz gut.

I: Womit erklären Sie sich das?

F: Weil Sie auf mich drauf eingehen.

Frau F. meint, die Stimmen kommen dann, wenn niemand auf sie eingeht, wenn sie alleine für sich ist.
Mit dem Begriff "spinnen" hat sie das Hören von Stimmen gemeint oder Gedankenübertragung.
Jetzt hört sie im Gespräch Stimmen - die Leute würden ihr alles nachmachen. Frau F. hat die Stimmen heute "satt" und will sie abstellen, indem sie sich nicht mehr verfolgen läßt. Sie überlegt, ob der Gedanke, alle auf Station würden nach ihrer Pfeife tanzen, "Einbildungssache" oder Realtät ist. Insbesondere morgens hat Frau F. sich nicht unter Kontrolle und hält Stimmen, die ihr z.B. sagen, sie solle aus dem Fenster springen, für absolut real (XVIII, IS.33 f., VP).

Die Intensität und Qualität der Stimmen setzt Frau F. in Abhängigkeit zu ihrem Befinden. Fühlt sie sich sozial isoliert (auf Station redet keiner mit ihr: immer nur rumsitzen und qualmen) werden die Stimmen "schlimmer", kann ein Gesprächspartner auf sie "eingehen", fühlt sie sich wohler. Dies trifft ebenfalls auf die Situation der Leistungsüberforderung zu; die arrangierten Versuche in der Arbeitstherapie bricht sie ab, da sie vermehrt Stimmen hört. Dort wird die Arbeit selbst nach Leistung bezahlt. Frau F. aber wurde, ohne ihre Neigungen auch nur ansatzweise zu erfassen, in eine größere Gruppe ohne adäquate Betreuung zum "Tütenkleben" gesetzt. Hier fällt die Parallele zu ihrer Situation als Berufsanfängerin auf.

Ebenso zeigt die Qualität der Stimmen auf phänomenologischer Ebene verblüffende Ähnlichkeit mit den Beschreibungen der väterlichen Handlungsweisen: Wünsche nach und Hoffnungen auf hilfreiche Unterstützung verwandeln sich in Angst und drohende Gewalt ("ich solle aus dem Fenster springen"). In diesem (und nicht nur hier) Interview fragt Frau F. *ständig nach Möglichkeiten, umgebracht zu werden (z.B. durch Ärzte).*
F: *Gibt's das?* (XVIII, IS.34, VP).

Eine der am häufigsten erwogenen Möglichkeiten sie umzubringen, ist die von Frau F. so bezeichnete "Todesspritze":
F: *Meine Schwester, ... von der höre ich auch Stimmen.*
: *Und was erzählt die?*

F: Ich wär so ein kleines Dreckding gewesen und so.

I: Und, stimmt aber nicht oder was?

F: Nöö, ich weiß das gar nicht genau, meine Oma hat behauptet, ich wär' gleich groß gewesen ... Jetzt hört's Gedächtnis auf.

THEMENWECHSEL

Darauf folgt wieder ein kurzes Gespräch um die "Todesspritze". Nach Rückfrage antwortet

F: ... daß man soviel Gift eingespritzt kriegt, bis man nicht mehr aufwacht, ...

dann wieder Gespräch über Stimmen und Krankheit.

Mittendrin:

F: Jetzt höre ich auch wieder Stimmen von meinem Freund.

I: Wann, jetzt?

F: Im Moment (unbeteiligt, nichts Besonderes).

I: Ja?

F: Mhm (IV, IS.14, VP).

Betrachtet man die Form der Darstellung, setzt an der Stelle, an der da Gedächtnis in die Kindheit hinein aufhört, und schon zu einem Interview Zeitpunkt, an dem sie sich noch um Gestaltung einer Norm-Kindheit bemüht heftige Todesangst ein.

Sehr häufig und mit meist deutlich ersichtlicher affektiver Relevanz durch bricht dieses Thema über die gesamte Untersuchung hin die Darstellung de Lebenslaufs. Gedanken um ihren Tod und die Todesspritze folgen oft, wen sich Frau F. um ihre Eltern sorgt und deren Tod befürchtet, so daß der inte sive Eindruck entsteht, sie fühle sich, aus dem "schlechten Gewissen" herau das Schicksal der Eltern zu **verschulden**, verfolgt und in Todesgefahr.

Schon in Interview I unterbreitet sie den Vorschlag, zu Hause die Wohnur nach biographischem Material zu "durchstöbern" und überlegt daraufhin:

F: Ich soll auch wieder mal nach Hause kommen. Wenn die wegsterben, w mach ich denn dann? Dann sterbe ich auch (I, IS.5, VP).

Es folgt eine Auseinandersetzung, ob es diese Todesspritze gibt oder nich Ausführlich erläutert der Interviewer, daß es das im Dritten Reich sicher g geben hat, heute aber bestimmt nicht mehr. Trotzdem fragt sie nach kurz Fortsetzung der Biographie:

THEMENWECHSEL

(1311)

F: Können die mir 'ne Todesspritze verpassen?

I: Wer - hier?

F: Ja.

I: Geben Sie doch selber mal eine Antwort.

F: Will ich aber nicht.

I: Wollen Sie nicht?

F: Nee.

I: Und glauben tun Sie es auch nicht richtig?

F: Nee, aber das machen die, gell?

I: Ich glaub's nicht (a.a.O.).

Charakteristisch für diese Strategie, durch Fragen und anschließende Erklärungen anderer die **wirkliche** Realität zu finden, festzulegen, ist eine Passage im gleichen Interview:

THEMENWECHSEL

F: Mhm ... Und so eine Todesspritze gibt's? ... Gibts die? ... Ja die gibt's, gell? Oder nicht?

I: Ja, ich glaub's nicht.

Darauf folgt eine Schilderung von Blutabnahmen, von denen man zwar nicht stirbt, die aber weh tun. I. erklärt ihr, daß diese zu Untersuchungen benötigt werden (I, IS.6, VP).

Nach der Schilderung des Lebenslaufs in den ersten sechs Interviews folgen die weniger offiziellen Termine, in denen Frau F. vom Inzest und den Abtreibungen berichtet. Die anschließende kommunikative Validierung I unterbricht sie mit der mehrmals vorgetragenen Begründung:

F: Keine Lust, habe sowieso schon zuviel erzählt (IS.28, GP).

In den dann doch stattfindenden Interviews XII-XIV häufen sich die Befürchtungen um den eigenen Tod und den ihrer Eltern. Der Interviewer, der in der Untersuchung die Zusammenhänge nur undeutlich sieht, aber auch aus der empfundenen Unsicherheit heraus die Therapie beim Analytiker des Hauses initiiert, versucht eben zu diesem Zeitpunkt die Bedeutung des oben referierten Themenwechsels (1311) zu erfassen. In diesen Antworten Frau F.s werden die Verbindungen der Ängste am deutlichsten:

Zu 1311: I. fragt, wie der Themenwechsel und die Frage nach der Todesspritze zustandekommen und vermutet, daß F. etwas anderes als das Gefragte meint. Darauf formuliert F. Todesängste für den Fall, daß ihre Eltern sterben - dann hat sie niemanden mehr, der sie beschützt. Sie fragt, ob I.s Eltern noch leben und meint (nach Rückfrage), es sei normal, daß man stirbt, wenn die Eltern sterben. I. fragt nochmal, wie die Frage zustande kommt.

F: Ja, weil das wie ein Konzentrationslager hierdrin ist.

Sie bestätigt nochmal die Angst, man könne dann mit ihr machen, was man wolle, wenn die Eltern tot sind. Sie hat zwar noch nichts KZ-ähnliches erlebt, aber die Angst davor geht ihr im Kopf herum - auch weil sie selbst Spritzen bekommt. I. fragt, wovor sie eigentlich (wirklich) Angst habe. F. nennt wieder den Tod. Viele dieser Gedanken entstehen nachts in Träumen. Sie beschreibt dann einen inneren Zwiespalt, welcher daher rührt, daß ihr Freund sagt, sie solle nicht mehr zu den Interviews gehen (XIV, IS.27, VP).

Wenn die Eltern sterben, muß Frau F. aus Schutz- und Hilflosigkeit ebenfalls sterben. In diesem Moment wäre sie dem psychiatrischen System, das sie als Konzentrationslager empfindet, restlos ausgeliefert. Auf diesen Gedanken kommt sie, da ihr Mitpatienten glaubhaft von entsprechenden Praktiken (insbesondere von der Todesspritze) berichtet haben. Die Todesangst aktualisiert sich besonders in dem Moment, in dem sich Frau F. in dem Zwiespalt befindet, ein Verbot o.ä. zu verletzen, von dessen Übertretung sie sich aber eine Verbesserung ihrer Lebensverhältnisse erhofft:

Auf die Idee mit der "Todesspritze" kommt sie, weil sie schon davon durch andere Patienten gehört hat. Im Gespräch ergibt sich, daß sie eigentlich mehr Angst vor dem Tod der Eltern hat - wenn sie einen Mann hätte, wäre es ja alles nicht so schlimm. Aber sie weiß nicht, wie sie den finden soll. Den alten Freund ruft sie nicht an, weil sie ihren Vater, der das verboten hat, nicht verärgern will (XIV, IS.28, VP).

In diesen Zwiespalt, der zu heftigen Ängsten führt, gerät sie in dem Moment in dem

- sie die zuvorderst zurückgehaltenen Geheimnisse um den Inzest "preisgibt",
- der derzeitige Freund versucht, ihr die Teilnahme an den Interviews auszureden,
- sie den Kontakt zum früheren Freund nicht mehr aufnehmen darf (und damals schon nicht durfte).

Bei Mißachtung der Verbote droht die Zerstörung der gesamten Kernfamilie (Eltern/Kind) durch den Tod; sie selbst ist zu diesem Zweck erreichbar über das Spritzen von Medikamenten/Gift.

Auffallend ist der Weg der gewähnten Tötung: durch Verletzung der äußeren Schutzhülle, durch Durchstoßen der Schicht, die, betrachtet man die kulturellen Konventionen, als nicht zu verletzende und nicht zu ignorierende (weil engste und letztmögliche) Grenze der Persönlichkeit betrachtet wird - Stoß, Schlag oder Stich werden gewöhnlich als Mißachtung und Verletzung dieser Hülle betrachtet, insbesondere wenn dies unter Zwang oder Verordnung stattfindet (selbst sanftere Berührungen sind ja meist nicht jedem gestattet). Sonderbar bzw. eigentlich naheliegend ist dieser Gedankengang zur **Todesspritze**, da er synchron zu dem Vorgang **Inzest** als Verletzung der kindlichen Grenze/ Hülle der Persönlichkeit verläuft. Es ist m.E. nicht notwendig, psychoanalytische Erklärungen heranzuziehen, um die Parallelität des Phänomens **"Durchstoßen der persönlichen Schutzhülle mittels Macht/Gewalt"** zu erkennen.

Unter kulturanthropologisch getöntem Blick fühlt man sich bei beiden Bildern/Phänomenen eher an Menschenopfer vor dem "Thron der Macht" erinnert, berücksichtigt man, daß Frau F. mit diesen Ängsten Jahre auf einer geschlossenen Station ohne adäquate Therapie (nur mit medikamentöser Versorgung) mit schwerkranken Patientinnen der Klinik verbracht hat.

Verteilt über die gesamte Untersuchung erwägt Frau F. die Möglichkeit, daß tatsächlich anwesende Menschen sich verwandeln in andere, ihr bekannte Personen. Sie ist sich dieses Vorgangs nicht ganz sicher (das zeigt sich wiederum durch die häufigen Fragen), da keine äußerliche Veränderung wahrnehmbar ist. Aus den Stimmen, die sie von den ihr bekannten Menschen hört, folgert sie

eine innere Verwandlung, bzw. aus ihrer Sicht: die alten Bekannten müssen mit veränderter Erscheinung in der Klinik sein. Dies ist mit allen biographisch relevanten Bezugspersonen möglich, besonders häufig allerdings erscheinen Eltern und Großeltern.
Ihre Unsicherheit verdeutlichen folgende Beispiele:
Sie erzählt, daß sie frühere Bekannte mit Patienten verwechselt (IV, IS.15, VP).
THEMENWECHSEL
F. fragt, ob sich ihre Schwester auch in andere Personen verwandeln kann - auf diese Idee kommt sie, weil sie diese mit der Stimme ihrer Schwester hört. Sie fragt noch mehrmals nach anderen Verwandlungen (IV, IS.16, VP).

Von der Erscheinungsweise her besehen sind Fragen und Erwägungen vergleichbar mit ähnlichen Vorgehensweisen von Kindern, die gerade das magische Alter verlassen/versuchen zu verlassen und sich solchermaßen eine "rationale" Erwachsenen-Realität aneignen. Frau F. wirkt gleichsam wie festgehalten auf dieser Stufe der Wirklichkeitsaneignung, insbesondere wenn so die toten Großeltern wieder zum Leben erweckt werden.
Auf diese Art und Weise hat Frau F. ihre Biographie "wiedererweckt" zu einer "alternativen Szenerie" innerhalb der Klinik. Bei dem Versuch, hierbei schreckliche Erlebnisse der Kindheit zu eliminieren, abzuspalten, kommt ihr der Begriff **"Einbildungskrankheit"** sogar eher gelegen. Damit verbundene Erläuterungen zu ihrer Krankheit helfen ihr, berichtete Ereignisse ungeschehen zu machen (nur eingebildet), während sie die gewähnten Themen, da sie viele hoffnungsvolle Aspekte tragen, von Mitpatienten bestätigt sieht.
In der kommunikativen Validierung II versucht sie erneut Berichte auf der Deutungsebene zu korrigieren; sie will nicht mehr an die Gewalttätigkeit des Vaters und den Streit der Eltern glauben: "Hinterher vertragen sie sich doch wieder".

Andererseits benutzt Frau F. selten, aber mit relativ präzisen Vorstellungen den Begriff "spinnen":
Als Gründe für ihre Kuren gibt F. an, sie habe gesponnen, von dem LSD, das bei ihr so lange gehalten hat. Sie beschreibt das Spinnen:
F: Und da habe ich geglaubt, die Freunde von früher ... (Namen) würden mic

verfolgen. Die würden vor der Tür stehen und reinkommen und was nicht alles (III, IS.11 f., VP; vgl. auch S.178).

Frau F. zeigt auch hier (und nicht nur durch die genannten Fragen), daß sie an der Wirklichkeit einiger ihrer Ideen zweifelt.

8.2.8. Überlegungen zur Normalität: "Ja, ist doch normal, oder, Sie verführen die ... (eigene Tochter) doch auch, oder?"

Frau F. denkt sehr häufig über Normalität und ihre Vorstellungen von einem normalen Leben nach. Die Entwürfe stellt sie ihrer Kindheit als auch ihrer derzeitigen Situation in der Klinik gegenüber.

Frau F. entfaltet in den Interviews I-VI eine überdurchschnittlich normale, gewissermaßen klischeehafte Kindheit und Jugend, in der nichts Besonderes geschehen ist (vgl. Kap. 8.2.1), die Entstehung ihrer Krankheit erklärt sie mit Drogen u.ä.

Selbst nachdem sie schon in den Interviews VII-IX mehrmals von Inzest und Abtreibungen berichtet hat, fallen ihr diese Themen in der kommunikativen Validierung I nicht als etwas Besonderes ein, oder sie hält diese absichtlich vor den Video-Geräten im Verborgenen:

Zu 320: Bei der Frage nach etwas Besonderem in ihrer Kindheit hat Frau F. Dinge aufgezählt, die fast alle Kinder tun. I. fragt, ob das heißt, daß nichts Besonderes erlebt wurde, oder sie sich an nichts erinnert, oder fällt ihr etwas nicht Alltägliches ein? Frau F. hat viele Freunde gehabt (nach Rückfrage); das war etwas Besonderes, und sie haben im Garten Beeren gepflückt. I. nennt "Blinddarm", daraufhin zählt Frau F. ihre Kinderkrankheiten auf. Wiederholung der Frage - nein, sonst hat sie nichts erlebt. Sie zählt nochmals Häkeln, Puppen etc. auf (XII, S.26 f., VP).

Deutlich entsteht der Eindruck, daß der Inzest (datiert auf 3-4 Jahre) fast selbstverständlich als Bestandteil die Normalität und Alltäglichkeit dieser Kindheit definiert. Das wird zusätzlich ersichtlich, da Frau F. auch in direkter Form über lange Zeit in der Untersuchung versucht, ihre Kindheit zu "normalisieren". Selbst heute noch sucht sie immer wieder die Bestätigung, daß alles (also auch Inzest und Gewalttätigkeiten) ganz normale Erlebnisse waren:

F: *Aber mein Vater hat mich auch schon verführt, als ich 25 war, da ist er abends zu mir gekommen, richtig - als Mädchen hat er mich auch schon verführt, aber nur mit'm Finger. Da haben wir auf dem Sofa gelegen und Weihnachtslieder gesungen, dann hat er's gemacht.*

I: *Öfter?*

F: *Ja, ist doch normal, oder, Sie verführen die ... (eigene Tochter) doch auch, oder?*

I: *Nein* (VII, IS.22, GP).

F: *Mit 25 (Jahren) das erste Mal richtig verführt, früher als kleines Mädchen auch, mit 3 oder 4 (I. hat vorher von der eigenen 4-jährigen Tochter erzählt). Andere Kinder sind auch verführt worden - mit 24, da war ich in der Werkstatt für Behinderte - das war damals so Sitte* (XIII, IS.28, GP).

Erst im Laufe der weiteren Untersuchung setzt sich bei Frau F. die Deutun durch, daß diese Erlebnisse zur Krankheit geführt haben und ihr heutige Schicksal bestimmen; im Vergleich mit anderen Menschen kommen ihr Zwei fel an der "Normalität" ihrer Biographie.

Sie wünscht sich ein normales Leben, das sie wiederholt beschreibt, weiß abe daß die Strategien, die sie zur Herstellung von Selbständigkeit erlernt ha schlicht versagen. Dies betrifft gleichermaßen Versorgung und Haushaltsführun wie ihre Kommunikationsfähigkeit, d.h., ohne negative Auswirkungen der Eir samkeit zu entgehen.

Sie überlegt, wieviel "Spinnen" normal ist und freut sich deutlich über I.s Beme kung, daß er auch manchmal "spinne".

F: *Aber ich habe viel zu viel Angst davor ...*

I: *Vor was?*

F: *Vor der Selbständigkeit draußen ... Eine Wohngemeinschaft ginge vielleicht das könnte gehen.*

(I. hat diese Fragestellung nicht eingeleitet.) (XVIII, IS.35, VP).

Betrachtet man ihre Wünsche, wird verständlicher, daß Frau F. vor der Wir lichkeit des Lebens in dieser Gesellschaft erhebliche Angst hat:

F: *Stimmt es, daß wir nach Amerika fahren?*

I: *Wer denn?*

F: *Die ganze Mannschaft.*

I: *Was für eine Mannschaft, die ... (Station)?*

F: *Ja.*

I: *Und wie kommen Sie da jetzt drauf?*

F: *Nach Chicago fahren. (lacht)*

I: *Und dann? Erzählen Sie mal weiter!*

F: *Reiten gehen, einen Freund haben.*

I: *Und was noch?*

F: *Einen Bettpartner haben.*

I: *Einen Bettpartner.*

F: *Ja.*

I: *Und das dicke Geld verdienen?*

F: *Mhm (ja).*

I: *Ist das so, wie Sie sich das normale Leben vorstellen? Wie es für Sie sein müßte?*

F: *So könnte es aussehen.*

I: *Ja? Hätten Sie es gerne so?*

F: *Ja. (lacht)*

I: *Reiten gehen, ... (zählt lachend mit Fingern mit)*

F: *Freund haben, ...*

I: *Freund haben, einen Bettpartner und was noch?*

F: *Kinder keine.*

I: *Keine Kinder, dafür ein paar Millionen auf der Bank.*

F: *Ja. (lachend)*

I: *Gut.*

F: *Dann mach ich mich ab* (VI, IS.20 f., VP).

Eindeutig ist bei diesem Dialog, daß es sich bei Geld und Reichtum um eine Assoziation/Erwartung bzw. Projektion des Interviewers handelt; Frau F. wünscht sich für die ganze Mannschaft: Wegfahren, Reiten, Freund und Bettpartner, aber keine Kinder.

Sehr häufig und auffallend ausführlich hat Frau F. zuvor von Jugendfreizeiten berichtet, die sie wie eine Möglichkeit, ein Modell beschreibt, der bedrückenden Enge der Familie zu entkommen. Die vereinzelten Fragen, ob wir nach ... fahren, tragen das Modell in die Gegenwart (vgl. S.210).

Die Formulierung einer konkreten, für sie adäquaten, alternativen Lebensform scheint ihr allerdings noch schwierig; nur selten erwägt sie z.B. die Möglichkeit einer Wohngemeinschaft.

8.2.9. Lebenswelt Psychiatrische Klinik: "Ich habe abgebaut, körperlich und seelisch"

Neben Wünschen und Entwürfen zur Normalität ist Frau F. mit ihrer faktischen Existenz in einem psychiatrischen Landeskrankenhaus konfrontiert. Sie beschreibt dies als eigene Lebenswelt, als eine Wirklichkeit mit einem anderen Sinn, als ihr die Mitarbeiter "einzureden" versuchen.
Ihre Bemerkungen zum Aufenthalt in der Klinik beginnt sie mit Beschreibungen der geschlossenen Station, auf der sie bald nach ihrer Einlieferung die nächsten vier Jahre mit schwerst chronisch kranken (meist psychotischen) Frauen verbrachte:

F: War nicht so schön auf der ... (Station).
I: Wieso nicht?
F: Ich habe abgebaut, körperlich und seelisch.
I: Was heißt das?
F: Daß ich keinen Rückhalt mehr hatte, an die Außenwelt. Haben wir zusammengepfercht, zu viert in einem ganz engen Zimmer gelegen (zeigt mit den Händen einen Schuhkarton), die Leute sind frech geworden, eine hat behauptet, sie hätte ein Messer dabei, eine hat Sachen von mir angezogen ...
Sie beschreibt ihre Wanderung über die verschiedenen Stationen, weil sie z.B. Parfum getrunken hat (das hat sie zu Hause auch schon gemacht, weil da Alkohol drin sei). Zwischendurch melden sich bei ihr Stimmen (IV, IS.15, VP).

An anderer Stelle vergleicht Frau F. die Klinik mit einem Konzentrationslager: diese Angst geht ihr im Kopf herum, auch weil sie selbst Spritzen bekommt (vgl. S.---). Sie erwartet, wie vorne dargestellt, jederzeit eine Todesspritze bekommen zu können; der Vergleich mit einem KZ zeigt dann deutlich, daß sie befürchtet, **Sinn und Zweck ihres Aufenthaltes sei, sie irgendwann einmal umzubringen.**

Ihren derzeitigen Aufenthalt auf einer offenen Station mit weniger schwer Kranken (aber auch als nicht rehabilitierbar eingestuften Männern und Frauen) beschreibt Frau F. als eher langweilig und kommunikationsarm:

Sie erklärt, daß sich auf Station niemand mit ihr unterhalte - immer nur rumsitzen und Zigaretten rauchen. ...

Frau F. meint, das wäre alles sehr anstrengend, aber wenn I. nicht käme, würde sie nur da rumsitzen und vor sich hin dösen (XIV, IS.30, VP).

Ihr ist wichtig, die innerklinische Sexualität zu erwähnen:

I: *Was ist denn das wichtigste Erlebnis gewesen hier (in der Klinik) ?*

F: *Daß ich vergewaltigt worden bin von 16 Männern (schnell und ernsthaft)* (IV, IS.16, VP).

Mit dieser Aussage will Frau F. zumindest sagen, daß es schwierig ist, für sie sinnvolle Beziehungen in der Klinik aufzunehmen.

F: *... hier findet man ja auch keine richtige Freundschaft* (V, IS.19, VP).

Bleibt ihr solchermaßen nur die eigentlich ungewollte Beziehung zu einem schwer und mehrfach Behinderten, der über größere Geldmittel verfügt - ihr Taschengald reicht ja für den Alltag nicht aus.

Positiv findet Frau F. Kasino und Gelände (gemeint ist die landschaftliche Umgebung). Das Kasino ist nachmittags Treffpunkt der Patienten, um der oben genannten Langeweile zu entgehen. In der gleichen Form bewertet sie die Beschäftigungstherapie, in der sie sich weitgehend nach ihren Interessen realisieren kann, aber:

F: *Ich will hier (i.d. Klinik) auch arbeiten, kann man hier nicht's mehr dazulernen? ...* (IX, IS.24, GP).

Bei Vorbereitungen zu den geplanten Video-Aufzeichnungen stellt sie eine Liste der relevanten Räume ihrer Lebenswelt zusammen:

- *Aufenthalts-/Essensräume,*
- *Schlafzimmer,*
- *Stationszimmer.*

Hier unterbricht sie plötzlich die Aufzählung und meint

F: *Ich werde wieder von Fr.A. belästigt, höre Stimmen von ihr, daß sie mein Vater wäre. Dabei stimmt das überhaupt nicht.*

Anschließend fährt sie mit der Liste fort.
- *Personalraum,*
- *von der restlichen Klinik gar nichts.*

F: ... höchstens wenn Sie mit der Kamera in die BT kommen, die Aufnahmen mache ich selbst (XXI, IS.37, GP).

Einen der wichtigsten Bestandteile ihrer derzeitigen Lebenswelt bilden die Medikamente in ihrer von Frau F. wahrgenommenen Wirkung auf ihren eigenen Zustand (neben den Erwägungen zur Todesspritze). Alle Überlegungen nehmen ihren Ausgang in der Phase versuchter Eigenständigkeit, in der sie Einsamkeit und Mißerfolge mit Tabletten und später mit Drogen zu lindern suchte. Sie begründete/deutete ihre damalige Erkrankung mit Tablettenmißbrauch, bis sie nicht mehr arbeiten gehen konnte (vgl. S.177). Dies prägt ihre Erfahrungen mit Medikamenten und Stoffen mit psychotroper Wirkung.
Ähnlich negative Wirkungen mißt sie ihrer heutigen Medikation bei, sie beschreibt in chronologischer Reihenfolge:

- *F: ... Medikamente betäuben* (IV, IS.13, VP),
- *F: Mit Tabletten kriegt man Halluzinationen* (VIII, IS.23, GP),
- *F: Auf die Tabletten von heute werde ich immer so aggressiv, möchte auf die Leute draufhauen* (XV, IS.30, GP).

Zu 5240-5288: Auf die Bitte, die häufigen Themenwechsel zu erklären, antwortet

F: Weil ich mich nicht richtig erinnern kann, falle ich von einem Thema ins andere.

Diesen Zustand (I: Zerfahrenheit) erklärt sie mit der Einnahme der Medikamente und führt auf Nachfrage die Möglichkeit der Vererbung an (XIX, IS.35, VP).

F: Warum bin ich nur so durcheinander - das sind bestimmt die Medikamente. Wenn mich mein Vater nicht verführt hätte, wäre ich nicht hier (XXIV, IS.3[illegible] f., GP).

Bei solchermaßen unangenehmer Wirkungsweise, die wie eine "chemische Zwangsjacke" behindert, liegt für Frau F. die Vermutung und Überzeugung nahe, daß zu einer Heilung oder zumindest zur Verminderung der Symptome nur ein Absetzen der Medikamente führen kann:

Sie stellt sich die Frage, was man gegen ihre Krankheit tun kann.
F: Weniger Medikamente geben.
Sie berichtet, daß ihr die Gespräche mit Dr.Z. gut gefallen (XXXI, IS.42, GP).
Am schärfsten erlebt Frau F. in dieser Untersuchung die Behinderungen, als ihr im Laufe der Übungen mit der Video-Technik klar wird, daß sie von der feinfühligen Apparatur durch ständiges Zittern der Hände (von Ärzten als Nebenwirkung der Medikamente erklärt) und anschließende Verkrampfungen überfordert wird.

Aus erziehungswissenschaftlicher Sicht - und gerade auch Psychiater betonen ja immer wieder ihre pädagogische Funktion und Fähigkeit - muß an dieser Stelle die Frage gestellt werden, welchen Sinn es hat, fast sprachlos (Sprache nur als Druckmittel) und unter existentiellen Todesängsten die Einnahme von Medikamenten (Tabletten und Spritzen) zu erzwingen, statt ein Therapeutikum zu wählen, dessen Güte Frau F. selbst hervorhebt (Sprache und Interaktion). Ist es Ironie, wenn Schulmediziner ihre Kunstfertigkeit darin wähnen, daß sie mit Vergünstigungen und Verboten (z.B. Ausgangssperre auf der ehemaligen, geschlossenen Frauenstation) eine regelmäßige Medikamenteneinnahme durchsetzen?

Prägendes Charakteristikum ihrer Lebenswelt, insbesondere des jeweiligen Stations-Milieus ist, daß Mitpatientinnen ihre Todesängste als gerechtfertigt bestätigen. Auf diesem Wege kommt sie auch zu dem zeitweiligen Glauben, daß die Monatsspritze Kinder "macht": Diese fördert den Stuhlgang; aus dem Produkt werden dann Kinder "gemacht". Die knappen Erklärungen der Ärzte erscheinen ihr in diesen Momenten nicht allzu glaubhaft.

3.2.10. Das Verhältnis zu Männern: "Mit den Männern hier auf'm ... ist ja auch extrem"

Frau F. beschreibt ihre Jugend bis zum Ende der Lehre als glückliche und erfolgreiche Zeit. Neben den guten Noten sind ihre Beziehungen zu Freunden und einer Freundin wichtig; diese Freundschaften sind etwas Besonderes für sie. Mit einigem Stolz berichtet sie von einem Freund, der sie täglich von der Arbeit abgeholt hat. Von Bedeutung ist auch eine lose Clique, entstanden über Gemeindejugend, Schule und Freizeiten, mit der sie viel gemeinsam unternommen hat. Diese noch angenehme Lebenszeit birgt offenbar noch zukunftsträchtige und anstrebenswerte Modelle für Partnerschaft und Gemeinschaftsleben, allgemein gesagt für den sozialen Austausch; sie weisen, ähnlich den Freizeit-Erlebnissen, den gewünschten Weg aus der Familiengeschichte heraus. Während des Aufentaltes in C. verliert sie die ehemaligen Kontakte und hat bei ihrer Rückkehr zur Bewältigung ihrer Einsamkeit kaum noch Möglichkeiten, auf diese Kreise zurückzugreifen. Da sich auf den häufig wechselnden Arbeitsplätzen auch keine befriedigenden Beziehungen herstellen lassen, muß sie auf Bekanntschaften aus Kneipen und Tanzlokalen zurückgreifen (vgl. S.177), die ihr nachträglich zweifelhaft (wie der Ruf der Lokale) erscheinen.

Dies führt zur ersten Erkrankung und einer kurzen Kur (etwa fünf Monate), in der sie ihren dann langjährigen Freund kennenlernt. In ihren Augen ist auch seine Fürsprache mitverantwortlich, daß sie, Frau F., wieder zu Hause wohnen darf (vgl. a.a.O.). Der Vater zeigt Einsicht und erscheint kooperativer. Das inzestuöse Verhältnis aber besteht weiter, und der Vater versucht später (mit Erfolg) die Verbindung zu diesem Freund zu verhindern, zu zerstören; ihre eigene Übertretung des Kontaktverbotes betrachtet Frau F. als den Grund für ihre anschließende Klinikeinweisung.

Das Modell des hilfreichen Freundes, der sie rettet ("Dornröschen") prägt Frau F. bis heute, die daraus abgeleitete Hoffnung oder gar Erwartung formuliert sie sehr oft. Sie kann den Freund allerdings nicht anrufen, da sie ihren Vater nicht ein wiederholtes Mal verärgern will. Auf diese Weise mündet die Hoffnung in Resignation:

THEMENWECHSEL

F: Ich kann mir auch nichts Neues mehr ausdenken.

I: In welcher Beziehung?

F: In Beziehung auf meinen Vater und meinen Freund.

F. erzählt, daß sie acht Jahre mit ihrem Freund verheiratet war (VI, IS.2 VP).

Das Zerstörte, Verlorengegangene, kommt ihr heute manchmal (sonst spricht sie meist von "verlobt") wie die ersehnte Ehe vor.

Solchermaßen bleibt sie auf die Wirklichkeit und Möglichkeiten in der Klinik realisierbarer Beziehungen und Sexualität verwiesen. Die bereits erwähnte Vergewaltigung durch sechzehn Männer bezeichnet sie als wichtigstes Erlebnis ihres Aufenthalts:

I: *Von 16 Männern?*

F: *Ja ... Aber ich kenne die gar nicht mehr genau ... Das war ja furchtbar ... Zumutung war das* (IV, IS.16, VP).

Damit verdeutlicht Frau F. pointiert, was sie kurz zuvor nur andeutet:

F: *Mit den Männern hier auf'm ... ist ja auch extrem* (IV, IS.15, VP).

Da der Interviewer die Passage, Frau F. kenne die sechzehn Männer nicht mehr, nicht verstanden hat, wird sie in der kommunikativen Validierung I angesprochen:

Zu 5088: Auf die Frage, wie sie diese Aussage gemeint hat, führt sie zwei Mitpatienten an, die sie gegen ihren Willen vergewaltigt haben. F. fragt dann, ob sie von denen Kinder habe. Als I. verneint, zählt sie drei Fehlgeburten in drei verschiedenen Kliniken auf (XIX, IS.35, VP).

Deutlich wird an der Zahl "16" und dem Begriff "extrem", daß Frau F. in für sie begründeter, ständiger Angst vor sexueller Belästigung steht, die Diskrepanz der Häufigkeiten klärt sie allerdings nicht auf. Relevant ist nicht die "tatsächliche Häufigkeit", sondern die Darstellung des allgemeinen Klimas:

F: *Jeder Dritte gibt sich als Freund aus, will ich nicht, mein alter Freund soll mich abholen. Aber der kommt ja nicht. Weil mein Vater mich verführt hat, das ist daran schuld. Der Vater ist eifersüchtig, vertreibt andere Männer* (XIII, IS.28, GP).

Mit den Sätzen der beiden letzten Seiten macht Frau F. deutlich, daß sich viele Patienten als Freunde anbieten, eigentlich aber nur kurze und unverbindliche Sexualität suchen, wenn sie überhaupt fragen und nicht zu Gewalt greifen. Immer wieder aber geraten die betroffenen Männer auch in Konkurrenz zueinander:

Darauf berichtet sie von einer Verführung durch einen Mitpatienten in der Klinik.

F. hat ein schlechtes Gewissen, da eine kleine Schlägerei dieses Patienten mit Hr. H. folgte (XXXI, IS.42, GP).
Hr. H. ist der mehrfach behinderte Geld-Freund.

Frau F. betrachtet die Interaktion mit dem Interviewer, die Beziehung zu ihm und ihre Erwartungen an ihn auf verschiedenen Ebenen der Deutung und unter einer bestimmten Fragestellung. Diese Fragestellung, ob der Interviewer die gleichen Interessen an ihr habe wie alle anderen Männer, die sich mehr als tangential mit ihr befassen, sie nämlich zu verführen, bringt sie erst ab Interview IX zum Ausdruck.
Zuvor beschreibt sie ihr Interesse gleichsam als Bekämpfung von Langeweile, "... um auch mal was zum Schwätzen zu haben". Mit dieser Bemerkung unterstreicht sie schon ganz zu Anfang der Untersuchung die Sprachlosigkeit des Stationsmilieus.
Um die Prioritäten ihrer Erkenntnisinteressen zu erfassen, werden, nachdem sie in Interview VII und VIII von Inzest und Abtreibungen berichtet hat, die Interviewrollen umgekehrt, d.h., der Interviewer wird von Frau F. befragt:
I: Heute können sie mir Fragen stellen, was interessiert Sie am meisten?
F: Haben Sie eine Freundin? ...
Jesus (ein Patient) hat mich verführt ... (IX, IS.24, GP).
Zu diesem Dialog muß erläutert werden, daß der Interviewer zu diesem Zeitpunkt noch längere Haare und Vollbart trug und in der Gruppe, die die Auflösung der ehemaligen (geschlossenen) Station von Frau F. vorbereiten und begleiten sollte, oft gefragt wurde, ob er Jesus sei.
Das primäre Interesse, die Wahrheit über die männliche Rolle zu erfahren (Verführung durch den Vater: "... das war damals so Sitte"), wird zweifellos noch deutlicher anhand eines zwischengeschobenen Termins (kein Interview, aber nächstes Treffen):
Es soll der Besuchstermin mit der Mutter geklärt werden.
F. kommt mit einem neuen Freund (Patient der gleichen Station) - sie hat schon zwei Bier getrunken, ist entsprechend ausgelassen, erzählt um so mehr "Blödsinn", je mehr er lacht. Später wird von I. im Postskriptum nachgetragen, daß er vergessen hat, daß F. ihn (I.) fragt, wann er sie denn mal verführen würde, worauf I. irritiert, aber heftig ablehnend reagiert (IS.24, GP).

Frau F. will unter Anwesenheit eines Zeugen wissen, ob "Verführung" auch zur Rolle und zum Handlungsrepertoire des Interviewers gehört. Hierbei entstehen Anspannung, Mißtrauen und Konkurrenzgefühle insbesondere beim Freund, was Frau F. amüsiert lachend beobachtet. Es entsteht der Eindruck, daß Frau F. gerade durch die schon erwähnten Konkurrenzsituationen versucht, ihre Wertigkeit bei Männern festzustellen; diese prügeln sich z.T. sogar wegen ihr. Damit reproduziert sie unablässig das Modell "Konkurrenz als Bestätigung ihrer Person", das sie zwischen ihrem früheren Freund und ihrem Vater erlernt hat.
Nach dieser Klärung der Rolle des Interviewers und der Demonstration durch Frau F., daß sie für alle Fälle einen Beschützer hat (so versteht I. im Gespräch die Situation), entspannen sich ihre Kommentare und Fragen, sie formuliert folgend häufiger die angenehmen Seiten der Interviews (vgl. S.224):
Wir haben nochmals das vorangegangene Thema, eine Therapie mit Dr.Z. als einzige Möglichkeit, neu an ihrer Krankheit zu arbeiten, besprochen. F. ist heute interessierter, I. soll Dr.Z. mal zu einem der Interviews einladen. Sie will einen Therapie-Versuch wagen, wenn das nicht das Ende unserer gemeinsamen Arbeit (mit I.) bedeutet (XXIII, IS.38, GP).
Sie beschreibt hier indirekt die Wertigkeit der Interviews für sie, verbindet aber die befürchtete Konkurrenzsituation mit der Angst, einen der Gesprächspartner zu verlieren.
Zum Ende der Untersuchung verfolgt Frau F. eine eher kooperative Strategie, versucht gar einer konkurrierenden Situationsauslegung vorzubeugen:
Erster Termin mit Dr.Z.
F. erzählt relativ freimütig von ihren Ängsten diesem Gespräch gegenüber; sie erzählt von früher, daß ihr Vater viel die Mutter geschlagen hat und von den Stimmen, die sie hört (XXVIII, IS.41, GP).
Zu der begonnenen Therapie erzählt sie,
F: Ich brauch gar nix zu sagen, Dr.Z. fragt mich schon aus, ... ich weiß ja nix zu erzählen. ... Bei Ihnen gefällt es mir auch, da kann man sich wohlfühlen (XXXII, IS.42, GP).

8.3. Zusammenfassung und methodische Triangulation

In diesem Kapitel werden die Ergebnisse der Auswertung der biographischen Darstellung zusammengefaßt und z.T. miteinander verknüpft. Diese Verknüpfungen und Vergleiche gehen über die Sichtweise von Frau F. hinaus, obwohl sie dieselben zum Ausgangspunkt haben. Sie werden dann systematisch mit den Ergebnissen der Aktenanalyse und der autofotographischen Beobachtungen verglichen.

Betrachtet man die Gesamtgestalt der biographischen Darstellung, fallen, grob besehen, drei voneinander differenzierbare Erzählstrategien auf.
In Interview I-VI entwirft Frau F. eine Kindheit und Jugend, die ihren Vorstellungen von Normalität entspricht; sie weiß, daß sie Inzest und Abtreibungen verschweigen soll/muß. Die hierzu notwendigen kommunikativen Strategien hält sie allerdings nur über sechs Interviews hinweg durch.
Inzest und Abtreibungen bezeugen im Anschluß ihre hervorstechende, biographische Relevanz, indem sich beide Themen gleichermaßen **gegen** das relativ starre Frage-Korsett der kommunikativen Validierung I und **gegen** das kontrollierend beobachtende Auge der Video-Aufzeichnungsgeräte Durchbruch und "Luft" verschaffen. Sie folgen nicht mehr der chronologischen Reihenfolge, sondern Frau F. stellt sie als **dauerhaft schädigende Erlebnisse** dar, was sie selbst wiederum mit zunehmender Deutlichkeit erkennt und wiederholt formuliert.

Die gesamte Form der lebensgeschichtlichen Erzählung wird konsequent un permanent abrupt von den gewähnten Themen durchstoßen. Dies stellt sic nur einem Betrachter als "Zerfahrenheit" oder "Wahn" dar, während sich ei Zusammenhang zur Kindheit, die sozialisatorische Gestaltung der Themen, al lererst mit Beschreibung von Inzest und Abtreibungen ergeben. Solchermaße wird verständlich, warum Vorstellungen, Befürchtungen und Ängste von Fra F. um Gewalt, Tod und Zerstörung kreisen, sie gleichzeitig auf Hilfe un Zuwendung hofft. Die gewähnten Themen spiegeln präzise ihre Situation a Kind, in der ihre Todesängste und Wünsche nach Hilfe mit Beschimpfunge ("kleines Dreckding") und Vorwürfen (vgl. Schuldfrage), später mit "pragmat schen" Abtreibungen beantwortet werden. Durch ihre inhaltliche Ähnlichkeit mit Vorstellungen aus dem magischen Entwicklungsstadium des Kindesalters (was ein Vater alles kann: Verwandlungen, sie immer erreichen können etc.) führen die Themen zurück in diese Zeit, halten gewissermaßen den Schrecken dieser bis heute unbewältigten Kindheit, dieser **Wirklichkeit**, akut, so daß der Versuch, sie zu normalisieren, mißlingen muß, je mehr Frau F. über ihre Biographie nachdenkt. Die Form der Darstellung dieser ständig wiederkehrenden Themen, ihr für Frau F. offenbar nur schwer kontrollierbares Einbrechen in die Darstellung des gesamten Lebenslaufs, gibt so, in seiner Wirkung auf einen Zuhörer, erzählstrategisch die **Gewalttätigkeit** wieder, mit der sich der Vater Zugang zu seiner Tochter verschaffte: Durchbrechen der Grenzen eines Kindes, das eigentlich Schutz und Sicherheit erhofft und zur Bildung von Stabilität dringend benötigt - diese Themen beschreiben bildhaft ungehindertes und unablässiges **Zur-Freien-Verfügung-Stehen**. Frau F. hatte niemals in ihrem Leben die Möglichkeit zu lernen, unangenehme Anforderungen an sie abzulehnen.

Deutlich wird die Überforderung eines etwa vierjährigen Kindes, das unter Androhung und Demonstration von möglicherweise todbringender Gewalt den Inzest und damit zusammenhängende Themen verschweigen lernen muß. Hinzu kommt die ungeklärte Schuldfrage. Im zusätzlichen Glauben, alle Geschehnisse provoziert zu haben, läßt sich eine Verpflichtung zum Schweigen verständlicherweise noch leichter/besser durchsetzen.

Die ständige Präsenz von Gewalt und Schuldzuweisung ist so bedrohlich, daß sich die Vorstellungen verselbständigen, sie, Frau F., müsse mit den Eltern sterben, man könne sie mit einer Todesspritze umbringen, und Stimmen ihr sagen, sie solle aus dem Fenster springen. Die todbringenden Bedrohungen und magischen Umsetzungsmethoden (z.B. Verwandlung) erlernt Frau F. offensichtlich in einer Zeit, in der solche Vorgänge entwicklungsgemäß noch möglich sind und erhält sie sich als wähnenswerte Themen.

Diese Lebensgeschichte läßt sich von Frau F. nur ertragen, indem sie bereit ist, die Wirklichkeit ihrer Wahrnehmung zu korrigieren - der Vater hat ihr nicht die Finger zertrümmert, sondern sie glaubt, am Arbeitsplatz in die Bohrmaschine gekommen zu sein. Hierbei greift sie dankbar den Begriff

"Krankheit" und "Einbildungskrankheit" auf, um ihre unerträgliche Wirklichkeit zu korrigieren. Mit hoher Wahrscheinlichkeit hört sie nicht zum ersten Mal, daß sie sich alles nur eingebildet hat.

Ergänzt wird die Sozialisation in dieser familiären Wirklichkeit durch ihre jahrelange Unterbringung auf der geschlossenen Frauenstation, auf welcher das Leben in ihren Augen unter kaum einem Aspekt in Gewalttätigkeit dem in ihrer Familie nachsteht. Frau F. muß sich für ihre Schuld bestraft und ständig bedroht fühlen.

Bei der Durchsicht der Krankenakte, welche erst nach den Interviews durchgeführt wurde, um eine Beeinflussung des Interviewers zu vermeiden, ergaben sich durchweg nur Bestätigungen des erhobenen Datenmaterials, z.T. auch weitreichende Ergänzungen. Aus den unterschiedlichen Berichten gehen Irrtümer seitens Frau F. lediglich bei der Rekonstruktion von Jahreszahlen und der genauen Datierung ihrer Klinikaufenthalte hervor; diese Schwierigkeit hatte sie schon während der Untersuchung benannt.
Auf der o.g. Frauenstation, auf der nur sehr schwer kranke Patientinnen untergebracht sind, erhält sie erwähnenswerte Bestätigung für ihre Befürchtung, daß sie umgebracht werden soll. Wie schon gesagt, bestätigen ihr das Mitpatientinnen (auch, daß sie z.B. Schreie aus dem Keller hören), die z.T. absichtlich schwächere Glieder der Station ängstigen, damit an Macht gewinnen und partiell die soziale Situation kontrollieren können. Daneben wird in der Akte nach Verlegung auf diese Station häufiger von Blickkrämpfen der Patientin berichtet, die von der Medikation ausgelöst sind und mit einem zusätzlichen Medikament behandelt werden. Psychiater beschreiben diese Krämpfe als existentiell ängstigend und quälend; aus diesem Grund sollten sie schnell behandelt werden (vgl. z.B. BLEULER 1983, S.177). Verständlich ist, daß Frau F., an die Möglichkeit oder besser an die Wahrscheinlichkeit von Gewalt gewöhnt, annimmt, die Medikamente sollten sie umbringen. Deren Verabreichung aber ist sie hilflos ausgeliefert (insbesondere den Spritzen, Tabletten können ausgespuckt werden); wieder steht sie somit **zur freien Verfügung.** Wie aber verarbeitet Frau F. dann die Tatsache, daß während d Untersuchung von einem Historiker im Keller desselben Hauses Bunker a

der Nazi-Zeit entdeckt werden, in denen Patienten bestraft, u.U. umgebracht wurden?

Nennenswerte Ergänzungen stellen folgende Berichte und Kommentare dar: "Ein Sanka-Fahrer, der zufällig auf der Station war, berichtet, die Patientin sei das Nachbarkind von ihm gewesen. Sie sei immer nett und aufgeschlossen gewesen, aber die Familienverhältnisse seien 'die reinste Hölle gewesen'. Es sei häufiger vorgekommen, daß die Mutter, nur mit Unterhose bekleidet, im Garten herumgelaufen sei, weil sie Angst hatte, ihr Mann schlägt sie" (aus Arztbericht). Deutlich wird, daß Frau F. in der Untersuchung die Gewalttätigkeit und permanente Bedrohung eher untertreibt. Schon zu Beginn des Aufenthaltes wird berichtet, daß sie versuchte, die Prügeleien in "Sex-Spiele" umzudeuten, gibt aber hier noch an, daß ihr Vater auch sie verprügelt hat.
In der Akte ist ebenfalls festgehalten, daß sie mit Knochenbrüchen der Finger eingeliefert wurde. Damals erklärt sie, daß der Vater sie mit einem Holzschuh auf den Kopf geschlagen und ihr bei den Versuchen, die Schläge abzuwehren, die Finger zertrümmert hat. Ihr Wunsch, diese Wahrnehmung als Arbeitsunfall zu korrigieren, wurde bereits geschildert.
Von der Kurklinik, in der ihre erste längere Behandlung stattfand (tatsächlich 1973), liegt ebenfalls ein Bericht vor. Die damaligen Therapeuten beschreiben den Vater als unberechenbar, kriegsversehrt, er habe eine Hirnverletzung mit hirnorganischer Wesensveränderung. Auffällig sei seine Umständlichkeit, vermehrtes Haften, ungesteuerte Gefühlsausbrüche, mangelnde Einsichtsfähigkeit und Selbstkritik. Er trinke, was zu schwierigen, gewalttätigen Szenen führe, in denen die Tochter Schutz bei den Großeltern suche. Trotz dieser Erkenntnisse wird Frau F. nach Hause entlassen.
Auffallende Besonderheiten in den Berichten der geschlossenen Frauenstation sind, daß Frau F. jetzt häufig mit sämtlichen Kleidern im Bett gefunden wird und sich weigert, diese auszuziehen. Etwa ein halbes Jahr zuvor ist der Vater zu ihrem Pfleger "bestellt" worden, mit dem Auftrag der "Sorge für das Vermögen einschließlich des Rechts der Aufenthaltsbestimmung".

Ihre Entwicklung über die gesamte Zeit der beiden Aufenthalte in der Klinik,

in der die Untersuchung stattfand, wird aus der Sicht schulmedizinisch orientierter Psychiatrie folgendermaßen dargestellt:
Zunächst wird sie als "auffallend ruhig, apatisch, völlig interesse- und antriebslos, lethargisch und träge" beschrieben. "Sie ist vollkommen willenlos, nie aggressiv, läßt sich leicht ablenken und macht widerstandslos alles, was man ihr sagt". Schon zum ersten Aufenthalt wird vermerkt, daß sie Stimmen hört, die ihr befehlen: "Männer sind verboten". Bemerkungen zu einem Baby in ihrem Bauch bleiben unkommentiert. Es kommen Kollegen aus dem Umweltamt zu Besuch, die sich Vorwürfe machen, da sie Frau F. unfreundlich behandelt und gehänselt haben. Eine Abtreibung wird festgehalten und eindeutig dem Freund zugeschrieben.
Das Interesse der Ärzte kreist um unterschiedliche Diagnosen (drei verschiedene) und selbst auf der Rehabilitationsstation (1986) um die geeignete Medikation.
Auf der geschlossenen Frauenstation beginnen Berichte um aggressives Verhalten, sie verprügelt immer wieder Mitpatientinnen und Personal, sie fühlt sich belästigt, obwohl ihr keiner zu nahe kommt. Auch heftigere Auftritte, bei denen sie brüllt, ihr Vater hätte sie vergewaltigt, werden als zusammenhangloses Zeug oder völlig unkommentiert abgetan. Als sie auf ihren Vater schimpft, der sei ein "Saukerl", hätte sie verführt und würde sie nun hier sitzen lassen und anschließend auf eine Mitpatientin losgeht, erhält sie ihren Bedarf an zusätzlichen Medikamenten, über dessen Einsatz das Pflegepersonal entscheiden kann. Später, auf offenen Stationen, fühlt sie sich von Männern verfolgt. Tatsächlich wird sie von Herrn H. (dem mehrfachbehinderten Mitpatienten) verfolgt, der sie schlägt, wenn sie nicht auf seine Zuneigungen eingeht.
Da sie den Anforderungen der Reha-Station nicht entsprechen kann, wird sie zuletzt (Untersuchungszeitraum) auf eine Station für chronisch kranke Langzeitpatienten verlegt. Dort wird eine stetige Verschlechterung ihres Zustandes konstatiert (zeitlich parallel zu ihren biogaphischen Reflexionen): "Dabei ist nur sehr schwer abzugrenzen, ob es sich um den Ausdruck eines sich verstärkenden psychotischen Geschehens, um eine zunehmende Demenz oder um Späthospitalisierungsschäden handelt".
Darf man es als erfreulich bezeichnen, daß Ärzte die Folgen der Behandlung ihrer Institution als schädlich zumindest in Erwägung ziehen?

Das Ergebnis dieser bis dahin achtjährigen Behandlung liegt darin, daß Frau F. fähig wird, sich einer weiteren, realen und gewalttätigen Wirklichkeit anzupassen.
Es muß jedoch darauf hingewiesen werden, daß nach Kenntnisnahme der Inzestproblematik alle Beteiligten mit einer Behandlung durch Dr.Z. einverstanden sind.

Zunächst sollte neben der Lebensgeschichte die psychiatrische Weltsicht mit von Frau F. selbstgefertigten Video-Aufzeichnungen dieser Lebenswelt kontrastiert werden. Im Vordergrund der Überlegungen stand das Ziel der Gestaltung einer visualisierten, nicht versprachlichten **Sicht** ihrer zum Alltag gewordenen Umgebung.
Die Realisierung einer derartigen Perspektiven-Beschreibung war in der geplanten Form leider nicht möglich. Trotz Verwendung einer technisch unkomplizierten Kamera, die andere Patienten gut bedienen konnten, gelang dasselbe Frau F. nicht. Störungen der Feinmotorik, das Zittern der Hände und Nachwirkungen der Fingerbrüche, führten schnell zu Verkrampfungen, so daß Frau F. die Kamera nicht mehr in der erforderlichen Position halten konnte und deshalb der Durchführung von Aufnahmen aus dem Wege ging.
Da dem Interviewer die Verwendung eines bekannten Instruments günstiger schien, gestaltete Frau F. mit einer automatischen Taschenkamera eine "Collage" aus "Autofotografien" als Ansicht der Klinik (gewissermaßen für einen fremden, betrachtenden Menschen). Eine derartige Collage besitzt zwar geringere Differenzierungsmöglichkeiten als Video-Aufzeichnungen, ist aber im Gegensatz dazu durch den punktuellen Einsatz stärker auf Eindeutigkeit gerichtet. Die dargestellten Situationen gehen nicht ineinander über, haben "härtere" Grenzen und müssen stärker fokussiert werden.
Es entstand eine Serie von Bildern, die durch die Beschränkung der Mitteilung auf drei Themen nur schwer fehlinterpretiert werden können. Zur Überprüfung, der Interviewer befürchtete eine "Über-Interpretation" durch mittlerweile starke Involviertheit in die Fallgeschichte, wurden die Fotografien mehreren "Fremden" vorgelegt, die die Klinik und Frau F. nicht kannten (keine "Deutungs-Spezialisten" wie Psychologen, Psychiater o.ä.).

Zur Gestaltung hatte Frau F. einen düsteren und verregneten Tag gewählt, an dem der Weg der "Fotoserie" über die Reha-Station und die Station von Dr.Z. zu ihrer heutigen Station chronisch Kranker führte. Thematisch sind drei Bereiche zu erkennen: Außenansichten verschiedener Gebäude, Innenansichten mit Fokus auf Pflanzen, Blumen und Personendarstellungen von Mitarbeitern und Patienten. Alle Betrachter suchten erfolglos nach Darstellungen von etwas Persönlichem, z.B. von ihrem Zimmer, der Blick aus ihrem Fenster o.ä. Ein abgelichteter Wandteppich mit Landschaft und Bäumen ist erst nach Erklärung als von ihr selbst produzierter zu erkennen. Frau F. visualisiert somit gleichsam durch Weglassen die ent-biographisierende Macht des Klinikaufenthaltes.

Bezüglich der Außenansichten (5 Bilder) fotografierte Frau F. mit demonstrativer Gleichgültigkeit (wiederholter Kommentar: "Ist doch egal ...") irgendwelche Gebäudeteile und verdreckte Baumaschinen. Es entstanden wenig einladende Bilder, deren Ausdruck die Betrachter als Warnung interpretierten, jeden unnötigen Aufenthalt dort zu vermeiden. Sie wirken gleichzeitig z.T. wie im Vorbeilaufen abgedrückt, ohne erkennbaren Fokus.

Weitgehend das Gegenteil vermitteln Innenansichten und Personendarstellungen, (jeweils 8) Bilder, die in kühler Krankenhausatmosphäre auf vereinzelte Zeichen von Lebendigkeit gerichtet sind.

Die Aussagen der Innenansichten wurden von den Betrachtern meist als hilflos wirkende Auflockerungsversuche beschrieben, wenn beispielsweise zwischen Neon-Lampen und abwaschbaren Wänden Blumen und Pflanzen auftauchen. Gleichzeitig teilen sie aber innerhalb dieser niederdrückenden Umgebung Reste eines ungebrochenen Lebenswillens und Wünsche nach Häuslichkeit aus. Die Hälfte dieser Pflanzenbilder fokussieren rote Blumen mit Geschenkcharakter (sie tragen z.B. Verpackungsreste) und teilen damit einen Kontaktwunsch aus der Klinik heraus mit, z.T. wohl auch den intensiven Wunsch nach Zuwendung.

Die Personendarstellungen zeigen offen zugewandte, meist lachende Gesichter (Ausnahme: eine etwas skeptische Patientin), die direkter, gewissermaßen ohne Verschlüsselung (wie bei den Geschenk-Blumen), Kontakt- und Zuwendungswünsche ausstrahlen. Diese Wünsche sind relativ eindeutig auf Frauen unterschiedlichsten Alters (7 Bilder) gerichtet, die gezielt aufgesucht wurden

Auf dem Weg zwischen den Häusern wurde ein zufällig gesichteter, etwas älterer Gärtner abgelichtet. Die Hoffnung aber auf verläßliche Zuwendung scheint sich eher auf Frauen zu beziehen. Das wird insbesondere auf einer Fotografie deutlich, auf der sie selbst, von einem Dritten fotografiert, eingehakt bei einer Beschäftigungstherapeutin, zu sehen ist - eine für den Interviewer äußerst ungewohnte Geste seitens Frau F. Ihre Mimik verrät Verblüffung über die eigene "Frechheit" und sonst nicht gewagte "Distanzlosigkeit".

Ähnlichen Stellenwert hatte ein Nachmittag, an dem der Interviewer mit Frau F. nach A. fuhr, um sich die für sie wichtigsten Stationen ihrer Biographie zeigen zu lassen. Diese waren **nicht** aus ihrer Kindheit gegriffen (wie z.B. Schule o.ä.), sondern sie suchte relevante Plätze aus ihrer Jugend und Adoleszenz auf: Lokale, Wohnungen von alten Freunden, Jugendtreffs, die sie mit ihrem Mofa erreichte, ihre Lehrstelle, alle ausschließlich Orte, die eine Zeit repräsentieren, in der sie noch berechtigte Hoffnung auf ein selbständiges Leben außerhalb der Familie haben konnte.
Den Abschluß bildete ein Besuch auf dem Friedhof mit dem Grab der Großeltern, währenddessen sie mit schallendem Gelächter einen Grabstein mit dem Familiennamen des Interviewers fand.

Die methodische Triangulation, d.h. die Betrachtung der biographischen Sinnkonstitutionen aus drei verschiedenen Perspektiven, mit Interview, Autofotografie (fokussierte Beobachtung) und Aktenanalyse, fördert die folgenden Auffälligkeiten zutage, die auf rein sprachlicher Ebene sicher verborgen geblieben wären:
Die **Aktenanalyse** zeigt, daß der Vater von Frau F. weitaus gewalttätiger war, als aus ihren Worten allein geschlossen werden kann. Da die Akte Einstellungen von Frau F. zu verschiedenen Zeitpunkten festhält, zeigt sie die Wandlung eines wichtigen Deutungsmusters. Während zu Beginn des Klinikaufenthaltes der Vater ihre Verletzungen offenbar eindeutig verursacht hat, kann sie auf Dauer mit dieser grausamen Tatsache nicht leben, greift dankbar den Begriff "Einbildungskrankheit" auf, will glauben, daß sie sich geirrt hat und wahrscheinlich doch in die Bohrmaschine geraten ist. Sie versucht, Wirklichkeit

"korrigierend", ein positives Bild vom Vater herzustellen, ihn in Schutz zu nehmen.
Die **Autofotografien** zeigen eine bis dato ungeahnte Freude an Lebendigem, am Leben, eine für Frau F. nicht mehr verbalisierbare, prospektive Kraft und Hoffnungen, wenn man von der Amerika-Phantasie als Rarität absieht. Insbesondere der letztgenannte Aspekt ist von Bedeutung für die Planung pädagogisch-didaktischer und therapeutischer Maßnahmen.

8.4. Ergebnisse der Selbstbeobachtungen und Interaktionsanalyse

Schon die Überlegungen zur und das konkrete Vorgehen bei der Auswahl vo Frau F. als Gegenstand der Untersuchung stehen in Zusammenhang mit de produzierten und referierten Ergebnissen, insbesondere mit dem Vordränge der Themen um Inzest und Abtreibung und deren zunehmender Relevanz Zumindest aber hat die Tatsache, daß der Interviewer eine Frau zur Biogra phieerhebung ansprach (vgl. erhoffter interaktiver Spannungsbogen), un Frau F. einem Mann gegenübersaß, zur Überprüfung dessen männlicher Roll und der Allgemeingültigkeit des väterlichen, prägenden Exempels geführt.
Einerseits hätte ein männlicher Befragter selbst bei ähnlichen Erlebnisse anders, wenn überhaupt, davon berichtet. Von Männern wird diese Themati wesentlich konsequenter verschwiegen (s. Kap. 9), da die Themen diese wegen der Aspekte Homosexualität und Unterlegenheit als Mann noch peinl cher sind.
Andererseits hätte Frau F. einer Interviewer**in** gegenüber mit großer Wah scheinlichkeit andere Leitfragen und -motive im Erzählen verfolgt, etwa Mö lichkeiten der Solidarisierung oder Konkurrenz betrachtet und somit die gan Form und den Inhalt der Gesamtdarstellung verändert (u.U. andere Betonu der mütterlichen Rolle).

Problematische Aspekte, aus der Sicht des Interviewers, enthielt die Notwe digkeit des partiellen Rollenwandels. Der Interviewer war vor der Unters chung in der Klinik als Sonderschullehrer und Diplom-Pädagoge auch in d Weiterbildungsarbeit (Nachholen von Schulabschlüssen, Deutschkurse f

Ausländer etc.) schon seit zwei Jahren tätig, d.h., die Patienten hatten eine Vielzahl von Erwartungen bezüglich seiner beratenden Aufgabenstellung aufgebaut, z.T. als unausgesprochene Forderung entwickelt und internalisiert. Bereits innerhalb dieser Tätigkeit war es oft schwierig, auf die Bildungs- und Berufswünsche der Patienten zu rekurrieren, ihnen nicht fremdbestimmte Vorschläge, wie gewünscht, zu unterbreiten.
Insbesondere aber in der Untersuchung, in der der Interviewer eine eher passiv-fragende Rolle innehatte, versuchte Frau F., ihn immer wieder auf solchermaßen lehrerhaft lenkendes Verhalten (so wie sie die Rolle in ihrer eigenen Sozialisation kennengelernt hatte) durch Fragen und Referieren "erzieherischer" Forderungen des Pflegepersonals in seinen Stellungnahmen und Äußerungen festzuschreiben. Dieser "Verlockung" zu widerstehen, gelang dem Interviewer erst zunehmend im Laufe der Untersuchung.

Eine besondere Rolle spielten Ängste und ähnliche Reaktionen des Interviewers, welche mit großer Sicherheit auf den Verlauf der Untersuchung prägend einwirkten.
Am deutlichsten erkennbar und wahrnehmbar waren solche Ängste in dem Moment, in dem Frau F. die Ebene der Kommunikation verließ und auf die des Agierens wechselte, indem sie ihren aktuellen Freund zu einem der vereinbarten Termine (kein Interview) mitbrachte. Mit ihrer Frage nach Verführung seitens des Interviewers war eindeutig eine Konkurrenzsituation hergestellt, die unbedingt die Eifersucht des Freundes wecken mußte. Dies löste heftigste Ängste beim Interviewer aus, da ihm dieser Patient mit großer latenter Bereitschaft zu Gewalttätigkeit geschildert worden war. Zur Durchsetzung seiner Wünsche hatte sich der Patient beispielsweise während einer Visite ein Messer ins Herz zu stoßen versucht und sich dabei schwerst verletzt. Seine Gesundheit konnte nur mit Mühe wieder hergestellt werden. Dieses Bild imaginierend, erwartete der Interviewer jeden Moment, der Freund würde seinem Unmut mit Einsatz seiner Körperkräfte oder anderer Instrumente Luft verschaffen. Gleichzeitig mußte der Interviewer ihn bitten, an den folgenden Terminen nicht mehr teilzunehmen, da die entstehende Dreieck-Situation (in der Vorstellung des Interviewers) kein sinnvolles Gespräch und auch nicht die bevorstehende kommunikative Validierung I zugelassen hätte. Wider Erwar-

ten konnte der Freund diese Bitte akzeptieren, ohne die Befürchtungen des Interviewers zu bestätigen.

Im Zusammenhang mit Schilderung und Deutung der Geschehnisse um Inzest und Abtreibungen gewann der Interviewer den Eindruck, daß es sich um die Darstellung traumatisierender Erlebnisse und folgender, heftiger seelischer Krisen handelte. Im dialogischen Umgang mit diesen Berichten und sich ständig weiterentwickelnden Reflexionen seitens Frau F. entstanden beim Interviewer zumindest zeitweise Gefühle von Inkompetenz und konkrete Vorstellungen zu einer Notwendigkeit von psychotherapeutischer Unterstützung (sowohl für Frau F. als auch im Sinne einer Supervision für den Interviewer). Somit bildeten nicht nur die Bedürfnisse von Frau F., sondern auch die **Unsicherheit** des Interviewers das Motiv, Frau F. zu einer psychoanalytisch orientierten Therapie hin zu beraten.
Außerdem verstärkte sich der Wunsch des Interviewers nach externer (außerhalb des Untersuchungssettings) Beurteilung der Validität der vorgetragenen Ereignisse, da das Thema Inzest und Folgen für ihn eine bis dahin weitgehend unbekannte Problematik darstellten, er aus seiner eigenen Ausbildung vor allem die ödipalen Wunschtheorien FREUD's kannte. Beides, Wunsch und biographisches Ereignis, wären zwar gleichermaßen bedeutende Realitäten für Frau F., den Blick auf die Entstehungsursachen gewendet, bestehen aber gerade für einen Pädagogen/Erziehungswissenschaftler erhebliche Unterschiede, wenn er derartige Erziehungspraktiken (wie auch immer) beispielsweise zu verhindern oder zu beklagen trachtet. Wird der Blick auf prophylaktische Möglichkeiten gerichtet (vgl. Kap. 10), ist es keineswegs gleichgültig, welche Wirklichkeit auf welchem Entstehungszusammenhang beruht.
Die geschilderte Unsicherheit des Interviewers führte in seinem Befragungsverhalten zu anfänglicher Zurückhaltung, in der Vorstellung, nicht durch intensive Rückfragen die Relevanz des Themas Inzest und Folgen "künstlich" zu erhöhen. Hierbei handelte es sich, das muß deutlich betont werden, nicht um ein produktives Ansinnen, sondern um eine spezifische Form von Angstabwehr. Im Nachhinein betrachtet, wäre ein unterstützenderes Gesprächsverhalten dem Berichten und reflexiven Verarbeiten seitens Frau F. vermutlich dienlicher gewesen. Es ist möglich, daß durch die genannte Zurückhaltung und

Angstabwehr des Interviewers Informationen und Deutungen passiv "unterdrückt" wurden. In der kommunikativen Validierung, nach zwischenzeitlichen Reflexionen des Interviewers, konnte dieser dann deutlicher der verstärkten Bedeutungszuweisung durch Frau F. folgen.

Diffuse Ängste und Zweifel entstanden für den Interviewer aber auch außerhalb des Untersuchungszusammenhangs, ausgelöst von der immer gewichtiger werdenden Inzestproblematik. So, wie Frau F. die männliche Rolle des Interviewers als auch seine mögliche Bereitschaft zu sexuellem Mißbrauch (etwa an der eigenen Tochter) zu erkunden suchte, mobilisierte das Thema Reflexionen beim Interviewer selbst über inzestuöse und/oder ähnliche Wünsche. Diese konnte er zwar zuvordert verneinen und von sich weisen, befürchtete aber, und dieser Gedankengang gehört ja dank FREUD und Psychoanalyse zum allgemeinen Kulturgut, unbewußte und somit unerkannte oder verleugnete (da zu sehr ängstigende) Wunschtendenzen. Solche Überlegungen führten zu verstärkter Vorsicht und Distanz der eigenen Tochter gegenüber, um keine fehlinterpretierbare, zu große Nähe zu zeigen. Insbesondere die literarische Beschäftigung mit diesem Thema und die Konfrontation mit maßgeblich feministisch geprägten Ansichten warf im ersten, affektiv geprägten Moment die Frage auf, an welchem Punkt inzestuöses Verhalten beginnt. Auch hier führte, deutlich erkennbar, Unsicherheit und Angstabwehr zum beschriebenen, glücklicherweise nur vorläufigen Rückzug.

Der anfängliche "Schrecken" und die unleugbare Betroffenheit, welche sich in verstärkter kommunikativer und interaktiver Zurückhaltung manifestierten (im Interview und privat), führten zu der stetig schärfer werdenden Einsicht, daß es sich bei Inzest und Folgen, von der Gewalttätigkeit des Vaters über Drohungen und Schuldzuweisungen bis hin zu den Abtreibungen, um existentiell bedrohliche, "kränkende" Themen handelt.
Das allmähliche Erkennen und Kategorisieren der geschilderten Vorgänge als relevante, weil folgenreiche Tabuverletzung, als kriminelle Straftat und als eklatanten Machtmißbrauch machten ihre realitätsgenerierende und -definierende Gewalt schrittweise, gleichsam die eigene Fassungslosigkeit überwindend, verstehbar. Dieser Bedeutung konnte sich der Interviewer um so weni-

ger entziehen, als auch Frau F. die berichteten Ereignisse als "psychiatrisierende" deutete.

9. Kumulativer Vergleich: Sexueller Mißbrauch und Inzest als Formen von Gewalt gegenüber Kindern

Das Jahre andauernde inzestuöse Verhältnis von Frau F. zu ihrem gewalttätigen Vater mit allen Folgen bis hin zu den Abtreibungen haben sich als relevanteste und ihre persönliche Entwicklung am intensivsten prägende Ereignisse herausgestellt (vgl. Kap. 8). Die biographische Permanenz dieser Situation rechtfertigt, nicht von einem oder mehreren **kritischen Lebensereignissen**, sondern von einem **kritischen Leben** an sich zu reden. Es ist naheliegend, daß solchermaßen schwerwiegende Erlebnisse auf Dauer nicht nur ihre psychische Persönlichkeitsentwicklung, sondern auch ihre Lern- und Ausbildungssituation nachhaltig beeinträchtigen mußten. Daher ist eine eingehendere Betrachtung des Themas unumgänglich.
Erstaunlich scheint allenfalls, daß Frau F. mit so großer Leistungsfähigkeit ihre Schul- und Lehrzeit überstanden hat.

Auseinandersetzungen zum Thema "Sexueller Mißbrauch von Kindern" werden in der Literatur vermehrt und mit zunehmender Heftigkeit besonders in den letzten fünf (deutschsprachiger Raum) bis zehn (USA) Jahren geführt. Schon an der verwendeten Begriffswahl wird deutlich, daß die sich äußernden Autoren, wie auch der Verfasser der vorliegenden Arbeit, nicht gewillt sind, bagatellisierende Deutungen der betroffenen Kinder oder Versuche der Idealisierung des Vaters durch sie sogar von schon erwachsenen Opfern (Frau F.: "Verführung") oder etwa "verniedlichende" Darstellungen der beteiligten Väter zu übernehmen. Ganz eindeutig handelt es sich, bis auf wenige Ausnahmen, um als existenzbedrohende Gewalttätigkeit erlebte, kriminelle Vergehen von (nach bisherigem Wissensstand) fast ausschließlich Männern.
Im kumulativen Vergleich dieses Kapitels sollen typische oder zumindest häufig anzutreffende Prozeßabläufe der genannten Geschehnisse formuliert werden, um letztlich auch die Biographie von Frau F. von dieser Seite zu beleuchten und komplementär-kontrastiv zu validieren. Viele für einen Beobachter erschreckende und klärenswerte Vorgänge gehören für mißbrauchte Kinder (und einige spätere Erwachsene) zu einer alltäglichen Wirklichkeit, die sie

zeitweilig für gesellschaftliche Normalität halten, erwähnen sie deshalb nicht oder deuten sie nur vage an, verschweigen oder übergehen sie oft aus Angst, Schuldgefühl oder tiefster Scham - womit die wichtigsten kindlichen Reaktionsweisen schon genannt sind.
Dieser Vergleich soll auch die Berechtigung zu Themenverknüpfungen und Interpretationen nachweisen, welche Frau F. nicht vornimmt. Er bildet gleichzeitig sowohl die Grundlage für pädagogische Planungen von Maßnahmen in der Praxis (hier in der Klinik) als auch zur längerfristigen Prävention.

Zur Bearbeitung des Themas wurden, grob kategorisiert, zwei Formen der literarischen Sachverhaltsdarstellung ausgewählt: autobiographische Einzelberichte oder Sammlungen als Sicht betroffener (meist) Frauen und Analysen sowie Handbücher zu Beratung und Therapie, verfaßt von männlichen und weiblichen Praktikern und Experten. Zu den Herausgebern zählen insbesondere Beratungsstellen und Vereine wie "Wildwasser", "Zartbitter" oder der "Deutsche Kinderschutzbund", die sich, neben ihrer Aufklärungsarbeit, speziell als direkte oder indirekte Vermittler von Hilfsangeboten verstehen.

9.1. Definition, Verbreitung und Formen sexuellen Mißbrauchs

In der Literatur kommen mehrere Begriffe wie z.B. "sexuelle Ausbeutung" (vgl. DEUTSCHER KINDERSCHUTZBUND E.V. 1989) oder "sexuelle Gewalt" (vgl. KAVEMANN/LOHSTÖTER 1989) zur Verwendung. Die gleichen Geschehnisse betrachtend, beleuchten sie unterschiedliche Aspekte. Die verschiedenen Perspektiven entstehen, indem etwa der Aspekt der Sexualität, der des Machtmißbrauchs oder der der Gewalttätigkeit betont wird. Zudem sprechen feministisch orientierte Autorinnen meist nur für oder über Mädchen. Erst in neueren Arbeiten wird deutlich, daß auch Jungen in beachtlichem Ausmaß betroffen sind.

Derzeit scheinen sich die Begriffe "sexueller Mißbrauch" und "Inzest" einzubürgern, wobei der sexuelle Mißbrauch Handlungen eines Fremdtäters ei

schließt, während Inzest den Fall des sexuellen Mißbrauchs in der (Kern-) Familie bezeichnet.
"In diesem Sinne läßt sich sexueller Mißbrauch von Kindern zunächst definieren als: Ausbeutung eines Kindes durch einen Erwachsenen, indem der Erwachsene das Kind benutzt als Objekt zur Befriedigung seiner eigenen sexuellen Bedürfnisse. Diese Definition schließt sexuellen Mißbrauch durch Blutsverwandte (Inzest), durch vertraute oder bekannte Erwachsene wie auch durch Fremde ein. Ausschlaggebend für das Ausmaß der erlittenen Schädigung ist vor allem das Abhängigkeitverhältnis zwischen Täter und Opfer, wobei diese Abhängigkeit sowohl in dem Vertrauen des Kindes als auch in der Machtposition des Erwachsenen begründet sein kann. Die Unterscheidung zwischen Inzest und sexuellem Mißbrauch im allgemeinen, die sich an dem Grad der Blutsverwandtschaft orientiert (Blutschande), ist bezogen auf die Erfahrung des Mißbrauchs und seine Folgen irreführend und vergleichsweise unbedeutend. Wesentlich treffender wäre daher der Ausdruck: Beziehungsschande" (RUST 1986, S.7).
HIRSCH (vgl. 1987, S.10), der seine Definitionen an der Psychodynamik und den Folgen für das Opfer orientiert, bezieht in seinen Inzest-Begriff auch Stiefeltern und -geschwister ein. "Das gleiche gilt für Pflege- oder Adoptivbeziehungen; ich würde wegen der praktisch immer entstehenden emotionalen Abhängigkeitsbeziehung auch Erzieher, Ärzte, Therapeuten und Lehrer in einen erweiterten Begriff von Inzestbeteiligten einbeziehen" (a.a.O.; vgl. auch SALLER 1987, S.29).
M.E. kann man in den letztgenannten Fällen lediglich von inzestuös getönten Verhältnissen sprechen; folgend wird als Inzest nur der sexuelle Mißbrauch in der Familie bezeichnet, nicht der durch Bekannte oder Fremde.

In Absetzung zur nicht tabuisierten Zärtlichkeit sind sich die Beschreibungen der verschiedenen Autoren zum sexuellen Mißbrauch in und außerhalb der Familie recht ähnlich:
"Sexueller Mißbrauch ist all das, was einem Kind vermittelt, daß es als Mensch nicht interessant und wichtig ist, sondern daß Erwachsene frei über es verfügen dürfen, daß es abhängig ist und Gegenwehr eine Reihe schwerwiegender Folgen hat. ... Die Reduzierung auf den Status eines Sexualobjektes und die

momentane Ohnmachtserfahrung des Opfers ist das zentrale Kriterium des sexuellen Mißbrauchs ..." (ENDERS 1990, S.25).
"Selten wird der vollendete Beischlaf zum Kriterium gemacht ..., meist werden dagegen alle sexuellen Handlungen zwischen Familienmitgliedern einbezogen wie gegenseitige Masturbation, hand-genitaler oder oral-genitaler Kontakt, Streicheln mit dem Ziel der sexuellen Erregung, Exhibition, voyeuristische Aktivitäten. Unbewußte inzestuöse Einstellungen und unbewußtes Agieren werden in der Regel nicht zum manifesten Inzest gerechnet" (HIRSCH 1987, S.9).

Die Enttabuisierung und Diskussion des Themas des sexuellen Mißbrauchs wurde von feministisch orientierten Frauen initiiert, indem sie sich mit den Opfern, meist Mädchen, solidarisierten oder selbst betroffen waren. Es dauerte fast ein Jahrzehnt, bis auch mißbrauchte Jungen, deren Anteil man mittlerweile auf ca. 30% (genauere Daten liegen bisher nicht vor) aller mißbrauchten Kinder schätzt, ins Blickfeld gerieten (vgl. SATTLER/FLITNER 1989, S.31 und GLÖER 1989, S.13).

Jährlich werden über 10.000 Fälle sexuellen Mißbrauchs offiziell bekannt. Umfragen im Auftrage des Bundeskriminalamtes, ständig steigende Zahlen zu Meldungen in entsprechenden Beratungs- und Therapiezentren und Umfragen in den USA führen zu der berechtigten Vermutung, daß eine Dunkelziffer im Verhältnis von etwa 1:18 existiert. Das bedeutet, daß nach derzeit realistischen Schätzungen etwa 25% aller Kinder (Mädchen bis zu 38%, Jungen entsprechend weniger) Formen sexuellen Mißbrauchs ausgeliefert sind.
Die meisten Autoren geben an, daß deutlich mehr als 90% (alle Sexualstrafdelikte 99,6%) der Täter Männer sind, also auch der weitaus größte Teil der Jungen von Männern mißbraucht wird. "Etwa 80 Prozent der männlichen Opfer und etwa 95 Prozent der weiblichen Opfer werden von Männern sexuell ausgebeutet" (SATTLER/FLITNER 1989, S.31). Die Jungen wurden allerdings in den meisten Untersuchungen vernachlässigt, da es über sie bisher kaum verläßliche Daten gibt.
Aufgrund der Berechnungen des Bundeskriminalamtes kommen die meisten Autoren zu folgender Verteilung bei Mädchen (und Frauen): Nur 6,2% der

Täter waren dem Opfer völlig fremd. 25,4% der Täter waren Väter, Stiefväter oder Freunde der Mutter, die dieselbe Wohnung bewohnten; 11,4% waren andere Verwandte wie Großvater, Onkel oder Bruder und enge Freunde; 29,3% waren nähere Bekannte, z.B. Nachbarn; 34,1% der Täter hatten regelmäßigen Kontakt zum Opfer, z.B. Lehrer oder Erzieher.
Am häufigsten betroffen waren Mädchen zwischen acht und vierzehn Jahren, aber es werden auch nicht selten Manipulationen an Säuglingen und Kleinkindern registriert. Eine klinische Untersuchung erhebt den Mißhandlungsbeginn in der Altersgruppe zwischen sechs und zehn Jahren mit 42,8%, bei den Null- bis Fünfjährigen mit 27,2% (vgl. ENDERS 1990, S.15)!
Mit zunehmendem Bekanntschafts- oder Verwandtschaftsgrad zwischen Opfer und Täter nimmt die Bereitschaft zur Gewalttätigkeit als auch Dauer und Intensität des sexuellen Mißbrauchs zu.
Erkennbar ist, daß sexueller Mißbrauch an Kindern tatsächlich fast immer im sozialen Nahraum mit einem starken Abhängigkeits-, zumindest mit einem großen Vertrauensverhältnis seitens des mißbrauchten Kindes zum Täter stattfindet. "Es ist jedoch anzunehmen, daß die Dunkelziffer um so größer ist, je mehr der Täter zur engeren Familie gehört. Daß von den angezeigten Fällen sexuellen Mißbrauchs immerhin 36,8% Familienangehörige oder enge Freunde der Familie waren, weist auf den hohen Anteil inzestuöser Handlungen innerhalb des sexuellen Mißbrauchs hin" (HIRSCH 1987, S.20). Während man vor zwanzig Jahren noch einen Fall pro eine Million Einwohner und Jahr vermutete, gibt derselbe Autor an anderer Stelle und aus heutiger Sicht 16% (der Gesamtpopulation) erlebten Inzests ohne den Anteil zwischen gleichaltrigen Geschwistern an (vgl. HIRSCH 1989, S.1).

Einige Autoren (z.B. HIRSCH 1987, S.21 f. oder STEINHAGE 1989, S.14) stellen fest, daß sich inner- und außerfamiliärer, sexueller Mißbrauch gleichmäßig über alle gesellschaftlichen Schichten verteilen. Das gehe aus den Angaben der bekanntgewordenen Fälle hervor. Dies muß ausdrücklich als zweifelhafte Vermutung gekennzeichnet werden, da, in Anbetracht der hohen Dunkelziffer, sich die nicht bekannten Fälle u.U. gerade aus sozialen Schichten rekrutieren könnten, in denen die betroffenen Kinder über die schlechteren Verbalisierungsmöglichkeiten verfügen, und/oder in denen seitens der

beteiligten Männer eine größere Bereitschaft zur Gewalttätigkeit und zur Durchsetzung ihrer Herrschaftsansprüche besteht. HIRSCH (vgl. 1987, S.21 f.) spricht die Rolle ethnischer Minderheiten zwar an, kann aber nur vermuten, daß, begründet durch deren stärkere Isolation, hier die Dunkelziffer am höchsten ist.
Bekanntwerden eines Falles setzt ein bestimmtes, nicht zu gering zu schätzendes Maß an Artikulations- und Widerstandsfähigkeit voraus; beide werden in den untersten sozialen Schichten am stärksten unterdrückt, zumindest kaum gefördert. Insofern kann der größere Anteil der Dunkelziffer in den unteren sozialen Schichten vermutet werden.
Trotz der vorliegenden Zahlen wird dieses gesellschaftlich relevante und brisante Thema in der Öffentlichkeit erst seit maximal fünf Jahren überhaupt bekannt (vgl. zu diesen Daten RUST 1986, S.8 f., HIRSCH 1987, S.17-20, SALLER 1987, S.27 f., HIRSCH 1989, S.1, KAVEMANN/LOHSTÖTER 1989, S.28-30, STEINHAGE 1989, S.13-15, ENDERS 1990, S.12-15; zur Schweiz vgl. BEGLINGER 1989, S.11 f. und SATTLER/FLITNER 1989, S.31 f.).

Bezogen auf Inzest, der zum Kern der vorliegenden Untersuchung wurde, sind verschiedene, kurz darzustellende Formen bekannt.
Über die Häufigkeiten besteht keine einhellige Meinung: einige der Arbeiten geben den Vater-Tochter-Inzest (z.B. STEINHAGE 1989, S.15), andere den Geschwister-Inzest (z.B. HIRSCH 1987, S.20 f.) als häufigste Form an. Sicher sind sich allerdings alle Autoren, daß der Vater-Tochter-Inzest der schädigendere und traumatisierendere ist (dargestellt in den folgenden Kapiteln), er findet in der Fachliteratur die größte Beachtung, vermutlich auch, da hier die Dynamik gleichermaßen paradigmatisch "abläuft".

Der Geschwister-Inzest tritt jedoch "... weniger in Erscheinung, ist eher passager und wohl in der Regel weniger folgenreich, weil er meist unter gleichaltrigen, gleichberechtigten Partnern stattfindet, die nicht so voneinander abhängig sind" (HIRSCH 1987, S.73). Diese Form wird sonst, trotz Häufigkeit, kaum erwähnt. Je älter aber der Bruder ist, desto mehr nähern sich Dynamik und Folgen dem Vater-Tochter-Inzest.

Zum Mutter-Sohn-Inzest liegen keine Zahlen vor, vorausgesetzt wird aber von den meisten Autoren, daß er sehr selten vorkommt, da er am meisten und schärfsten tabuiert wird (vgl. HIRSCH 1987, S.138). Es "... besteht ein derart absolutes Tabu der genitalen Sexualität zwischen Mutter und Sohn, daß ein solches Geschehen sehr schnell mit Hilfe der Diagnose 'Psychose' oder 'Schizophrenie' für einen der Beteiligten oder beide ausgegrenzt wird ..." (a.a.O.). Bezüglich der pathogenen Rolle des Mutter-Sohn-Inzests scheint eine erkennbare Ähnlichkeit zu den extremeren Formen des Vater-Tochter-Inzests zu existieren, daher sei HIRSCH (1987) etwas ausführlicher referiert. Der Mutter-Sohn-Inzest treibt tatsächlich sehr häufig in eine Schizophrenie; nicht etwa ist die psychotische Erkrankung für ein plötzliches Inzestgeschehen verantwortlich zu machen, sondern diese langjährige Mutter-Kind-Beziehung trägt "... zur Entwicklung späterer psychischer Störung zumindest im Sinne eines wesentlichen Faktors ..." (a.a.O., S.139) bei.
Aufgrund der Befunde verschiedener Untersuchungen "... müssen wir annehmen, daß gerade mehr oder weniger ausagierten inzestuösen Bestrebungen - und besonders zwischen Mutter und Sohn - eine große Bedeutung für die Schizophreniegenese zukommt. Die enge, sexualisierte Beziehung zur Mutter kann eine Verlängerung der frühen Symbiose bedeuten, so daß eine Differenzierung von Selbst und Objekt nicht stattfindet, auch die Grenzen zwischen den Generationen verwischen. Andererseits verursacht zu große Nähe jedoch Panik gerade wegen ihres inzestuösen Charakters" (a.a.O.). Durch die notwendigen massiven Verleugnungen seitens der Mutter ist der Kontakt zur Realität nicht mehr gewährleistet, die Ausmaße können bis in die Nähe des Wahnhaften rücken. "Das Kind solcher Eltern wird zum Objekt entmischter Aggression (mißhandelt und geschlagen, fast in jeder Minute seines Lebens) und einer perversen Sexualität, die kaum eine Inzestschranke kennt ..." (FLIESS zit. nach HIRSCH 1987, S.140).
Ursächlicher Faktor ist für die meisten Autoren (unabhängig von der konkreten Initiative) die sehr enge, von früher Kindheit an erotisierte Bindung zur Mutter. "Die Mutter verhindert jede Ablösung und benutzt sexuelle Stimulation bis hin zum Geschlechtsverkehr, um die enge Bindung bis ins Erwachsenenalter des Sohnes aufrechtzuerhalten" (a.a.O., S.141).

HIRSCH bietet indirekt eine Erklärung (unter anderen) für die wesentlich größere Häufigkeit des Vater-Tochter-Inzests: Anders als bei diesem "... ist die Mutter-Sohn-Beziehung eine direkte Fortsetzung der Symbiose - die Trennung auf der Körperebene hat nie stattgefunden. Die Vater-Tochter-Beziehung als Wiederauflage der Symbiose (zur Mutter, K.K.) enthält mehr Distanz, noch mehr die Großvater-Enkelin-Beziehung, so daß die symbiotische Nähe nicht so bedrohlich ist. Deshalb ist meiner Meinung nach der Mutter-Sohn-Inzest so oft mit psychotischen Reaktionen verbunden, weil eine Abgrenzung, ein Aufbau von Ich-Grenzen partiell nicht erfolgen konnte" (a.a.O., S.143). M.E. ermöglicht gleichzeitig diese Distanz die häufigere und meist gewalttätigere Sexualität seitens Vätern gegenüber ihren Töchtern, sie sind ihm nicht so nahe.
Im Mutter-Sohn-Inzest spielen bewußte Schuldgefühle offenbar eine geringere Rolle. "Damit scheint mir auch zusammenzuhängen, daß die Sexualität mit der Mutter weitaus eher lustvoll und befriedigend erlebt wird als die der Tochter mit dem Vater" (a.a.O., S.144). Dadurch aber wird eine Distanzierung von den inzestuösen Geschehnissen für den Sohn in den meisten Fällen weitaus schwieriger, Mädchen können den Inzest mit dem Vater eher emotional ablehnen und Widerstände entwickeln.
Viele der inzestuös handelnden Mütter sind als Kinder selbst sexuell mißbraucht worden: "Es ist vorstellbar - und bedarf weiterer Forschung -, daß in aufeinanderfolgenden Generationen auf den einen pathogenetischen Mechanismus der andere folgt ..." (a.a.O., S.147).

Alle anderen Inzestformen sind weniger gut untersucht, sie werden noch seltener (vermutlich!) bekannt und beschrieben. Der Großvater-Enkelin-Inzest wird mit 5-11,1% (Anteil an allen Inzest-Geschehnisssen; vgl. HIRSCH 198[7], S.135) angegeben und in Ablauf und Bedeutung dem Vater-Tochter-Inzest meist gleichgestellt.
Abschließend ist der homosexuelle Inzest zu erwähnen. Während HIRSCH (vgl. 1987, S.148) sowohl den Vater-Sohn-Inzest als auch den Mutter-Tochter-Inzest als selten einschätzt, schwanken in neueren Arbeiten zumindest die Angaben zum Vater-Sohn-Inzest zwischen 25-50% (Anteil an allen Mißbrauch-Fällen; vgl. GLÖER 1989, S.13 und ENDERS 1990, S.248). Er wird me

auch mit dem Vater-Tochter-Inzest verglichen, da maßgeblich der Ablauf durch die fast stets größere Gewalttätigkeit des Vaters bestimmt wird. Diese Form wird von Jungen wesentlich seltener bekannt gemacht, da die vermutete eigene Homosexualität als auch die Unterlegenheit noch weniger zum männlichen Selbstbild passen. Zu erwähnen bleibt, daß es sich in den seltensten Fällen um homosexuelle, sondern meist auch um heterosexuelle Männer handelt, und daß außergewöhnlich viele männliche Opfer später wieder zu Tätern werden. Einige Fälle von Mutter-Tochter-Inzest werden zwar berichtet, scheinen aber äußerst selten zu sein (vgl. HIRSCH 1987, S.151).

9.2. Bisheriges Ausschweigen: die Auseinandersetzung mit S.FREUD in neueren Arbeiten zum Inzest

Insbesondere Arbeiten neueren Datums, die sich speziell mit Inzest, dem sexuellen Mißbrauch in der Familie, befassen, stellen nach Sichtung der Daten, denen zufolge bis zu 16% aller Kinder von Vätern und Männern mit ähnlichen familiären Rollen mißbraucht werden (allgemein um 25%), regelmäßig die Frage, wie eine solche, immer folgenschwere Situation in diesem Umfang bis heute verborgen bleiben konnte. Sie stoßen dabei auf die Tatsache, daß Aussagen und Andeutungen von Kindern in weitaus größerem Ausmaß als bei anderen Themen bezweifelt oder als Lügen und Phantasieprodukte abgetan werden. Bei sexuellem Mißbrauch nicht nur in der Familie wird grundsätzlich die Glaubwürdigkeit der Kinder begutachtet (wenn ein Fall bekannt und angezeigt wird).

Diese erstaunliche Tatsache wird mit einer der kulturell wirksamsten, mit der von FREUD entworfenen Ödipustheorie erklärt, welche besagt, daß es sich bei Äußerungen insbesondere von Mädchen zu solchen sexuellen Betätigungen, gar Belästigungen seitens nahestehender Verwandter um ödipale Wunschphantasien u.ä. handelt. Das ist doppelt frappant, da FREUD selbst zu Beginn seiner Forschungen (hauptsächlich zur Hysterie) von einer Verführungstheorie ausging, die er später dann zugunsten der Ödipustheorie fallen ließ. Dieser Wandel führte zu tabuartigem Ausschweigen des Themas: Mitteilungsversuche der betroffenen Kinder wurden als Einbildung gekennzeichnet, nur die extremsten Fälle, die sich nicht verbergen ließen, erschienen in der Öffentlichkeit, ansonsten schwiegen sich auch betroffene Frauen (und Männer in nur schwer schätzbarem Umfang) aus Scham, Angst und Vereinzelung aus. Erst mit Verbreitung der Frauenbewegung und Einrichtung entsprechender Therapie- und Beratungsstellen konnte die Ausbreitung des Phänomens als auch das Ausschweigen durch die Ödipustheorie erkannt werden. Aus diesem Grund sollen besonders die Darstellungen von MASSON (1986), HIRSCH (1987) und RIJNAARTS (1988), die sich im Zusammenhang mit realem Inzest etwas ausführlicher mit dem Theorienwandel und -widerstreit in der Psychoanalyse auseinandersetzen, zusammenfassend referiert werden.

RIJNAARTS schreibt in Übereinstimmung mit HIRSCH zu den ersten Arbeiten FREUDs in den 90er Jahren des 19. Jahrhunderts: "Alle Frauen, die bei ihm in Behandlung waren, hatten, wie er feststellte, in ihrer Kindheit ein psychisches Trauma erlitten, Folge sexueller Verführung durch ein männliches Familienmitglied, oft den eigenen Vater" (RIJNAARTS 1988, S.87 f.). In Veröffentlichungen spricht er vorsichtig von Lehrern, Kindermädchen und nahen Verwandten, z.B. dem Onkel; in einem Brief an seinen Freund FLIESS aus dem Jahr 1896 (der vollständige Briefwechsel ist erst 1985 veröffentlicht worden) wird er deutlicher: "Die Hysterie spitzt sich immer mehr zu als Folge von **Perversion** des Verführers; die Heredität **immer mehr** als Verführung durch den Vater" (FREUD zit. nach RIJNAARTS 1988, S.88; vgl. auch HIRSCH 1987, S.24). Mehrmals erwähnt FREUD diese höchst perversen Väter. Einige Monate später schreibt er in einem Brief: "Leider ist mein eigener Vater einer von den Perversen gewesen und hat die Hysterie meines Bruders ... und einiger jüngerer Schwestern verschuldet" (zit. nach RIJNAARTS 1988, S.88).

1896 veröffentlicht FREUD den Aufsatz "Zur Ätiologie der Hysterie" (Wiederabdruck in MASSON 1986), in dem er seine Erfahrungen mit achtzehn Patienten (zwölf Frauen, sechs Männer) zusammenfaßt und schließlich "... Hysterie auf reale sexuelle Verführung des Kindes durch Erwachsene ..." (HIRSCH 1987, S.26), auf geschlechtlichen Verkehr im weitesten Sinne mit einem nahen Verwandten zurückführen muß.

Da für viele Psychiater die Schizophrenie die Hysterie des 20. Jahrhunderts ist (von der Ausbreitung her besehen), FREUDs Ausführungen ausgezeichnet die heutigen Beiträge und Forschungen zu Inzest und sexuellem Mißbrauch "ergänzen" und außerdem Frau F. auch von "Verführungen" durch den Vater spricht, seien einige Zitate des Aufsatzes hier im Zusammenhang vorgestellt. Wohlwissend, daß Kinder auch nicht vor oralem und analem Mißbrauch bewahrt bleiben (vgl. HIRSCH 1987, S.27), teilt FREUD die inzestuösen Geschehnisse in drei Gruppen:

"In der ersten Gruppe handelt es sich um Attentate, einmaligen oder doch vereinzelten Mißbrauch meist weiblicher Kinder von Seiten erwachsener, fremder Individuen (die dabei groben, mechanischen Insult zu vermeiden verstanden), wobei die Einwilligung der Kinder nicht in Frage kam und als nächste Folge des Erlebnisses der Schreck überwog. Eine zweite Gruppe bilden jene weit zahlreicheren Fälle, in denen eine das Kind wartende Person - Kindermädchen, Kindsfrau, Gouvernante, Lehrer, leider auch allzu häufig ein naher Verwandter - das Kind in den sexuellen Verkehr einführte und ein - auch nach der seelischen Richtung ausgebildetes - förmliches Liebesverhältnis, oft durch Jahre, mit ihm unterhielt. In die dritte Gruppe endlich gehören die eigentlichen Kinderverhältnisse, sexuelle Beziehungen zwischen zwei Kindern verschiedenen Geschlechtes, zumeist zwischen Geschwistern ...
Wo ein Verhältnis zwischen zwei Kindern vorlag, gelang nun einige Male der Nachweis, daß der Knabe - der auch hier die aggressive Rolle spielt - vorher von einer erwachsenen weiblichen Person verführt worden war ...
Ich bin daher geneigt anzunehmen, daß ohne vorherige Verführung Kinder den Weg zu Akten sexueller Aggression nicht zu finden vermögen. Der Grund zur Neurose würde demnach im Kindesalter immer von seiten Erwachsener gelegt ..." (FREUD 1986, S.302 f.).

Deutlich bewußt ist sich FREUD der grundsätzlichen Ausbeutung mittels eines enormen Machtgefälles seitens des Erwachsenen dem Kind gegenüber:
"Von Personen, die keine Bedenken tragen, ihre sexuellen Bedürfnisse an Kindern zu befriedigen, kann man nicht erwarten, daß sie an Nuancen in der Weise dieser Befriedigung Anstoß nehmen ... Alle die seltsamen Bedingungen,

unter denen das ungleiche Paar sein Liebesverhältnis fortführt: der Erwachsene, der sich seinem Anteil an der gegenseitigen Abhängigkeit nicht entziehen kann, wie sie aus einer sexuellen Beziehung notwendig hervorgeht, der dabei doch mit aller Autorität und dem Rechte der Züchtigung ausgerüstet ist und zur ungehemmten Befriedigung seiner Launen die eine Rolle mit der anderen vertauscht; das Kind, dieser Willkür in seiner Hilflosigkeit preisgegeben, vorzeitig zu allen Empfindlichkeiten erweckt und allen Enttäuschungen ausgesetzt, häufig in der Ausübung der ihm zugewiesenen sexuellen Leistungen durch seine unvollkommene Beherrschung der natürlichen Bedürfnisse unterbrochen - alle diese grotesken und doch tragischen Mißverhältnisse prägen sich in der ferneren Entwicklung des Individuums und seiner Neurose in einer Unzahl von Dauereffekten aus, die der eingehendsten Verfolgung würdig wären" (a.a.O., S.310).

FREUD ist von der Validität der Berichte seiner Patienten zu dieser Zeit vollständig überzeugt und argumentiert:
"Zunächst ist das Benehmen der Kranken, während sie diese infantilen Erlebnisse reproduzieren, nach allen Richtungen hin unvereinbar mit der Annahme, die Szenen seien etwas anderes als peinlich empfundene und höchst ungern erinnerte Realität. Die Kranken wissen vor Anwendung der Analyse nichts von diesen Szenen, sie pflegen sich zu empören ... sie leiden unter den heftigsten Sensationen, deren sie sich schämen und die sie zu verbergen trachten während sie sich diese infantilen Erlebnisse ins Bewußtsein rufen, und noch nachdem sie dieselben in so überzeugender Weise wieder durchgemacht haben, versuchen sie es, ihnen den Glauben zu versagen ...
Wozu sollten die Kranken mich so entschieden ihres Unglaubens versichern wenn sie aus irgendeinem Motiv die Dinge, die sie entwerten wollen, selbst erfunden haben? ...
Es gibt aber noch eine ganze Reihe anderer Bürgschaften für die Realität der infantilen Sexualszenen. Zunächst deren Uniformität in gewissen Einzelheiten, wie sie sich aus den gleichartig wiederkehrenden Voraussetzungen dieser Erlebnisse ergeben muß ... Sodann, daß die Kranken gelegentlich wie harmlo Vorgänge beschreiben, deren Bedeutung sie offenbar nicht verstehen, weil si sonst entsetzt sein müßten, ... entspringt ein anderer und mächtigerer Bewe

hierfür aus der Beziehung der Infantilszenen zum Inhalt der ganzen übrigen Krankengeschichte. Wie bei den Zusammenlegbildern der Kinder sich nach mancherlei Probieren schließlich eine absolute Sicherheit herausstellt, welches Stück in die freigelassene Lücke gehört ... so erweisen sich die Infantilszenen inhaltlich als unabweisbare Ergänzungen für das assoziative und logische Gefüge der Neurose, nach deren Einfügung erst der Hergang verständlich ... wird" (a.a.O., S.298 ff.).

Im April 1896 präsentiert FREUD den Inhalt dieses Aufsatzes in einem Vortrag seinen Fachkollegen, deren Reaktion er kurz darauf in einem Brief an FLIESS kommentiert:
"Ein Vortrag über die Ätiologie der Hysterie (...) fand bei den Eseln eine eisige Aufnahme und von Krafft-Ebing die seltsame Beurteilung: Es klingt wie ein wissenschaftliches Märchen. Und dies, nachdem man ihnen die Lösung eines mehrtausendjährigen Problems, ein caput Nili aufgezeigt hat. Sie können mich alle gern haben, euphemistisch ausgedrückt" (zit. nach RIJNAARTS 1988, S.88).

Einige Zeit noch ist FREUD von der Realität und traumatisierenden Wirkung der kindlichen, sexuellen Erlebnisse überzeugt. "Im Brief vom 6.12.1896 ordnet Freud sexuelle Traumen in verschiedenen Lebensaltern verschiedenen Gruppen von 'sexuellen Psychoneurosen' ..., der Hysterie, Zwangsneurose und Paranoia verschiedenen Lebensaltern zu, in denen das Trauma stattgefunden hat" (HIRSCH 1987, S.27). In einem Brief vom 11.1.1897 bringt er sexuellen Mißbrauch und Psychose in Zusammenhang: "Bedingung der Psychose anstatt der Neurose ... scheint zu sein, daß sexueller Mißbrauch vor dem ersten intellektuellen Termin, also vor Fertigstellung des psychischen Apparates in seiner ersten Form stattfindet (vor 1 1/4 bis 1 1/2 Jahre). Eventuell, daß der Mißbrauch so weit zurückreicht, daß hinter den späteren Erlebnissen noch diese stecken, auf welche zeitweilig rekurriert werden kann" (FREUD zit. a.a.O.). Außerdem erwähnt FREUD in seinen Briefen, daß er in einigen Falldarstellungen aus Gründen der Diskretion einen "Onkel" eingesetzt habe, meist wäre der Verführer der Vater gewesen (vgl. HIRSCH 1987, S.24 ff. und RIJNAARTS 1988, S.91 f.).

FREUD, der in den Jahren zuvor bei Studien in Paris schon mit der Häufigkeit inzestuöser Attacken gegen Kinder im Ergebnis gerichtsmedizinischer Untersuchungen konfrontiert war, ist bis 1897 fest von der pathogenen Wirkung solcher Akte überzeugt. Gleichzeitig "... begann eine Zeit der Krise ... in Freuds Leben, der Vater erkrankte im Sommer 1896 schwer und starb im Oktober 1896, Freud begann im zwei Monate langen Sommerurlaub 1897 mit seiner Selbstanalyse" (HIRSCH 1987, S.29). Ihm kommen Zweifel an seiner Verführungstheorie, die er erstmalig in einem Brief vom 21.9.1897 an FLIESS äußert: "Dann die Überraschung, daß in sämtlichen Fällen der **Vater** als pervers beschuldigt werden mußte, mein eigener nicht ausgeschlossen, die Einsicht in die nicht erwartete Häufigkeit der Hysterie, wo jedesmal dieselbe Bedingung erhalten bleibt, während doch solche Verbreitung der Perversion gegen Kinder wenig wahrscheinlich ist. (Die Perversion muß unermeßlich häufiger sein als die Hysterie, da ja Erkrankung nur eintritt, wo sich die Ereignisse gehäuft haben und ein die Abwehr schwächender Faktor hinzugetreten ist.)" (zit. nach MASSON 1986, S.130 f.).

Im Laufe der folgenden Jahre wird aus der Verführungs- eine Ödipustheorie aus den sexuellen Angriffen werden Produkte kindlicher Phantasie oder gar Lügen hysterischer Frauen. 1914 schreibt FREUD: "Die Analyse hatte auf korrektem Wege bis zu solchen infantilen Sexualtraumen geführt, **und doch waren diese unwahr**" (zit. a.a.O., S.154; Hervorhebung: MASSON). Obwohl des weiteren die Theorie des Ödipuskomplexes nicht ausführlicher beschrieben werden soll, ist das Ausmaß von Bedeutung, in dem FREUD seine ehemaligen Erkenntnisse gleichermaßen in ihr Gegenteil verkehrt, **da er an die notwendig zu folgernde Häufigkeit sexueller Gewalt gegen Kinder nicht glauben kann**. Zur "Rehabilitierung" der Väter meint er 1931: "Ich mache die Tatsache, daß die Mutter dem Kind so unvermeidlich die phallische Phase eröffnet, dafür verantwortlich, daß in den Phantasien späterer Jahre so regelmäßig der Vater als der sexuelle Verführer erscheint"; und noch deutlicher 1933: "In der Zeit, da das Hauptinteresse auf die Aufdeckung sexueller Kindheitstraumen gerichtet war, erzählten mir fast alle meine weiblichen Patienten, daß sie vom Vater verführt worden waren. Ich mußte endlich zur Einsicht kommen, daß diese Berichte unwahr seien, und lernte es verstehen, daß die hysterischen

Symptome sich von Phantasien, nicht von realen Begebenheiten ableiten. Später erst konnte ich in dieser Phantasie von der Verführung durch den Vater den Ausdruck des typischen Ödipuskomplexes beim Weibe erkennen. Und nun findet man in der präödipalen Vorgeschichte der Mädchen die Verführungsphantasie wieder, aber die Verführerin ist regelmäßig die Mutter. Hier aber berührt die Phantasie den Boden der Wirklichkeit, denn es war wirklich die Mutter, die bei den Verrichtungen der Körperpflege Lustempfindungen am Genitale hervorrufen, vielleicht sogar zuerst erwecken mußte" (beide Zitate nach RIJNAARTS 1988, S.109).

Unbezweifelbar hat sich die Psychoanalyse bis heute wesentlich weiterentwikkelt, betrachtet man Arbeiten wie die von HIRSCH (1987). Deutlich muß aber hervorgehoben werden, und das ist der Sinn dieser Darstellung, daß insbesondere der Wandel in FREUDs Denken und Theorie dazu beigetragen hat, "... die zweifelsohne vorhandene und so weit verbreitete Inzestrealität zu verleugnen" (HIRSCH 1987, S.3), deren Ausbreitung in der zweiten Hälfte des 19. Jahrhunderts zumindest in Paris bekannt zu werden schien (vgl. MASSON 1986, S.39).
Zur Ehrenrettung des eigenen, verstorbenen Vaters und zur Sicherung seiner Karriere (durch seinen Vortrag von 1896 war er unter Fachkollegen in "eisige" Isolation geraten; vgl. MASSON 1986, S.158 ff.) mußte FREUD die Realität des sexuellen Mißbrauchs in Wunschphantasien kranker Frauen umwandeln. "Wenn Freud die Ödipustheorie (und die Trieblehre) aus einer unbewußten Anpassungshaltung heraus als intuitive Rettungsaktion der Psychoanalyse und ihrer Grundlage der Sexualität in der gegebenen Gesellschaft entwickelte, hatte er, wie oben dargelegt, einmal den 'Vater' (alle Väter) entlastet vom Vorwurf des perversen Mißbrauchs, zum anderen die Gesellschaft beruhigt, weil er psychische Störungen dem Zeitgeist entsprechend im quasi naturwissenschaftlichen, nicht jedoch im zwischenmenschlichen Bereich lokalisiert hätte" (HIRSCH 1987, S.34).

Alle Autoren, die sich mit der Geschichte der Psychoanalyse auseinandersetzen, sehen noch ein weiteres Ereignis, verantwortlich für den Widerruf der Verführungstheorie, welches hier nur kurz skizziert werden soll:

FREUDs Freund FLIESS (HNO-Arzt) postulierte einen körperlichen Zusammenhang zwischen Genitalien und Nase und empfahl deshalb zur Beruhigung gewisser pathologisch-sexueller Triebkräfte eine, aus heutiger Sicht, überflüssige aber nicht ungefährliche Nasenoperation, bei der ein Knochen in der Nasenhöhle entfernt wurde. Diesen Eingriff ließ FREUD bei einem Besuch des Freundes an einer hysterischen Patientin, Emma Eckstein, die ebenfalls von sexuellen Angriffen in der Kindheit berichtet hatte, durchführen. FLIESS unterlief hierbei der Kunstfehler, Verbandsmaterial in der Nasenhöhle zu vergessen, was nach seiner Abreise zu heftigen, lebensgefährlichen Blutungen führte. Hinzugezogene, fremde Ärzte bedeuteten FREUD ihr Unverständnis über diesen Mißgriff, was dieser wiederum FLIESS mitteilte. FLIESS forderte schriftliche Rehabilitierung, die ihm aber von den beteiligten Ärzten verweigert wurde, worauf hin FREUD begann, die Schuld an den lebensgefährlichen Blutungen vom tatsächen Eingriff und Fehler auf hysterische Sehnsüchte der Patientin zu verschieben. Um den Freund zu entlasten, "entdeckte" FREUD die unmäßige Kraft der Phantasie im Patienten, die er in der gleichen Zeit zur Rettung der "Väter" zu verwenden begann (vgl. detaillierter bei MASSON 1986, S.78 ff.; HIRSCH 1987, S.32 ff. und RIJNAARTS 1988, S.112 ff.).

FREUD ist sich selbst zeit seines Lebens zu dem Problem der Phantasie unsicher, hält immer wieder den Mißbrauch von Kindern für Realität, um diesen Gedanken anschließend wieder zu verwerfen (vgl. besonders HIRSCH 1987, S.36 f.). Dies führt letztlich zu einer Gleichstellung von Wunsch und Wirklichkeit. FREUD schreibt 1917: "Es ist uns bis heute nicht gelungen, einen Unterschied in den Folgen nachzuweisen, wenn die Phantasie oder die Realität den größeren Anteil an diesen Kinderbegebenheiten hat" (zit. nach RIJNAARTS 1988, S.110).

Manchmal kommen ihm allerdings auch Zweifel, ob eine synchrone Anwendung der Ödipustheorie, entwickelt am Jungen, beim Mädchen richtig ist. In den dreißiger Jahren vermutet er, daß diese Theorie in voller Konsequenz nur auf das männliche Kind angewendet werden kann (vgl. a.a.O., S.103).

Diese Zweifel werden gestützt von "Schülern" FREUDs, die die Verführungstheorie reaktualisieren und die Realität der kindlichen Erlebnisse annehmen und betonen. Neben RANK wird maßgeblich ein Vortrag von FERENCZI referiert (vorgetragen 1932 auf einem Kongreß in Wiesbaden), der damals unter den psychoanalytischen Fachkollegen auf heftige Ablehnung stieß.

RANK analysiert in seiner Arbeit "Das Inzest-Motiv in Dichtung und Sage" von 1912: "Wir merken hier (...) die aufdringliche väterliche Tendenz, nur den Zeitpunkt der Mannbarkeit der Tochter abzuwarten, um sie dann gegen die alt und reizlos gewordene Mutter auszutauschen" (zit. nach RIJNAARTS 1988, S.119).
Er folgt nicht dem Gedanken der Übertragung der Ödipustheorie auf das Mädchen: "Wie die erotische Neigung des Sohnes zur Mutter, so gehören auch die Liebesbeziehungen zwischen Vater und Tochter zu den typischen, allgemein menschlichen Regungen, die im Lauf der Kulturentwicklung dem gleichen Verdrängungsprozeß unterworfen waren (...). Aber wie die Phantasiebildungen des Mutterkomplexes vom eifersüchtigen Sohn ausgehen (...), so gehen die phantastischen Ersatzbildungen des Vater-Tochter-Komplexes nicht, wie man erwarten sollte, auch vom jungen Kind, der Tochter, aus, sondern (...) vom (Vater). (...) Auch aus den wenigen mythischen Überlieferungen, in denen die Liebesleidenschaft von der Tochter auszugehen scheint, gewinnt man den Eindruck, daß dies nur eine Rechtfertigung für die anstößigen Begierden des Vaters darstellt, der so die Schuld der Verführung auf die Tochter abzuwälzen sucht" (zit. a.a.O., S.120).

Vergleicht man sie mit FREUDs Gedankengängen, erscheinen die Reflexionen FERENCZIs erstaunlich fortschrittlich. Wegen ihrer Präzision und hohen Einfühlung (FREUD prägt eher seine Rationalität) einige ausführlichere Auszüge:
"Vor allem wurde meine schon vorher mitgeteilte Vermutung, daß das Trauma, speziell das Sexualtrauma, als krankmachendes Agens nicht hoch genug angeschlagen werden kann, von neuem bestätigt. Auch Kinder angesehener, von puritanischem Geist beseelter Familien fallen viel öfter, als man es zu ahnen wagte, wirklichen Vergewaltigungen zum Opfer. Entweder sind es die Eltern selbst, die für ihre Unbefriedigtheit auf diese pathologische Art Ersatz suchen, oder aber Vertrauenspersonen, wie Verwandte (Onkel, Tanten,

Großeltern), Hauslehrer, Dienstpersonal, die Unwissenheit und Unschuld der Kinder mißbrauchen. Der naheliegende Einwand, es handle sich um Sexualphantasien des Kindes selbst, also um hysterische Lügen, wird leider entkräftet durch die Unzahl von Bekenntnissen dieser Art von Sichvergehen an Kindern seitens Patienten, die sich in Analyse befinden. ...
Ein Erwachsener und ein Kind lieben sich; das Kind hat die spielerische Phantasie, mit dem Erwachsenen die Mutterrolle zu spielen. Dieses Spiel mag auch erotische Formen annehmen, bleibt aber nach wie vor auf dem Zärtlichkeitsniveau. Nicht so bei pathologisch veranlagten Erwachsenen, besonders wenn sie durch sonstiges Unglück oder durch den Genuß betäubender Mittel in ihrem Gleichgewicht und ihrer Selbstkontrolle gestört sind. Sie verwechseln die Spielereien der Kinder mit den Wünschen einer sexuell reifen Person oder lassen sich, ohne Rücksicht auf die Folgen, zu Sexualakten hinreißen. Tatsächliche Vergewaltigungen von Mädchen, die kaum dem Säuglingsalter entwachsen sind, ähnliche Sexualakte erwachsener Frauen mit Knaben, aber auch forcierte Sexualakte homosexuellen Charakters gehören zur Tagesordnung" (FERENCZI 1986, S.322 f.).
Eine erste Reaktion der Kinder könnte sein: "... Ablehnung, Haß, Ekel, kraftvolle Abwehr ..., wäre sie nicht durch eine ungeheuere Angst paralysiert. Die Kinder fühlen sich körperlich und moralisch hilflos, ihre Persönlichkeit ist noch zu wenig konsolidiert, um auch nur in Gedanken protestieren zu können die überwältigende Kraft und Autorität des Erwachsenen macht sie stumm, ja beraubt sie oft der Sinne. **Doch dieselbe Angst, wenn sie einen Höhepunkt erreicht, zwingt sie automatisch, sich dem Willen des Angreifers unterzuordnen, jede seiner Wunschregungen zu erraten und zu befolgen, sich selbst ganz vergessend, sich mit dem Angreifer vollauf zu identifizieren**. Durch die Identifizierung, sagen wir Introjektion des Angreifers, verschwindet dieser als äußere Realität und wird intrapsychisch, statt extra ... Jedenfalls hört der Angriff als starre äußere Realität zu existieren auf, und in der traumatischen Trance gelingt es dem Kinde, die frühere Zärtlichkeitssituation aufrechtzuerhalten.
Doch die bedeutsamste Wandlung, die die ängstliche Identifizierung mit dem erwachsenen Partner im Seelenleben des Kindes hervorruft, ist **die Introjektion des Schuldgefühls des Erwachsenen**, das ein bisher harmloses Spiel als strafwürdige Handlung erscheinen läßt.

Erholt sich das Kind nach solcher Attacke, so fühlt es sich ungeheuer konfus, eigentlich schon gespalten, schuldlos und schuldig zugleich, ja mit gebrochenem Vertrauen zur Aussage der eigenen Sinne. Dazu kommt das barsche Benehmen des nun von Gewissenspein noch mehr geplagten und verärgerten erwachsenen Partners, das das Kind noch tiefer schuldbewußt und beschämt macht. Fast immer benimmt sich der Täter, als ob nichts geschehen wäre ..." (a.a.O., S.323 f.).

Kraftlose Versuche, bei der Mutter Hilfe zu finden, werden fast immer als Unsinn abgewiesen. Das Sexualleben des Kindes "... bleibt unentwickelt oder nimmt perverse Formen an; von Neurosen und Psychosen, die da folgen können, will ich hier schweigen" (a.a.O., S.325).

FERENCZI bezeichnet es als eine "... Art Mimikry, ... daß **die noch zu schwach entwickelte Persönlichkeit auf plötzliche Unlust, anstatt mit Abwehr, mit ängstlicher Identifizierung und Introjektion des Bedrohenden oder Angreifenden antwortet**" (a.a.O.).

Dies wird von ihm begründet: "Wird Kindern in der Zärtlichkeitsphase **mehr Liebe** aufgezwungen oder Liebe anderer Art, als sie sich wünschen, so mag das ebenso pathogene Folgen nach sich ziehen wie die bisher fast immer herangezogene **Liebesversagung**. ... Es ist uns schon lange bekannt, daß nicht nur forcierte Liebe, sondern auch unerträgliche Strafmaßnahmen fixierend wirken. ... Die spielerischen Vergehungen des Kindes werden durch die leidenschaftlichen, oft wutschnaubenden Strafsanktionen erst zur Realität erhoben, mit all den depressiven Folgen für das bis dahin sich schuldlos fühlende Kind. ... Daß ein Teil der Person in die vortraumatische Seligkeit regrediert und das Trauma ungeschehen zu machen sucht, wird keinen Psychoanalytiker überraschen" (a.a.O., S.326 f.).

FERENCZI spricht von höchster Not und insbesondere Todesangst, die das Kind im sexuellen Bereich zu "... **traumatischer** (pathologischer) **Progression oder Frühreife** ..." (a.a.O., S.327) treiben. Es entwickelt ein Übermaß an Sensibilität, um sich vor den "... Personen ohne Selbstkontrolle zu schützen ..." (a.a.O.).

Nebst leidenschaftlicher Liebe und leidenschaftlichem Strafen gibt es auch ein drittes Mittel, ein Kind an sich zu binden, und das ist: **der Terrorismus des Leidens**. Kinder haben den Zwang, alle Art Unordnung in der Familie zu schlichten, sozusagen die Last aller anderen auf ihre zarten Schultern zu bürden; natürlich zuguterletzt nicht aus reiner Selbstlosigkeit, sondern um die verlorene Ruhe und die dazugehörige Zärtlichkeit wieder genießen zu können. ... Häufen sich im Leben des heranwachsenden Menschen die Erschütterungen, so wächst die Zahl und die Varietät der Abspaltungen, und bald wird es einem recht schwer gemacht, den Kontakt mit den Fragmenten, die sich alle wie gesonderte Persönlichkeiten betragen, einander aber meist gar nicht kennen, ohne Konfusion aufrechtzuerhalten" (a.a.O., S.328).

Man könnte glauben, wüßte man nicht das Gegenteil, daß dieser Vortrag und Aufsatz, der bis in die heutige Zeit kaum Beachtung fand und bei der psychoanalytischen Gemeinschaft auf heftige Abwehr stieß, die Biographie von Frau F. und die neuere Literatur zum Inzest zur Grundlage hat.

HIRSCH, selbst Psychoanalytiker und Psychiater, argumentiert denn auch gegen eine Polarisierung von traumatischer Realität und triebbedingter Phantasie (vgl. 1987, S.42) und plädiert für eine Integration beider Elemente. "Und so würde ich zugespitzt sagen, daß nicht die Realität allein oder die Phantasie allein pathogen sind, sondern Phantasie und Realität sich gegenseitig bedingen und von den Objektbeziehungen, innerhalb welcher sie sich abspielen, nicht getrennt werden können" (a.a.O., S.45).

RIJNAARTS (1988, S.117 ff.) schlägt im Anschluß an andere Autoren die Postulierung eines "Antiochuskomplexes" vor; das ist parallel zu Ödipus/Jokaste ein Vater und König aus der griechischen Mythologie, der nach dem Tod der Mutter in Blutschande mit seiner Tochter lebt.
Demnach, faßt sie zusammen, "... werde die Tochter häufig mehr Merkmale der Idealmutter aufweisen als die Ehefrau. Die Tochter sei immer da, und ihre Macht sei gleich Null. Zudem werde sie sich vor allem anfangs über das Interesse ihres Vaters freuen und seine sexuellen Annäherungen ohne allzuviel offenen Protest über sich ergehen lassen, so daß der inzestuöse Vater sich einreden könne, seine Tochter sei nur dazu da - und wolle nur dazu da sein -, ihn glücklich zu machen. ... Mit anderen Worten: Der inzestuöse Vater stelle natürlich nur aus seiner Perspektive und nur, solange es währe - mit sein

Tochter die Symbiose her, die er als Säugling mit seiner Mutter gewollt habe" (a.a.O., S.128).

Folgt man RANK und zumindest der Idee des Antiochuskomplexes, kann man die orthodoxe Psychoanalyse, welche in unserer Kultur die bekannteste Form darstellt, als patrizentristische (in Anlehnung an den Begriff ethnozentristische) Theorie begreifen:
Das männliche Kind richtet seine inzestuös-ödipalen Wünsche auf die ideale Mutter, die meist nicht erfüllt werden, später als Erwachsener, wenn die eigene Frau uninteressant wird, auf die dem Ideal zu entsprechen scheinende Tochter. FREUD hilft nun mit der Ödipustheorie diesen Vorgang als Wunsch (der Vater: Verführung durch die Tochter) und die Realität des Mißbrauchs als Phantasie zu entstellen. Diese männlich-solidarische Entstellung der Wirklichkeit scheint perfekt, die betroffenen Frauen waren hysterisch oder sind verrückt, müssen gar in der Psychiatrie "verwahrt" werden; tatsächlich bewegen sie sich in den erlernten Wirklichkeiten.

9.3. Zur Psychodynamik in der inzestuösen Familie, die Folgen und mögliche Hilfen

Um Psychodynamik und regelhaft auftretende Interaktionsverläufe in Familien mit inzestuösen Beziehungen fremd-verstehen zu können, statt, wie zu Zeiten FREUDs, die gesellschaftliche Ehre der Väter zu retten, muß man sich klar machen, warum es sich bei sexuellem Mißbrauch, insbesondere in der Familie, um ein Delikt, um eine Gewalttat gegen Kinder handelt und nicht etwa um ein ungerechtfertigtes Tabu, wie Verfechter der Pädophilie postulieren. Da wenig Berichte zu Vater-Sohn- und Mutter-Kind-Inzest vorliegen, wird paradigmatisch die häufigste Form, der Vater-Tochter-Inzest behandelt. Verwendet werden Erfahrungen aus Analysen von Therapeuten und Beratern, verknüpft mit Schilderungen aus Autobiographien. Zitate mit unklarer Herkunft (vgl. z.B. in ENDERS 1990) werden nicht verwendet.

Betrachtet man den Aspekt krimineller Gewalttätigkeit und Ausbeutung, was nicht immer Intention des Täters, aber immer Ergebnis der Tat ist, so erweist sich als charakteristisch für sexuellen Mißbrauch an Kindern der grundsätzliche **Altersunterschied**, und besonders beim Inzest das erhebliche **Machtgefälle** zwischen den Beteiligten (außer bei Inzest zwischen gleichaltrigen Geschwistern). Gerade das dem öffentlichen Blick entzogene Innenleben der Familie, Sorgerecht und möglicher unermeßlicher Autoritätsanspruch (Züchtigungsrecht) der Eltern bieten die Basis für oft über viele Jahre dauernde und nicht nur sexuelle Gewalttätigkeit. Das Maximum dieses Machtgefälles ist sicher beim Vater-Tochter-Inzest erreicht, da sich hier die Macht des Erwachsenen über das Kind um die des Mannes über die Frau (das weibliche Kind) addiert. Das in bekannt gewordenen Fällen häufig bemühte Einverständnis der Tochter ("sie hat es ja auch gewollt" oder "sie hat **mich** verführt") kann nicht veranschlagt werden, da bei einem solchen Machtunterschied überhaupt keine Möglichkeit zu Entscheidungsfreiheit existiert; keine Tochter kann aus ihrer Abhängigkeit und Angewiesenheit heraus die geforderten "Dienste" verweigern, der weitaus größte Teil der Fälle beginnt ja in früher Kindheit, in Zeiten größter Abhängigkeit. Selbst wenn in seltensten Fällen die Initiative für sexuelle Annäherungen von der Tochter ausgehen sollte, liegt die Verantwortung für das folgende Geschehen beim Erwachsenen.

Wegen des Beginns des Inzestgeschehens meist noch vor der Pubertät handelt es sich bezüglich der Entwicklung des Kindes um eine verfrühte Sexualisierung, in der das Kind noch nicht die Möglichkeit hat, Rolle und Tragweite gerade inzestuöser und geschlechtlicher Sexualität zu beurteilen. Wenn berechtigte Aufforderungen des Mädchens zu Zärtlichkeit an den Vater (seltener des Jungen) stattfinden, stehen sie in Unkenntnis der Sexualität, die der inzestuöse Erwachsene daraus schlußfolgert (vgl. SALLER 1989, S.177).

"Inzest wird möglich, weil alle beteiligten Erwachsenen aufgrund ihrer eigenen Lebensgeschichte voller Deprivation nicht in der Lage sind, sich empathisch in das Kind einzufühlen, im Gegenteil gezwungen sind, an ihm das zu wiederholen, was ihnen selbst einmal angetan oder vorenthalten wurde. Beim Inzest handelt es sich um eine spezifische Unfähigkeit der Eltern, Grenzen von Privatheit, Körperlichkeit und Sexualität im Kontakt mit ihren Kindern taktvoll zu spüren und einzuhalten, verbunden mit einer Art egoistischer Rücksichtslosigkeit, mit der die eigene Bedürftigkeit an die erste Stelle gesetzt wird" (HIRSCH 1987, S.15; vgl. auch RIJNAARTS 1988, S.250 f.; ABELMANN-VOLLMER 1989, S.6; BOTENS 1989, S.42; HIRSCH 1989, S.1).

Soweit sind sich die verschiedenen Autoren einig. Uneinigkeit entsteht bei Spekulationen zum treibenden Motiv für Inzest seitens des Vaters und gleichermaßen für außerfamiliären, sexuellen Mißbrauch. Viele (besonders feministisch orientierte) Autoren halten den männlichen Machtbeweis für das wichtigste Element (vgl. z.B. FEY 1989, S.190 oder ENDERS 1990, S.32 f.), andere sehen auch Bedürfnisse des Erwachsenen nach Zärtlichkeit und Sexualität (vgl. RIJNAARTS 1988, S.252-265 und ABELMANN-VOLLMER 1989, S.4). M.E. dürfte in jedem Fall beides, Macht und Sexualität, mit unterschiedlicher Gewichtung als Motiv vorliegen.

Obwohl viele Inzest-Täter den sexuellen Mißbrauch als ihr "gutes Recht" (Frau und Tochter als ihren Besitz) betrachten, sind ihnen dennoch diese Handlungen als Verletzung eines gesellschaftlichen Tabus und als kriminelles Vergehen bewußt. Sie sind sich fast immer im klaren, aus öffentlicher Sicht eine der anrüchigsten, schändlichsten und verachtetsten Regelverletzungen begangen zu haben.
Daraus folgt für den Täter unweigerlich die Notwendigkeit, den Inzest möglichst auch vor der Mutter zu verbergen und zu verheimlichen, zumindest nicht aus dem Familienkreis dringen zu lassen. Dieses Ziel kann nur über die Verpflichtung der Tochter zu absolutem Schweigen erreicht werden. Die Verschwiegenheit ist aber nicht ohne weiteres als Selbstverständlichkeit voraussetzbar, im Gegenteil, die Tochter zeigt, je nach Intensität ihrer Angst vor dem Vater, mehr oder weniger deutlich Ablehnung, Ekel und Widerwillen. Es resultieren meist scharfe Drohungen, die von der Ankündigung der Zerstörung der Familie über harte Bestrafungen (des Vaters und/oder der Tochter) bis zu offenen Mordandrohungen reichen. Bei direkter Schuldzuweisung an die Tochter ("du hast mich verführt, dir hat es doch auch Spaß gemacht") erwartet sie für den Fall des Ausplauderns etwas "ganz Schlimmes", Heimeinweisung oder der Tod der ganzen Familie (vgl. HILDEBRAND 1986, S.58; HIRSCH 1987, S.78; SALLER 1987, S.29; RIJNAARTS 1988, S.184 f.;

BOTENS 1989, S.44; BOTT 1989, S.9; KAVEMANN/LOHSTÖTER 1989, S.40; STEINHAGE 1989, S.24; ENDERS 1990, S.50 f.).
"Ebenso kann ein Vater, der all seine Erziehungsvorstellungen mit massiver Prügel durchgesetzt hat, allein mit dem Hinweis auf erneute körperliche Gewalt Todesängste bei der Tochter aktivieren, die dann ihre Überlebenschance nur darin erkennen kann, die sexuellen Gewalthandlungen über sich ergehen zu lassen" (BOTENS 1989, S.44; vgl. auch KAZIS 1989, S.64). Eine der vielfältigen Varianten: "Wir konnten es meiner Mutter nicht erzählen. Denn Dad hatte uns gedroht. Er hatte gesagt, daß unsere Mutter uns umbringen würde, wenn sie dahinter käme - weil es böse und dreckig sei und weil wir ja mitmachten. Sie würde uns strafen, nicht ihn" (zit. in ARMSTRONG 1985, S.207; vgl. auch FRASER 1988, S.20 f. und GALEY 1988, S.16).

Bei der bisherigen Darstellung handelt es sich um einen verallgemeinerbaren Ablauf, dessen Allgemeingültigkeit sicher nicht statistisch nachgewiesen werden muß. Der kriminelle Charakter der Handlungen setzt den Vater immer gleichermaßen unter Zugzwang (es sei denn, er ist "von Sinnen"), nur die Reaktionen und Verarbeitungsmethoden der Tochter und folgende Interaktionen sind unterschiedlich. In einigen, nicht in allen Fällen versucht der Vater neben Drohungen auch zu "besänftigen" und abzuwiegeln, indem er das Geschehen als gesellschaftliche Norm darstellt ("das machen alle so"; vgl. HILDEBRAND 1986, S.58 oder STEINHAGE 1989, S.43), oder als Zaubertrick ("Stehaufmännchen" etc.) u.ä. verharmlost.

Erste Reaktionen solchermaßen attackierter Kinder sind nicht nur massive Angst (von den genannten Morddrohungen wird recht häufig berichtet), sondern auch große Scham. Diese Scham spielt um so mehr eine Rolle, als Inzes eher (nach amerikanischen Untersuchungen fast ausschließlich) in Familie mit restriktiven Sexualnormen möglich ist, weniger in Familien mit emanzipatorischer Sexual- und Erziehungspraxis (vgl. ENDERS 1990, S.26).
Insbesondere jüngere Kinder können kaum einordnen und verstehen, wa ihnen passiert, die Kommentare der Väter dienen eher der Entstellung un Verharmlosung als einer realistischen Aufklärung. STEINHAGE, erfahren Mitarbeiterin von "Wildwasser", schreibt: "Kleinen Mädchen gegenüber dekl

riert der Täter die sexuellen Übergriffe als 'unser kleines Geheimnis', über das sie mit niemandem sprechen dürfen. Ältere Mädchen werden unter Androhung von Strafe zur Geheimhaltung verpflichtet. Die Geheimhaltung funktioniert meistens perfekt ..., wodurch sich sexueller Mißbrauch innerhalb der Familie nahezu jeder sozialen Kontrolle entzieht. Kleinen Mädchen fehlt zudem oft das Vokabular, das zu benennen, was der Vater mit ihnen macht. Ältere Mädchen schämen sich so sehr, daß sie nicht aussprechen können, was mit ihnen geschieht" (STEINHAGE 1989, S.32 f.; vgl. auch SALLER 1987, S.33).

Auf diesem Weg geraten die Mädchen in einen starken Widerspruch, nämlich, wie der geliebte, idealisierte Vater ihnen so etwas Unverständliches, Ekeliges oder Schmerzhaftes, zumindest aber zu Verheimlichendes (also Verbotenes) antun kann. Mitarbeiterinnen der genannten Beratungseinrichtungen und Therapeuten fassen die Erfahrungen betroffener Frauen folgendermaßen zusammen:
"Da jedes Mädchen der Überzeugung ist, daß der eigene Vater fürsorglich und verantwortungsbewußt ist und alles, was er tut, zu ihrem Besten ist, kann ein Mädchen in einer Mißbrauchssituation die Diskrepanz zwischen ihren ablehnenden Gefühlen und den widersprechenden Beteuerungen des Vaters nur verarbeiten, indem sie die Schuld bei sich sucht" (BOTENS 1989, S.45). Immer wieder beschreiben mißbrauchte Frauen ihre Kindheitserlebnisse als einen Prozeß der Schuldübernahme, den der Vater ja nur allzu oft unterstützt, um von seiner eigenen, tatsächlichen Schuld abzulenken (vgl. BOTENS 1989, S.46). "So fühlen sie sich schuldig, vielleicht neugierig gewesen zu sein, nicht gleich weggelaufen zu sein und es nicht sofort der Mutter erzählt zu haben. ... Da die sexuelle Gewalt in der Regel über Jahre andauert, hat das Mädchen schließlich das Gefühl, auch mitgemacht zu haben bzw. nicht genügend dagegengehandelt zu haben, um die Handlungen zu beenden" (STEINHAGE 1989, S.134 f.). **Die Schuldgefühle des Mädchens sind unumgänglich, da es sich Zärtlichkeit tatsächlich wünschte und somit in dem Glauben lebt, den meist langsam daraus entstehenden sexuellen Mißbrauch selbst initiiert zu haben!** Eine der in ähnlicher Form häufig zu findenden Selbstdarstellungen: "Inzest richtet Schaden an: man wird dadurch isoliert. Man fühlt sich anders als an-

dere Menschen. Man fragt sich: 'Hey, bin ich schuld daran? Habe ich irgend etwas an mir?' 'Tue ich irgend etwas, das es auslöst?' Mit anderen Worten, man nimmt die Schuld auf sich" (zit. in ARMSTRONG 1985, S.221; vgl. auch a.a.O., S.160 ff. und S.196).

Das Resultat besteht aus Minderwertigkeitsgefühlen: "Die psychische Verarbeitung führt immer dazu, daß das Mädchen sich in ihrer Persönlichkeit als abgrundtief schlecht erlebt, als unzulänglich, nicht liebenswert, als jemand, dem jedermann Schlimmes antun darf, weil sie es nicht anders verdient hat" (BOTENS 1989, S.45). **Besonders intensiv sind Schuld- und Minderwertigkeitsgefühle, wenn die sexuellen Manipulationen bei der Tochter Lustgefühle ausgelöst haben** (vgl. STEINHAGE 1989, S.27, S.134 und HIRSCH 1987, S.8[illegible] f.).
Dies sind die psychischen Vorgänge beim Kind, die FERENCZI schon 193[illegible] als "... die Introjektion des Schuldgefühls des Erwachsenen ..." (FERENCZ[illegible] 1986, S.324) bezeichnet hat: "Und daß ich merkte, daß ich selbst reagierte[illegible] Heute weiß ich, daß das immer so ist - ganz gleich, wer es bei wem mach[illegible] Aber all das zusammen gab mir das Gefühl, daß es meine Schuld war, daß ic[illegible] ihn verführt hatte" (zit. in ARMSTRONG 1985, S.170).

Dies alles wird auch möglich, vor allem über oft so viele Jahre, durch zusätzl[illegible]che, erhebliche Verlustängste, die Angst, die Zuneigung des immer noc[illegible] geliebten Täters ganz zu verlieren. Später, als erwachsene Frauen, können s[illegible] "... den Gedanken nicht ertragen, aus Sehnsucht nach Liebe und Zärtlichke[illegible] und aus Angst, die Zuneigung des Vaters zu verlieren, die sexuellen Übergri[illegible]fe in Kauf genommen zu haben" (STEINHAGE 1989, S.27).
Aus aktueller psychoanalytischer Sicht beschreibt HIRSCH die Introjektic[illegible] des Schuldgefühls, welches eigentlich dem Täter zusteht: Diese "... Identifik[illegible]tion mit dem Aggressor bedeutet auch, seine Forderungen als legitim anzue[illegible]kennen, so unmäßig und den Möglichkeiten des Kindes unangemessen sie re[illegible] auch sind, um nur den Peiniger, den das Kind notwendig braucht, nicht zu ve[illegible]lieren. Da die Forderungen aber nicht erfüllt werden können, entsteh[illegible] Schuldgefühle. Nicht der geliebte Erwachsene ist ausbeuterisch, seine Ford[illegible]rung weit übertrieben, sondern das Kind ist schlecht, unfähig; der Erwachse[illegible]

hat Recht, wenn er es mißachtet und straft: So kann das Kind wenigstens bei ihm bleiben. Nach demselben Muster wird die Bindung aufrechterhalten, die dem Kind nicht gestattet, sich zu lösen ..., eifersüchtig über jeden eigenen Schritt des größerwerdenden Kindes wacht, insbesondere in der Adoleszenz versucht, jede zaghafte Bindung außerhalb der Familie zu verhindern" (HIRSCH 1987, S.91).
Hinzu kommen häufig von der Mutter ausdrücklich formulierte Gefühle, an ihren Krankheiten schuld zu sein ("wegen dir habe ich so viele Sorgen"; vgl. a.a.O.).

All die beschriebenen Erlebnisse sind so ängstigend und traumatisierend, daß Abwehrmechanismen massiv eingesetzt werden "**müssen**". HIRSCH vergleicht die negative Intensität und Bedeutung der Erlebnisse: "Nicht selbst gewollter Körperkontakt, sexuelle Stimulierung, natürlich auch körperliche Gewalt führen direkt zu einer Ich-Schwächung, auch noch im Erwachsenenalter, man denke an Vergewaltigung, Folter, KZ-Haft. Darüber hinaus ist das Nicht-Beachten der Grenzen von sexueller Selbstbestimmung, Grenzen der Körperlichkeit und Privatheit, das Nicht-Berücksichtigen der wahren Bedürfnisse ein gewaltsamer, ebenso traumatischer Angriff" (HIRSCH 1989, S.2).
Neben der Introjektion des Aggressors und insbesondere seiner Schuldgefühle führt derselbe Autor zwei weitere Abwehrmechanismen an: das "Abschalten" und die "Idealisierung" des Vaters, die als "normale" Reaktionen zur "... zur Bewältigung **realer** unerträglicher Reize ..." (HIRSCH 1987, S.96) je nach Schwere der Gewalttätigkeit **um so notwendiger** sind.

Aus klinischen und ambulanten Beobachtungen ist bekannt, daß Inzestopfer mit einem psychischen Phänomen reagieren, das als "Abschalten" oder "tuning out" bezeichnet wird. Das Unerträgliche, der sexuelle Mißbrauch oder die Vergewaltigung durch den Vater, kann das Kind nur mittels eines "black out", in dem es der eigenen Wahrnehmung nicht mehr trauen konnte, ertragen und aushalten. Opfer beschreiben dies wie eine Trennung der Seele vom geschundenen Körper, ein Neben-Sich-Selbst-Treten, in dem die körperliche Wahrnehmung nicht mehr registriert werden muß (vgl. a.a.O.). HIRSCH zitiert SHENGOLD aus 1979 und beschreibt "... diesen Zustand als Reaktion auf

schwere traumatische äußere Einwirkung: **'Wenn der psychische Apparat mit Angst überschwemmt wird, sind massive und das Seelenleben beeinträchtigende (mind-distorting) Abwehroperationen notwendig, damit das Kind weiter in der Lage ist, zu denken und zu fühlen. Bei akuten Ereignissen kann man ohnmächtig werden oder alle Gefühle abschneiden, bei wiederholt einwirkenden Traumen wird auch dieser Mechanismus chronisch. Was geschieht, ist so furchtbar, daß es nicht gefühlt werden darf und nicht registriert werden kann - eine massive Isolation der Gefühle, verbunden mit Konfusion und Verleugnung, wird bevorzugt'**" (zit. nach HIRSCH 1987, S.96; Hervorhebung, K.K.; vgl. auch RIJNAARTS 1988, S.301 f. und ENDERS 1990, S.53).
Dieses Phänomen wird in vielen Autobiographien ausdrücklich beschrieben, die folgende Schilderung kann als typische gelten: "Als der Konflikt, der durch die sexuelle Beziehung zu meinem Vater entstanden war, so drängend wurde, daß ich ihn nicht mehr aushalten konnte, schuf ich für meinen Daddy eine heimliche Komplizin, indem ich meine Persönlichkeit zweiteilte. Etwa im Alter von sieben Jahren begann ich also, ein anderes Ich hervorzubringen, mit Erinnerungen und Erfahrungen, die von mir getrennt waren, von deren Existenz ich nichts wußte. Gleichzeitig verlor ich auch die Erinnerung an Vergangenes. Ich wußte nicht mehr, daß mein Daddy mich sexuell berührt hatte. Ich wußte nicht mehr, daß mein Daddy mich nackt gesehen hatte. Ich wußte nicht mehr, daß ich meinen Daddy nackt gesehen hatte. Von nun an verwandelte ich mich jedesmal in ein anderes Ich, wenn mein Daddy sich mir sexuell näherte, und wußte hinterher nichts mehr von dem, was passiert war" (FRASER 1988, S.24; vgl. auch ARMSTRONG 1985, S.104, S.206 und KAZIS 1989, S.55).

In nicht allen Fällen, sehr häufig aber werden Idealisierungen und Spaltungen genannt. "Wird die Kluft zwischen der Realität des Objekts und seiner benötigten Verzerrung, um das Objekt erträglich zu machen, zu groß, sind Spaltungen erforderlich, die ebenfalls der Abwehr dienen" (HIRSCH 1987, S.96). So wird z.B. die Mutter, die nicht hilfreich zur Seite steht, gehaßt, der Vater dagegen idealisiert, der Mißbrauch verdrängt und vergessen (vgl. a.a.O., S.97). ENDERS meint, daß Kinder immer bemüht sind, die Handlungen des erwachsenen Täters zu "normalisieren", ihn u.U. sogar in Schutz zu nehmen (vgl ENDERS 1990, S.60).

Da sie dem Entwicklungsalter und der Ausbildung der Persönlichkeit ungemäß sind, "... führen die Abwehrmaßnahmen, die das Kind ergreifen muß, um zu versuchen, seine Angst zu bewältigen, zu einer weiteren Zerstörung des Selbst, der kindlichen Persönlichkeit" (HIRSCH 1989, S.2).
Lernen durch Identifikation, normalerweise eine der wichtigsten Methoden des Kindes sich weiterzuentwickeln, langsam erwachsen zu werden, wird durch eine völlige Rollenkonfusion in positivem Sinne unmöglich. Die Tochter wird zur "Geliebten" des Vaters, die Mutter zur Rivalin, der Vater ist hilflos seinen Trieben ausgeliefert. Alles Äußere muß zur Bedrohung werden, so fallen sämtliche Grenzen, alles steht dem Vater zur Verfügung, kein privater Raum ist gesichert (vgl. HILDEBRAND 1986, S.57 f. und BOTT 1989, S.8). HIRSCH (vgl. 1987, S.129 ff.) bezeichnet diese Rollenumkehr als "Parentifikation" der Tochter. Diese Form der Identifikation birgt vielmehr die Möglichkeit in sich, daß das einstmalige Opfer zum Täter wird und an neuen Opfern den an sich abgelehnten, schuldbeladenen Persönlichkeitsanteil wiederum mißhandelt. HIRSCH hält diesen Mechanismus der Identifikation mit dem Aggressor für den entscheidenden Faktor, der eine Fortsetzung der Mißbrauchsdynamik über Generationen aufrecht erhält (vgl. a.a.O., S.134).

HIRSCH macht diese, dem kindlichen Entwicklungsstand ungemäße Notwendigkeit zur Anwendung der genannten Abwehrmaßnahmen verantwortlich für die folgenden, pathologischen Reaktionen: "Die Folgen lassen sich später zum großen Teil auf eine Abwehrmaßnahme derartiger Aggression, nämlich auf die Abspaltung des Körpers vom übrigen Selbst, zurückführen, psychosomatische Symptome sind häufig, chronische Schmerzen auch, ebenso gegen den eigenen Körper gerichtete Aggression im Sinne von Selbstbeschädigung oder Sucht: Der Körper wird - wie damals - nun vom Opfer selbst wie ein Ding behandelt, mißhandelt. Auch Bedürfnisse kann man so abspalten; sie wahrzunehmen und durchzusetzen wird aufgegeben, Anforderungen anderer Art wird kein Widerstand entgegengesetzt ("Nicht-Nein-Sagen-Können"), und das betrifft nicht nur, aber besonders wiederum den Bereich der Sexualität" (HIRSCH 1989, S.2).
Die Reaktionen, Überlebensstrategien des Kindes sind abhängig von mehreren Faktoren, so von der Art und Weise des Angriffs, der begleitenden, physi-

schen Gewalttätigkeit, seiner erniedrigenden Wirkung und **entscheidend** vom Familienklima. Eine Tochter, deren Mutter Hilfe von außen holen kann und sie zukünftig vor dem Täter schützt, wird den Inzest vergleichsweise besser überstehen als ein Kind, das u.U. über Jahre mit dem unerträglichen Widerspruch allein gelassen wird, "... daß das Trauma von den Menschen ausgeht, die ihm am wichtigsten sind, die es liebt und die vorgeben, es zu lieben. Nicht nur Überstimulation und Angst, sondern eine Konfusion der Wahrnehmung ..., eine Schwächung der Realitätsprüfung und des Urvertrauens entfalten weitere pathologische Wirkungen" (HIRSCH 1987, S.163).[1]

Gerade wegen der Möglichkeit unterschiedlichster Faktorenkombinationen können **keine grundsätzlichen und typischen Symptomkonstellationen** (vgl. a.a.O.), die unabdingbar regelmäßig wiederkehren, abgeleitet werden.
Bei Betrachtung der posttraumatischen Störungen sind sich aber alle, mit der Therapie solcher Reaktionen befaßten Autoren einig, daß Inzest, vom Schweregrad der Schädigung her besehen, in eine Reihe mit Erfahrungen wie Entführung, Terrorismus, Vergewaltigung oder Kriegsereignissen zu stellen ist (vgl. a.a.O., S.165).
In manchen Arbeiten werden eine Unzahl denkbarer Folgen aufgelistet (vgl ENDERS 1990, S.81 f.), hier sollen nur die wichtigsten der möglichen Reaktionen kurz besprochen werden.

In unterschiedlichster Ausprägung sind als allgemeine, aber spezifische Inzest folge "... Sexualisierung von Beziehungen, die Neigung zu Promiskuität, teil

----

1.) Aus einer Autobiographie: "Und da ist die Tatsache, daß ich im Terror lebte Da ist die Tatsache, daß ich meinen Vater als den wunderbarsten Mann in de ganzen Welt kannte. Dieses geistige Chaos ist das klassische Ergebnis der Tor tur der Gehirnwäsche: der Peiniger, der einmal gut, dann wieder schlecht erscheint, wunderbar, dann wieder bedrohlich erschreckend, einmal vertrauenswürdig und dann wieder nicht. Das ist der wirkliche Inzestschaden, de Schmerz, daß du nie fähig sein wirst, zu akzeptieren, daß jemand, den du ge liebt hast, zu dem du aufgeschaut hast, dem du vertrautest, einfach so übe dich hinwegtrampeln konnte, über deinen Körper und deine Seele, ganz ir Verborgenen und dann unter Hinterlassung einer falschen Spur extravagante großzügiger Gesten der Vaterschaft, die die Tat verdecken sollten, flol (SPRING 1988, S.143).

weise Prostitution, häufig in Verbindung mit Frigidität ..." (vgl. HIRSCH 1987, S.163) zu finden.
Daneben sind allererst **körperliche Verletzungen** möglich; genannt werden Wunden u.ä. im Genitalbereich oder in erogenen Zonen, seltener Geschlechtskrankheiten.
Häufig anzutreffen, als erste Reaktionen, sind insbesondere in Kindheit und Jugend **Störungen des Sozialverhaltens**: Lern- und Verhaltensauffälligkeiten, Delinquenz, Weglaufen, Beziehungsschwierigkeiten, Aggressivität, Minderwertigkeitsgefühle, Hilflosigkeit oder frühreifes sexuelles Verhalten. Letzteres, vom Täter später oft zur Entschuldigung vorgetragen, ist aber unbedingt als Reaktion auf ein übermäßig sexualsiertes Erziehungsverhalten zu betrachten. Hinzu kommen Bettnässen, Sprachstörungen u.ä.
Mit fortschreitendem Alter nehmen **psychische und psychosomatische Störungen und Erkrankungen** zu. Das sind Schlafstörungen, Eß-, Mager- oder Kotzsucht (vgl. hierzu besonders BOTENS 1989, S.48), neurotische Störungen, psychogener Schmerz, Waschzwänge, Hautkrankheiten, Bauchschmerzen, Menstruationsbeschwerden oder vereinzelt auch Asthma.
Sehr oft erwähnt wird **autoaggressives Verhalten**, von Selbstverstümmelungen über Suicidversuche bis hin zu Drogen- und Tablettenmißbrauch. Treten sie in Kindheit und Jugend auf, haben die Selbstverstümmelungen z.T. das Ziel, sich durch diese Entstellungen den Täter fern zu halten.
Mit dem gleichen Ziel, sich zu schützen, wird in manchen Fällen Menstruationsblut deutlich zur Schau getragen, andere, ehemalige Opfer berichten, daß sie dick bekleidet schlafen gingen, um dem Täter die Annäherung zu erschweren (vgl. zu diesen Folgen MITNICK 1986, S.85-90; HIRSCH 1987, S.160-173; BOTENS 1989, S.47 f.; ROTHEN 1989, S.77-79; ENDERS 1990, S.76-88 und FEGERT 1990, S.170-176).

In wissenschaftlichen Befragungen geben bis zu 87% der Inzestopfer sexuelle und Beziehungsstörungen an. Befragungen von Prostituierten (beides Studien aus den USA) ergaben gewaltsame, sexuelle Attacken in der Kindheit bei bis zu 51% der Befragten (vgl. HIRSCH 1987, S.171 f.).
Diese Störungen werden bis heute in Kindheit und Jugend selten geklärt, da die Kinder, wie erwähnt, Angst vor den Drohungen der Täter haben. "Je län-

ger die Mißbrauchssituation anhält, desto größer werden die Schuldgefühle des Mädchens, desto größer wird ihr Druck, alles zu tun, daß die sexuelle Gewalt nach außen nicht offen wird. ... Deshalb stellen Mädchen ihre Familie nach außen als die heile 'Bilderbuchfamilie' dar - damit niemand Verdacht schöpfen kann (BOTENS 1989, S.47).

Borderline Störungen und Psychosen werden innerhalb der durchgesehenen deutschsprachigen Inzestliteratur nur von MITNICK (1986), HIRSCH (1987 1989) und FEGERT (1990) als Folgereaktion besprochen.
ROTHEN beschreibt eher die Phänomene, ohne ein diagnostisches Vokabu lar zu verwenden: "Das Kind wird mit der sexuellen Mißhandlung aufgezogen Sie gehört zu seinem Alltag. ... Sexuelle Kindesmißhandlung und Gewalt sin unweigerlich miteinander verbunden. Die Gewalt äußert sich in Bestechun mit Geschenken, Erpressung, Drohungen, physische und psychische Gewalt. . **Sobald der sexuelle Mißbrauch beginnt, ist die Atmosphäre durch Chaos Lügen, Flucht, zwei Wirklichkeiten, Isolation, Depersonalisation, Ohnmach und Spannungen geprägt**" (ROTHEN 1989, S.72). Dem Mädchen (Kind) feh len "... die kognitiven Fähigkeiten, diese Erfahrungen in Worte zu kleider **Zudem betont der Täter, daß alle Väter dies mit ihren Töchtern tun. ... Wäh rend Jahren haben sie in zwei Wirklichkeiten gelebt: nach außen der Schei normal zu funktionieren, und zuhause in der ständigen Gefahr, der sexuelle Mißhandlung ausgesetzt zu sein**" (a.a.O., S.73; Hervorhebungen, K.K.). Di Autorin weiß aus ihrer therapeutischen Arbeit, "... daß die schrecklichste Phantasien Wirklichkeit sind: innere Verletzungen mit Instrumenten, erzwu gene Prostitution, Tötung des Kindes bei Schwangerschaft, erzwungene A treibungen, Tötungsversuche" (a.a.O.).
HIRSCH nimmt an, daß die Gefahr der Psychose um so größer ist, je niedrig das Alter des Kindes, da in diesem Fall die Abgrenzungen des Ichs no unentwickelt sind, Verschmelzung und Symbiose von Ich und anderem no nicht vermieden werden kann (vgl. HIRSCH 1989, S.2).[1]

1.) "Die 'verrücktmachende' Dynamik: Das Kind ist schlecht, weil es sexuelle R gungen verspürt, der Erwachsene, der sie ihm verbietet, darf aber aggressiv

Zum Ausbruch der Psychose kommt es meist in der Adleszenz. Sie bedeutet "... für das Opfer den Anfang von wiederholten Aufenthalten in psychiatrischen Kliniken ..., wenn der Inzest unentdeckt bleibt. Erwachsene, die dieses durchgemacht haben, berichteten über ihre wiederholten Versuche, den Inzest mit dem Klinikpersonal zu besprechen, und wie sie mit den Worten abgewiesen wurden, es sei alles bloß 'Phantasie'. Da sie als Kinder die Realität verleugnen mußten, setzen sie vielleicht diese Verleugnung später fort und werden als 'verrückt' abgestempelt" (MITNICK 1986, S.96).

Diese Bemerkungen als auch ein Hinweis bei FEGERT (1990, S.177) zu Borderline Persönlichkeitsstörungen (ein in den USA nach einem anderen Diagnoseschlüssel, DSM III, häufiger als hierzulande verwendeter Begriff) und zu Psychosen führte zur Durchsicht des "American Journal Of Psychiatry" (letzte Jahrgänge) nach Untersuchungen zu Zusammenhängen zwischen Inzest, sexuellem Mißbrauch und psychiatrischer Erkrankung.

Hier sind in den letzten zehn Jahrgängen mehrere Forschungsberichte mit deutlicher Häufung zwischen 1986 und 1990 erschienen (Zusammenstellung siehe am Ende des Literaturverzeichnisses):
ADAMS-TUCKER (1982), die sich weniger für die Verteilung, sondern mehr für die Folgen von sexuellem Mißbrauch von Kindern interessiert, stellt nach

----

eben diesem Kind seine eigenen Bedürfnisse befriedigen, darüber hinaus darf das Kind mit niemandem darüber kommunizieren, ist **jedem** Inzestgeschehen immanent. Die Formel würde lauten: 'Ich liebe dich, aber ich beute dich (sexuell) aus, und wehe, du sprichst darüber!' ... Und auch ohne psychotischen Zusammenbruch finden sich bei Inzestopfern häufig Depersonalisationserscheinungen, präpsychotische Symptome wie Halluzinationen ... und massive parnoide Symptome. ... Erst wenn das Kind die innere (ödipale Wünsche, Schuld) von der äußeren Realität (der des Täters bzw. der ganzen Familie) nicht mehr genügend unterscheiden kann, bleibt es nicht bei irrationalen Schuldgefühlen, dem Gefühl, 'anders zu sein', Depersonalisation und körperlichen Reaktionen, sondern es kommt bei entsprechenden Belastungen zum Zusammenbruch der Ich-Organisation, zur Psychose" (HIRSCH 1987, S.175).

einer Untersuchung mit Kindern aus dem Jahre 1978 fest, daß es sich bei der Hälfte der Täter um die eigenen Väter oder einen entsprechenden Vater-Ersatz handelt. Die stärksten, pathologischen Reaktionen zeigen sich bei Kindern, die direktem Geschlechtsverkehr ausgeliefert waren. Das Gesamt der Diagnosen reicht von heftiger Angst, depressiver Neurose, Verhaltensauffälligkeiten über Aggressionen und Auto-Aggressionen bis zur Psychose (vgl. a.a.O., S.1253). Die Autorin postuliert, daß die Störungen um so heftiger sind, je früher der Mißbrauch stattfindet und je länger er andauert (vgl. a.a.O., S.1255). Sie empfiehlt Klinikern, Kinder direkt nach sexuellen Belästigungen zu fragen, da frühe Aufdeckung und Intervention den Schaden möglichst gering halten könne.

Alle folgenden Untersuchungen bemühen sich, Verbreitung und Verteilung (z.B. auf Krankheitsbilder) festzustellen; hierbei werden meist Akten u.ä. und Interviews unterschiedlichster Art mit durchweg quantitativer Methodik ausgewertet.

HUSAIN/CHAPEL (1983) finden in 14% der Berichte von 437 jugendlichen Mädchen eines psychiatrischen Hospitals inzestuöse Verhältnisse. Der durchschnittliche Inzestbeginn liegt hier bei etwa elf Jahren (vgl. a.a.O., S.591 f.).

EMSLIE/ROSENFELD (1983) erhalten in ihrer Befragung hospitalisierter Kinder und Jugendlicher einen Anteil von 37,5% mit Berichten über Inzest (10% der psychotischen Mädchen und 8% der Jungen; vgl. a.a.O., S.708).

1984 nennen CARMEN u.a. nach einer Untersuchung psychiatrischer Patienten zu sexuellem und physischem (ohne erkennbare sexuelle Tönung) Mißbrauch in 50% der Fälle Berichte von Gewalt beider Formen. Das höchste Risiko für Gewalt in der Familie tragen erwachsene Frauen und Kinder beiden Geschlechts (vgl. a.a.O., S.378 f. und S. 382).

Eine Befragung von nur weiblichen Psychiatriepatientinnen von BRYER u.a. (1987) zu sexuellem und physischem Mißbrauch findet in 72% aller Berichte Erfahrungen mit Gewalt (21% nur sexueller, 18% nur physischer und 33% beide Formen von Mißbrauch gemeinsam). Erfragt und gewertet wurden nur Erfahrungen mit eindeutigem und bedeutsamem Einfluß auf das spätere Leben (vgl. a.a.O., S.1427).

BECK/KOLK (1987) erhalten von 46% chronisch psychotischen und hospitalisierten Frauen Berichte über Inzest in der Kindheit. Auch diese Frauen zei-

gen wesentlich mehr als andere Patienten zusätzliche psychische und intellektuelle Behinderungen (vgl. a.a.O., S.1474 f.).
JACOBSON/RICHARDSON (1987) finden bei 81% ihrer interviewten psychiatrischen Patienten Lebensgeschichten voller prägender physischer und/oder sexueller Gewalttätigkeiten. Die Autoren betonen die hohe Verbreitung von Alkohol- und Drogenmißbrauch unter Tätern und/oder Opfern (vgl. a.a.O., S.910 und 912). Eine spätere Befragung von ambulanten Patienten durch JACOBSON (1989) nennt Erlebnisse mit physischen und/oder sexuellen Gewalttätigkeiten in 68% der Fälle (vgl. a.a.O., S.755 f.).
Eine Untersuchung mit Patientinnen einer psychiatrischen Notfall-Ambulanz ergibt in 70% der Fälle Berichte von sexuellem Mißbrauch bei direkter und ausdrücklicher Nachfrage. Ein Vergleich mit Akten derselben Einrichtung ergibt ohne Nachfrage nur bei 6% der Patientinnen Mißbrauchs-Berichte (vgl. BRIERE/ZAIDI 1989, S.1605).
Befragungen von Patienten mit Borderline Persönlichkeitsstörungen führen ebenfalls eine sehr hohe Verbreitung von Erlebnissen mit physischen und/oder sexuellen Gewalttätigkeiten, nämlich 81% an, und betonen zusätzlich die extreme Verbreitung von allgemeinen Spaltungsphänomenen (vgl. HERMAN u.a. 1989, S.490 f. und S.494). SHEARER u.a. (1990) zeigen, daß die 40% von Borderline-Patientinnen, die sexuellen Mißbrauch angeben, im Vergleich zu anderen Patientinnen wesentlich mehr zusätzliche Auffälligkeiten wie Eßstörungen oder Drogenmißbrauch u.ä. produzieren (vgl. a.a.O., S.214).
MORRISON (1989) findet sogar in über 50% der Berichte von Frauen mit körperlichen (psychosomatischen) Störungen kindliche Erfahrungen mit sexuellem Mißbrauch (vgl. a.a.O., S.240).

Alle Autoren sind sich einig, daß sexueller und physischer Mißbrauch in der Regel innerhalb der Kernfamilie stattfindet, daß es sich bei den Tätern in den weitaus meisten Fällen um die Väter oder deren Nachfolger handelt.
Insbesondere in den neueren Arbeiten wird der physische dem sexuellen Mißbrauch in seiner Wirkung als Trauma gleichgestellt. Es scheint sich zunehmend die Erkenntnis durchzusetzen, daß die psychischen Konsequenzen in beiden Fällen ähnlich sind: Gewalterfahrungen mit Personen, von denen das

Kind den meisten Schutz und Zuneigung erhofft, resultierend Angst, Scham und introjizierte Schuldgefühle (vgl. z.B. CARMEN u.a. 1984, S.382).
Einige Autoren folgern aus ihren Ergebnissen, daß Inzest allein keine psychischen Störungen und Krankheiten bewirken könne, sondern immer nur im Zusammenspiel mit familiärer Desorganisation und folgenden Ich-Beeinträchtigungen als pathogene Struktur wirke (vgl. EMSLIE/ROSENFELD 1983, S.708), andere betonen die eigenständige, traumatisierende Wirkung gerade von inzestuösem Mißbrauch (vgl. HERMAN u.a. 1986, S.1293 ff.). Letztere schlagen daher vor (bis zur weiteren Klärung), die Diagnose "**posttraumatic stress disorder**" (a.a.O., S.1293) zu verwenden und auf Begriffe wie Psychose, Borderline oder Schizophrenie zu verzichten. Die genannte Auseinandersetzung ist allerdings m.E. unnötig, da die betreffenden Täter in der Regel die entsprechende Familienorganisation um sich herum schaffen bzw. vorfinden.
HERMAN u.a. (vgl. 1986, S.1296) und besonders BRYER u.a. (vgl. 1987, S.1429 f.) erkennen und formulieren einen direkten Zusammenhang zwischen der Intensität der Gewalttätigkeit des Mißbrauchs und der Heftigkeit der sich später entwickelnden psychischen Störung: **Je früher der Inzest beginnt, je länger er andauert und je mehr er erzwungen wird, desto schwerer die Krankheit; Kinder, die von klein auf physischem und sexuellem Mißbrauch ausgesetzt waren, neigen eher zu psychotischen Reaktionen und/oder Selbstzerstörungsversuchen** (vgl. auch ADAMS-TUCKER 1982, S.1255). **Die Menschen die zu psychiatrischen Patienten werden, haben die schwersten und frühesten Traumen erlebt.**
BRYER u.a. (vgl. 1987, S.1430) vergleichen, für amerikanische Verhältnisse bildhaft die heute übliche, folgende psychologische und pharmakologische Behandlung (in Unkenntnis des originalen Traumas) mit dem Versuch, di unterschiedlichen und chaotischen Symptome eines Vietnamveteranen zu therapieren, ohne von Vietnam und dem dort Geschehenen überhaupt zu wissen

Auffallend bei der Durchsicht der Forschungs-Berichte ist die prozentual Zunahme der Häufigkeit solcher Schilderungen von Mißbrauch. Dies erklä sich einerseits aus der Hinzunahme des physischen Mißbrauchs und andere seits aus der Präzisierung der Befragungs-Instrumente (vgl. BRIERE/ZAIL 1989, S.1602). Die meisten Patienten tendieren nämlich aus Angst und au

grund starker Schuld- und Schamgefühle dazu, die Geschehnisse zu verschweigen und berichten sie erst bei gezielter Nachfrage, was die meisten Autoren unbedingt empfehlen, um therapeutische Strategien entsprechend ändern zu können (vgl. z.B. HERMAN u.a. 1989, S.494).
Aus diesem Grund, den Mißbrauch eher zu verschweigen, seien Übertreibungen und "Verwechslungen" von Phantasie und Realität absolut unwahrscheinlich (vgl. z.B. BRIERE/ZAIDI 1989, S.1605). Einige Autoren nehmen sogar eher an, daß die Daten zur Verbreitung noch höher zu veranschlagen seien, da die Befragungen freiwillig waren und so einige ängstliche Patienten mit starkem Drang zum Verschweigen erst gar nicht teilgenommen haben.

Bezüglich Charakterisierungen und Beschreibungen von Inzest-Tätern und Überlegungen zu ihrer Psychodynamik und Herkunft liegen kaum fundierte Daten und Untersuchungen vor. Meist handelt es sich um Mutmaßungen und Rückschlüsse von Therapeuten aufgrund der Schilderungen von Opfern oder um Untersuchungen an einer ganz spezifischen Auswahl von Tätern, z.B. an verurteilten Delinquenten. Aussagen zu den Tätern und zu ihrer Herkunft sind m.E. mit größter Vorsicht zu betrachten (oft sind sie sogar widersprüchlich; vgl. RIJNAARTS 1988, S.148-155), Untersuchungen mit brauchbaren Ergebnissen stehen hier zukünftig noch aus, Berichte von Therapeuten, die mit Tätern arbeiten, sind äußerst selten und wissenschaftlich fragwürdig.

Die meisten Autoren formulieren die Vermutung, daß Inzest und sexueller Mißbrauch gleichermaßen über alle soziale Schichten verteilt sind, daß eine möglicherweise größere Häufigkeit in unteren sozialen Schichten und Subkulturen u.U. aber dank besserer Artikulationsmöglichkeiten und -bereitschaft der Angehörigen mittlerer und höherer Schichten verborgen bleibt (vgl. RIJNAARTS 1988, S.151).
Die Täter werden insbesondere in feministisch orientierten Arbeiten als "... ganz normale Männer ..." (KAVEMANN/LOHS-TÖTER 1989, S.97; vgl. auch STEINHAGE 1989, S.13 f.) dargestellt, ENDERS (vgl. 1990, S.34) bezieht dies sogar auf den Mißbrauch von Jungen durch männliche Täter.

Etwas differenzierter sind die Überlegungen von HIRSCH, der den ersten

Eindruck von einem Täter als den von einem ängstlichen und gequälten Menschen beschreibt, der in der Konfrontation zwar die Tat gesteht, sich selbst aber als Opfer mit minimaler Schuld darstellt (vgl. HIRSCH 1987, S.104). Zumindest vermutet HIRSCH eine Beeinträchtigung der Charakterstruktur, etwa als partiellen Verlust der Kontrollfähigkeit; solch ein Inzesttäter kann im Beruf eine gütige und liebenswerte Rolle spielen und "... sich zu Hause in einen sadistischen Tyrannen verwandeln" (a.a.O.). "Inzestforschern, aber auch Sozialarbeitern, Richtern und anderen fällt es hingegen oft schwer, sich vorzustellen, daß dieser fleißige, gutwillige Mensch, der sich ihnen gegenüber teilweise geradezu unterwürfig verhält, hinter verschlossenen Türen Frau und Kinder tyrannisiert" (RIJNAARTS 1988, S.233).
Als treibendes Moment des Täters, sonst respektierte Regeln in der Famili zu ignorieren, sieht auch HIRSCH als Wendung der ödipalen Wünsche vo der eigenen Mutter auf die idealere Tochter. "Ein starkes Motiv des Inzest auf seiten des Vaters ergibt sich also in der zweifach auftretenden narzisti schen Bestätigung des Vaters: einmal liebt ihn die Tochter noch immer unvor eingenommen, zum anderen phantasiert der Vater sich als narzistische Einhe mit der jugendlichen Brautmutter" (HIRSCH 1987, S.110). Es entsteht ein Form von Narzismus, in dem der Vater nur den Menschen lieben kann, de er, seinem Ideal folgend, selbst produziert, erzogen hat (vgl. a.a.O.). Aus die sem Narzismus folgt Mangel an Empathie, die Unfähigkeit, sich in ein so vie jüngeres Kind hineinzuversetzen. "Gerade bei den psychosenahen Ausbrüche von Eifersucht des Vaters läßt sich erkennen, daß der Vater jedes Gefühl fü die Realität verloren hat, wenn es um die Beziehung zur Tochter geht. E handelt, denkt und fühlt, als wäre er tatsächlich ein legitimer, betrogen Liebhaber, als würde ihm großes Unrecht dadurch geschehen, daß die Tocht mit einem Jungen auf der Straße spricht" (a.a.O., S.112).

Einige (insbesondere) Autorinnen betrachten, wie zuvor schon erwähnt, a leitendes Motiv des Mannes für sexuellen Mißbrauch die Ausübung vo Macht per Gewalt, die "... Befriedigung männlicher Dominanz- und Her schaftsbedürfnisse ..." (ENDERS 1990, S.32). "Sexueller Mißbrauch ist d Sexualisierung von Macht und Gewalt" (STEINHAGE 1989, S.19). Ande sehen auch den Wunsch nach Zärtlichkeit, Sexualität und persönlicher Bes tigung (vgl. ABELMANN-VOLLMER 1989, S.4). Diese Fragestellung ist schwierig und vor allem nicht pauschal zu beantworten; m.E. kommen männliche Macht- und Herrschaftsbedürfnisse zunehmend zur Geltung, je deutlicher der Anteil der physischen Gewalt im Mißbrauch wird.

Die Rolle der Mütter in einer inzestuösen Familie ist definiert über ihre emotionale und existentielle Abhängigkeit vom Mann. Die in einer solchen Familie bestehenden symbiotischen Beziehungen und Abhängigkeiten werden vom Vater genutzt, Mutter und Tochter lebensbedrohende Ängste bezüglich ihrer Angewiesenheit auf den "Ernährer" zu vermitteln. "Es ist wichtig, darauf hinzuweisen, daß die Familienmitglieder sich existentiell bedroht fühlen, auch wenn sie tatsächlich weiterleben würden. Man muß verstehen, daß die Familienmitglieder zutiefst davon überzeugt sind, ihr Überleben sei in Gefahr, um begreifen zu können, warum weder das Opfer noch die Mutter (der nicht-mißbrauchende Elternteil) Anzeige erstatten und warum alle Familienmitglieder den Mißbrauch in der Regel verleugnen, wenn er aufgedeckt wird" (LARSON 1986, S.106). Dies trifft so häufig zu, da Männer, die sich eine solche beherrschende Rolle wünschen, sich wohl selten eine selbstsichere und selbstbewußte Partnerin, sondern eher eine passende "Ergänzung" suchen.
Solange sie in einer solchen Beziehung zum Täter stehen, können Mütter den sexuellen Mißbrauch überhaupt nicht sehen. "Die Situation ist für sie selbst so bedrohlich, daß sie ihre Wahrnehmungen nicht ernst nehmen und diese umdeuten. ... Selbst wenn die Tochter den sexuellen Mißbrauch durch den Vater unmißverständlich ausspricht, zweifeln Mütter oft, ob sie der Tochter glauben sollen, und suchen nicht selten die Schuld im Verhalten der Tochter" (STEINHAGE 1989, S.100). Betroffene Mütter reagieren oft mit Vorwürfen an die Tochter, glauben ihr nicht oder bagatellisieren die Handlungen des Vaters (vgl. HIRSCH 1987, S.119).
In den seltensten Fällen finden die Mütter zu adäquaten Reaktionen, ihre Tochter (Kinder) vor zukünftigem Mißbrauch zu schützen, sich außerhalb der Familie Hilfe zu suchen. Vielmehr reagieren sie oft mit Eifersucht, verstärken den Druck, den Inzest zu verschweigen und erhöhen damit Verwirrung und Realitätsverlust der Tochter (vgl. a.a.O., S.122).

Versuche, den Vater zu entlasten, indem der Mutter Mitschuld in Form von emotionaler und sexueller Distanzierung von ihrem Mann vorgeworfen wird, sind sicher unangemessen (vgl. besonders RIJNAARTS 1988, S.174 ff.). Solcher "sexueller Notstand" wird von Vätern allerdings oft, z.B. bei Trennung oder häufiger Krankheit der Mutter, als Entschuldigung angeführt.

Da so gut wie nie ein Gespräch zwischen Mutter und Täter den Inzest oder sexuellen Mißbrauch beenden, scheint es angemessen, wenn betroffene Kinder und/oder Mütter therapeutische und rechtliche Hilfe außerhalb der Familie suchen. Diese ist maßgeblich in Beratungszentren von "Wildwasser" und vom "Deutschen Kinderschutzbund" (z.T. sicher auch bei "pro familia") zu finden, welche mittlerweile in fast allen größeren Städten Niederlassungen eröffnet haben. Es ist zu hoffen, daß mit Bekanntwerden dieser Einrichtungen um so mehr Mütter und Kinder die Möglichkeiten nutzen, sich gegen mißbrauchende Täter zur Wehr zu setzen.

Im Vordergrund aller Maßnahmen steht der Schutz des bedrohten Kindes, ohne dessen Befürchtungen um Zerstörung der Familie sofort zu bewahrheiten. Strafanzeige sollte nach Auffassung der meisten Autoren nur gestellt werden, wenn die zukünftige Unversehrtheit des Kindes anders nicht garantiert werden kann, oder wenn ältere Mädchen oder Frauen, nach Aufklärung über Vor- und Nachteile, dies ausdrücklich wünschen, niemals aber gegen deren Willen (vgl. STEINHAGE 1989, S.159 f. oder ENDERS 1990, S.182 ff.). Zum gemeinten Schutz des Kindes ist meist eine räumliche Trennung von Täter und Opfer erforderlich; rechtliche Schritte (Jugendamt, Familiengericht) sind nicht notwendig, wenn der Täter dieser Forderung nachkommt und sich einer freiwilligen Therapie unterzieht (vgl. BOTENS 1989, S.49 ff.).
Die meisten, therapeutisch erfahrenen Autoren halten die Durchführung einer Familientherapie für ungeeignet, da der Druck, den die Familienmitglieder aufeinander ausüben, zu groß ist und empfehlen für alle Beteiligten verschiedene Settings (vgl. HIRSCH 1987, S.184; ROTHEN 1989, S.75; STEINHAGE 1989, S.119 ff. oder BARTELS 1990, S.207 ff.).
"Wildwasser" bietet außerdem Gruppentherapie und Selbsthilfegruppen für Frauen an, die in ihrer Kindheit mißbraucht wurden. Die Mitarbeiter empfeh-

len außerdem, die Therapie von Töchtern und Müttern nur von Frauen, wegen ihrer Vorbildfunktion, durchführen zu lassen (vgl. z.B. BOTENS 1989, S.57). Der zuvorderst verständliche Gedankengang wird allerdings fragwürdig, wenn gerade lesbische Frauen als Vorbild dienen sollen (vgl. a.a.O., S.58); hier schleicht sich die Vermutung einer unerbetenen Ideologisierung ein.
Da der "Kinderschutzbund" ein weniger aggressives und hilfsbetonteres Vorgehen, auch bezogen auf die Täter, fordert und deutlicher auch das Problem der mißbrauchten Jungen sieht, ist dieser m.E. für die Arbeit mit Kindern (u.U. auch für die Beratung aktueller Mißbrauchssituationen) besser geeignet.

Vorteilhafter als Therapie wäre sicher wirksame Prävention, die nur von einigen Autoren gefordert wird (vgl. HIRSCH 1987, S.188 f.; FEY 1989; BRAUN 1989 und einige kurze Aufsätze in ENDERS 1990, S.252-280). Die Vorschläge beinhalten einige Prinzipien und Materialien zur pädagogischen Arbeit in Schule und Kindergarten, die eher Vorstellungen der Erwachsenen zu sexuellem Mißbrauch und zu dessen Vermeidbarkeit durch präventive Spiele, Kinderbücher, Lieder u.ä. darstellen, statt ihren Ausgang bei konkreten Erlebnissen der Kinder zu nehmen.
Die entwickelten Ideen sind abgeleitet aus Programmen eines amerikanischen Projektes namens "CAPP" (Child Assault Prevention Project; vgl. FEY 1989, S.196) und formulieren folgende Leitprinzipien: "Prävention muß
- die Stärke von Kindern aufbauen,
- die Unabhängigkeit der Kinder fördern,
- die Mobilität der Kinder erweitern und
- die Freiheit der Kinder vergrößern" (BRAUN 1989, S.18).

Konkretisiert bedeutet dies, daß Kinder lernen sollen, ihren Körper als wertvolles Gut zu schützen, zu den eigenen Gefühlen zu stehen, zwischen guten und schlechten Berührungen und Geheimnissen zu unterscheiden, sich im richtigen Moment Hilfe zu holen. Zentrales Motto soll sein, bei unangenehmen Forderungen älterer Kinder oder Erwachsener selbstbewußt und entschieden **"Nein!"** sagen zu können. Dies wird in Rollenspielen geübt (vgl. z.B. FEY 1989, S.202 ff. oder BRAUN 1989, S.30), die Kinder sollen aber auf keinen Fall durch das Programm geängstigt werden.

Der Kritik von DIBBERN (1989) folgend, ist dieses pauschale Motto "Ich sag' nein!" als Erziehungsziel abzulehnen, eher als schädlich einzustufen (vgl. a.a.O., S.18). Es wird deutlich, daß gerade dieses Präventiv-Material auf Dunkelziffern (und damit verbundene Spekulationen) und nicht auf fundierte sozialwissenschaftliche Untersuchungsergebnisse über gesellschaftliche Verteilungen rekurriert. Gleichermaßen wird erkennbar, daß Beraterinnen und Therapeutinnen (meist feministisch orientierter Projekte), die dieses Präventionskonzept verfolgen, ihre mittelständischen und ethno- bzw. sozialzentristischen Vorstellungen und Wünsche über Selbstbewußtsein und Selbstsicherheit von Mädchen auf gesellschaftliche Gruppen werfen, in denen solche Verhaltensweisen, als zu brechende Widerständigkeit gedeutet, ausschließlich negative Folgen für das Kind hätten. **Es handelt sich um eine psychologistische Sichtweise, die bürgerliche Normen bezüglich kindlicher Selbstbestimmungsrechte in unzulässiger und unrealistischer Art und Weise auf andere Schichten verallgemeinert, projiziert.**
Wäre nämlich die Nähe und Bereitschaft zu physischer Gewaltanwendung bekannt, wie sie sich in den Aufsätzen des "American Journal Of Psychiatry" mehr als andeuten, könnte kaum ein so selbstbewußtes "Nein!" gefordert werden, da es in vielen Fällen auf direktem Wege in eine unkontrollierbare **Gewalt-Eskalation** hineinzuführen drohte! **Diese Gefahr besteht nach eigenen Erfahrungen besonders in unteren gesellschaftlichen Schichten und Subkulturen, in denen ein geringeres Bildungsniveau oft Einsichten in ein Wirkungsgefüge von elterlichem Verhalten und kindlicher Persönlichkeitsentwicklung nachhaltig verhindert. Wieviele Väter, die ein inzestuöses Verhältnis zu ihrer Tochter als ihr "gutes Recht" betrachten, würden vor einem kindlichen "Nein!" zurückschrecken?**

Bezogen auf Behinderte liegen derzeit nur Vermutungen über deren größere Gefährdung wegen verstärkter Abhängigkeitsverhältnisse und Hilfsbedürftigkeit vor, Erfahrungsberichte und andere Daten stehen allerdings noch aus.

9.4. Zusammenfassende Rekonstruktion: Frau F.

Nach Darstellung der Biographie von Frau F. aus ihrer eigenen und aus psychiatrischer Sicht sowie nach kumulativen Vergleichen zum Thema sexueller Mißbrauch und Inzest sollen relevante Ereignisse und Entwicklungen dieser Lebensgeschichte vervollständigt, graue und blinde Flecken gleichermaßen ausgefüllt werden. Es handelt sich hierbei um naheliegende Spekulationen und Wahrscheinlichkeiten, wobei deren Plausibilität diskutiert werden kann und muß, letztlich die Beurteilung aber dem Leser überlassen bleibt. Sinn und Zweck ist die Rekonstruktion der pädagogisch wirksamen Struktur, in der Frau/Kind F. erzogen wurde, die nach erziehungswissenschaftlicher Auffassung ihre Persönlichkeit als lebenslanger Prozeß maßgeblich prägt.

Frau F. wird im Alter von 3-4 Jahren mit sexuellem Mißbrauch durch einen auch physisch gewalttätigen Vater konfrontiert, in dem magisches Erleben entwicklungsgemäß stark im Vordergrund steht, in dem Dinge möglich sind, die einer späteren, rationalen Welterfassung widersprechen. Nicht nur, aber insbesondere Mädchen "prahlen" gerade bis ins Schulalter hinein mit den Fähigkeiten, Kräften und der Allmacht ihrer Väter; viele Kinder erfahren z.B. auch erst in der Schule, daß Weihnachtsmann, Osterhase u.ä. nur in der Phantasie existieren. Gleichzeitig wird auf sozialer Ebene das Gewissen als kontrollierende Instanz ausgebildet, werden bis zum Schulalter maßgeblich von den Eltern soziale Regeln und Verbote erlernt.

In diesem Alter finden väterliche "Attacken" statt, die das Kind widersprüchlich, u.U. auch mit Lustempfinden, erlebt, wie die Begriffswahl "Verführung", neben dem Wunsch den Vater zu entlasten, nahelegt. Frau F. versucht noch heute, die gesellschaftliche Normalität des Inzest festzustellen und die Frage, wer ihn verschuldet hat, zu klären. Sie erlernt in diesem Alter von ihrem Vater eine Wirklichkeit, in der Inzest normal und üblich ("Sitte") ist, und daß sie selbst ihn verschuldet, möglicherweise gar provoziert hat. Gleichzeitig wird von ihr unter drohender Gewalttätigkeit absolute Verschwiegenheit erzwungen.
Die heute von Frau F. gewähnten Themen ähneln deutlich den Dingen, die

Kinder in diesem Alter für möglich halten, als auch den Drohungen, mit denen andere betroffene Frauen von ihren Vätern zum Schweigen gebracht wurden. Sie fühlt sich vom Tod bedroht, glaubt durch ihr schlechtes Wesen den möglichen Tod der Eltern zu verursachen, ist überzeugt, daß Menschen, besonders die Eltern, sich verwandeln können, sie selbst somit immer erreichbar und kontrollierbar ist. Menschen, die wie das Klinikpersonal beteuern, ihr helfen zu wollen, versuchen offensichtlich sie umzubringen (s. Medikamente, die wie eine "Zwangsjacke" wirken und bedrohliche Krämpfe verursachen).
Die Stimmen, die Frau F. heute noch hört (immer schon gehört hat), äußern maßgeblich Beschimpfungen ("kleines Dreckding"), bedrohen sie (sie solle aus dem Fenster springen) und verbieten ihr andere Männer, die sie aber ständig, real und in Form von Stimmen, verfolgen. Die Funktionstüchtigkeit und der Realismus dieser Bedrohung wird ihr von einer Mitpatientin demonstriert, welche offenbar dieselben Stimmen hörte, sich aus dem Fenster stürzte und seither eine Bein-Prothese trägt.

Deutlich kann man sich vorstellen, wie es auf ein Kind wirken muß, das sich in einem Alter befindet, in dem noch alles (zumindest sehr viel) möglich zu sein scheint, wenn dessen Vater unerklärte, gar falsch dargestellte (sexuelle) Dinge fordert, deren "Schlechtigkeit" er bei/mit der Verpflichtung zur Verschwiegenheit zu erkennen gibt, dem leichtgläubigen Kind die Schuld in die Schuhe schiebt und es anschließend mit dem Tod und mit Gewalt bedroht, letzteres brutal demonstriert, so daß Außenstehende von der "reinen Hölle" sprechen.
Das aus dieser pädagogischen Wirklichkeit resultierende, sich entwickelnde Gewissen (Über-Ich), verbunden mit drohendem Tod und realer Gewalt, kann nicht ohne Gegen- oder Abwehrmaßnahmen ertragen werden, muß vom Kern der kindlichen Person ferngehalten, abgetrennt, abgespalten werden. So bleibt wenigstens die Hoffnung auf einen hilfreichen und liebevollen Vater möglich. In der realen Situation des Inzest aber bleibt kein Ausweg, Kind F. sieht sich einem geschlossenen System von Beschimpfungen und Schuldzuweisungen gegenüber, die Mutter beschränkt ihre Hilfe auf Begleitung bei klinischen Abtreibungen, selbst durchgeführte Versuche von Abtreibungen und auf konsequentes Ausschweigen.
Diese ausweglose Form der Schuldzuweisung wird später nachhaltig kompl

tiert, Frau F. berichtet ja mehrmals davon, wenn eine Krankenschwester sie nach ihrer Abtreibung als "schlechten Menschen" bezeichnet. Das Ausmaß der Schuld, die Frau F. schon als Kind auf sich nehmen muß, und ihre Angst sind so unermeßlich und unerträglich, der Zwang, alles um den Inzest verschweigen zu müssen, so drückend, daß sich diese kindliche Realität gewissermaßen verselbständig, mit der Zeit eine eigenständige, unkontrollierbare Existenz führt. Dieses seelische Gebilde stellt sich später Medizinern als "Wahnsystem" dar.

Diese sonderbare, gewalttätige und zu verschweigende Welt ist kontrollierbar, solange Frau F. als Kind und Jugendliche im "Schutz" (aus ihrer Sicht, die Alternativen nicht kennt) der Familie lebt. Ihre relative Stabilität und Selbstsicherheit in dieser Zeit ist herstellbar über Erfolge in der Schule und besonders in ihrer Lehre. Je mehr aber die Eltern Eigenständigkeit in Wohnen und Beruf fordern und erzwingen, wird diese Welt unkontrollierbar. Gesellschaftliche und innerfamiliäre Wirklichkeit stoßen gewissermaßen aneinander, kollidieren. Als der Vater die letzte Rettungsmöglichkeit, die Beziehung zum Freund, zerstört, wird die innerfamiliäre Wirklichkeit zunehmend unbändig (für sie unkontrollierbar), tritt in offenen und unklärbaren Widerspruch zur Außenwelt, die Handlungen und die Seele von Frau F. werden immer "verrückter", sie wird bildlich zwischen zwei gleichermaßen wirklichen Welten hin und her gestoßen. Die Vermittlungsversuche zwischen den Wirklichkeiten werden für einen Außenstehenden immer unverständlicher: ihre abgetriebenen Kinder leben noch, ihre Finger hat die Bohrmaschine zertrümmert, Vergewaltigungen werden zu Sex-Spielen.

Äußerst hilfreich bei dieser Methode, Wirklichkeiten zu korrigieren - mittlerweile hat Frau F. über ihre Fragen sicher herausgefunden, daß Inzest nicht normal und üblich ist - wird wieder die Möglichkeit, die sie als Kind schon erlernt hat, alles Unangenehme, ihre gequälte Wahrnehmung zur "Einbildung" zu machen. Das bedeutet, daß die gesamte Behandlung in der Klinik ungewollt und unbewußt diese familiäre Tradition, Wirklichkeiten zu "Einbildung" zu machen, fortsetzt. Die phänomenologische **Struktur der "doppelten Wirklichkeit"** wird gar gefestigt, reden doch Mitarbeiter von eben dieser Einbildung, während andere Patienten ihre aus der Kindheit mitgebrachten Realitäten bestätigen, ebenfalls Stimmen hören, wissen, daß Medikamente sie umbringen sollen, magische Dinge wie Verwandlungen gleichermaßen erleben.

Das eigentlich Tragische an der ganzen Situation: Frau F. setzt deutliche Zeichen; die Akte "berichtet", daß sie oft mit Kleidern im Bett gefunden wird, Dreck bis zum Erbrechen ißt, mitten im Gespräch versucht zu erbrechen, regelmäßig blutverschmiert herumläuft, da ihr nicht zu vermitteln ist, Binden zu tragen, daß sie sogar ausdrücklich den Inzest erwähnt. Trotzdem wird die grundlegende Struktur der Mißbrauchs-Situation fortgesetzt. Mit konsequenter Macht, selbst physische Gewalt wird heute noch oft genug in der Psychiatrie demonstriert, wird die Einnahme möglicherweise schwer belastender Medikamente, Tabletten und Spritzen, erzwungen. Oral und durch die Haut dringen Mediziner in sie ein, um sie von ihrer "Einbildung" zu heilen.
Die Struktur der Mißbrauchs-Situation wird zum lebenslangen Lernprozeß, seine tragenden Elemente sind Ohnmacht, vollständige Verfügbarkeit und Korrektur von Wahrnehmung zu Einbildung. Die Wirksamkeit dieses Lernens wird deutlich, wenn BECK/KOLK berichten, daß die von ihnen befragten, hospitalisierten und psychotischen Frauen mit zunehmendem Alter immer seltener kindlichen Mißbrauch erwähnen (vgl. 1987, S.1476).

An diesem Punkt ist eine Klarstellung notwendig. Der Autor der vorliegenden Arbeit will nicht den sexuellen und/oder physischen Mißbrauch als "Verursacher" von Schizophrenie schlechthin darstellen. Offenkundig aber ist, daß es kaum einen Menschen geben dürfte, der solch eine Lebensgeschichte durchsteht, eine selbstsichere Persönlichkeit entwickelt und sich "bester seelischer Gesundheit" erfreut.
Erinnert sei hier nochmals an die persönlichkeits-destabilisierenden Folgen der Krisenexperimente von GARFINKEL, die "verrückten" Reaktionen aller Versuchspersonen, deren Realitäten und Wirklichkeitsdefinitionen vom Versuchsleiter nicht respektiert wurden. Unter diesem Aspekt wird deutlich, wie die Ablehnung ihrer Erlebnisse auch in der Klinik ("Einbildung") auf Frau F. gewirkt haben muß.

Die vorliegende Darstellung kann allerdings als Paradigma zum Erlernen anderer, mehrerer Wirklichkeiten gelesen werden.

Sie repräsentiert auch die Verteilung gesellschaftlicher Machtverhältnisse, gewissermaßen als Spitze des Eisberges im Mikroorganismus Familie, wenn sich Macht-Wahn und -Mißbrauch doppelt, gegen Frau und Kind, austoben, und dann, wenn der Schaden sichtbar wird, die Geschädigte zum Schweigen verurteilt wird und als Verrückte, als Ausschuß der entstandenen Reibungsprozesse, als **eigentlich** Schuldige isoliert wird.

10. Pädagogisch-didaktische Transformationen

Die durchgeführte Untersuchung wurde mit der Zielvorstellung geplant, zu erkunden, ob die beschriebenen Methoden der ethnographisch-qualitativen Sozialforschung in der Lage sind, Informationen zur Planung von Beratungs- und Handlungszielen in der psychiatrischen Erwachsenenbildung zu liefern. Insbesondere die Perspektive des Fremdverstehens sollte ein Anknüpfen an die Welt und Wirklichkeit der Patientin, ein Ernst-Nehmen ihrer Prioritäten und Relevanzen ermöglichen, statt Teile ihrer Darstellung, wie bislang aus schulmedizinischer Sicht geschehen, als "Wahn"-Welt zu bezeichnen.
Obwohl das Erkenntnisinteresse der gestellten Fragen maßgeblich auf den Ausbildungsgang gerichtet waren, brachte das Vorgehen bewußtgebliebene kindliche Erlebnisse als relevanteste Ereignisse hervor, die auf die Persönlichkeitsentwicklung prägende, traumatisierende Wirkung ausgeübt hatten, nämlich sexueller und physischer Mißbrauch, Inzest und die folgenden Abtreibungen, Erlebnisse, deren Verbreitung bis in die 80er Jahre erheblich unterschätzt wurde. Die resultierenden Erkenntnisse erforderten eine zuvor nicht geplante Perspektivenerweiterung in Richtung auf Abschätzung präventiver Möglichkeiten, ein Bereich, der von der Medizin bisher völlig unterbewertet wurde Diese Erweiterung ist m.E. der hohen Flexibilität und analytischen Güte de gewählten Forschungsmethodik zu verdanken.

10.1. Möglichkeiten pädagogisch orientierter Arbeit mit Frau F.

Schon während der Datenerhebung wurde vom Autor versucht, aus auffaller deren Handlungs- und Deutungsmustern in Gespräch und Kooperation m Frau F. Möglichkeiten zur Intervention abzuleiten. Relativ schnell wurde da Muster der **Verantwortungs-Delegation** in biographischer Entwicklung sich bar, **ein Prozeß-Muster, dem im psychiatrischen Krankenhaus weitgehen entsprochen wird**, und welches für Patienten zuvorderst in Bequemlichkei auf Dauer aber in Abhängigkeit und Unselbständigkeit mündet. Negative Fo gen dieses Musters beklagte Frau F. erst, als sie versuchte, sich aus der Beziehung zu dem Patienten zu lösen, der ihr Zigaretten und Kaffee bezahlte, sie bei Trennungs-Versuchen aber auch geschlagen hat. Diese häufig erfolgten Versuche wurden wieder aufgehoben, wenn ihr monatliches Taschengeld zu Ende ging. Das Problem war auch aus ihrer Sicht nur durch einen zusätzlichen Verdienst in der Arbeitstherapie zu lösen. Nach Rücksprache wurde sie deshalb in eine fortschrittlichere arbeitstherapeutische Abteilung überwiesen, aber ihr auch dort ohne Begleitung eine aus ihrer Sicht (und der des Autors) entwürdigende und sozial überfordernde Arbeit (Tüten zusammenkleben) in einer Gruppe übertragen, die sie nur eine Woche durchhalten konnte. Solche Mißerfolge sollten von einer moderneren Arbeitstherapie, die Fähigkeiten und Fertigkeiten zu nutzen sucht, unbedingt vermieden werden. An dieser Stelle werden die Grenzen der Möglichkeiten einer konventionellen Psychiatrie mit veralteten Arbeitsmethoden deutlich sichtbar. Erforderlich sind daher konsequente, nicht zögerliche Reformen.

Nachdem Inzest und Abtreibungen von Frau F. dargestellt waren, wurde bald deren Relevanz für ihr Leben erkennbar, spätestens in dem Moment, in dem sie die Erlebnisse für ihren Aufenthalt verantwortlich machte. Deutlich war, daß sich ein solcher Lebenslauf nicht folgenlos verdrängen ließ, was sie versuchte, ihr aber nicht gelang. Eine aufdeckend therapeutische Bearbeitung schien angemessener. Wie schon erwähnt, konnte sie diese beim Analytiker der Klinik beginnen. Frau F. selbst berichtete im Vergleich zu ihren sonstigen Ausdrucksformen mit Begeisterung von der neuen Gesprächsmöglichkeit (jemand, der sich auch vernünftig mit ihr unterhielte).

Patienten betrachten die Stationsmitarbeiter, vom Arzt bis zum Pflegepersonal, fast immer unter der Perspektive des sanktionierenden Anteils ihrer Rolle als Autorität, die Hausordnung, Behandlung u.ä. durchsetzen müssen. Dies führt zu ängstlicher Vorsicht oder auch lautstarker Ablehnung, zumindest zu regelmäßigem Verschweigen "gefährlicher" Themen; das bestätigen indirekt auch die Autoren des "American Journal Of Psychiatry". Kaum ein Patient berichtete aus Eigeninitiative von sexuellem oder physischem Mißbrauch; die meisten versuchten eher die Erlebnisse zu verbergen (vgl. z.B. BRYER u.a. 1987, S.1430 oder JACOBSON/RICHARDSON 1987, S.912).

Mitarbeiter einer eigenständigen Abteilung für Fortbildung und Freizeitgestaltung sind sehr viel eher in der Lage, ihre Beziehungen auf eine freiwilligere, restriktionsärmere Basis zu stellen und daher Patienten zur Teilnahme an bestimmten Therapien produktiv zu motivieren, Patienten, die sonst einzelne Erfahrungen ihrem Arzt oder Psychologen gar nicht mitteilen, insbesondere, wenn in Abteilungen chronisch psychisch Kranker mangels Psychotherapie o.ä. kaum eine Gelegenheit dazu besteht. Diese vom Autor sehr oft registrierten Verhältnisse sollten unbedingt im Sinne ergänzender Kooperation genutzt werden. Eine solche Sichtweise, die man als Selbstverständlichkeit betrachten könnte, muß erwähnt werden, da der Autor auch mit dem Gegenteil, nämlich negativ erlebter Konkurrenz, konfrontiert war. **Pädagogische Beratung aber kann nur auf dem Boden gegenseitiger Akzeptanz und Unterstützung sinnvoll und erfolgreich sein.**

Im konkreten Fall hat Kooperation das Verhältnis Mediziner/Therapeuten Pädagoge definiert und sollte in dem Maße auch zu anderen Therapeuten ver tiefbar sein, so daß Auseinandersetzung mit z.T. unbewußtem Affektleben un Wieder-Vor-Augen-Führen bewußt erlebter Lebensgeschichte sich ergänzen mit der Patientin (den Patienten) Entwicklungsmodelle für eine veränderbar Zukunft suchen lassen. Hierbei müßte bezüglich Frau F. so schnell wie mög lich die Notwendigkeit der permanenten Medikation diskutiert werden, da di selbstzerstörende Sicht der Patientin nur schwerlich zu heilendem Erfolg füh ren dürfte. Diese Aufgabe wäre in anderen Fällen mit Vorsicht durchzuführe um den Eindruck von Kompetenz-Überschreitung auf der Seite der Medizin zu vermeiden.

Die Medikation wird bei sehr vielen Patienten, auch bei Frau F., mit Mitte der "sanften Gewalt" erzwungen. Diese Mittel reichen vom Entzug des Au gangs auf geschlossenen Stationen bis zur Androhung von Verlegung von off nen auf geschlossene Stationen u.ä. Solches Vorgehen führt nicht nur bei Fr F. zu einem unpädagogischen (m.E. auch untherapeutischen) Prinzip, d Durchsetzung der gesamten Behandlung (auch z.B. Beschäftigungs- u Arbeitstherapie) mit Druck bis Zwang in unterschiedlichsten Formen, das a fortschrittlichen Stationen durch pflegerische "Überredungskünste" ergän wird. Dieser Ansatz, der zu Beginn der Behandlung notwendig gewesen se mag, sollte so schnell wie möglich aufgegeben werden und durch Prinzipi wie Einsicht und Selbständigkeit ersetzt werden. Es kann aus pädagogischer Sicht nicht sinnvoll sein, unter Fortsetzung der väterlichen Strategie, mit Zwang die Korrektur ihrer eigenen Wahrnehmung (vgl. z.B. heilende Medikamente - Krämpfe) und Kooperation herbeizuführen, was ihr während ihres Klinikaufenthaltes aber mit unterschiedlichster Intensität zugemutet wurde.

Grundsätzlich besehen, muß der "Stil" des konventionellen, psychiatrischen Krankenhauses ersetzt werden durch eine **Kooperation medizinischer, psychotherapeutischer und erzieherisch-sozialisatorischer Mitarbeiter und Sichtweisen**. Dies bedeutet die Anwendung des "Normalisierungsprinzips" auch auf die Versorgung psychisch Kranker/seelisch Behinderter, wie es von HÖSS/ GOLL (1986) und DREHER u.a. (1987) leider nur für die geistig Behinderten gefordert wird. "Normalisierung" bezieht sich hierbei nicht auf Mensch und Seele, sondern auf Lebensverhältnisse und Verantwortlichkeiten. Nicht der Patient soll angepaßt, sondern seine Umgebung soll normalisiert werden. Nur FEUSER fordert ähnliche Maßnahmen auch für psychisch Kranke (vgl. 1987 b, S.95).
Diese Veränderung der Orientierung erfordert sicher eine stufenförmige Entwicklung von der Krankenhaushausstation zu Wohngruppen unterschiedlicher Versorgungsgrade, gerade auch für Frau F. Der Autor konnte bei einem Besuch nach Abschluß der Untersuchung feststellen, daß dies nur halbherzig (z.B. geschlossene Türen wegen anderer Patienten etc.) für Frau F. realisiert war; hier bedarf es unbedingt konsequenteren Vorgehens. Die einzelnen Sozialisations-Techniken, nachlesbar in den zuvor genannten Bänden, sollen hier nicht nochmals ausgeführt[1], sondern einzelne Aspekte unter spezifischen Gesichtspunkten (psychische Krankheit, Frau F.) beschrieben werden.

Neben einer Annäherung an Alltäglichkeit in der Wohngruppe, die sich an der Normalität der Lebensverhältnisse orientiert und somit letztlich Integration im Auge hat, sind die Rollen der Mitarbeiter von entscheidender Wichtigkeit. Pädagogisch geschultes Pflegepersonal oder Pädagogen/Erzieher müßten

----

1.) Es handelt sich um koordinierten und konzentrierten Einsatz derzeit gängiger Trainings- und Therapiemethoden bei den geistig Behinderten.

dringend die frühere Krankenhausatmosphäre mit ihrer distanzierten Ängstlichkeit, Vorsicht und Zurückhaltung aufgeben. Zwei relativ stabile, beständige Bezugspersonen unterschiedlichen Geschlechts sollten Frau F. Nähe und Möglichkeit zur Identifikation bieten, ohne die Verhaltensmuster der Eltern (und Schwester) zu übernehmen; daher müßten sie, um beispielsweise Handlungsangebote von Frau F. richtig zu verstehen und zu beantworten ("Wann verführen Sie mich denn mal?"), intensiv über die Lebensgeschichte informiert sein. Pädagogisches Personal hätte auch die Aufgabe, die jeweilige Biographie ausführlich zu erheben.
Eine an Alltäglichkeit und nicht an Krankheit orientierte Wohngruppe könnte weitaus eher an dem in ihren Autofotographien zum Ausdruck kommenden Über-Lebenswillen, an Lebendigem anknüpfen, als dies in steriler Stationsatmosphäre möglich ist. Eine solche Wohngruppe sollte erster Schritt auf dem Weg in betreutes Wohnen, welcher Art auch immer, in der Gemeinde sein. Naheliegend ist sicher, der Aussage ihrer Fotografien folgend, eine Frauenwohngruppe.
Stufenweise müßten realistische Modelle mit Frau F. "ertastet" werden und nicht etwa (wie auf der Reha-Station) an ein bestimmtes Leistungsvermögen in der Arbeitstherapie gekoppelt werden (hier mußten Klammern und Haarspangen zusammengesteckt werden). Allererst sollten, statt sie mit "industrieller Produktion" zu überfordern, ihre Fähigkeiten festgestellt werden, so daß sie einen eigenen Beschäftigungswillen überhaupt entwickeln kann.

Bezogen auf Weiterbildung in einem Sozial- oder Kulturzentrum ist denkbar, Frau F. den Umgang mit einem Computer zu erschließen. Anknüpfend an ihre Ausbildung als Bauzeichnerin, ist sie mit großer Wahrscheinlichkeit in der Lage, ein graphisches und/oder textverarbeitendes Programm zu erlernen (diese werden heute auch in vereinfachter Form angeboten). Eine solche Fähigkeit wäre in modifizierter Form (z.B. Drucken von Formularen u.ä.) sowohl in der Klinik als auch außerhalb einsetzbar, besitzen doch vereinzelte Nachsorgeeinrichtungen zur Arbeit mit den Patienten eine Druckerei. Eine derartige Aufgabe besäße wesentlich höheren motorischen und geistigen Anreizcharakter als Tüten zu kleben und wäre sicher bei erfolgreicher Durchführung geeignet, ihr Selbstbewußtsein aufzuwerten.

Die Tatsache, daß Frau F. ihre Fähigkeit, sich zu verstellen, für eine ihrer ausgeprägtesten hält (s. kommunikative Validierung II), läßt daran denken, ihr zu einem späteren Zeitpunkt die Mitarbeit in einer Theater- und Mediengruppe zu ermöglichen. Einige Patienten zeigten hier angesichts ihres eigenen Bildes in der Video-Aufzeichnung beachtliche Anstrengungen zu partieller Korrektur ihres Selbstbildes (z.B. "kleines Dreckding").
Ihre Vorliebe für Pflanzen und Blumen führte zur Teilnahme an einer Gruppe (des Kulturzentrums), die "botanische Umweltstudien" trieb und ein Herbarium zur Dekoration der Station herstellte (vgl. ihren Baum-Wandteppich). Solche Produkte bieten die Möglichkeit, die soziale Stellung unter den Patienten und vor den Mitarbeitern zu verbessern.

Im Zusammenhang mit der Diskussion der vermeintlich todbringenden Medikamente muß m.E. unbedingt das problematische Konzept der väterlichen Pflegschaft erneut (wenn zuvor jemals geschehen) thematisiert werden. Frau F. hat noch heute große Ängste vor ihrem Vater und seiner Rache im Falle des Bruchs ihrer Schweigeverpflichtung. Die von klinischer Seite sanktionierte Pflegschaft des Vaters repräsentiert somit symbolisch die Rechtmäßigkeit eines möglichen väterlichen Zugriffs. Wer weiß letztlich, bei dessen umfassender Allmacht, ob er nicht Medikation und Behandlung über seine pflegerische Autorität steuern, beeinflussen kann? Die Aberkennung der Pflegschaft böte u.U. eine erhebliche Erleichterung für Frau F. und für eine produktivere Kooperation zwischen Klinik und Patientin, die dann sehen könnte, daß Klinik und Mitarbeiter bereit und willens sind, sie vor ihrem Vater zu schützen, statt zu "kollaborieren", sie auszuliefern. Die beiden primären Bezugspersonen aus der Reihe der Mitarbeiter müßten diesbezüglich (Schutz) eindeutig Stellung nehmen, um nicht das vom mütterlichen Verhalten her gekannte Gefühl des Ausgeliefertseins fortzusetzen. Wie alle Berichte und Erfahrungen von "Wildwasser" und "Kinderschutzbund" darlegen, ist hier eindeutige Parteilichkeit vonnöten. Die unwissende Rede von der "Einbildungskrankheit" dürfte jedenfalls Frau F. eher zusätzlich verwirren und verunsichern und kaum geeignet sein, Vertrauen in die Behandlung zu gewinnen.

Schon zu Beginn der Erhebung, in den ersten Interviews, führte es auf seiten

des Autors und anderer, mit Frau F. befaßter Mitarbeiter, zu Erstaunen über Ernsthaftigkeit und Konzentriertheit der sonst eher als albern und z.T. als hebephren charakterisierten Patientin. Mit zunehmender Unnachgiebigkeit reflektierte sie Gründe und Entwicklung ihrer Psychiatrisierung, neben direkten Äußerungen ihres Lebenswillens (vgl. später erstellte Fotos) eine relativ eindeutige Mitteilung, nicht auf dem aktuellen Stand ihrer Persönlichkeitsentwicklung verharren zu wollen.
Diese Entwicklung führte zu dem Gedanken, die biographische Methode selbst, didaktisch gewendet, nicht nur als Untersuchungs-, sondern gerade im Moment der Erhebung als Bildungsmethode einzusetzen, über das Maß hinaus, das z.B. THEUNISSEN (vgl. 1987, S.177: "Lebenslaufanalyse") und SCHUCHARDT (vgl. 1985, S.56 f. und S.130 ff.) vorschlagen, insbesondere in der Arbeit mit psychisch Kranken/seelisch Behinderten, die nur die ersten Stufen des Krisenverarbeitungsmodells (vgl. S.--- der vorliegenden Arbeit) durchlaufen würden und ihre eigene Biographie in der notwendigen Ausführlichkeit alleine nicht erstellen würden/könnten. Ausdrücklich, aber mit nur geringem praktischem Bezug und in eher diagnostischem Sinn, fordert die biographische Arbeit auch mit psychisch Kranken nur FEUSER (vgl. 1987 b. S.95). **Das bedeutet, der Hospitalisierung die Biographisierung entgegenzusetzen.**

In diesem Sinne meint Biographisierung die Wiedergewinnung, gezielte Erarbeitung des bewußten Lebenslaufs in der Sinndeutung des Patienten, als Kennenlernen seiner Selbst und Auseinandersetzung mit eigenen, prägenden Lebensereignissen. Im Gegensatz zur Psychotherapie werden hier, innerhalb der Interaktion, die Bedeutungen nur vom Biographen, nicht vom Interviewer gesetzt (außer bei Rückfragen).
Der vorliegende Fall zeigt allerdings deutlich, daß das entstehende Material durch die hohe Intensität und Wirkung beschämender Aspekte kaum geeignet sein dürfte, um es in Gruppen mit Nicht-Behinderten didaktisch einzusetzen (wie es SCHUCHARDT in all ihren Arbeiten fordert). **Diese Voraussicht, das Fehlen von Anonymität, würde die Entstehung relevanter Schilderungen geradezu verhindern.**

Während der Untersuchung hatte der Autor die Möglichkeit, in der Gruppe mit den sechs Patientinnen, die aus der ehemaligen, geschlossenen Frauen-Station von Frau F. hervorgegangen war, zu erarbeitende Elemente biographischen Vorgehens in die Gruppenarbeit zu übersetzen. Zu dieser Gruppe war inzwischen auch ein männlicher Patient von einer geschlossenen Station mit chronisch psychisch Kranken gestoßen.

Die biographische Arbeit begann mit einer Rundreise (verteilt über mehrere Sitzungen) zu den Lebenswelten aus Kindheit, Jugend und frühem Erwachsenenalter der Patienten, die in der Nähe der Klinik gewohnt hatten. Wichtige lebensgeschichtliche Orte wurden für ein "Album" fotografiert. Diesbezüglich ist erwähnenswert, daß nur **eine** Patientin (alle außer Frau F. lebten in der Klinik schon seit mehr als zehn Jahren) ein einziges "historisches" Foto o.ä. Material auffinden konnte; alle anderen hatten das gesamte Material über die Jahre verloren oder es, aus Befürchtung desselben, falls die Eltern noch lebten, zu Hause gelassen (junge Patienten wie Frau F.). So konnten sich Patienten, die aus weiter entlegenen Orten stammten, nur mit einer allgemeinen Darstellung ihrer Heimat behelfen, indem Material aus Reisebüros verarbeitet wurde.

Die in der Nachbarschaft aufgewachsenen Patienten führten die Gruppe durch ihre Heimatorte, etwa zu Elternhaus, Schule und anderen, in ihren Augen wichtigen Punkten der Gemeinde und berichteten währenddessen oder später aus ihrer Lebens- und Familiengeschichte. Eine Patientin und der Patient führten die Gruppe an eine nahegelegene Universität, an der sie mehrere Semester studiert hatten.

Die Darstellungen innerhalb der Gruppe blieben aber immer an der die Biographie strukturierenden Oberfläche: Ausbildung, Verwandtschaft (in ländlicher Gegend in größerem Umfang) und bauliche Zentren der Lebensgeschichte. Erzählungen zu Erlebnissen waren sehr vorsichtig oder stark verschlüsselt. Eine Patientin berichtete z.B., Ende des zweiten Weltkrieges als Ameise in Pommern geboren worden zu sein. Man habe sie dann zu anderen Leuten gegeben, und alle hätten auf ihr herumtreten können, wovor sie große Angst gehabt habe. Dann seien sie nach A (-Stadt) gekommen. Heute seien nur noch Knochen von ihr übrig.

Solche Darstellungen und Episoden, deren Bedeutung nicht nur in diesem Fall die Patientin nicht erläuterte, vom Interpreten lediglich erahnt werden kann, welche aber fast immer Interesse weckend angelegt waren, können sehr gut zu darauf folgender, individuell-biographischer Arbeit, gewissermaßen als initiatorische Einleitung, genutzt werden. Der zeitliche Ablauf dient als roter Faden, an den der Interviewer bei zu weitläufigen Abschweifungen erinnern kann. Alle anderen Bedingungen müssen entsprechend der Situation des Patienten entschieden werden, so auch der Medieneinsatz, dessen Wirkung am Beispiel von Frau F. recht deutlich erkennbar wurde. Ängstliche Patienten können z.B. verschreckt, alberne (etwa Jugendliche) zu größerer Ernsthaftig keit bewegt werden.
Nur bei einem solchen Vorgehen kann entschieden werden, ob ein konventio neller Bildungsbegriff im Sinne von Fortbildung und/oder ein sozialisierende Schwerpunkt im Bereich Leben und Wohnen gesetzt werden muß.
Von Bedeutung ist m.E. die Verwendung mehrerer Ausdrucksmöglichkeiten die es dem Patienten erleichtern, einen Gegenstand für sich selbst von ver schiedenen Seiten zu beleuchten. Frau F. z.B. hat verbal nie etwas Positiv Produktives im Zusammenhang mit ihrem Klinikaufenthalt äußern können. I ihren Auto-Fotografien kommt aber eindeutig der ihr erhaltene Lebenswil und die Freude/Lust an Lebendigem und sozialer Nähe zum Ausdruck. Sich ist über eine noch stärkere und komplexere Anwendung dieser Methoden, a in der vorliegenden Untersuchung verwendet, nachzudenken.

10.2. Prävention sexuellen und physischen Mißbrauchs

Betrachtet man die Lebensgeschichte von Frau F. als auch die amerikanische Forschungsergebnisse, die die schwersten der psychischen Störungen als F gen gleichzeitigen sexuellen und physischen Mißbrauchs nachweisen, ka man sich in etwa Schwierigkeit und Dauer einer kooperativen Behandlu (Psychotherapie und Pädagogik) vorstellen. Gleichzeitig lösen alle Betrac tungen die Frage aus, ob solche traumatisierenden Erlebnisse nicht verme bar sind, ob Kinder vor solchen Erfahrungen nicht geschützt werden könn

Deutlich kann man sich das Leid, die Qualen und die Verwirrung von Frau F. in ihrer Kindheit und Jugend sowie ihre heutige Ratlosigkeit vor Augen führen.

Im deutschen Sprachraum allerdings werden sexueller Mißbrauch und physische Kindesmißhandlung noch als völlig unterschiedliche Phänomene behandelt. In der Literatur zum sexuellen Mißbrauch und Inzest wird Gewalttätigkeit nur in Form der besprochenen Drohungen und als Folge der sexuellen Handlungen (Verletzungen) beschrieben.
BEIDERWIEDEN u.a. (1986) formulieren beispielsweise, um nur eine der bekannteren Arbeiten über Kindesmißhandlung zu erwähnen, im wesentlichen eine dem sexuellen Mißbrauch sehr ähnliche Psychodynamik für das physisch mißhandelte Kind. Die Attacken erfolgen durch die Personen, denen zuvorderst das meiste Vertrauen entgegengebracht wird, und denen das Opfer hilflos ausgeliefert ist; es kommt zur Schuldübernahme und zum Verschweigen der Erfahrungen aufgrund gleicher Abwehrreaktionen: "Das kindliche Ich arbeitet in seiner bedrängten Situation mit einem gewissermaßen doppelten Flankenschutz, indem Trieb- und Realitätsgefahr mittels Verdrängung und Verleugnung gemildert werden" (BEIDERWIEDEN u.a. 1986, S.205). Die Verleugnung wird "... insgesamt gegen die **Wahrnehmung** der Mißhandlungssituation ..." (a.a.O.) gerichtet. Prospektiv lassen diese Darstellungen ähnliche seelische Störungen erwarten wie der sexuelle Mißbrauch.
Obwohl aufgrund der Erfahrungen aus einem Kinderschutzzentrum die auffällige Sexualisierung vieler betreffender Kinder erwähnt wird (vgl. a.a.O., S.173), kommt tatsächlicher sexueller Mißbrauch nicht ins Blickfeld, wird höchstens vom "flirtenden" und etwas aufdringlichen Vater gesprochen (vgl. a.a.O., S.184).

Aber schon aus den amerikanischen, retrospektiven Untersuchungen mit Psychiatriepatienten wird demgegenüber deutlich, daß es sich nach heutigem Erkenntnisstand um ähnliche Phänomene (Formen von Gewalt) mit nur wenig differierenden Folgen handelt, was dort allein schon durch die synchrone Wortwahl zur Geltung gebracht wird.
M.E. sind sexueller und physischer Mißbrauch als **Kontinuum** zu betrachten,

in dem sich beide überschneiden oder einmal mehr in die eine, sexuelle, oder in die andere, physische, Gewalt-Richtung ausschlagen. Oft mögen unsexuell anmutende Schläge verborgene, sadistisch-sexuelle Motive besitzen. **Psychodynamik und Folgen beider Mißhandlungsarten sind auffallend ähnlich und enden, je nach Schweregrad, in psychischen Störungen, Krankheiten oder Verhaltensauffälligkeiten.**

Allerdings sind sich, im Vergleich zur Inzest-Literatur, BEIDERWIEDEN u.a. (vgl. 1986, S.88 ff.) über eine **Häufung physischen Mißbrauchs in unteren Berufs- und Bildungsschichten sicher**. "Es ist dieser Zusammenhang multipler, innerer wie äußerer Deprivation, insbesondere in unterer sozialer Schichtlage, der so häufig zu Kindesmißhandlung und Vernachlässigung führt. Wer innerer wie äußerer Hilfen entbehrt, dem bleibt schließlich nichts anderes, als mit 'ohnmächtiger Gewalt', d.h. machtlos und ohne Besinnung, die Krise auszuagieren" (a.a.O., S.84).

Identifizierung und Solidarisierung mit den meist weiblichen Opfern sexuellen Mißbrauchs führte zu einer selektiven Verfolgung des Themas auf feministischer Seite und konnte bisher kaum in den Kontext des allgemeinen Problems Kindesmißhandlung gestellt werden. Diese Sichtweise führte zur Erstellung präventiv-didaktischen Materials und zu Vorschlägen für Elternarbeit, welche beide einseitig auf den sexuellen Mißbrauch ausgerichtet sind. Sie werden kurz beschrieben, da sie z.T. unter der Perspektive der Praxis dennoch auch zur Prävention physischer Mißhandlung geeignet scheinen.

Die Pflicht zur Geheimhaltung ist einer der charakteristischsten Wesenszüge, die sexuellen Mißbrauch ermöglichen. Dem kann nur Informiertheit und Aufgeklärtheit der möglichen Betroffenen entgegengesetzt werden.
Da die Täter in fast allen Fällen mit den Ängsten der Kinder gezielt operieren, die schlimmsten Folgen androhen, müssen den Kindern Möglichkeiten aufgezeigt werden, sich Hilfe zu holen, die **nicht** gegen ihren (der Kinder) Willen vorgeht (z.B. Anzeige erstattet). Dies empfehlen, garantieren der Kinderschutzbund und Wildwasser, an welche Erzieher und Lehrer verweisen sollten. Liegt physischer Mißbrauch oder der Mißbrauch von Jungen vor, ist die

Kooperation mit dem Kinderschutzbund sicher angemessener. Die günstigsten Voraussetzungen bieten Kinderschutzzentren, die derzeit in den größeren Städten der Bundesrepublik entstehen. Hier können, neben Beratung und Therapie, gefährdete Kinder auch kurzfristig untergebracht werden. Wünschenswert wäre natürlich eine Kooperation der beiden Einrichtungen.
Pädagogen sind in den meisten Fällen allerdings erst durch Fortbildung in diesen Aufgabenbereich einzuführen, was bei entsprechender personeller Ausstattung die genannten Institutionen oder sachkundige Einzelpersonen übernehmen sollten.
Wird ein Pädagoge mit dem Thema "Mißbrauch" konfrontiert, ist unbedingt vor unüberlegten Reaktionen zu warnen, die geeignet sind, das Kind in zusätzliche Schwierigkeiten zu bringen. Auch Spekulationen ohne konkrete Hinweise seitens eines Kindes oder anderer Personen, wie sie dem Autor der vorliegenden Arbeit gelegentlich vorgetragen wurden und aus der derzeit aufgeregten Verbreitung des Themas resultieren, sollten unbedingt vermieden werden. Vor allem Pädagogen ohne therapeutische Zusatzausbildung müssen deutlich die Grenzen ihrer Fähigkeiten sehen und sollten die entsprechenden Institutionen hinzuziehen.

In den letzten Jahren sind vereinzelte Vereine zur Prävention von sexuellem Mißbrauch (Fortbildung, Entwicklung didaktischen Materials etc.) entstanden (z.B. "Zartbitter", Köln), sowie ein Fachhandel gegen sexuellen Mißbrauch (Anschriften s. im Anschluß an die Literaturliste). Aus deren Arbeit ist die Materialiensammlung von BRAUN (1989) hervorgegangen, die in modifizierter Form auch zur Prävention physischer Mißhandlung geeignet scheint. Allerdings wird hier deutlich, daß die isolierte Behandlung des sexuellen Mißbrauchs etliche kindliche Situationen (vielleicht die meisten unerkannten) falsch einschätzt und ein physisches Gewaltpotential ignoriert. Modifikation heißt daher: Kein obligatorisches "Ich sag' Nein!", sondern das Verfolgen der Strategie: **adäquate Hilfe holen!**
Insbesondere bei der Arbeit mit Kindern, die aus Milieus stammen, die zu erhöhter Bereitschaft zur Gewalttätigkeit neigen (vermehrt oft in Sonder-, Haupt- und Gesamtschulen zu finden), sind m.E. folgende Zielsetzungen brauchbar:

Die Kinder sollen lernen,

- daß der eigene Körper wertvoll und schützenswert ist,
- daß Maßstab für Beurteilungen die eigenen Gefühle und nicht die anderer sind,
- zwischen angenehmen und unangenehmen, ungewollten Berührungen zu unterscheiden,
- zwischen "guten" und "schlechten" Geheimnissen zu unterscheiden, und
- sich mitzuteilen und Hilfe zu suchen (vgl. BRAUN 1989, S.18).

Zum Erreichen dieser Ziele sammelte die Autorin eine Reihe von Spielen, Liedern, Gedichten, Pantomimen, in denen Gefühle dargestellt oder beschrieben werden müssen und nennt geeignete Kinderbücher. Anhand eines Körperschemas sollen die Kinder ihre Körperteile richtig bezeichnen lernen und angenehme und unangenehme Berührungen zuordnen. Bemerkenswert sind außerdem Spiele, in denen den Kindern überfordende Aufgaben gestellt werden und sie sich zur Lösung Hilfe bei anderen suchen müssen.
Ähnliche und ergänzende Materialien sind im "Fachhandel" (s. Adressen) zu finden. Erwähnt, aber viel zu selten genutzt, werden hier Theaterstücke zum vorliegenden Themenkreis aus dem Programm verschiedener Kindertheater.

Bezüglich Elternarbeit schlägt FEY (1990) vor, an Schulen sowie in Kindergärten und -tagesstätten Elternabende mit Einladung zum Thema als Informationsveranstaltung durchzuführen. Mögliche Täter bleiben bei solchem Vorgehen in der Regel, so FEY, zu Hause und stören selten den Ablauf (vgl. a.a.O., S.265 f.). Den Eltern können neben den Hilfsangeboten auch für ihre Kindererziehung geeignete Bilder- und Jugendbücher o.ä. vorgestellt werden. Wichtig ist, den sozialen Nahraum als möglichen Tatbereich vorzustellen, ohne Angst und unbegründetes Mißtrauen zu verbreiten. Mütter, die u.U. als Kinder selbst mißbraucht wurden, sollen Selbsthilfegruppen und andere Möglichkeiten kennenlernen.

Nach der Auffassung des Autors müssen beide Bereiche, die Arbeit mit Kindern und die mit Eltern, wesentlich ausgebaut werden.

Bezogen auf die pädagogische Arbeit mit Kindern sollten möglichst kleinere Teams des Kinderschutzbundes in Schulen, Kindergärten und -tagesstätten Lehrerkollegien und Erzieherteams gezielt Fortbildungen in deren Einrichtungen anbieten, statt zu warten, bis diese Eigeninitiative entwickeln und von sich aus, vereinzelt, an einer der Veranstaltungen (z.B. von "Zartbitter") teilnehmen. Dies erfordert, idealerweise, eine enge Kooperation mit Schul- und Jugendämtern, wenn nicht möglich, mit deren einzelnen Einrichtungen. Die Mitarbeiter sollten dann neben allgemeinen Informationen Möglichkeiten präventiver Pädagogik erarbeiten/vermittelt bekommen. Es ist zu erwägen, ob in jeder Einrichtung sich eine ebenfalls kleinere Gruppe "Kinderschutzbeauftragter" auf das Thema "Mißbrauch" spezialisiert, Kooperationsmöglichkeiten zu anderen Einrichtungen (Wildwasser, pro familia, sozialpsychiatrischer Dienst etc.) und Kinderschutzbund erkundet und in der eigenen Schule oder Kindergarten Projektwochen mit Klassen/Gruppen durchführt. Die Aufgabe sollte ausdrücklich der Kinderschutzbund annehmen, da dieser zukünftig am ehesten in der Lage zu sein scheint, das Kontinuum sexuellen **und** physischen Mißbrauchs an Mädchen **und** Jungen zu erkennen und zu vermitteln. Wegen der polarisierten Sicht ist "Wildwasser" weniger für die Prävention, eher für Beratung und Therapie Betroffener (aktuell oder in Vergangenheit) geeignet. Eine Koordination der Einzelaktivitäten ist aber zur Vermeidung von Verwirrung unbedingt anzustreben.

Für die konkrete Arbeit mit Kindern sind die Vorschläge von BRAUN (1989) als Ausgangspunkte geeignet, deren Starrheit und ihr vorab definierter Inhalt sollten aber durch kreativere und flexiblere Formen der Darstellung und Gestaltung ergänzt werden. Die Materialien berücksichtigen die Tatsache nicht, daß es sich bei den auf Inzest folgenden Drohungen, Ängsten und Lügen um die primäre Wirklichkeitskonstruktion des Kindes handelt, die nicht einfach durch ein paar Spiele und Lieder verlernt werden und einer selbstbewußten Kinderseele weichen. Zuerst muß diese Welt zur Darstellung, zum Ausdruck kommen, bevor sie vom Kind als abweichend und nicht normal erkannt wird und Lösungen gesucht werden können. Die beiden Wirklichkeiten (vgl. Frau

F.) müssen jedoch allererst zueinander vermittelt, die primäre Welt als "real Lüge" erkannt werden.

Neben den üblichen, kunstpädagogischen Techniken (vgl. auch zur Kunstthe rapie z.B. MYSCHKER 1988 und 1990) sind besonders Handpuppenspie (natürlich mit selbsttätig hergestellten Puppen) mit jüngeren und Theater und Medienpädagogik mit älteren Kindern und Jugendlichen geeignet, di eigene Situation zur "Sprache" zu bringen, ohne sie formulieren, u.U. verrate zu müssen (im Sinne von: "Geschichten erfinden"). In der Form des geplante Stegreifspiels können Themen aufgegriffen und Lösungen (im konkreten Fal Hilfe holen) gesucht werden. Diese Vorgehensweise fordert eine sehr hoh Flexibilität vom Pädagogen, insbesondere wenn er aufgefordert wird mitzu spielen; sind unangenehme Gefühle das Thema, kommen natürlich auch ar dere Inhalte, nicht nur "Mißbrauch" an die Oberfläche.

Nach einiger Zeit der Arbeit mit den Kinderen kann man mit ihnen eine kurzen Video-Film, zusammengesetzt aus noch kürzeren Szenen, "Übe Unangenehmes und wie wir seiner Herr werden" o.ä. drehen. Dieser kann i der nächsten Klasse/Gruppe als inhaltlich-methodischer Anstoß eingeset werden.

Da es bei sexuellem und physischem Mißbrauch für Kinder sehr wichtig is das Geschehene benennen, ausdrücken zu können, sollten die Video-Aufzeic nungen genutzt werden, Selbstwahrnehmung und Ausdrucksfähigkeit der Ki der zu fördern ("Verstehen mich/dich andere?"). Kommentare Gleichaltrig bewirken hierbei häufig mehr als die des Pädagogen.

Die Arbeit mit den Eltern sollte neben den Elternabenden in Kultur- od Stadtteilprojekten angesiedelt sein. Insbesondere Frauen/Mütter müssen den verschiedenen existierenden Selbsthilfegruppen u.ä. Veranstaltung (Frauen-, Mutter-Kind-Gruppe etc.) über verschiedene Formen des Mi brauchs und seine Folgen informiert werden, gerade die Mütter, weil sie me den engeren (zeitlich gesehen) Kontakt zu ihren Kindern besitzen.

Wichtigste Ziele dieser Art Erwachsenenbildung müssen sein, die kommu kative Kompetenz der Mütter zu erhöhen, ihr Verständnis für ihre Kinder intensivieren, auch wenn diese sich anscheinend unverständlich oder sehr v sichtig äußern. Gerade in sozialen Randschichten muß ein Bewußtsein für d

Zusammenhang zwischen elterlichem Verhalten (hier physische und sexuelle Gewalttätigkeit) und seelischer Entwicklung (hier unterschiedlichste psychische Störungen) der Kinder hergestellt werden. Über die Mütter, als Träger der Erziehung, muß auch an die Väter, wenn keine direkte Möglichkeit besteht, diese zwingende Kausalität herangetragen werden. Die Frauen, nicht ihre möglicherweise noch kleinen Kinder, müssen lernen, "Nein!" zu sagen, sich zu wehren und/oder sich Hilfe bei entsprechenden Organisationen zu holen, statt aus existentiellen Ängsten physische und sexuelle Gewalttätigkeiten zu ertragen.
Die Forderung, sich beispielsweise dem eigenen Vater selbstbewußt entgegenzustellen, bedeutet eine maßlose Überforderung des Kindes, eine restlose Fehleinschätzung inzestuöser Familiendynamik und den Irrglauben, mißbrauchende Männer (und auch die wenigen Frauen) würden vor dem vollständigen Einsatz ihrer Macht und körperlichen Überlegenheit zurückschrecken. Eltern und gerade zuerst die Mütter aus gewalttätigen Familien müssen allererst lernen, daß, gewissermaßen schon im Vorfeld, die Angst und Ängstlichkeit ihrer Kinder nicht der eigenen Belustigung dienen dürfen, daß sie (die Mütter) schon dem Hohn und Spott tyrannischer Väter entschieden entgegentreten müssen.
Stadtteilarbeit böte auch einem sozial- oder gemeindepsychiatrischen Dienst (meist eine Abteilung des Gesundheitsamtes) Ansätze zu präventiver Intervention und Beratung.

Inwiefern behinderte Kinder in besonderem Ausmaß von sexuellem und/oder physischem Mißbrauch betroffen sind, ist derzeit unklar, hier stehen eingehende Untersuchungen noch aus. Sind Behinderte in einem noch festzustellenden Ausmaß betroffen, stehen sie in noch größerer Hilflosigkeit dem Mißbraucher gegenüber, sind sie doch noch stärker als andere Kinder von ihren Eltern und Erziehern abhängig und auf ihre Unterstützung angewiesen. Manche Verhaltensauffälligkeit (wenn nicht ein großer Teil) dürfte auf eine Form des Mißbrauchs zurückzuführen sein, betrachtet man die Erfahrungen der entsprechenden Beratungs- und Therapieeinrichtungen.
Diese Fragestellung als auch die Verteilung in subkulturellen Milieus, die eine größere Bereitschaft zur Gewalttätigkeit zeigen ("Strich", soziale Brennpunkte

etc.), sollten mit ethnographisch orientierter (qualitativer und u.U. quantitativer) Forschung betrachtet werden - natürlich, wie es der Kinderschutzbund formuliert mit dem Ziel der Hilfe und Prävention, nicht mit dem Ziel rechtlicher Verfolgung (Anzeige o.ä.). Der geforderte Schutz des Kindes aber, das muß man deutlich sehen, wird um so schwieriger, je mehr das betreffende Milieu zu zusätzlichen, kriminellen Aktivitäten neigt (man denke an Kinder-Strich und -Pornographie).

11. Schlußbemerkungen

Der Autor hatte zu Beginn der Untersuchung vermutet, man könne, ähnlich wie mit weniger schwer Erkrankten, auch bei Patienten, die in der Psychiatrie für nicht rehabilitierbar gehalten werden, Bildungsangebote an Knotenpunkten der Bildungsgeschichte gewissermaßen als Fortführung der Ausbildung anknüpfen. Die Knotenpunkte selbst waren als verdichteter Ausdruck von Fertigkeiten, oder als Entwicklungsrückstände, die die Realisierung der Fertigkeiten verhindern, gedacht. Die Umsetzung der Vorstellung schien nur wegen drastischer Hospitalisierungseffekte problematisch und erforderte eine eingehendere Analyse als in der Arbeit mit Neurotikern, Alkoholabhängigen u.ä. Patienten.

Diese Hospitalisierung zeigte sich besonders auf der Seite der intellektuellen Entwicklung chronisch psychisch kranker Patienten in der Eintönigkeit des klinischen Alltags, in dem der medizinische Blick maßgeblich auf den Körper (Pharmako- und Arbeitstherapie) gerichtet ist. Der Intellekt aber konstituiert Wirklichkeit und Weltsicht, insbesondere die soziale Realität. Entscheidend für die Wahl der biographischen Methode als primäre Untersuchungsmethode war die Tatsache, daß Methoden und Formen der Wirklichkeitskonstitution maßgeblich in Kindheit und Jugend über Erziehung und Identifikation mit Erwachsenen erlernt werden. Insofern müssen bei der Planung von Bildungsangeboten gerade in der Konfrontation mit fremden und zuvorderst unverständlichen Wirklichkeiten die Bedingungen ihrer Entstehung neben der formalen Bildungsgeschichte bekannt sein. Nur dann können, z.T. gemeinsam, relevante Bildungsziele entwickelt werden. Diese Voraussetzungen sind entscheidend für eine Distanzierung von naturwissenschaftlich-medizinischer Weltsicht.

Gewählte Untersuchungsmethodik und -design waren zwar intentional auf den biographischen Bildungsverlauf gerichtet, setzten aber die Möglichkeit fremder, subkultureller oder familiärer Wirklichkeitskonstruktionen voraus, welche wie in fremden Kulturen auf realer Ebene Sinnkonstitutionen, Deutungen, Biographieverläufe und sowohl gesellschaftliches als auch individuelles Leben definieren und spezifisch ausgestalten.

Obwohl Video-Technik und Verleugnungs- bzw. Entschärfungstendenzen von Frau F. anfänglich zur Präsentation eines Norm-Lebenslaufs führten, drängte die methodische Offenheit, mit zunehmender Entspannung in der Interviewsituation, ihr Leben entscheidend prägende Erlebnisse innerhalb der Familie zutage. Diese mußten sich, bis zum heutigen Zeitpunkt betrachtet, bei der vorgefundenen, verschärften Ausformung und Gewichtigkeit der Ereignisse "natürlich" auf die Ausbildung als Kompensationsmöglichkeit und die berufliche Entwicklung als Überforderung bis zum vollständigen Zusammenbruch zur Zeit ihrer als deklassierend empfundenen Beschäftigung in einer Werkstatt für Behinderte führen.

Sexueller Mißbrauch durch den Vater, Abtreibungen, Gewalt und Drohungen, Schweigeverpflichtungen und die Wirklichkeitsentstellung, dies alles sei üblich, hatten zur erzieherischen Integration zweier oder mehrerer Realitäten geführt, die Frau F. in Kindheit und Jugend zumindest äußerlich, für ihre Umgebung, unter Kontrolle hielt. Dann aber führten der Zwang, alleine zu leben, die Mißerfolge im Beruf, die zerstörerische Eifersucht des Vaters und der Griff zu Suchtmitteln zur völligen Dekompensation. Die genannte Themengruppe stellte sich als lebensgeschichtlich relevanteste heraus, deren prägender Charakter eine partielle Revision der anfänglichen Vorstellungen von den erwarteten Untersuchungsergebnissen und Bildungsmöglichkeiten notwendig machte.

Zunehmend deutete Frau F. selbsttätig inzestuöses und gewalttätiges Verhalten des Vaters, der zusätzlich auch noch die Flucht- und Rettungsversuche zu Freunden hin zerstörte, als verantwortlich für ihre eigene Psychiatrisierung.

Innerhalb der Interviews blieb sie allerdings bei dieser ausschließlich negativ pessimistischen und letztlich selbstzerstörerischen Sicht, deren subjektive "Berechtigung" von der Aktenanalyse innerhalb der Methodentriangulation bestätigt wurde, sogar teilweise als den Vater schützende Untertreibung erkannt werden konnte.

Erst die Autofotografie visualisierte optimistische Perspektiven, versteckte Lust und Freude am Leben, an Lebendigem, welche ihr m.E. eine realistische Chance auf einem sozialer gestalteten Entwicklungsweg (Wohngruppen etc.) für ein Leben außerhalb der Klinik gäben.

Dieser **Sichtwechsel** auf realistischer Ebene (im Gegensatz zur "Amerika-Phantasie") wurde erst, eigentlich **nur durch die Methodentriangulation möglich.**
Daneben macht die Aktenanalyse deutlich, daß Frau F. mit der periodisch wiederkehrenden Herabminderung der Bedeutung der Gewalttätigkeit ihres Vaters versucht, ihre Angst, doch noch umgebracht zu werden, zu bearbeiten. Dies berechtigt zum kumulativen Vergleich mit anderen Fällen von Inzest und Mißhandlung und zu dem Schluß, daß die Kindheit und Jugend von Frau F. weitaus bedrohlicher und traumatisierender war, als sie bis dato erkennen kann.

Allerdings zeigte sich recht schnell, daß eine konventionelle Sicht von Fortbildung mit traditionellen Vorstellungen von Arbeit und Beruf und bei einem durch Inzest und Gewalt bis ins frühe Erwachsenenalter traumatisierenden Lebenslauf immer eine restlose Überforderung darstellen würde.
Pädagogische Arbeit muß, gleichsam parallel zum konventionellen Bildungsgedanken, ihre sozialisatorische Seite (vgl. die Geistigbehinderten) betonen, das heißt, gerade auch bei langjährig hospitalisierten, chronisch psychisch Kranken, den seelisch Behinderten, Anknüpfungspunkte lebensgeschichtlich weit früher suchen und allererst Fertigkeiten alltäglicher Selbstversorgung oder alternativen Rollenverhaltens vermitteln.

Es wurde deutlich, daß ein Anknüpfen an direkten Anteilen ihrer Berufsausbildung nur auf Umwegen möglich sein würde. Vielmehr müßte ein unkonventioneller Bildungsbegriff die kindliche Entwicklung an Punkten ihrer Störung (vgl. ihre Wirklichkeitskonstruktion, Geschlechtsrolle etc.) mit sozialisatorischer Pädagogik aufgreifen und parallel, in Kooperation mit Psychotherapie und anderen klinischen Abteilungen, per Biographisierung der Hospitalisierung entgegenwirken.
Die Biographisierung soll Frau F. eine Auseinandersetzung mit den Gründen der Entstehung und Konstitution ihrer unterschiedlichen Wirklichkeiten ermöglichen. Dies meint beispielsweise, daß sie zunehmend, mehr als sie dies heute kann, ihre Krankheit als "gesunde" Reaktion auf einen abnormen Vater und ein verletzendes Familienleben versteht.

Wünscht man auch für chronisch psychisch Kranke eine weitgehende **Normalisierung und Entpsychiatrisierung** ihres Lebens, sind die beiden Folgerungen, **Sozialisierung und Biographisierung**, neben den Überlegungen zu präventiver Arbeit, die wichtigsten Ergebnisse einer qualitativen Untersuchung, die sich auf Themen völlig unerwarteter Natur einzustellen hatte.

Die Realisierung dieser Gedankengänge erfordert allerdings notwendig eine fortschrittlicher gestaltete Psychiatrie und die Beteiligung entsprechend eingestellter Mitarbeiter. Auf jeden Fall hat ein erwünschter Weg aus der Psychiatrie heraus, wie bei den Geistigbehinderten, einen "normaler" gestalteten, klinischen Alltag (soweit möglich) unabdingbar zur Voraussetzung.
Die Suche nach sinnvoller Beschäftigung kann nur mit hoher Sensibilität i einer fortschrittlich gestalteten Arbeitstherapie durchgeführt werden.

Allgemein besehen sollte, kooperativ mit Psychotherapie, gerade die Pädago gik nicht nur für einen Wandel von der naturwissenschaftlich-medizinische hin zur hermeneutisch-pädagogischen Sichtweise sondern auch für eine "En hospitalisierung" der Versorgung **aller**, der geistig **und** seelisch Behinderte also auch der sogenannten chronisch psychisch Kranken, Sorge tragen. Au gehend von einem Kultur- oder Bildungszentrum müssen sich Pädagogen nicl nur um Ausbildung kümmern, sondern auf den betreffenden Stationen m Methoden der "Enthospitalisierung" am "Ende der Anstalt" (vgl. FINZE 1985) mitarbeiten.

Von Bedeutung ist ebenfalls, daß die berechtigte Vermutung einer bisla ungeahnt hohen Verbreitung von Inzest und sexuellem und physischem Mi brauch eine ursächliche Prävention, bezüglich der Entstehung unterschiedlic ster Formen psychischen Leids gerade bei empfindlichen, "prädisponierte Menschen, in die Perspektive z.B. gemeindepsychiatrischer Projekte rückt.
Diese Perspektiven**erweiterung** ist m.E. relativ eindeutig auf die Verwendu des qualitativen Erhebungsinstrumentariums zurückzuführen, welches d Thema des sexuellen und physischen Mißbrauchs in den Mittelpunkt gerü hat. Dessen Bedeutung und Verbreitung beginnt erst heute bekannt zu w

den. Die hohe Flexibilität aber ist der entscheidende Vorzug der qualitativen Methodik, die erst die Bearbeitung einer völlig unerwartet auftauchenden, lebensgeschichtlichen Thematik ermöglicht. So wird der Wechsel von Vorstellungen konventioneller Fort- oder Erwachsenenbildung hin zum Sozialisierungs- und Präventionsgedanken realisierbar.
Das bedeutet: Das gewählte Untersuchungs- und Auswertungsdesign ist nicht nur in der Lage, Vorschläge zu reparativer Bildungsarbeit, Beratung und sozialisatorischen Maßnahmen, sondern auch zu **prospektiv-präventiven** Gesichtspunkten in der Arbeit mit Kindern der am meisten von Mißhandlungen und sexuellem Mißbrauch bedrohten Altersgruppen zu liefern.

Im Bereich der Prävention ist aber erschreckend, daß über Kurzsichtigkeit und Streitigkeiten (zur richtigen Behandlung des Themas) nur schwer oder keine Kooperation der beteiligten Einrichtungen ("Wildwasser", "Kinderschutzbund", gemeinde- oder sozialpsychiatrische Dienste) zustande kommt.
Schulen und andere Institutionen für Kinder sollten unabhängig davon in der Lage sein, selbständig, nach entsprechender Fortbildung, Prävention zu betreiben, ohne z.B. verängstigte Mütter in erregte Zustände zu versetzen, die dann hinter jeder Verhaltensauffälligkeit einen mißbrauchenden Vater vermuten.

Häufigkeit und Form der Betroffenheit behinderter Kinder zu klären, ist eine der wichtigsten offenen Forderungen an die Zukunft.

Literatur

Jahreszahlen in (*...) geben das Jahr der Ersterscheinung der Ausgabe an.

ABELMANN-VOLLMER,K.: Herrschaft und Tabu. Gesellschaftliche Bedingungen sexueller Ausbeutung von Kindern in Familien. In: DEUTSCHER KINDERSCHUTZBUND E.V. (Hrsg.): Das ist unser Geheimnis. Sexuelle Ausbeutung von Kindern. Bedingungen, Familiendynamik, Handlungsfelder. Hannover 1989, S.4-7

ALHEIT,P.: Alltag und Biographie. Studien zur gesellschaftlichen Konstitution biographischer Perspektiven. Bremen 1985

ALHEIT,P.: Alltagszeit und Lebenszeit. Über die Anstrengung, widersprüchliche Zeiterfahrungen "in Ordnung zu bringen". In: ZOLL,R. (Hrsg.): Zerstörung und Wiederaneignung von Zeit. Frankfurt 1988, S.371-386

ARBEITSGRUPPE BIELEFELDER SOZIOLOGEN (Hrsg.): Alltagswissen, Interaktion und gesellschaftliche Wirklichkeit.
Bd.1: Symbolischer Interaktionismus und Ethnomethodologie.
Bd.2: Ethnotheorie und Ethnographie des Sprechens.
Reinbek 1973

ARMSTRONG,L.: Kiss Daddy Goodnight. Aussprache über Inzest. Frankfurt 1985 (*1978)

ARNOLD,R.: Deutungsmuster und pädagogisches Handeln in der Erwachsenenbildung. Aspekte einer Sozialpsychologie der Erwachsenenbildung und einer erwachsenenpädagogischen Handlungstheorie. Bad Heilbrunn 1985

ASCHENBACH,G./BILLMANN-MAHECHA,E./ZITTERBARTH,W.: Kulturwissenschaftliche Aspekte qualitativer psychologischer Forschung. In: JÜTTEMANN,G. (Hrsg.): Qualitative Forschung in der Psychologie. Weinheim 1985, S.25-44

BAACKE,D.: Biographie: soziale Handlung, Textstruktur und Geschichten über Identität. Zur Diskussion in der sozialwissenschaftlichen und pädagogischen Biographieforschung sowie ein Beitrag zu ihrer Weiterführung. In: BAACKE,D./SCHULZE,T. (Hrsg.): Pädagogische Biographieforschung. Orientierungen, Probleme, Beispiele. Weinheim 1985, S.3-28

BAACKE,D./SCHULZE,T. (Hrsg.): Aus Geschichten lernen. Zur Einübung pädagogischen Verstehens. München 1984 (*1979)

BAACKE,D./SCHULZE,T.: Vorwort der Herausgeber. In: BAACKE,D./SCHULZE,T. (Hrsg.): Aus Geschichten lernen. Zur Einübung pädagogischen Verstehens. München 1984 a, S.7-10

BAACKE,D./SCHULZE,T. (Hrsg.): Pädagogische Biographieforschung. Orientierungen, Probleme, Beispiele. Weinheim 1985

BACKE,L./LEICK,N./MERRICK,J./MICHELSEN,N. (Hrsg.): Sexueller Mißbrauch von Kindern in Familien. Köln 1986 (*1983)

BAHRDT,H.-P.: Autobiographische Methoden, Lebensverlaufforschung und Soziologie. In: VOGES,W. (Hrsg.): Methoden der Biographie- und Lebenslaufforschung. Opladen 1987, S.77-85

BARTELS,V.: Grenzen der Familientherapie - oder: Therapeutisches Familienghetto. In: ENDERS,U. (Hrsg.): Zart war ich, bitter war's. Sexueller Mißbrauch an Mädchen und Jungen. Erkennen - Schützen - Beraten. Köln 1990, S.207-211

BAUER,M. u.a.: Psychiatrie. Psychosomatik - Psychotherapie. Stuttgart 1980 (*1973)

BEGLINGER,C.: Das Tabu wird gebrochen. Eine Einführung ins Thema. In: KAZIS,C. (Hrsg.): Dem Schweigen ein Ende. Sexuelle Ausbeutung von Kindern in der Familie. Basel 1989, S.11-29

BEIDERWIEDEN,J./WINDAUS,E./WOLFF,R.: Jenseits der Gewalt - Hilfen für mißhandelte Kinder. Basel 1986

BELLMAN,B.L./JULES-ROSETTE,B.: A Paradigm for Looking. Cross-Cultural Research with Visual Media. Norwood, New Jersey 1977

BERGER,P.L./LUCKMANN,T.: Die gesellschaftliche Konstruktion der Wirklichkeit. Eine Theorie der Wissenssoziologie. Frankfurt 1980 (*1966)

BERGOLD,J.B./BREUER,F.: Methodologische und methodische Probleme bei der Erforschung der Sicht des Subjekts. In: BERGOLD,J.B./FLICK, U. (Hrsg.): Ein-Sichten. Zugänge zur Sicht des Subjekts mittels qualitativer Forschung. Tübingen 1987, S.20-52

BERGOLD,J.B./FLICK,U. (Hrsg.): Ein-Sichten. Zugänge zur Sicht des Subjekts mittels qualitativer Forschung. Tübingen (Dt. Ges. für Verhaltenstherapie) 1987

BERGOLD,J.B./FLICK,U.: Die Sicht des Subjekts verstehen: Eine Einleitung und Standortbestimmung. In: BERGOLD,J.B./FLICK,U. (Hrsg.): Ein-Sichten. Zugänge zur Sicht des Subjekts mittels qualitativer Forschung. Tübingen 1987 a, S.1-18

BIRKHAN,G.: Die Sicht mehrerer Subjekte: Probleme der Zusammenfassung von subjektiven Ideen. In: BERGOLD,J.B./FLICK,U. (Hrsg.): Ein-Sichten. Zugänge zur Sicht des Subjekts mittels qualitativer Forschung. Tübingen 1987, S.230-246

BLASIUS,D.: Der verwaltete Wahnsinn. Eine Sozialgeschichte des Irrenhauses. Frankfurt 1980

BLEULER,M.: Lehrbuch der Psychiatrie. Berlin 1983 (15., neubearbeitete Auflage des ursprünglichen Werks von E.BLEULER, erstmals *1911)

BOCHNIK,H.J./GÄRTNER-HUTH,C./RICHTBERG,W.: Psychiatrie lernen. Erkennen, Erfahren, Handeln. Erlangen 1986

BOGDAN,R.C./BIKLEN,S.K.: Qualitative research for education: An introduction to theory and methods. Boston 1982

BOSSE,H.: Diebe, Lügner, Faulenzer. Zur Ethno-Hermeneutik von Abhängigkeit und Verweigerung in der Dritten Welt. Frankfurt 1979

BOTENS,V.: Richtlinien für die Arbeit mit Mädchen und Frauen. In: WILDWASSER WIESBADEN (Hrsg.): Sexueller Mißbrauch an Mädchen ist Gewalt. Dokumentation eines Öffentlichkeitsprojektes. Wiesbaden 1989, S.41-58

BOTT,H.: Macht und Ohnmacht. Familiale Dynamik im Prozeß sexueller Ausbeutung von Kindern. In: DEUTSCHER KINDERSCHUTZBUND E.V. (Hrsg.): Das ist unser Geheimnis. Sexuelle Ausbeutung von Kindern. Bedingungen, Familiendynamik, Handlungsfelder. Hannover 1989, S.7-9

BRADL,C.: Geistigbehinderte und Psychiatrie. Zur Literatur und neueren Diskussion über ein unbewältigtes Problem. In: DREHER,W./HOFMANN,T./BRADL,C. (Hrsg.): Geistigbehinderte zwischen Pädagogik und Psychiatrie. Bonn 1987, S.9-33

BRAUN,G.: Ich sag'nein. Mülheim 1989

BREDNICH,R.W./LIXFELD,H./MOSER,D.-R./RÖHRICH,L. (Hrsg.): Lebenslauf und Lebenszusammenhang. Autobiographische Materialien in der volkskundlichen Forschung. Freiburg 1982

BRENNER,H.D./STRAMKE,W.G./MEWES,J./LIESE,F./SEEGER,G.: Erfahrungen mit einem spezifischen Therapieprogramm zum Training kognitiver und kommunikativer Fähigkeiten in der Rehabilitation chronisch schizophrener Patienten. In: Der Nervenarzt 51, 1980, S.106-112

BRENNER,H.D./REY,E.-R./STRAMKE,W.G. (Hrsg.): Empirische Schizophrenieforschung. Bern 1983

BRÜGGEMEIER,F.-J.: Aneignung vergangener Wirklichkeit - Der Beitrag der Oral History. In: VOGES,W. (Hrsg.): Methoden der Biographie- und Lebenslaufforschung. Opladen 1987, S.145-169

BÜRLI,A.: Integration Behinderter im internationalen Vergleich - dargestellt am Beispiel einiger europäischer Länder. In: EBERWEIN,H. (Hrsg.): Behinderte und Nichtbehinderte lernen gemeinsam. Handbuch der Integrationspädagogik. Weinheim 1988, S.299-312

BUSCHMEYER,H./DUKA,B./JOCHINKE,M./KAMPE,S.: Erwachsenenbildung im lebensgeschichtlichen Zusammenhang. Bonn 1987

DAMASCHKE,K./MÄVERS,W.: Veranstaltungen eines pädagogischen Dienstes ("social program"). In: KAYSER,H. u.a.: Gruppenarbeit in der Psychiatrie. Erfahrungen mit der therapeutischen Gemeinschaft. Stuttgart 1981, S.261-306

DEGKWITZ,R./HELMCHEN,H./KOCKOTT,G./MOMBOUR,W. (Hrsg.): Diagnosenschlüssel und Glossar psychiatrischer Krankheiten. Deutsche Ausgabe der internationalen Klassifikation der Krankheiten der WHO, ICD (= International Classification of Diseases), 9. Revision, Kapitel V. Berlin 1980 (*1971)

DEUTSCHER KINDERSCHUTZBUND E.V. (Hrsg.): Sexuelle Gewalt gegen Kinder. Ursachen, Vorurteile, Sichtweisen, Hilfsangebote. Hannover 1987

DEUTSCHER KINDERSCUTZBUND E.V. (Hrsg.): Das ist unser Geheimnis. Sexuelle Ausbeutung von Kindern. Bedingungen, Familiendynamik, Handlungsfelder. Hannover 1989

DEVEREUX,G.: Normal und anormal. Aufsätze zur allgemeinen Ethnopsychiatrie. Frankfurt 1974 (*1970)

DEVEREUX,G.: Ethnopsychoanalyse. Die komplementaristische Methode in den Wissenschaften vom Menschen. Frankfurt 1978 (*1972)

DEVEREUX,G.: Angst und Methode in den Verhaltenswissenschaften. Frankfurt 1984 (*1967)

DIBBERN,A.: Finger weg von CAPP. In: DEUTSCHER KINDERSCHUTZBUND E.V. (Hrsg.): Das ist unser Geheimnis. Sexuelle Ausbeutung von Kindern. Bedingungen, Familiendynamik, Handlungsfelder. Hannover 1989, S.17-18

DICHANZ,H.: Medien in der Erwachsenenbildung. In: RAAPKE,H.-D./SCHULENBERG,W. (Hrsg.): Didaktik der Erwachsenenbildung. Stuttgart 1985, S.53-61

DICKEL,H.: "Die sind ja doch alle unheilbar." Zwangssterilisationen und Tötung der "Minderwertigen" im ..., 1934 - 1945. Wiesbaden 1988 (beziehbar über Diesterweg Frankfurt)

DÖRNER,K.: Diagnosen der Psychiatrie. Über die Vermeidungen der Psychiatrie und Medizin. Frankfurt 1975

DÖRNER,K.: Arbeit ist mehr als eine Kombination aus Gnade und Ausbeutung. In: Frankfurter Rundschau, Nr. 130, 7.6.1988, S.10

DÖRNER,K./PLOG,U.: Irren ist menschlich oder Lehrbuch der Psychiatrie/Psychotherapie. Wunstorf 1978 (*o.J., 3.Aufl.)

DOSTAL,W.: Ethnographischer Film - Ethnographische Kartographie: Methodologische Überlegungen zur Datenerhebung. Beispiele aus Südarabien. In: FISCHER,H. (Hrsg.): Feldforschungen. Berichte zur Einführung in Probleme und Methoden. Berlin 1985, S.67-89

DREHER,W./HOFMANN,T./BRADL,C. (Hrsg.): Geistigbehinderte zwischen Pädagogik und Psychiatrie. Bonn 1987

DUERR,H.P. (Hrsg.): Der Wissenschaftler und das Irrationale. Bd.1: Beiträge aus Ethnologie und Anthropologie. Frankfurt 1981

DUERR,H.P.: Die Angst vor dem Leben und die Sehnsucht nach dem Tode. In: DUERR,H.P. (Hrsg.): Der Wissenschaftler und das Irrationale. Bd.1 Beiträge aus Ethnologie und Anthropologie. Frankfurt 1981 a, S.621-647

DUERR,H.P. (Hrsg.): Die wilde Seele. Zur Ethnopsychoanalyse von George Devereux. Frankfurt 1987

EBERWEIN,H.: Fremdverstehen sozialer Randgruppen / Behinderter und die Rekonstruktion ihrer Alltagswelt mit Methoden qualitativer und ethnographischer Feldforschung. Unter besonderer Berücksichtigung von Erkenntnissen aus Ethnologie und Ethnomethodologie. In: Sonderpädagogik 15, 1985, S.97-106

EBERWEIN,H. (Hrsg.): Fremdverstehen sozialer Randgruppen. Ethnographische Feldforschung in der Sonder- und Sozialpädagogik. Grundfragen, Methoden, Anwendungsbeispiele. Berlin 1987

EBERWEIN,H.: Fremdverstehen - pädagogische Forschung - erzieherisches Handeln. Einführung in die Thematik dieses Buches. In: EBERWEIN,H. (Hrsg.): Fremdverstehen sozialer Randgruppen. Ethnographische Feldforschung in der Sonder- und Sozialpädagogik. Grundfragen, Methoden, Anwendungsbeispiele. Berlin 1987 a, S.5-19

EBERWEIN,H.: Alltagsforschung in der Lernbehindertenpädagogik - Analysen und Perspektiven. In: EBERWEIN,H. (Hrsg.): Fremdverstehen sozialer Randgruppen. Ethnographische Feldforschung in der Sonder- und Sozialpädagogik. Grundfragen, Methoden, Anwendungsbeispiele. Berlin 1987 b, S.166-182

EBERWEIN,H. (Hrsg.): Behinderte und Nichtbehinderte lernen gemeinsam. Handbuch der Integrationspädagogik. Weinheim 1988

EBERWEIN,H.: Integrationspädagogik als Weiterentwicklung (sonder-)pädagogischen Denkens und Handelns. In: EBERWEIN,H. (Hrsg.): Behinderte und Nichtbehinderte lernen gemeinsam. Handbuch der Integrationspädagogik. Weinheim 1988 a, S.45-53

EBERWEIN,H.: Zur Bedeutung qualitativ-ethnographischer Methoden für die integrationspädagogische Forschung. In: EBERWEIN,H. (Hrsg.): B hinderte und Nichtbehinderte lernen gemeinsam. Handbuch der Integrationspädagogik. Weinheim 1988 b, S.291-298

EBERWEIN,H./KÖHLER,K.: Ethnomethodologische Forschungsmethoden in der Sonder- und Sozialpädagogik. Die Notwendigkeit einer interdisziplinären Kulturanalyse für die Integration von Randgruppen. In: ZfPäd. 30, 1984, S.363-380

ENDERS,U. (Hrsg.): Zart war ich, bitter war's. Sexueller Mißbrauch an Mädchen und Jungen. Erkennen - Schützen - Beraten. Köln 1990

ERDHEIM,M.: Die Wissenschaft, das Irrationale und die Aggression. In: DUERR,H.P. (Hrsg.): Der Wissenschaftler und das Irrationale. Bd.1: Beiträge aus Ethnologie und Anthropologie. Frankfurt 1981, S.505-517

ERDHEIM,M.: Die gesellschaftliche Produktion von Unbewußtheit. Eine Einführung in den ethnopsychoanalytischen Prozeß. Frankfurt 1984

ERDHEIM,M./NADIG,M.: Wissenschaft, Unbewußtheit und Herrschaft. In: DUERR,H.P. (Hrsg.): Die wilde Seele. Zur Ethnopsychoanalyse von Georges Devereux. Frankfurt 1987, S.163-176

FALTERMAIER,T.: Das Subjekt in einer Lebensereignis-Perspektive: Ein qualitativer Forschungsansatz. In: BERGOLD,J.B./FLICK,U. (Hrsg.): Ein-Sichten. Zugänge zur Sicht des Subjekts mittels qualitativer Forschung. Tübingen 1987, S.137-150

FEGERT,J.: Ärztliche Diagnosemöglichkeiten in Klinik und Praxis. In: ENDERS,U. (Hrsg.): Zart war ich, bitter war's. Sexueller Mißbrauch an Mädchen und Jungen. Erkennen - Schützen - Beraten. Köln 1990, S.162-181

FENGLER,C./FENGLER,T.: Alltag in der Anstalt. Wenn Sozialpsychiatrie praktisch wird. Eine ethnomethodologische Untersuchung. Rehburg-Loccum 1980

FERENCZI,S.: Sprachverwirrung zwischen den Erwachsenen und dem Kind. (Die Sprache der Zärtlichkeit und der Leidenschaft). In: MASSON,J.M.: Was hat man dir, du armes Kind, getan? Sigmund Freuds Unterdrückung der Verführungstheorie. Reinbek 1986, S.317-330 (*1933)

FEUSER,G.: Zum Verhältnis von Geistigbehindertenpädagogik und Psychiatrie. In: DREHER,W./HOFMANN,T./BRADL,C. (Hrsg.): Geistigbehinderte zwischen Pädagogik und Psychiatrie. Bonn 1987 a, S.74-92

FEUSER,G.: Thesen zu den Stichworten "Pädagogik, Heil- und Sonderpädagogik und Psychiatrie". In: DREHER,W./HOFMANN,T./BRADL,C. (Hrsg.): Geistigbehinderte zwischen Pädagogik und Psychiatrie. Bonn 1987 b, S.94-106

FEY,E.: Von unabhängigen Müttern, starken Kindern, dem Sinn des Ungehorsams und sozialen Netzen. Prävention sexuellen Mißbrauchs an Mädchen und Jungen. In: KAZIS,C. (Hrsg.): Dem Schweigen ein Ende. Sexuelle Ausbeutung von Kindern in der Familie. Basel 1989, S.189-218

FEY,E.: "Wie kann ich mein Kind vor sexuellem Mißbrauch schützen?" Ein Elternabend im Kindergarten oder in der Schule. In: ENDERS,U. (Hrsg.): Zart war ich, bitter war's. Sexueller Mißbrauch an Mädchen und Jungen. Erkennen - Schützen - Beraten. Köln 1990, S.265-270

FILIPP,S.-H.: Kritische Lebensereignisse als Brennpunkte einer Angewandten Entwicklungspsychologie des mittleren und höheren Erwachsenenalters. In: OERTER,R./MONTADA,L. u.a.: Entwicklungspsychologie. Ein Lehrbuch. München 1982, S.769-788

FINZEN,A.: Das Ende der Anstalt. Vom mühsamen Alltag der Reformpsychiatrie. Bonn 1985

FISCHER,H.: Zur Theorie der Feldforschung. In: SCHMIED-KOWARZIK, W./STAGL,J. (Hrsg.): Grundfragen der Ethnologie. Beiträge zur gegenwärtigen Theorie-Diskussion. Berlin 1981, S.63-77

FISCHER,H. (Hrsg.): Feldforschungen. Berichte zur Einführung in Probleme und Methoden. Berlin 1985

FISCHER,W.: Alltagszeit und Lebenszeit in Lebensgeschichten von chronisch Kranken. In: ZSE (ZfSozialisationsforsch. u. Erz.soz.) 1, 1982, S.5-19

FISCHER,W./KOHLI,M.: Biographieforschung. In: VOGES,W. (Hrsg.): Methoden der Biographie- und Lebenslaufforschung. Opladen 1987, S.25-49

FISSENI,H.-J.: Erträgnisse biographischer Forschung in der Persönlichkeitspsychologie. In: JÜTTEMANN,G./THOMAE,H. (Hrsg.): Biographie und Psychologie. Berlin 1987, S.249-265

FLICK,U.: Das Subjekt als Theoretiker? -Zur Subjektivität Subjektiver Theorien. In: BERGOLD,J.B./FLICK,U. (Hrsg.): Ein-Sichten. Zugänge zur Sicht des Subjekts mittels qualitativer Forschung. Tübingen 1987 a, S.125-134

FLICK,U.: Methodenangemessene Gütekriterien in der qualitativ-interpretativen Forschung. In: BERGOLD,J.B./FLICK,U. (Hrsg.): Ein-Sichten. Zugänge zur Sicht des Subjekts mittels qualitativer Forschung. Tübingen 1987 b, S.247-262

FOERSTER,H.v.: Erkenntnistheorien und Selbstorganisation. In: SCHMIDT S.J. (Hrsg.): Der Diskurs des Radikalen Konstruktivismus. Frankfurt 1987 S.133-158

FOUCAULT,M.: Wahnsinn und Gesellschaft. Eine Geschichte des Wahns im Zeitalter der Vernunft. Frankfurt 1977 (*1961)

FRASER,S.: Meines Vaters Haus. Die Geschichte eines Inzests. Düsseldorf 1988 (*1987)

FREUD,S.: Zur Ätiologie der Hysterie. In: MASSON,J.M.: Was hat man dir, du armes Kind, getan? Sigmund Freuds Unterdrückung der Verführungstheorie. Reinbek 1986, S.284-316 (*1896)

FRICZEWSKI,F.: Ganzheitlich-qualitative Methoden in der Streßforschung. In: JÜTTEMANN,G. (Hrsg.): Qualitative Forschung in der Psychologie. Weinheim 1985, S.282-296

FUCHS,W.: Biographische Forschung. Eine Einführung in Praxis und Methoden. Opladen 1984

GALEY,I.: Ich weinte nicht als Vater starb. Bern 1988 (*1986)

GARFINKEL,H.: Bedingungen für den Erfolg von Degradierungszeremonien. In: Gruppendynamik 5, 1974, S.77-83

GEERTZ,C.: Dichte Beschreibung. Beiträge zum Verstehen kultureller Systeme. Frankfurt 1987 (*1983)

GIESEKE-SCHMELZLE,W.: Erfahrungsorientierte Lernkonzepte. In: RAAPKE,H.-D./SCHULENBERG,W. (Hrsg.): Didaktik der Erwachsenenbildung. Stuttgart 1985, S.75-92

GIRTLER,R.: Methoden der qualitativen Sozialforschung. Anleitung zur Feldarbeit. Wien 1984

GIRTLER,R.: Die biographische Methode bei der Untersuchung devianter Karrieren und Lebenswelten. In: VOGES,W. (Hrsg.): Methoden der Biographie- und Lebenslaufforschung. Opladen 1987, S.321-339

GLÖER,N.: Sexueller Mißbrauch von Jungen. In: pro familia magazin 17 (Heft 2): Sexueller Mißbrauch von Kindern. Frankfurt 1989, S.13-15

GOTTHARDT,D.: Unstetige Formen der Beratung in der Erwachsenenbildung. In: Erwachsenenbildung 1, 1988, S.29-32

GRAWE,K.: Der Weg entsteht beim Gehen. Ein heuristisches Verständnis von Psychotherapie. In: verhaltenstherapie & psychosoziale praxis 20, 1988, S.39-49

GÜLLICH,M./LORENZEN,D.: Die Beeinflussung schizophrener Basisstörungen - ein neuer Behandlungs- und Rehabilitationsansatz. In: BRENNER,H.D./REY,E.-R./STRAMKE,W.G. (Hrsg.): Empirische Schizophrenieforschung. Bern 1983, S.202-215

HARBAUER,H.: Kinder- und Jugendpsychiatrie. Leitfaden für die Praxis. Köln-Lövenich 1979 (*1975)

HEINRICHS,H.-J.: Über Ethnopsychoanalyse, Ethnopsychiatrie und Ethno-Hermeneutik. In: SCHMIED-KOWARZIK,W./STAGL,J. (Hrsg.): Grundfragen der Ethnologie. Beiträge zur gegenwärtigen Theorie-Diskussion. Berlin 1981, S.169-192

HEINRICHS,H.-J. (Hrsg.): Das Fremde verstehen. Gespräche über Alltag, Normalität und Anormalität. Frankfurt 1982

HEINZE,H.: Qualitative Sozialforschung. Erfahrungen, Probleme und Perspektiven. Opladen 1987

HEINZE,T./KLUSEMANN,H.-W.: Ein biographisches Interview als Zugang zu einer Bildungsgeschichte. In : BAACKE,D./SCHULZE,T. (Hrsg.): Aus Geschichten lernen. Zur Einübung pädagogischen Verstehens. München 1984, S.182-225

HEINZE,T./LOSER,F.W./THIEMANN,F.: Praxisforschung. Wie Alltagshandeln und Reflexion zusammengebracht werden können. München 1981

HERDT,G.H./STOLLER,R.J.: Der Einfluß der Supervision auf die ethnographische Praxis. In: DUERR,H.P. (Hrsg.): Die wilde Seele. Zur Ethnopsychoanalyse von Georges Devereux. Frankfurt 1987, S.177-199

HILDEBRAND, E.: Therapie erwachsener Frauen, die in ihrer Kindheit inzestuösen Vergehen ausgesetzt waren. In: BACKE,L. u.a. (Hrsg.): Sexueller Mißbrauch von Kindern in der Familie. Köln 1986, S.52-68

HILDENBRAND,B.: Alltag und Krankheit. Ethnographie einer Familie Stuttgart 1983

HILDENBRAND,B.: Methodik der Einzelfallstudie. Theoretische Grundlagen, Erhebungs- und Auswertungsverfahren, vorgeführt an Fallbeispielen Kurseinheit 1-3. Hagen 1984 a-c

HILDENBRAND,B.: Wer soll merken, daß Bernhard krank wird? - Familiale Wirklichkeitskonstruktionsprozesse bei der Erstmanifestation einer schizophrenen Psychose. In: BERGOLDJ.B./FLICK,U. (Hrsg.): Ein-Sichten Zugänge zur Sicht des Subjekts mittels qualitativer Forschung. Tübingen 1987, S.151-162

HILDENBRAND,B./MÜLLER,H./BEYER,B./KLEIN,D.: Biographiestudien im Rahmen von Milieustudien. In: KOHLI,M./ROBERT,G. (Hrsg.): Biographie und soziale Wirklichkeit. Neue Beiträge und Forschungsperspektiven. Stuttgart 1984, S.29-52

HIRSCH,M.: Realer Inzest. Psychodynamik des sexuellen Mißbrauchs in der Familie. Berlin 1987

HIRSCH,M.: Inzest: Sexueller Mißbrauch in der Familie. Pathogenetische Wirkungsmechanismen. In: pro familia magazin 17 (Heft 2): Sexueller Mißbrauch von Kindern. Frankfurt, 1989, S.1-3

HOERNING,E.M.: Biographische Methode in der Sozialforschung. In: Das Argument 123, 1980, S.677-687

HOERNING,E.M.: Lebensereignisse: Übergänge im Lebenslauf. In: VOGES,W. (Hrsg.): Methoden der Biographie- und Lebenslaufforschung. Opladen 1987, S.231-259

HÖRMANN,G.: Die zweite Sozialisation. Psychische Behinderung und Rehabilitation in Familie, Schule und Beruf. Opladen 1985

HÖSS,H./GOLL,H.: Wege nach draußen. Reaktivierung und Revitalisierung in der Psychiatrie. Heidelberg 1986

HOFFMANN-RIEM,C.: Die Sozialforschung einer interpretativen Soziologie. - Der Datengewinn -. In: KZfSS 32, 1980, S.339-372

HOHN,H.-W.: Zyklizität und Heilsgeschichte. Religiöse Zeiterfahrung des europäischen Mittelalters. In: ZOLL,R. (Hrsg.): Zerstörung und Wiederaneignung von Zeit. Frankfurt 1988, S.120-142

HOPF,C.: Soziologie und qualitative Sozialforschung. In: HOPF,C./WEINGARTEN,E. (Hrsg,): Qualitative Sozialforschung. Stuttgart 1979

HOPF,C./WEINGARTEN,E. (Hrsg.): Qualitative Sozialforschung. Stuttgart 1979

HORN,K./BEIER,C./WOLF,M.: Krankheit, Konflikt und soziale Kontrolle. Eine empirische Untersuchung subjektiver Sinnstrukturen. Opladen 1983

HORN,K./BEIER,C./KRAFT-KRUMM,D.: Gesundheitsverhalten und Krankheitsgewinn. Zur Logik von Widerständen gegen gesundheitliche Aufklärung. Opladen 1984

IBEN,G. (Hrsg.): Beraten und Handeln. Zum Umgang zwischen Wissenschaftlern und Praktikern. München 1981

IBEN,G.: Kontrolle oder Bestätigung? - Probleme und Chancen einer Zusammenarbeit von Praktikern und Wissenschaftlern. In: IBEN,G. (Hrsg.): Beraten und Handeln. Zum Umgang zwischen Wissenschaftlern und Praktikern. München 1981 a, S.13-21

IBEN,G.: Von den Instrumenten der Zusammenarbeit - Zur Methodenfrage in der Aktions- und Handlungsforschung. In: IBEN,G. (Hrsg.): Beraten und Handeln. Zum Umgang zwischen Wissenschaftlern und Praktikern. München 1981 b, S.98-118

IBEN,G.: Handlungsforschung und das Verstehen von Lebenswelten. In: EBERWEIN,H. (Hrsg.): Fremdverstehen sozialer Randgruppen. Ethnographische Feldforschung in der Sonder- und Sozialpädagogik. Grundfragen, Methoden, Anwendungsbeispiele. Berlin 1987

JÜTTEMANN,G. (Hrsg.): Qualitative Forschung in der Psychologie: Grundfragen, Verfahrensweisen, Anwendungsfelder. Weinheim 1985

JÜTTEMANN,G./THOMAE,H. (Hrsg.): Biographie und Psychologie. Berlin 1987

KADE,S.: Methoden des Fremdverstehens. Ein Zugang zu Theorie und Praxis des Fremdverstehens. Bad Heilbrunn 1983

KAVEMANN,B./LOHSTÖTER,I.: Väter als Täter. Sexuelle Gewalt gegen Mädchen. Reinbek 1989 (*1984)

KAYSER,H. u.a.: Gruppenarbeit in der Psychiatrie. Erfahrungen mit der therapeutischen Gemeinschaft. Stuttgart 1981 (*1973)

KAZIS,C. (Hrsg.): Dem Schweigen ein Ende. Sexuelle Ausbeutung von Kindern in der Familie. Basel 1989 (*1988)

KEUPP,H.: Psychisches Leid als gesellschaftlich produzierter Karriereprozeß. In: VOGES,W. (Hrsg.): Methoden der Biographie- und Lebenslaufforschung. Opladen 1987, S.341-366

KIEPER,M.: Ein biographisches Interview als Zugang zum Lebenslauf eine Heimmädchens. In: BAACKE,D./SCHULZE,T. (Hrsg.): Aus Geschichten lernen. Zur Einübung pädagogischen Verstehens. München 198 S.226-262

KIPPENBERG,H.G./LUCHESI,B. (Hrsg.): Magie. Die sozialwissenschaftliche Kontroverse über das Verstehen fremden Denkens. Frankfurt 1978

KNORR,K.D.: Anthropologie und Ethnomethodologie. Eine theoretische u methodische Herausforderung. In: SCHMIED-KOWARZIK,W STAGL,J. (Hrsg.): Grundfragen der Ethnologie. Beiträge zur gegenwärtigen Theorie-Diskussion. Berlin 1981, S.107-123

KOECK,R.: Das Problem der "ethnomethodologischen Indifferenz". Ein Pl doyer für eine kritische Ethnomethodologie. In: Soziale Welt 27, 197 S.261-277

KÖCKEIS-STANGL,E.: Methoden der Sozialisationsforschung. I HURRELMANN,K./ULICH,D. (Hrsg.): Handbuch der Sozialisationsf schung. Weinheim 1980, S.321-370

KÖHLER,K.: Ethnographisch orientierte Feldforschung als Grundlage z Planung pädagogischer Hilfen und systematischer Nachsorge in der E wachsenenpsychiatrie. In: EBERWEIN,H. (Hrsg.): Fremdverstehen soz ler Randgruppen. Ethnographische Feldforschung in der Sonder- und S zialpädagogik. Grundfragen, Methoden, Anwendungsbeispiele. Ber 1987, S.259-273

KOHL,K.-H.: Abwehr und Verlangen. Zur Geschichte der Ethnologie. Frankfurt 1987

KOHLI,M.: "Offenes" und "geschlossenes" Interview: Neue Argumente zu einer alten Kontroverse. In: Soziale Welt 29, 1978, S.1-25

KOHLI,M.: Wie es zur "biographischen Methode" kam und was daraus geworden ist. Ein Kapitel aus der Geschichte der Sozialforschung. In: ZfSoz. 10, 1981 a, S.273-293

KOHLI,M.: Zur Theorie der biographischen Selbst- und Fremdthematisierung. In: MATTHES,J. (Hrsg.): Lebenswelt und soziale Probleme: Verhandlungen des 20. Deutschen Soziologentages zu Bremen 1980. Frankfurt 1981 b, S.502-520

KOHLI,M./ROBERT,G. (Hrsg.): Biographie und soziale Wirklichkeit. Neue Beiträge und Forschungsperspektiven. Stuttgart 1984

KOHLI,M./ROBERT,G.: Einleitung. In: KOHLI,M./ROBERT,G. (Hrsg.): Biographie und soziale Wirklichkeit. Neuere Beiträge und Forschungsperspektiven. Stuttgart 1984 a, S.1-5

KRAMER,F.: Die **social anthropology** und das Problem der Darstellung anderer Gesellschaften. In: KRAMER,F./SIGRIST,C. (Hrsg.): Gesellschaften ohne Staat. Bd.1: Gleichheit und Gegenseitigkeit. Frankfurt 1978, S.9-27

KRÜGER,W.: Beratung als Aufgabe der Erwachsenenbildung. In: SCHMITZ,E./TIETGENS,H. (Hrsg.): Erwachsenenbildung. Bd. 11 der Enzeklopädie Erziehungswissenschaft. Stuttgart 1984, S.254-271

KRUSE,A.: Biographische Methode und Exploration. In: JÜTTEMANN,G./ THOMAE,H. (Hrsg.): Biographie und Psychologie. Berlin 1987, S.119-137

KÜCHLER,M.: "Qualitative" Sozialforschung - ein neuer Königsweg? In: GARZ,D./KRAIMER,K. (Hrsg.): Brauchen wir andere Forschungsmethoden? Beiträge zur Diskussion interpretativer Verfahren. Frankfurt 1983, S.9-30

LAMNEK,S.: Qualitative Sozialforschung.
Bd. 1: Methodologie. München 1988
Bd. 2: Methoden und Techniken. München 1989

LANGEGGER,F.: Doktor, Tod und Teufel. Vom Wahnsinn und von der Psychiatrie in einer vernünftigen Welt. Frankfurt 1983

LARSON,N.R.: Familientherapie mit Inzestfamilien. In: BACKE,L. u.a. (Hrsg.): Sexueller Mißbrauch von Kindern in Familien. Köln 1986, S.104-117

LEGEWIE,H.: Sinnfindung und Sinnverlust in biographischen Selbstdarstellungen. In: BERGOLD,J.B./FLICK,U. (Hrsg.): Ein-Sichten. Zugänge zur Sicht des Subjekts mittels qualitativer Forschung. Tübingen 1987 a, S.173-181

LEGEWIE,H.: Interpretation und Validierung biographischer Interviews. In: JÜTTEMANN,G./THOMAE,H. (Hrsg.): Biographie und Psychologie. Berlin 1987 b, S.138-150

LEHMANN,A.: Autobiographische Erhebungen in den sozialen Unterschichten. Gedanken zu einer Methode der empirischen Forschung. In: ZfVolkskunde 73, 1977, S.161-180

LEHMANN,A.: Leitlinien des lebensgeschichtlichen Erzählens. In: BREDNICH,R.W./LIXFELD,H./MOSER,D.-R./RÖHRICH,L. (Hrsg.): Lebenslauf und Lebenszusmmenhang. Autobiographische Materialien in der volkskundlichen Forschung. Freiburg 1982, S.71-87

LEITNER,H.: Lebenslauf und Identität: die kulturelle Konstruktion von Zeit in der Biographie. Frankfurt 1982

LEMPP,R.: Pädagogik, Heilpädagogik und Kinder- und Jugendpsychiatrie. Kinder und Jugendliche zwischen Psychiatrie und Pädagogik. In: DREHER,W./HOFMANN,T./BRADL,C. (Hrsg.): Geistigbehinderte zwischen Pädagogik und Psychiatrie. Bonn 1987, S.107-124

LUCKMANN,T: Vorwort. In: HILDENBRAND,B.: Alltag und Krankheit. Ethnographie einer Familie. Stuttgart 1983, S.9-14

LUHMANN,N./SCHORR,K.E. (Hrsg.): Zwischen Intransparenz und Verstehen. Fragen an die Pädagogik. Frankfurt 1986

MAAS,O.: Wege aus der psychiatrischen Versorgung. Zur aktuellen Diskussion um die Ausgliederung Geistigbehinderter. In: DREHER,W./HOFMANN,T./BRADL,C. (Hrsg.): Geistigbehinderte zwischen Pädagogik und Psychiatrie. Bonn 1987, S.205-226

MASSON,J.M.: Was hat man dir, du armes Kind, getan? Sigmund Freuds Unterdrückung der Verführungstheorie. Reinbek 1986 (*1984)

MAYRING,P.: Qualitative Inhaltsanalyse. Grundlagen und Techniken. Weinheim 1983

MAYRING,P.: Qualitative Inhaltsanalyse. In. JÜTTEMANN,G. (Hrsg.): Qualitative Forschung in der Psychologie. Weinheim 1985, S.187-211

MEHAN,H./WOOD,H.: Fünf Merkmale der Realität. In: WEINGARTEN,E./SACK,F./SCHENKEIN,J. (Hrsg.): Ethnomethodologie Beiträge zu einer Soziologie des Alltagshandelns. Frankfurt 1976, S.29-63

MENZ,W.: Sozialisation in der schizophrenogenen Familie. Dissertation, Frankfurt 1980

MERKENS,H.: Teilnehmende Beobachtung und Inhaltsanalyse in der erziehungswissenschaftlichen Forschung. Probleme bei der Erforschung des Unterrichtens von Kindern ausländischer Arbeitnehmer. Weinheim 1984

MERTON,R.K./KENDALL,P.L.: Das fokussierte Interview. In: HOPF,C./ WEINGARTEN,E. (Hrsg.): Qualitative Sozialforschung. Stuttgart 1979, S.171-204

MITNICK,M.: Inzestuös mißbrauchte Kinder. Symptome und Behandlungsmethoden. In: BACKE,L. u.a. (Hrsg.): Sexueller Mißbrauch von Kindern in Familien. Köln 1986, S.83-103

MÖLLER,H.-J./ZERSSEN,D.v.: Der Verlauf schizophrener Psychosen unter den gegenwärtigen Behandlungsbedingungen. Berlin 1986

MÜHLFELD,C./WINDOLF,P./LAMPERT,N./KRÜGER,H.: Auswertungsprobleme offener Interviews. In: Soziale Welt 32, 1981, S.325-352

MÜLLER,E.W.: Sozialwissenschaft als Ethnologie. In: REIMANN,H. (Hrsg.): Soziologie und Ethnologie. Zur Interaktion zwischen zwei Disziplinen. Opladen 1986, S.119-126

MÜLLER,S./OTTO,H.-U. (Hrsg.): Verstehen oder Kolonialisieren? Grundprobleme sozialpädagogischen Handelns und Forschens. Bielefeld 1984

MYSCHKER,N.: Kunsttherapeutische Förderung von Kindern und Jugendlichen mit Verhaltensschwierigkeiten (Sonderpädagogische Kunsttherapie). In: GOETZE,H./NEUKÄTER,H. (Hrsg.): Disziplinkonflikte und Verhaltensstörungen in der Schule. Bericht über die Fachtagung in Hamburg vom 12. bis 14. Mai 1988. Oldenburg 1988, S.197-201

MYSCHKER,N.: Prävention psychosozialer Störungen durch Pädagogische Kunsttherapie. In: NEUKÄTER,H. (Hrsg.): Verhaltensstörungen verhindern. Prävention als pädagogische Aufgabe. Oldenburg 1990 (im Druck)

NADIG,M.: Die verborgene Kultur der Frau. Ethnopsychoanalytische Gespräche mit Bäuerinnen in Mexiko. Subjektivität und Gesellschaft im Alltag von Otomi-Frauen. Frankfurt 1986

NIEHOFF,U.: Behindertenpädagogische Arbeit im Psychiatrischen Krankenhaus. Problemfelder und Perspektiven. In: DREHER,W./HOFMANN,T./BRADL,C. (Hrsg.): Geistigbehinderte zwischen Pädagogik und Psychiatrie. Bonn 1987, S. 34-49

OELKERS,J.: Subjektivität, Autobiographie und Erziehung. In: ZfPäd. 33, 1987, S.325-344

PARIN,P.: Der Widerspruch im Subjekt. Ethnopsychoanalytische Studien. Frankfurt 1978

PARIN,P./MORGENTHALER,F./PARIN-MATTHEY,G.: Die Weißen denken zuviel. Psychoanalytische Untersuchungen in Westafrika. München o.J. (*1963)

PARIN,P./MORGENTHALER,F./PARIN-MATTHEY,G.: Fürchte deinen Nächsten wie dich selbst. Psychoanalyse und Gesellschaft am Modell der Agni in Westafrika. Frankfurt 1978 (*1971)

PAUL,S.: Die Entwicklung der biographischen Methode in der Soziologie. In: JÜTTEMANN,G./THOMAE,H. (Hrsg.): Biographie und Psychologie. Berlin 1987, S.26-35

PFLEIDERER,B./BICHMANN,W.: Krankheit und Kultur. Eine Einführung in die Ethnomedizin. Berlin 1985

pro familia magazin 17 (Heft 2): Sexueller Mißbrauch von Kindern. Frankfurt 1989

PRANGE,K.: Lebensgeschichte und pädagogische Reflexion. In: ZfPäd. 33, 1987, S.345-360

REICHERTZ,J.: Verstehende Soziologie ohne Subjekt? Die objektive Hermeneutik als Metaphysik der Strukturen. In: KZfSS 40, 1988, S.207-222

RICHARDS,J./GLASERSFELD,E.v.: Die Kontrolle von Wahrnehmung und die Konstruktion von Realität. Erkenntnistheoretische Aspekte des Rückkopplungs-Kontroll-Systems. In: SCHMIDT,S.J. (Hrsg.): Der Diskurs des Radikalen Konstruktivismus. Frankfurt 1987, S.192-228

RICHARDSON,S.A./DOHRENWEND,B.S./KLEIN,D.: Die "Suggestivfrage". Erwartungen und Unterstellungen im Interview. In: HOPF,C./WEINGARTEN,E. (Hrsg.): Qualitative Sozialforschung. Stuttgart 1979, S.205-231

RIEMANN,G.: Biographieverläufe psychiatrischer Patienten aus soziologischer Sicht. - Eine empirische Untersuchung - Dissertation, Kassel 1983

RIJNAARTS,J.: Lots Töchter. Über den Vater-Tochter-Inzest. Düsseldorf 1988 (*1987)

ROSENHAN,D.L.: Gesund in kranker Umgebung. In: WATZLAWICK,P. (Hrsg.): Die erfundene Wirklichkeit. Wie wissen wir, was wir zu wissen glauben? Beiträge zum Konstruktivismus. München 1985, S.111-137

ROTH,G.: Selbstorganisation - Selbsterhaltung - Selbstreferentialität: Prinzipien der Organisation der Lebewesen und ihre Folgen für die Beziehung zwischen Organismus und Umwelt. In: DRESS,A./HENDRICHS,H./KÜPPERS,G. (Hrsg.): Selbstorganisation. Die Entstehung von Ordnung in Natur und Gesellschaft. München 1986, S.149-180

ROTH,G.: Erkenntnis und Realität. Das reale Gehirn und seine Wirklichkeit. In: SCHMIDT,S.J. (Hrsg.): Der Diskurs des Radikalen Konstruktivismus. Frankfurt 1987, S.229-255

ROTHEN,J.: Alles noch einmal erleben. In: WILDWASSER WIESBADEN (Hrsg.): Sexueller Mißbrauch an Mädchen ist Gewalt. Dokumentation eines Öffentlichkeitsprojektes. Wiesbaden 1989, S.71-79

RUSCH,G.: **Verstehen Verstehen**. Ein Versuch aus konstruktivistischer Sicht. In: LUHMANN,N./SCHORR,E. (Hrsg.): Zwischen Intransparenz und Verstehen. Fragen an die Pädagogik. Frankfurt 1986, S.40-71

RUST,G.: Einführung zur deutschen Ausgabe: Sexueller Mißbrauch - ein Dunkelfeld in der Bundesrepublik Deutschland. Aufklärung, Beratung und Forschung tut not. In: BACKE,L. u.a. (Hrsg.): Sexueller Mißbrauch von Kindern in Familien. Köln 1986, S.7-20

SALLER,H.: Sexuelle Ausbeutung von Kindern. In: DEUTSCHER KINDERSCHUTZBUND E.V. (Hrsg.): Sexuelle Gewalt gegen Kinder. Ursachen, Vorurteile, Sichtweisen, Hilfsangebote. Hannover 1987, S.27-39

SALLER,H.: Wie begegne ich einem betroffenen Kind, das mich ins Vertrauen zieht? Grundlagen für professionelle Helfer. In: KAZIS,C. (Hrsg.): Dem Schweigen ein Ende. Sexuelle Ausbeutung von Kindern in der Familie. Basel 1989, S.171-187

SATTLER,C./FLITNER,E.: Wieso die Männer? Feministische Überlegungen zum Inzest. In: KAZIS,C. (Hrsg.): Dem Schweigen ein Ende. Sexuelle Ausbeutung von Kindern in der Familie. Basel 1989, S.31-43

SCHMIDT,S.J. (Hrsg.): Der Diskurs des Radikalen Konstruktivismus. Frankfurt 1987

SCHMIDT,S.J.: Der Radikale Konstruktivismus: Ein neues Paradigma im interdisziplinären Diskurs. In: SCHMIDT,S.J. (Hrsg.): Der Diskurs des Radikalen Konstruktivismus. Frankfurt 1987 a, S.11-88

SCMIED-KOWARZIK,W.: Philosophische Überlegungen zum Verstehen fremder Kulturen und zu einer Theorie der menschlichen Kultur. In: SCHMIED-KOWARZIK,W./STAGL,J. (Hrsg.): Grundfragen der Ethnologie. Beiträge zur gegenwärtigen Theorie-Diskussion. Berlin 1981, S.349-389

SCHMIED-KOWARZIK,W./STAGL,J. (Hrsg.): Grundfragen der Ethnologie. Beiträge zur gegenwärtigen Theorie-Diskussion. Berlin 1981

SCHNEIDER,G(erald): "Objektive" Handlungsbedeutung und "subjektiver" Sinn - Anmerkungen zur Erforschung der Sicht des Subjekts aus der Perspektive der objektiven Hermeneutik am Beispiel der Analyse einer Interaktion im Krankenhaus. In: BERGOLD,J.B./FLICK,U. (Hrsg.): Ein-

Sichten. Zugänge zur Sicht des Subjekts mittels qualitativer Forschung. Tübingen 1987, S.200-206

SCHNEIDER,G.: Hermeneutische Strukturanalyse von qualitativen Interviews. In: KZfSS 40, 1988, S.223-244

SCHNEIDER,G(erhard): Qualitativität als methodologisches Desiderat der Umweltpsychologie. In: JÜTTEMANN,G. (Hrsg.): Qualitative Forschung in der Psychologie. Grundfragen, Verfahrensweisen, Anwendungsfelder Weinheim 1985, S.297-323

SCHÖN,B.: Quantitative und qualitative Verfahren in der Schulforschung. In: SCHÖN,B./HURRELMANN,K. (Hrsg.): Schulalltag und Empirie Neuere Ansätze in der schulischen und beruflichen Sozialisationsforschung. Weinheim 1979, S.17-29

SCHUCHARDT,E.: Krise als Lernchance. Eine Analyse von Lebensgeschichten. Düsseldorf 1985 a

SCHUCHARDT,E.: Weiterbildung mit behinderten und nichtbehinderten Menschen. In: RAAPKE,H.-D./SCHULENBERG,W. (Hrsg.): Didaktik der Erwachsenenbildung. Stuttgart 1985 b, S. 298-317

SCHUCHARDT,E.: Biographische Erfahrung und wissenschaftliche Theorie. Soziale Integration Behinderter, Bd.1. Bad Heilbrunn 1987 a (*1980, 4. Aufl. 1990)

SCHUCHARDT,E.: Weiterbildung als Krisenverarbeitung. Soziale Integration Behinderter, Bd.2. Bad Heilbrunn 1987 b (*1980, 4. Aufl. 1990)

SCHUCHARDT,E.: Schritte aufeinander zu. Soziale Integration Behinderter durch Weiterbildung. Zur Situation in der Bundesrepublik Deutschland. Bad Heilbrunn 1987 c (*1986)

SCHUCHARDT,E.: Halbzeit der UNO-Dekade - Wende zu einer integrativen Erwachsenenbildung bzw. Weiterbildung. In: EBERWEIN,H. (Hrsg.): Behinderte und Nichtbehinderte lernen gemeinsam. Handbuch der Integrationspädagogik. Weinheim 1988, S.160-169

SCHÜTZE,F.: Narrative Repräsentation kollektiver Schicksalsbetroffenheit. In: LÄMMERT,E. (Hrsg.): Erzählforschung. Stuttgart 1982, S.568-590

SCHULTE,W./TÖLLE,R.: Psychiatrie. Berlin 1979 (*1971)

SCHULTZ,E.: Kulturelle Bildung. In: RAAPKE,H.-D./SCHULENBERG,W. (Hrsg.): Didaktik der Erwachsenenbildung. Stuttgart 1985, S.118-132

SCHULZE,T.: Autobiographie und Lebensgeschichte. In: BAACKE,D./SCHULZE,T. (Hrsg.): Aus Geschichten lernen. Zur Einübung pädagogischen Verstehens. München 1984, S.51-98

SCHULZE,T.: Lebenslauf und Lebensgeschichte. Zwei unterschiedliche Sichtweisen und Gestaltungsprinzipien biographischer Prozesse. In: BAACKE,D./SCHULZE,T. (Hrsg.): Pädagogische Biographieforschung. Orientierungen, Probleme, Beispiele. Weinheim 1985, S.29-63

SCHWEMMER,O.: Handlung und Struktur. Zur Wissenschaftstheorie der Kulturwissenschaften. Frankfurt 1987

SIEBERT,H.: Quantitative und interpretative Forschungsansätze in der Erwachsenenbildung. In: BECKER,H. u.a. (Hrsg.): Wissenschaftliche Perspektiven zur Erwachsenenbildung. Braunschweig 1982, S.73-87

SIEBERT,H.: Lernen im Lebenslauf. Zur biographischen Orientierung der Erwachsenenbildung. Bonn 1985

SPIEL,W.: Die Probleme der multiprofessionellen Zusammenarbeit - einst und jetzt. In: GERBER,G./KAPPUS,H./DATLER,W./REINELT,T. (Hrsg.): Der Beitrag der Wissenschaften zur interdisziplinären Sonder- und Heilpädagogik. Wien (Selbstverlag) 1985, S.19-30

SPRING,J.: Zu der Angst kommt die Scham. Die Geschichte einer sexuell mißbrauchten Tochter. München 1988 (*1987)

STAGL,J.: Szientistische, hermeneutische und phänomenologische Grundlagen der Ethnologie. In: SCHMIED-KOWARZIK,W./STAGL,J. (Hrsg.): Grundfragen der Ethnologie. Beiträge zur gegenwärtigen Theorie-Diskussion. Berlin 1981, S.1-38

STAGL,J.: Feldforschung als Ideologie. In: FISCHER,H. (Hrsg.): Feldforschungen. Berichte zur Einführung in Probleme und Methoden. Berlin 1985, S.289-310

STEINHAGE,R.: Sexueller Mißbrauch an Mädchen. Ein Handbuch für Beratung und Therapie. Reinbek 1989

STRAMKE,W.G./BRENNER,H.D.: Psychologische Trainingsprogramme zur Minderung defizitärer kognitiver Störungen in der Rehabilitation chronisch schizophrener Patienten. In: BRENNER,H.D./REY,E.-R./STRAMKE,W.G. (Hrsg.): Empirische Schizophrenieforschung. Bern 1983, S.182-201

SÜLLWOLD,L.: Schizophrenie. Stuttgart 1983 a

SÜLLWOLD,L.: Subjektive defizitäre Störungen bei schizophren Erkrankten. In: BRENNER,H.D./REY,E.-R./STRAMKE,W.G. (Hrsg.): Empirische Schizophrenieforschung. Bern 1983 b, S.168-181

THEUNISSEN,G.: Behindertenpädagogisch-therapeutische Arbeit mit schwergeistig- und mehrfachbehinderten Erwachsenen. In: DREHER,W./HOFMANN,T./BRADL,C. (Hrsg.): Geistigbehinderte zwischen Pädagogik und Psychiatrie. Bonn 1987, S.174-193

THOMAE,H.: Zur Geschichte der Anwendung biographischer Methoden in der Psychologie. In: JÜTTEMANN,G./THOMAE,H. (Hrsg.): Biographie und Psychologie. Berlin 1987, S.3-25

THOMSSEN,W.: Deutungsmuster und soziale Realität. In: BECKER,H. u.a. (Hrsg.): Wissenschaftliche Perspektiven zur Erwachsenenbildung. Braunschweig 1982, S.147-159

TIETGENS,H.: Vorbemerkungen. In: SIEBERT,H.: Lernen im Lebenslauf. Zur biographischen Orientierung der Erwachsenenbildung. Bonn 1985

TÖLLE,R.: Die Krankengeschichte in der Psychiatrie. In: JÜTTEMANN,G./THOMAE,H. (Hrsg.): Biographie und Psychologie. Berlin 1987, S.36-47

VOGES,W. (Hrsg.): Methoden der Biographie- und Lebenslaufforschung. Opladen 1987

VOGES,W.: Zur Zeitdimension in der Biographieforschung. In: VOGES,W. (Hrsg.): Methoden der Biographie- und Lebenslaufforschung. Opladen 1987 a, S.125-141

VOLMERG,U.: Validität im interpretativen Paradigma. Dargestellt an der Konstruktion qualitativer Erhebungsverfahren. In: ZEDLER,P./ MOSER,H. (Hrsg.): Aspekte qualitativer Sozialforschung. Studien zu Aktionsforschung, empirischer Hermeneutik und reflexiver Sozialtechnologie. Opladen 1983, S.124-143

WAHL,K.: Das Subjekt in der Modernisierungsfalle - Normatives Menschenbild, gesellschaftliche Erfahrung, Gewalttätigkeit. In: BERGOLD,J.B./FLICK,U. (Hrsg.): Ein-Sichten. Zugänge zur Sicht des Subjekts mittels qualitativer Forschung. Tübingen 1987, S.220-228

WAHL,K./HONIG,M.-S./GRAVENHORST,L.: Wissenschaftlichkeit und Interessen. Zur Herstellung subjektivitätsorientierter Sozialforschung. Frankfurt 1982

WATZLAWICK,P.: Wie wirklich ist die Wirklichkeit? Wahn - Täuschung - Verstehen. München 1983 (*1976)

WATZLAWICK,P. (Hrsg.): Die erfundene Wirklichkeit. Wie wissen wir, was wir zu wissen glauben? Beiträge zum Konstruktivismus. München 1985 (*1981)

WATZLAWICK,P.: Selbsterfüllende Prophezeiungen. In: WATZLAWICK,P. (Hrsg.): Die erfundene Wirklichkeit. Wie wissen wir, was wir zu wissen glauben? Beiträge zum Konstruktivismus. München 1985 a, S.91-110

WEINGARTEN,E.: Die Methoden der Konstruktion sozialer Wirklichkeit: Grundpositionen der Ethnomethodologie. In: JÜTTEMANN,G. (Hrsg.):

Qualitative Forschung in der Psychologie. Grundfragen, Verfahrensweisen, Anwendungsfelder. Weinheim 1985, S.108-124

WEINGARTEN,E./SACK,F.: Ethnomethodologie. Die methodische Konstruktion der Realität. In: WEINGARTEN,E./SACK,F./SCHENKEIN,J. (Hrsg.): Ethnomethodologie. Beiträge zu einer Soziologie des Alltagshandelns. Frankfurt 1976, S.7-26

WEINGARTEN,E./SACK,F./SCHENKEIN,J. (Hrsg.): Ethnomethodologie. Beiträge zu einer Soziologie des Alltagshandelns. Frankfurt 1976

WIEDEMANN,P.M.: Deutungsmusteranalyse. In: JÜTTEMANN,G. (Hrsg.): Qualitative Forschung in der Psychologie. Weinheim 1985, S.212-226

WIEDEMANN,P.M.: Biographieforschung und Klinische Psychologie. In: JÜTTEMANN,G./THOMAE,H. (Hrsg.): Biographie und Psychologie. Berlin 1987, S.299-318

WILDWASSER WIESBADEN (Hrsg.): Sexueller Mißbrauch an Mädchen ist Gewalt. Dokumentation eines Öffentlichkeitsprojektes. Wiesbaden 1989 (Vertrieb: Frauenliteraturvertrieb, Erich-Ollenhauer-Str. 231, 6200 Wiesbaden)

WILLIS,P.: Spaß am Widerstand. Gegenkultur in der Arbeiterschule. Frankfurt 1979 (*1977)

WITHERSPOON,G.: Relativismus in der ethnographischen Theorie und Praxis. In: DUERR,H.P. (Hrsg.): Der Wissenschaftler und das Irrationale. Bd.1: Beiträge aus Ethnologie und Anthropologie. Frankfurt 1981, S.98-125

WITZEL,A.: Verfahren der qualitativen Sozialforschung. Überblick und Alternativen. Frankfurt 1982

WITZEL,A.: Das problemzentrierte Interview. In: JÜTTEMANN,G. (Hrsg.): Qualitative Forschung in der Psychologie. Weinheim 1985, S.227-255

ZOLL,R. (Hrsg.): Zerstörung und Wiederaneignung von Zeit. Frankfurt 1988

ZURHORST,G.: Die Dimension der Subjektivität in der Biographieforschung. In: JÜTTEMANN,J.B./THOMAE,U. (Hrsg.): Biographie und Psychologie. Berlin 1987, S.97-107

Untersuchungsberichte aus: "American Journal Of Psychiatry"

ADAMS-TUCKER,C.: Proximate Effects of Sexual Abuse in Childhood: A Report on 28 Children. In: AJP 139, 1982, S.1252-1256

BECK,J./KOLK,B.v.d.: Reports of Childhood Incst and Current Behavior of

Chronically Hospitalized Psychotic Women. In: AJP 144, 1987, S.1474-1476

BRIERE,J./ZAIDI,L.: Sexual Abuse Histories and Sequelae in Female Psychiatric Emergency Room Patients. In: AJP 146, 1989, S.1602-1606

BRYER,J./NELSON,B./MILLER,J.B./KROL,P.: Childhood Sexual and Physical Abuse as Factors in Adult Psychiatric Illness. In: AJP 144, 1987, S.1426-1430

CARMEN,E./RIEKER,P.P./MILLS,T.: Victims of Violence and Psychiatric Illness. In: AJP 141, 1984, S.378-383

EMSLIE,G./ROSENFELD,A.: Incest Reported by Children and Adolescents Hospitalized for Severe Psychiatric Problems. In: AJP 140, 1983, S.708-711

HERMAN,J./PERRY,C./KOLK,B.v.d.: Childhood Trauma in Borderline Personality Disorder. In: AJP 146, 1989, S.490-495

HERMAN,J./RUSSEL,D./TROCKI,K.: Long-Term Effects of Incestuous Abuse in Childhood. In: AJP 143, 1986, S.1293-1296

HUSAIN,A./CHAPEL,J.: History of Incest in Girls Admitted to a Psychiatric Hospital. In: AJP 140, 1983, S.591-593

JACOBSON,A.: Physical and Sexual Assault Histories Among Psychiatric Outpatients. In: AJP 146, 1989, S.755-758

JACOBSON,A./RICHARDSON,B.: Assault Experiences of 100 Psychiatric Inpatients: Evidence of the Need for Routine Inquiry. In: AJP 144, 1987, S.908-913

MORRISON,J.: Childhood Sexual Histories of Women With Somatisation Disorder. In: AJP 146, 1989, S.239-241

SHEARER,S./PETERS,C./QUAYTMAN,M./OGDEN,R.: Frequency and Correlates of Childhood Sexual and Physical Abuse Histories in Adult Female Borderline Inpatients. In: AJP 147, 1990, S.214-216

GPSR Compliance

The European Union's (EU) General Product Safety Regulation (GPSR) is a set of rules that requires consumer products to be safe and our obligations to ensure this.

If you have any concerns about our products, you can contact us on ProductSafety@springernature.com

In case Publisher is established outside the EU, the EU authorized representative is:

Springer Nature Customer Service Center GmbH
Europaplatz 3
69115 Heidelberg, Germany

Batch number: 10815962

Printed by Printforce, the Netherlands